行为
运营管理

[美] 伊利亚德·本德里（Elliot Bendoly）
    丹尼尔·巴克拉克（Daniel G. Bachrach） 编著
[荷] 沃特·范·维尔策（Wout van Wezel）

蒋忠中 李 娟 译
冯天俊 审校

The Handbook of
Behavioral Operations Management

科学出版社
北 京

图字号：01-2017-3205

内 容 简 介

本书围绕组织内和组织间两类行为现象系统阐述行为运营管理的理论与方法。全书由四部分构成，第一部分是背景与理论基础，主要致力于描绘广义的行为运营管理情境；第二部分是生产与服务系统，包括认知局限与行为偏好等；第三部分重点关注供应链与集成技术；第四部分是展望与未来之路。特别地，本书基于核心运营管理研究与教学的典型主题，提供相关练习并确保练习内容具有实践可行性。

尚未学习过运营管理的读者阅读此书，可以拓展思维和知识体系。运营管理、供应链管理、决策心理等经济管理类专业的高年级本科生、研究生阅读此书，能够感受到运营管理与行为决策交叉的魅力，有利于激发学习和研究兴趣。教授运营管理的学者阅读此书，可以利用书中的案例开展课堂教学，进而加深学生对知识的学习理解。

图书在版编目（CIP）数据

行为运营管理 /（美）伊利亚德·本德里(Elliot Bendoly)，（荷）沃特·范·维尔策 (Wout van Wezel)，（美）丹尼尔·巴克拉克 (Daniel G. Bachrach) 编著；蒋忠中，李娟译. -- 北京：科学出版社，2025.5

书名原文: The Handbook of Behavioral Operations Management

ISBN 978-7-03-072911-8

Ⅰ. ①行… Ⅱ. ①伊… ②沃… ③丹… ④蒋… ⑤李… Ⅲ. ①企业管理－运营管理 Ⅳ. ①F273

中国版本图书馆 CIP 数据核字（2022）第 151020 号

责任编辑：郝 悦 / 责任校对：张亚丹
责任印制：张 伟 / 封面设计：有道设计

科学出版社 出版
北京东黄城根北街 16 号
邮政编码：100717
http://www.sciencep.com

北京天宇星印刷厂印刷
科学出版社发行 各地新华书店经销

*

2025 年 5 月第 一 版　开本：720 × 1000　1/16
2025 年 5 月第一次印刷　印张：21
字数：424 000

定价：178.00 元
（如有印装质量问题，我社负责调换）

感谢
国家社会科学基金重大项目（23&ZD050）
国家自然科学基金重点项目（72131004）
国家自然科学基金面上项目（71971052，72471111，72171113）
对本译著的资助

© Oxford University Press 2015

The Handbook of Behavioral Operations Management was originally published in English in 2015. This translation is published by arrangement with Oxford University Press. Science Press is solely responsible for this translation from the original work and Oxford University Press shall have no liability for any errors, omissions or inaccuracies or ambiguities in such translation or for any losses caused by reliance thereon.

英文版原书 *The Handbook of Behavioral Operations Management* 于 2015 年出版。中文翻译版由牛津大学出版社授权出版。中国科技出版传媒股份有限公司对原作品的翻译版本负全部责任，且牛津大学出版社对此类翻译产生的任何错误、遗漏、不准确之处或歧义以及任何损失概不负责。

序一

行为运营管理是一门结合了行为科学、认知与社会心理学、系统动力学以及管理科学，用以提升运营效率的学问。长期以来，运营管理的理论研究与实际运作之间存在一定的脱节。究其原因，管理决策者的非理性行为当属一大因素。而行为运营管理旨在通过考虑人类心理认知表现出的一些非理性行为，提供一个新的思考维度来理解运营管理的方方面面，并据此发展出兼具实践意义的新理论和新应用。

随着行为经济学在20世纪后30年中取得的重要进展，21世纪初期，行为运营在欧美的管理学术界开始得到重视，而当时国内在这一方面的研究还属一片空白。幸运的是清华大学王大中和顾秉林两位校长戮力建设世界一流大学，相继筹组重点学科和跨学科的清华讲席教授团组，俾利国内学者抓住时机发展新科研方向，缩小与国际顶级大学的差距。经与清华大学工业工程系赵晓波教授以及数学科学系的邢文训和谢金星两位教授反复思索论证后，我们决定将推动行为运筹和行为运营管理研究列为清华运筹学和工业工程讲席教授团组的重点项目之一。这个决定除了获得清华大学教育基金会的首肯之外，还得到了国家自然科学基金委员会管理学部的立项支持。讲席教授团组在2009年组织发起了国内第一届行为运筹学与行为运营管理国际研讨会，并随后提供多项相关短期课程，由中外知名学者讲述国际研究前沿问题，鼓励国内学者和青年学生积极参与到该领域的研究中。这十多年来，在诸位中外学者和青年学生的共同努力下，国内的行为运营管理领域人才辈出，取得不少优秀成果，在国际舞台上有着亮眼表现。这个从无到有的过程，众人的参与和努力着实令人敬佩和欣慰。

蒋忠中、李娟和冯天俊三位教授均是行为运营管理领域里一线的科研和教学工作者。他们翻译和审校了《行为运营管理》一书，并邀请我作序。收到这一邀约，身为推动发展该学科成员的我，自然十分欣喜。尤其想说的是：这是一本富有启发性的著作，深入剖析了生产和服务系统中常见的行为现象，并提供了易于上手的学习机制，让读者能够在聚焦的情境下通过实践来增强理论理解。三位译者结合了他们多年从事相关研究与教学的经验和心得，由他们翻译和审校的这本著作，兼备了学术严谨性与可读性，实为行为运营领域内优秀的中文学习材料。不管是对行为运营感兴趣的初学者、高年级的本科生和研究生、教授运营管理的学者，或是从事运营管理的业务人士，相信都可从这本书中获益良多。

当今社会，面对高科技数智化的冲击，"人"的主体性在决策中反而常被忽略，这个现象引发了不少学者的反思。行为运营管理研究特别强调"人"的行为在系统决策中的重要作用，揭示了消费者、劳动者和管理者的心智在生产与运营系统中承担的关键角色。因此，行为运营管理在人工智能时代当属一门具有现实指导意义的学问。在此诚心希望行为运营管理领域能借助于这本书和相关科研成果将学术影响力辐射出去，让更多跨学科学者和学生了解并加入行为运营管理领域的研究！

方述诚（Shu-Cherng Fang）
北卡罗莱纳州立大学
Walter Clark 讲席教授暨大学校友会杰出教授
2025 年 1 月 31 日

序二

蒋忠中、李娟和冯天俊合作翻译、审校了译著《行为运营管理》，并邀请我作序。我非常高兴看到三位在行为运营管理领域的活跃学者做了这样的工作。他们均长期从事行为运营管理相关研究，身处学科前沿，能够流畅地翻译原文内容、准确地传达作者观点。

该译著共由四部分组成，不仅提供了行为运营管理的基本概念和理论基础（第一部分），还分别在企业运营系统以及供应链运营系统下考察决策者行为偏差和噪声带来的影响（第二和三部分），最后提出了行为运营管理的研究展望。全书各章节均是由行为运营管理领域的知名专家撰写，所阐述的研究观点和提供的课堂练习均值得同行们借鉴学习。

翻看这本书，不禁让我回忆起国家自然科学基金委员会于 2009 年在合肥组织的一次双清论坛活动。该活动的主题是论证行为运营管理研究的理论和实践意义，并邀请了运营管理、心理学、营销学等领域的学者参与研讨。会议结束后，与会专家达成的共识是，识别人类心理和社会行为现象对运营绩效的影响规律，并确定运营策略如何影响这些行为的研究非常有价值。当时，在国外相关研究开展也仅有几年，中国学者在这个方向的赛道上几乎可以和国际学者同时起步。于是，在 2009 年底，由北卡罗莱纳州立大学方述诚教授担任总顾问，我和清华大学工业工程系和数学系的同事们共同发起了第一届行为运筹学与行为运营管理国际研讨会。至今，该系列学术活动已成功举办了 15 届，每年邀请约 4 位国际上知名学者来中国访学、交流。这一学术平台极大地推动了我国学者在该领域的研究工作。

经过多年的发展，我国学者在行为运营管理领域取得了丰硕的成就，在国内外重要期刊上发表了大量的学术论文。不过，到现在为止，系统性地介绍行为运营管理的中文出版物还比较缺乏。期待本译著的出版，能够吸引更多学生和学者加入到行为运营管理领域。

清华大学工业工程系教授
2024 年 5 月 8 日

序三

《行为运营管理》是一本极具启发性的译著，它打破了传统运营管理的基本假设，将人——这个最不可预测但也至关重要的因素——放到了管理决策的核心位置。该书由 Elliot Bendoly、Wout van Wezel 和 Daniel G. Bachrach 等国际知名学者编著，东北大学蒋忠中教授、南京大学李娟教授和复旦大学冯天俊教授精心翻译，这为国内学术界和业界人士了解行为运营管理的前沿知识提供了更便捷的途径。

我和三位译者都非常熟悉。蒋忠中教授和我同为湖南人，多年来，我们在运营管理的探索中常有交流，互相启发。我深知他的专业造诣和对学术工作科学严谨的态度。作为南京大学工程管理学院的同事，我和李娟教授同事 15 年，非常清楚知道她拥有严谨的治学态度和精湛的理论功底。冯天俊教授不仅研究做得棒，还以教学严谨和深入浅出而广受学生喜爱。他们三位教授多年来在行为管理领域的积累，为这次的翻译质量提供了保障。译作不仅在内容上精准，还体现了他们对原作思想的深刻理解。总之，我对这部译作充满信心。

这部译作的出版恰逢其时。随着经济和技术的飞速发展，运营管理的复杂性和不确定性不断增加，而人的因素——包括员工的动机、压力、心理状态等软性因素——在这个环境中扮演的角色愈发重要。通过科学研究，《行为运营管理》深入揭示了这些行为因素对运营绩效的作用规律，回答了如何通过合理设计激励机制来提升决策效果。特别地，它借助大量案例探讨了如何化解复杂供应链中的合作冲突，帮助读者从实践视角理解行为运营管理的精髓。

我相信，这部译著不仅能为研究者提供学术思路，也能为企业管理者带来实践指导，帮助他们设计出更具人性化的流程，更好地应对复杂多变的商业环境和做出有效决策。衷心推荐给关心运营管理的读者，相信你们也会从中感受到该书带来的新思想。

南京大学工程管理学院教授
2024 年 11 月 12 日

译者序

很荣幸有机会翻译此书，介绍给广大的中文读者。本书探讨行为运营管理主题，各章节内容源自视野开阔、注重实践的学者们所做的努力，他们愿意跳出标准模型的束缚，展开讨论。希望此书能够为从事管理决策行为、行为运营和供应链管理的学者和读者提供研究参考。

特别感谢北卡罗莱纳州立大学方述诚（Shu-Cherng Fang）教授、清华大学赵晓波教授，以及南京大学肖条军教授推荐此书并作序。

在翻译此书过程中，学术同行和学生们给出了校读建议。

学术同行们包括（按照职称及姓氏笔画排序）：王显鹏教授（东北大学）、刘方教授（杜伦大学）、陈俊霖教授（中央财经大学）、姜广鑫教授（哈尔滨工业大学）、夏玉森教授（佐治亚州立大学）、唐亮教授（大连海事大学）、裴植教授（浙江工业大学）、冯广琦副教授（辽宁大学）、冯晓静副教授（西南财经大学）、李雪副教授（北京外国语大学）、何娜副教授（东北大学）、张颖昊副教授（辛辛那提大学）、赵英帅副教授（科隆大学）、赵晓敏副教授（上海大学）、张庆讲师（南京航空航天大学）、熊思佳讲师（江西师范大学）、徐亮助理教授（新加坡管理大学）。

学生们包括（按照学历及姓氏笔画排序）：万明重博士生（东北大学）、卢汪阳博士生（复旦大学）、刘晓玺博士生（暨南大学）、辛旭妍博士生（复旦大学）、张梦妍博士生（东北大学）、郑旖旎博士生（南京大学）、赵金龙博士生（东北大学）、郭安安博士生（中国科学院大学）、郭佳润博士生（东北大学）、笪郁文博士生（中国科学技术大学）、董亚男博士生（南京大学）、程臻博士生（清华大学）、臧元基博士生（东北大学）、管晓彤博士生（复旦大学）、王月硕士生（南京农业大学）、王守智硕士生（东北大学）、朱羽欣硕士生（南京大学）、何伟民硕士生（南京大学）、张春征硕士生（东北大学）、陆峰硕士生（南京大学）、邵兰茜硕士生（南京大学）、季欣然硕士生（南京大学）、周芳硕士生（南京大学）、崔帅硕士生（东北大学）、麻惠敏硕士生（南京大学）。

特此感谢！

蒋忠中　李　娟　冯天俊
2025 年 3 月 1 日

导言

Elliot Bendoly（伊利亚德·本德里）

让我们从定义开始。

"行为运营管理"[①]主要探究人类行为与运营系统及流程之间的相互作用。具体而言，行为运营管理的研究目的是识别人类心理和社会行为现象对运营绩效的影响方式，并确定运营策略如何影响这些行为。

2013年，一位从事运筹学数学建模研究的学者提出了以下问题：探索行为运营管理需要涉及多少行为运营的知识？

这样的问题或许令人困惑。正如有人会问，研究遗传学需要准备多少知识？其实答案很简单：所有知识。真实运营环境中，做出有效决策的前提是识别环境中的关键要素。任何一位称职的管理者都会告诉你："人"才是运营管理的关键要素。或者更直白一点地说：如果我们在运营管理环境中不考虑"人"的因素，又如何对他们进行有效管理？

回顾历史

长期以来，运营管理的学术研究与实际应用脱节：虽然数学模型是运营管理学术研究的主流范式，但是一些数学模型并没有被应用到运营管理实践中，甚至从来没被提及过。这并不是新发现，早在20世纪70年代，*Interfaces*等国际期刊创立的初衷就是去识别和试图解决数学模型在实验应用中所面临的挑战。然而，数学模型和实践应用之间的鸿沟依然存在。

客观地讲，产生上述现象的原因并非运营/运筹学者提出的数学模型（亦简称为模型）不够复杂。毋庸置疑，模型可以构建得很复杂，这一点从来没有被忽略。然而，关键的是，复杂性的增加是否使模型更贴近现实？Goldratt[②]认为，学者应探寻分析和设法解决那些制约了数学模型适用性的因素，而不是去修正那些对模

[①] 译者按：行为运营管理亦称行为运作管理。

[②] 译者按：埃利亚胡·M. 高德拉特（Eliyahu M. Goldratt, 1947年3月31日—2011年6月11日），以色列物理学家、企业管理大师，提出了"约束理论"（theory of constraints, TOC）。

型产出（产出是指通过应用模型得到的经济回报或者更广泛的社会效应）没有贡献的因素。

学者不应该抱怨运营管理的实践者无法熟练地运用模型。实践者不愿意使用模型，不是因为模型复杂（因为再复杂，也能弄清楚），而是因为模型没什么用。由于学术评价体系本身的原因，许多学者认为基于实践的贡献对其学术生涯无足轻重，因此缺乏动力构建基于运营管理实践的模型，也缺乏动力将其他研究领域（如心理学和社会学领域）关于人的行为因素带来的影响的成果应用到运营管理实践中，而这些因素对提升模型的实用性至关重要。因此，运营管理的学术研究与实际应用间的鸿沟一直存在。

有趣的是，上述现象虽然在运营管理领域普遍存在，但在管理学范畴里其他领域却并非如此。鉴于其他管理学领域学者的学术研究在适用性方面不断提升，同时，运营管理领域学者对心理学和社会学的研究也有了更丰富的理解，这不禁令人好奇：运营管理领域何时能意识到这一点？

面向未来

值得庆幸的是，伴随着商业环境的改变，运营管理研究发生了很大变化。推动运营管理发展的最重要的力量是海量数据的应用，包括从企业里一点一滴收集起来，最终汇集成汪洋大海的运营数据（数据分析理论基础直到 20 世纪 80 年代末期才开始萌芽），大规模网络交易数据，以及无处不在的点对点交互和移动应用数据等。时代发展已今非昔比，实践者已注意到大数据无处不在，近年来，管理咨询业务越来越注重数据分析就是强有力的例证。管理者不再对未经数据验证过的纯数学模型感兴趣，他们需要看到确凿的证据，证明该模型确实适用于某一特定环境。

基于丰富的数据，行为运营研究已经表明：以往运营管理模型中许多长期存在的基本假设存在缺陷，或者说至少有明显不足。运营管理领域的学者终于意识到，其实早在 20 世纪 70 年代实践者就已经看到的问题，即重新审视运营研究的模型十分必要。如果希望运营管理研究成果与其他管理学科研究成果的实用性保持在同等水平，那么学者需要识别出哪些"最经典"的模型还能够被广泛、扎实地运用到实践中，并且明确它们在哪种环境下适用；而对其他模型（也就是大多数情况），则尝试对它们进行改善和修正，以适用于特定情况。

如何对运营模型进行改善和修正？答案可回溯到最初关于行为运营知识储备的问题。如果人类行为存在于我们所处的运营环境中，那么我们显然需要更好地理解决策者的实际行为如何偏离了先前的理论假设（也就是说，决策者的实际行为与理论模型所预测的结果有何不同，这些理论模型通常做了一系列假设，如决策者是同质的、非社会的、有限理性的、追求利润最大化等）。

当然，要求变革的呼声并没有被忽视。迄今为止，那些活跃于行为运营领域的学者已经清楚地展现了行为运营研究的价值。自2005年以来，该领域学者的知名度和影响力不断提高，他们领导了一场变革，在全世界范围内，致力于推动高校、学会、顶级期刊及研究中心等从事该领域的研究，这是运营管理研究历史上最具颠覆性的基础性变革之一。

本书旨在为读者提供行为运营研究领域的指导，通过融合其他学科知识，让读者清楚地理解运营管理理论与实践之间的鸿沟，譬如经济订货量（economic order quantity，EOQ）问题中的模型假设与实践之间的差异，即理论上分析EOQ是一回事，在实践当中应用又是另外一回事。优秀的运营管理学者将心理学与社会学的内容融入流程控制、收益管理、供应链管理等经典运营管理领域中。我们需要向这些优秀学者致敬，因为他们比其他人更早地应对了这项挑战。

内容安排

本书各章节内容源自视野开阔、注重实践的学者所做的努力，他们愿意跳出传统模型的束缚，并克服模型假设的局限。全书采用基于实践导向的运营管理教学理念，并获得了来自全球顶级商学院管理学位课程的支持，内容特点体现在以下三个方面。

（1）增加核心内容：基于核心运营管理教学的典型主题，并提供扩展练习。
（2）支持可选内容：针对某些特定焦点问题提供多个相关练习。
（3）支持实践训练：确保练习内容不仅可行且易为实践者所用。

基于上述特点，全书内容涉及两类行为现象：组织内行为（即企业内部运营层面的行为现象）和组织间行为（即供应链运营层面的行为现象）。做这样的区分并不是因为组织内运营的行为现象只局限于单一组织内，而是因为我们认识到，也希望强调供应链运营层面的行为现象是组织内行为现象的基本产物。另外，如果没有企业内部行为运营的特征行为动力学理论基础，人们也很难理解供应链层面的行为运营原理。

全书由四部分组成。第一部分是背景与理论基础，主要致力于描绘广义的行为运营管理情境，在相关情境中，人的认知局限和行为偏好使其偏离简化的经济理性行为。内容包括：第1章行为运营概述以及第2章相关的研究方法。

第二部分是生产与服务系统，涉及系统中的认知局限与行为偏好等。在第3章，我们从简单例子开始，阐述了在缺乏理解基本运营约束与流程偏差的相互作用情境中，决策者对系统性能预期存在误判，并造成效果欠佳的表面纠错行为。在第4章，我们借助哈佛商业案例，展示运营系统的特性以及锚定和偏差对系统性能的影响。在第5章，动机作为与运营计划设计相关的问题被正式地引入。第6章将之前章节讨论的行为概念应用到质量管理中。所讨论的内容不仅说明了经验可以产生非常重要的归因和归属感，也论述了经验如何影响期望和后续行为。在第7章，我们讨论在收益管理背景下所面临的相关问题，包括具有不同甚至对立目标的多重代理如何使运营系统的动态性进一步复杂化。

随后章节中，我们考虑了更多深刻的、内涵丰富的行为因素，从而帮助读者更好地思考运营系统设计方面的问题。第8章和第9章讨论了生产和服务的流程设计。通过描述流程活动，引导读者深入思考前面章节提及的一些行为运营知识，理解在各种问题或状况下，导致运营系统设计复杂的原因，并给出关键管理决策建议，同时为第三部分的讨论奠定基础。第10章探讨了仿真环境中的群体行为，包括如帕金森工作扩展定律等在内的经典行为案例。

第三部分重点关注供应链与集成技术。第11章以经典的"啤酒游戏"为例展开讨论，该章的作者正是这个游戏的创始人。第12章和第13章探讨了供应链管理中的决策偏差，如供应链管理趋中偏好、损失厌恶、风险规避及心理账户等行为，同时探究了框架效应对决策偏差的影响。第14章研究了公平、公正和利他主义等行为如何在真实的供应链环境中影响合作伙伴之间的关系和决策。

基于前述章节对框架和偏差的讨论，第15章借助供应链谈判活动，再次讨论了公平对供应链决策的影响。第16章利用以供应链为中心的企业系统仿真活动，引出关于熊彼特经济学和战略核心理论的有趣讨论。最后，第17章和第18章以两个经典游戏及仿真，阐述并探讨了跨组织功能和跨组织间伙伴关系的行为现象。

总的来说，第二部分和第三部分（第3~18章）提出了一些有代表性的方法，以解释我们所知道的行为现象。除此之外，我们还为一些章补充了线上内容，并鼓励读者向课堂游戏设计者提出问题和拓展新的解决思路，以激发出尚未考虑到的行为因素。传统运营管理研究经常忽略运营实践，我们并不奢望上述行为运营管理研究内容是解决这类问题的唯一途径，而是希望启迪读者，在传统运营管理研究之上进行更深入的讨论。

第四部分是展望与未来之路。实验证明人的因素在行为运营管理中起着重要作用，我们应该鼓励该领域学者对此进行更为深入的探究以指导实践。为此，第19章为学者提供了行为运营领域未来研究方向。我们希望拓展行为运营领域学者们的视野，并促使其他运营领域的学者们相信：我们仍然有很多东西需要向他人学习——尤其是那些在运营管理领域之外的人。对于迅速发展的行为运营研究和教学工作来说，所面临的最大威胁是一些人以进步的名义，简单地将早期的实证结果应用于一次性的模型改进，继而宣告行为运营方面的研究结束了。为此，我们要对所有真正有兴趣从事行为运营研究的人说：保持怀疑、保持提问、保持尝试、保持关注，让行为运营研究充满生机与活力！

目录

第一部分　背景与理论基础

第1章　行为运营概述 ·· 3
　1.1　行为运营涉及的学科 ··· 4
　1.2　行为运营的基本概念 ··· 7
　1.3　行为运营的综合现象 ·· 12
　1.4　行为运营的共同特征 ·· 14
　参考文献 ·· 15

第2章　实验学习的良性循环 ·· 20
　2.1　数学建模 ·· 21
　2.2　案例研究 ·· 21
　2.3　系统仿真 ·· 21
　2.4　调查归档 ·· 22
　2.5　实证实验 ·· 23
　参考文献 ·· 24

第二部分　生产与服务系统

第3章　同步和有节拍的流程：流程约束和动态变化的管理 ········ 29
　3.1　概述 ··· 29
　3.2　理论基础 ·· 29
　3.3　实际案例 ·· 31
　3.4　学习活动 ·· 31
　3.5　讨论 ··· 36
　参考文献 ·· 37

第4章　流程与认知：行为视角下的Kristen案例 ··················· 39
　4.1　概述 ··· 39
　4.2　理论基础 ·· 40
　4.3　实际案例 ·· 41
　4.4　学习活动 ·· 42

4.5 讨论	47
参考文献	47
第 5 章　千变万化的难题：人的行为在调度中的作用	**49**
5.1 概述	49
5.2 实际案例	51
5.3 理论视角	53
5.4 计划和调度的组织互联	63
5.5 学习活动	70
5.6 讨论	75
参考文献	76
第 6 章　击中目标：投射比赛的流程控制、实验及改善	**83**
6.1 概述	83
6.2 理论基础	83
6.3 学习活动	87
6.4 讨论	94
参考文献	99
第 7 章　等待还是购买：策略型顾客的行为	**101**
7.1 概述	101
7.2 理论基础	102
7.3 实际案例	103
7.4 学习活动	104
7.5 讨论	113
参考文献	114
第 8 章　见树也见林：流程设计动机和绩效的认知	**115**
8.1 概述	115
8.2 理论基础	116
8.3 实际案例	119
8.4 学习活动	121
8.5 讨论	122
附录 A　学生讲义：第一阶段	124
附录 B　班级团队讲义：第二阶段	124
参考文献	124
第 9 章　服务满意度设计师：服务设计及其行为的启示	**127**
9.1 概述	127

9.2	理论基础	129
9.3	实际案例	138
9.4	学习活动	140
9.5	讨论	141
	参考文献	142

第10章　工作负荷共享：洞察仿真动态中的群体行为 … 144

10.1	概述	144
10.2	理论基础	145
10.3	实际案例	147
10.4	学习活动	149
10.5	讨论	159
10.6	结论	162
	参考文献	163

第三部分　供应链与集成技术

第11章　繁荣、萧条和啤酒游戏——理解供应链中的动态 … 167

11.1	概述	167
11.2	理论观点	171
11.3	实际案例	181
11.4	学习活动	185
11.5	讨论：认识并解释时间延迟	191
11.6	总结	193
	参考文献	194

第12章　消除对"均值"的依赖——运用联合决策矫正订货的趋中偏好 … 196

12.1	概述	196
12.2	理论基础	197
12.3	实际案例	199
12.4	实验流程	200
12.5	讨论	204
	参考文献	205

第13章　风险共担：从供应商角度理解风险共担合同 … 208

13.1	概述	208
13.2	理论基础	209
13.3	实际案例	212

13.4 实验流程 212
   13.5 讨论 217
   附录 A 218
   附录 B 219
   参考文献 220
第 14 章 互惠型供应链：咖啡供应链系统中的亲社会行为 221
   14.1 概述 221
   14.2 理论基础 222
   14.3 实际案例 225
   14.4 实践活动 227
   14.5 讨论 228
   参考文献 233
第 15 章 供应链中的谈判者：收益、损失和公平的博弈 235
   15.1 概述 235
   15.2 管理实践 235
   15.3 理论视角 236
   15.4 实际案例 238
   15.5 学习活动 239
   15.6 讨论 241
   15.7 学习效果 243
   附录 1 案例介绍和第 1 部分 243
   附录 2-A 第一阶段：成本分摊 245
   附录 2-B 第二阶段：成本分摊 245
   附录 2-C 第三阶段：节约成本分享 247
   附录 3 供应链信息补充材料 250
   参考文献 253
第 16 章 ERP 仿真：研究竞争供应链团队动态 255
   16.1 概述 255
   16.2 理论观点 256
   16.3 案例分析 258
   16.4 学习活动 261
   16.5 讨论 264
   附录 266
   参考文献 267

第 17 章 "橙汁游戏"：供应链管理中的跨职能整合 ········ 269
- 17.1 概述 ········ 269
- 17.2 理论基础 ········ 269
- 17.3 学习活动 ········ 270
- 17.4 作业和评分 ········ 274
- 17.5 讨论 ········ 278
- 附录 1 橙汁游戏的企业职能战略报告 ········ 279
- 附录 2 活动日志 ········ 279
- 附录 3 评估报告 ········ 280
- 参考文献 ········ 280

第 18 章 结束：商业仿真游戏中的行为与决策 ········ 283
- 18.1 概述 ········ 283
- 18.2 理论基础 ········ 283
- 18.3 实际案例 ········ 285
- 18.4 仿真平台关于决策的分类 ········ 285
- 18.5 学习活动 ········ 287
- 18.6 讨论 ········ 291
- 附录 1 SimEmp 中执行仿真的两阶段程序 ········ 294
- 附录 2 关于团队作业理解的问题 ········ 295
- 参考文献 ········ 295

第四部分 展望与未来之路

第 19 章 行为运营管理实践及未来研究工作 ········ 299
- 19.1 理论的系统观 ········ 301
- 19.2 在行动系统中寻找学习 ········ 302
- 19.3 在行动系统中寻找领导者 ········ 302
- 19.4 在行动系统中寻找多层次的协同效应 ········ 303
- 19.5 研究行动系统的方法 ········ 305
- 19.6 未来之路 ········ 307
- 参考文献 ········ 308

术语索引 ········ 309

第一部分

背景与理论基础

第1章

行为运营概述

Stephanie Eckerd（斯蒂芬妮·埃克德）和 Elliot Bendoly（伊利亚德·本德里）

无论是在实践还是教学过程中，学习行为运营的关键在于理解其基础。运营管理的研究和实践均在一定情境中发生，包括但不局限于如下情境：制造系统、服务运营、供应链管理和项目管理等。然而，无论聚焦于何种运营管理情境，学者和实践者都需考虑影响决策的关键因素，譬如，运营流程的可变性和约束、流程间的相互作用、库存的存量和流量状态、成本与回报的平衡等，进而激发运营管理情境中流程建模与优化、最优管理方案选择，以及战术与战略广泛结合等方法的应用。

基于模型的研究，有助于阐述问题中所蕴含的管理启示，并指明所得研究结论的适用条件。Box 和 Draper（1987）曾指出："所有的模型都是错误的，但有些模型还是有用的。"在传统运营模型中，关于决策者理性程度的刻画借鉴了心理学和经济学领域的研究范式，具有如下特征：①决策者自私且追求利益最大化；②决策时具备意识性、认知性和目的性；③具备决策所需的完备信息，且能区分有用和无用信息；④总是做出最优决策（Simon，1986）。

为此，Boudreau 等（2003）将传统运营模型中关于人的行为假设总结为：①人不是主要影响因素；②人的行为是确定的、可预测的；③人是独立个体；④人是"静态"的（不会学习、不会疲劳、不会解决问题）；⑤人不是产品或服务的构成部分；⑥人没有情绪；⑦人工作的所有状态都可以被观察到。

上述关于人的行为假设显然很极端，甚至看上去荒谬无比。但是，由于缺乏关于人的行为的实证证据，传统运营管理的建模分析很难跳出上述行为假设框架。在不考虑行为因素的情况下，模型的分析结果虽然对实践具有一定借鉴意义，但很难真正应用于实践。因此，随着时间的推移，将人的行为因素融入传统运营模型中是大势所趋。

行为运营管理是运营管理的分支之一。相对于传统运营模型中关于决策者能力可预测的简化假设，行为运营领域学者认为，决策者所采取的决策方法既不能假定为一成不变，也不能假定为易于预测。基于此，行为运营管理研究的两个目标是：①识别偏离理性和规范性理论的行为，以更好地设计需要人们判断与决策的系统；②将行为和情感因素（譬如动机、个体差异性）融入运营模型中，以提高工作绩效（如生产率、满意度）。

1.1 行为运营涉及的学科

行为运营研究的重点是人的行为,这是因为人的行为既受到运营管理系统有效性的影响,又可以影响运营管理系统的有效性。尽管对行为运营研究的兴趣已存在了几十年,但研究成果较为零星。由于行为运营研究的实践性,探索其所需的研究方法论非常必要,特别是伴随学术界和企业界外部条件的变化,大规模地收集数据的可行性增加,以及数据分析和挖掘技术的发展,这些都有助于学者发展行为运营的研究方法论。行为运营领域的学者必须熟识行为运营相关学科的理论,从而有针对性地开展学术探索。为此,Bendoly 等(2010)归纳了行为运营涉及的三个学科:认知心理学(cognitive psychology)、社会与群体心理学(social and group psychology)、系统动力学与系统思考(system dynamics and sytem thinking)(图 1.1)。下面将分别针对三个不同学科与行为运营之间的关系进行介绍。

认知心理学	社会与群体心理学	系统动力学与系统思考
个体对信息处理能力的认知局限使得个体难以掌握真正的因果关系。因而,这样的心智模式可能造成个体在决策中受固有偏差和可得性启发式的影响	多个体参与使得信息处理复杂化。基于激励机制,个体不得不考虑与其合作或竞争的其他个体的想法,但又无法完全了解其他个体的想法,这助长了个体的偏差和启发式方法造成的影响	运营流程的结构、约束、变量和反馈机制,降低了因果心智模式的准确性。因此,上述影响因素在复杂运营环境中,增加了个体偏差和启发式思考的倾向
认知局限(通常有致命缺陷)导致有限理性心智模式	多个体参与和认知局限导致有限视野和有限理性心智模式	复杂系统中多个体参与和认知局限导致极端有限理性心智模式

图 1.1 支撑行为运营知识体系的学科

1.1.1 认知心理学

认知革命在心理学领域具有重要的地位。认知革命认为,个体面对刺激和反应时,具有自发性行为,能够调节刺激和反应之间的关系,并保持适度的平衡,这两者间的关系不同于以前的机械式认知(Seligman and Maier, 1967)。心理学和组织行为学模型的研究对象通常是不可观察、感性且非理性的个体反应。特别地,认知心理学主要研究个体决策偏差,以及如何运用启发式方法克服有限理性。

启发式偏差是指个体在决策流程中的行为偏差,包括锚定和调整不足启发式(anchoring and insufficient adjustment heuristic)等(Bendoly et al., 2010)。当个体试图估计未知信息时,上述偏差就会显露出来。譬如,库存管理中,决策者在下一周期的订货量会锚定上一周期需求量做出,由此产生趋中偏好(Schweitzer and Cachon, 2000)。除此之外,认知心理学还涉及框架效应和过度自信等行为。

1.1.2 社会与群体心理学

社会心理学研究个体间的相关性,以及个体行为如何受情绪(Loch and Wu, 2005)和动机(Bendoly et al., 2010)影响,阐明了社会行为理论。例如,追求社会地位的人通常将受认可度和职位作为决策的终极目标。针对上述行为,Loch 和 Wu(2008)发现,在运营管理实验中,可以观察到追求社会地位是一种决策偏好,即面对来自供应链伙伴的激进定价,决策者愿意牺牲供应链系统的收益和效率,从而阻止竞争者获取高的社会地位。此外,社会心理学涉及的行为还包括目标设定、反馈和控制、相互依赖和互惠。

社会学理论研究个体与群体,以及群体与群体间的交互,即群体动态(Forsyth and Donelson, 2010)。群体思维(group thinking)是群体动态的表现形式,它是指个体通过改变自身信念或想法,最终实现群体决策行为的一致性。通常地,群体意识越强,群体思维就越强,这将导致群体无法接受外部建议。在运营管理中,群体思维可能使得产品研发团队成为牺牲品,并抑制团队的创新力。此外,组织和地区的文化差异也是社会学理论的重要研究问题。

组织行为学是应用心理学的分支,侧重于研究组织中人的行为。组织行为领域学者发现,与运营管理研究通常将流程保障技术、精益库存和跨部门培训等视为问题的关键变量不同,组织行为学研究倾向于将动机、工作满意度和个体差异等视为关键变量。虽然早在 20 世纪 60 年代,运营管理学者(Dudley, 1962; Dar-El and Haan, 1977)已致力于组织行为学与运营管理的交叉研究,但是,直到 20 世纪 90 年代末,这些研究仍聚焦于构建标准化模型而忽视人的行为(Doerr et al., 1996; Hays and Hill, 2001; Schultz et al., 1998)。目前,行为运营领域学者通过借鉴组织行为学的研究发现,从行为视角探究运营管理问题,可以获得新发现。

1.1.3 系统动力学与系统思考

系统动力学研究系统中复杂且滞后的相互作用,包括系统的动态存量和流量、反馈回路(人工化系统或自动化系统)、浮动约束和可变约束,以及特定情况下对系统性能产生长期影响的临界点。相应地,采用系统思考的研究关注个体在做决定时如何掌握和平衡系统中的关键因素。正如 Senge（1990）所言，系统思考有两大特点：关注相互关系而非线性因果链；关注变化的过程而非某时刻状态。

系统动力学和系统思考之间的协同关系已被考虑并应用于行为运营研究中。譬如，Bendoly 认为："系统动力学研究强调系统元素的交互及演变过程的重要性，并为之提供结构化解析解（Forrester，1968；Sterman，2000）；系统思考研究支持系统动力学的结构化解析解，因为'目标明确的全息图'（对整体结构的抽象模型）是系统的基础。基于系统动力学和系统思考建立的心理和计算模型，可以验证与行为有关的假设，并给出清晰的描述性解释（Checkland，1981；Yan and Yan，2010）。"

行为运营研究不仅通过复杂系统建模为运营系统的分析提供管理启示，还有助于人们系统性地理解所处运营系统的环境特征。譬如，Bendoly（2014）发现，项目组成员的系统思考能够显著地提升项目绩效，促进成员间的信息传达和社会交流，产生包括心理安全和共同协作在内的额外效益。

系统思考也可以为行为运营研究提供较好的概念性框架。图 1.2 描述了行为运营中最为重要的因素及相互关系。特别地，因素间的相互反馈作用最终将体现为不同程度的系统动态性。

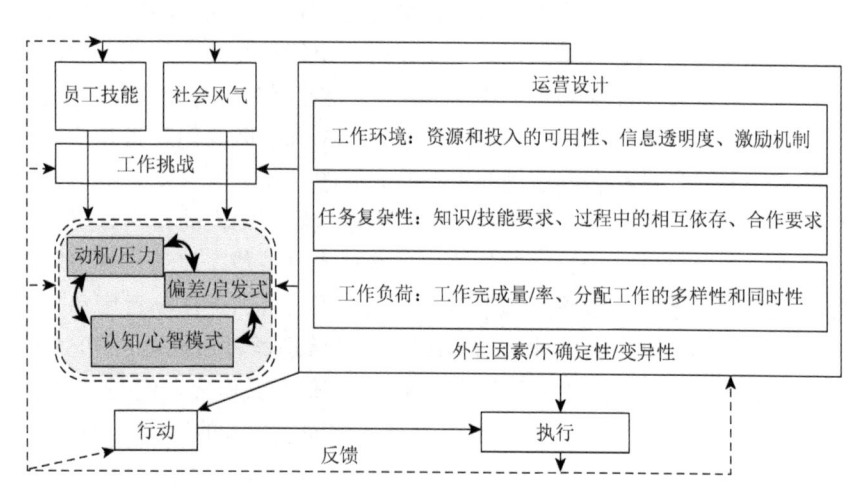

图 1.2　统一理论：运营设计、个体特征、行为和行动

运营系统的设计为管理者控制系统的动态性提供了手段，但该手段的实施不仅取决于包括社会风气、员工技能以及工作挑战等在内的因素，更取决于人的行为。驱动这些行为的基本因素包括动机与压力、认知与心智模式、偏差与启发式。反过来，这些因素又影响了人的行为与绩效（如图 1.2 灰色阴影所示）。针对这些基本概念，接下来的章节将结合实际应用，给出详细阐述。

1.2 行为运营的基本概念

行为运营管理领域个体决策涉及的基本概念包括动机与压力，认知与心智模式，偏差与启发式，它们影响人的行为和绩效，也是行为运营研究的基础。其中，动机包括纯粹的理性、奖金激励和社会效用；压力是动力的负面结果，通常会减损动机带来的收获。认知与心智模式是对动机和压力的感知，它们导致个体决策形成偏差和启发式，并增强动机和压力对个体决策的反应。偏差是决策过程中因心智模式不正确而形成的系统偏离；与此类似，启发式（经验法则）则是因过度简化的心智模式而导致的决策偏差。

虽然许多研究将偏差和启发式视为不利因素，但也有学者认为它们有利于改善决策（Katsikopoulos and Girgerenzer，2013）。偏差与启发式作为进化心理机制，对人类历史上的成功至关重要，我们有理由相信它们将在现代商业实践中继续发挥作用。因此，行为运营管理必须全面地看待人类认知和行为的优缺点。

1.2.1 动机与压力

驱使人们采取行动的动机包括外在动机和内在动机。外在动机可能表现为金钱和荣誉；内在动机，如学习和享受，与内部驱动价值有关（Ryan and Deci，2000）。有趣的是，外在动机并不总能引导预期行动，还有可能被认为是违背人性的（Etzioni，1971）、侮辱性的（Gneezy and Rustichini，2000），甚至有可能阻碍其他有效的内在动机（Baron and Kreps，1999）。Alfie Kohn（阿尔菲·科恩）在《奖励的惩罚》（*Punished by Rewards*）一书中（1993，243）指出："与其他促进任务完成的工具一样，奖励也是回答'为什么做'的工具。"有些动机旨在提高人们的积极性，但也会无意地给人们造成压力，其效果与有益的激励目标背道而驰。为了更好地理解员工的动机和压力，运营系统的设计应强调对成功起关键作用的现实目标，并提供适当的奖励和反馈，以引导员工的行动。

关于运营系统目标设定的研究较为丰富。从有效运营的角度来看，目标应该是具体而不空泛的、有难度但合理的，并且可实现的（Bendoly et al.，2009）。Doerr 和 Gue（2013）指出，设定合适的目标会产生显著的效果，例如，在订单履约流程中，明确的目标有助于更快地满足客户需求。同时，目标设定和实现的方式亦能影响群体行为的发展及其效率（Schultz et al.，1999）。另外，如何设定解决问题的目标也将导致不同的结果。例如，汽车装配流程中，当工厂将解决问题的目标视为学习机会而非责任追究时，员工参与流程质量改进的努力水平会得到明显提升（MacDuffie，1997）。

反馈也会产生实质性的动机效应。Schultz 等（1998）发现员工的产出受其他员工的工作速度和库存水平反馈的影响（之前模型假设它们之间并无影响），且通过反馈能增强群体凝聚力（Schultz et al.，1999）。但是，Bolton 和 Katok（2008）借助于报童模型（newsvendor model）研究发现，为被试者提供历史收益信息并不能改善其决策行为，由此他们认为仅仅依靠反馈并不能有效地提高运营绩效。另外，预测领域的研究也表明，零售商频繁地更新预测订单而形成过多反馈，可能造成供应商对零售商可靠性的不信任等负面影响（Terwiesch et al.，2005）。

事实上，已有行为运营研究表明，工作负荷和其他动态特征的定期更新信息同样可能会对行为产生负面影响。Bendoly 和 Swink（2007）证实了约束可视化对于可控的项目管理的认知和共享有着显著放大效应。Bendoly（2013）指出，定期绩效反馈会带来压力，导致最佳收益管理目标难以达到。进一步地，Bendoly 等（2014）证明了反馈给项目管理情境中员工的行为切换造成负面影响。Bendoly 和 Prietula（2008）发现，工作负荷水平的可视化会给员工带来压力并降低绩效。基于多种激励因素和工作环境形成的动机与压力间的交互作用，产生了行为运营研究最需要重新审视的宏观现象——倒"U"形（inverted U form）行为，我们将在后续章节详细阐述。

1.2.2 认知与心智模式

个体（和群体）感受到的动机和压力程度不仅对当前工作产生重要影响，还具有持久性，并影响其对周围环境的认知，进而逐渐地形成或强化有限的甚至有缺陷的心智模式，包括现实中广泛存在的偏差和启发式。

心智模式是对复杂概念原型的抽象，它源于过往经验，并进一步引导新信息的形成（Rousseau，2001）。伴随着个体对相关信息的接收和融合，心智模式将不断地演变并趋于稳定，之后将难以改变。Gavirneni 和 Isen（2010）分析报童问题发现，通过口头协议或类流程图技术（similar process-mapping techniques）进行心智认知捕获，有助于人们处理复杂问题。上述发现对于研究改变或改进心智模式的方法至关重要。Senge（1993）较早地指出共享心智模式对于构建学习型组织的重要性，原因在于该模式有助于组织成员间共享隐性知识，且避免发生观点冲突。同时，共享心智模式下的合作学习可以打破人们面对复杂问题时，因天生惧怕失败而产生的习惯性防卫（Argyris，1991）。[①] 上述共享的价值亦被 Bendoly（2014）证实。

然而，当组织成员的心智模式过于相似时，共享心智模式带来的不足之处便

---

① 译者按：习惯性防卫是人的本能，是指为使自己或他人免于说真话而受窘或感到威胁而形成的根深蒂固的习性，通常表现为"说实话的恐惧"或者"自设的保护壳"。习惯性防卫使团体成员之间形成一道屏障，阻碍了成员的交流和沟通，难以共同学习。

会凸显，甚至可能导致严重的缺陷。特别是当多个组织成员拥有极端相似的心智模式时，将导致群体思维、错误偏差、不充分启发式等，进而形成极端错误的心智模式，如阿比林悖论[①]。正如在过于复杂/笨拙的模型与简单/实用的模型之间存在权衡一样，共享心智模式亦需要在心智的共享（确保心理安全和协作）与冲突（确保心理制约和平衡）之间做出权衡。恰当的权衡可以减少群体由个体的偏差和启发式带来的风险，尽管无法做到完全消除这些个体的偏差和启发式，却有助于获得最有效的可得启发式，并且通过个体的偏差和启发式的反馈机制可以避免（或最低程度地）强化心智模式的不足。

1.2.3 偏差

偏差（bias）源于心智模式及其形成机制，并影响决策。常见偏差包括过度自信（overconfidence）、确认偏差（confirmation bias）以及框架偏差（framing bias）等。行为运营研究关于偏差对人类行为的作用探究刚刚开始且前景广阔。

过度自信是指个体主观地高估自身客观能力的行为。过度精确偏差是过度自信的一种表现形式，是指个体认为所获得信息的精度高于实际精度，该偏差可能影响预测决策，尤其是当预测者低估需求分布的方差时（Lee and Siemsen，2014）。过度精确偏差可以解释报童模型中高边际利润产品订货量偏低和低边际利润产品订货量偏高的行为倾向（Croson et al.，2014）。Ren 和 Croson（2014）利用实验方法证明了过度精确偏差和订购量偏差之间的关系。Haran 等（2010）提出让个体在决策之前更深入地估计需求分布的方法，该方法能有效地缓解过度精确偏差造成的影响。

在高边际利润[②]报童模型中，具有较高认知能力的个体不容易出现订单偏差倾向（Moritz et al.，2013）。同时，与牛鞭效应类似，在多个决策者互动和不完全信息反馈环境中，产生过度自信的诱因非常复杂（Diehl and Sterman，1995；Sterman，1989a；Croson and Donohue，2006），例如，智力归因偏差（attribution bias）、情绪归因偏差、情境归因偏差和性格归因偏差等，都会导致特定形式的过度自信（Shermer，2011）。

确认偏差是指人们倾向于寻找支持或强化自己假设的信息。例如，确认偏差可以用来解释产品研发决策中的承诺升级（escalation of commitment）行为（Biyalogorsky et al.，2006），同时它也可以被认为是企业因未遵守商业承诺而迅速降低技术水平，从而导致失败的原因（Lowe and Ziedonis，2006）。确认偏差还影响运营管理的其他决策，包括评价指标和数据源本身严格确定情形下的供应商选择，以及可选择搜索类似数据源情形下的预测（Gino and Pisano，2008）。有趣的是，即便决策者可以采用智能

[①] 译者按：阿比林悖论（Abilene paradox）是指自己想做的跟真实情况相反却无力改变的感受。这是多数人都会面对的残忍的现实，人们采取的行动与他们真正最想要的背道而驰。

[②] 译者按：高边际利润是指单位产品的边际利润高于其单位生产成本。

技术设计运营系统以避免确认偏差,但仍然会遭受由于后视偏差(hindsight bias)或自我辩解偏差(self-justificaiton bias)导致的失败。总而言之,无论你做与否,或即便做得很好,都会受埋怨。

群体也会受到确认偏差的影响。例如,个体成员间的共同确认偏差可能导致群体思维偏差或者阿比林悖论。在群体思维中,持有不同观点的个体成员受确认偏差影响,会达成共识;而在阿比林悖论情形下,即使成员之间的认知存在差异,群体也能够达成口头共识。确认偏差对实践的影响是毁灭性的,Bendoly 和 Cotteleer(2008)在关于企业资源计划(enterprise resource planning,ERP)实施的研究中发现,没有真正认同 ERP 的成员会找到消极的和公开的方法来抵制 ERP 系统,从而不利于 ERP 系统的推行。然而,Rudolph 等(2009)针对手术室危机中的医疗诊断问题,从系统动力学视角建立通用模型,发现不断减轻确认偏差程度有益于问题的解决。

框架偏差是指个体决策会受到信息传递方式的影响。尤其当期望值相同情况下,人们倾向于在收益情境中规避风险,而在损失情境中追求风险(Tversky and Kahneman,1981)。框架偏差在供应链契约设计中尤为重要,零售商可通过奖励或惩罚机制有效地激励供应商。框架偏差同时也影响供应商的努力程度。通常供应商倾向于奖励合同,因为这样被认为更公平(Luft,1994),但当对损失的厌恶程度超过公平或互惠的获得程度时,惩罚合同使得供应商更加努力(Hannan et al.,2005)。针对谈判的研究表明,积极框架比消极框架更能让谈判双方具有合作性,并获取更大利润(Bazerman et al.,1985;Neale and Bazerman,1985;Neale et al.,1987)。

此外,现有关于偏差的研究还包括趋中偏好偏差(central tendency bias)、沉没成本偏差(sunk-cost bias)、风险规避(risk aversion)、现状偏差(status quo bias)和即时偏差(immediacy bias)等。例如,报童模型实验中,被试者的订单数量偏离最优值而趋向于需求分布的均值,即呈现出了趋中偏好偏差(Benzion et al.,2008;2010)。风险规避也影响人们的决策,例如,Png 和 Wang(2010)研究了考虑零售商风险规避程度的最优两部分定价(two-part pricing)策略;Prasad 等(2011)探讨了考虑消费者风险态度的零售商预售策略;van Mieghem(2003)研究了风险对产能投资决策的影响;Loch 和 Wu(2005)研究表明,通过强调项目的即时成本和未来成本进行双曲贴现(hyperbolically discounting)[①],即时偏差可用来解释项目是如何超计划和超预算的;Su(2009)运用双曲贴现模型解释了"先支付后消费"方式为何有可能导致消费惯性(consumer inertia)。需要指出的是,上面提及的大多数偏差都与个体决策时采用的启发式方法密切相关。

---

① 译者按:双曲贴现又称为非理性折现,是行为经济学的重要部分。这个现象描述折现率并不是常数而是变动的。具体是指人们在评估未来收益的价值时,倾向于对较近的时期采用更低的折现率,对较远的时期采用更高的折现率。

1.2.4 启发式

启发式与认知偏差通常被认为是类似的概念，前者侧重解决问题的方法，而后者侧重观察问题的途径，但两者都是个体心智模式交织形成的产物。在运营管理领域，由于实际决策问题的复杂性，启发式对于这类问题的解决已被证明是必不可少的。譬如，针对生产批量和生产线平衡等复杂问题，早期问题求解的焦点是获得最优解，但通常计算效率较低或无法求解，而启发式方法可以在合理时间内获得问题的满意解或次优解。

现代行为运营研究能够对传统运营管理问题的解决方案进一步优化和改进。例如，在生产线平衡问题中，传统运营管理运用"择优选择"（cherry-picking）策略实现工作站和资源的最优配置，以提升系统产能，这与高德拉特的约束理论相一致（Goldratt and Cox，1992）。但行为运营研究表明，对于生产线平衡策略的求解，"技能链"（skill-chaining）策略比"择优选择"策略更稳健和高效（Hopp et al.，2004）。目前，融合多类启发式的研究开始备受关注，特别是 Tversky 和 Kahneman（1974）开创性地提出锚定和调整不足启发式、可得性启发式（availability heuristic）等，学者可以将其广泛应用于运营管理领域。

锚定和调整启发式在新兴的行为运营研究中占据重要地位。锚定和调整启发式描述了人们估计信息的过程：先设定一个与当前决策无关的初始锚值，通常被称为代表性启发式（representativeness heuristic）；然后，不断地调整初始值，直到获得最终估值。在早期的行为运营研究中，Schweitzer 和 Cachon（2000）通过报童实验数据分析，验证了决策者在确定订购量流程中的锚定和调整启发式行为，即将需求均值作为锚定值，并不断向最优值做调整。他们的开创性工作带动了一系列报童情境中趋中偏好研究，包括如何缓解该偏好的方法等。例如，Bolton 和 Katok（2008）、Lurie 和 Swaminathan（2009）提出了合并多周期订单方式来缓解趋中偏好。

此外，锚定和调整启发式可以用来解释许多异常现象，例如，预测（Harvey，2007）、产品或项目开发的时间或成本估计（Aranda and Easterbrook，2005）、有限资源情形下与外部供应链伙伴和内部竞争者的协商（Gino and Pisano，2008）等。

可得性启发式引导个体通过回忆或想象信息的易得性来评估事件的频率或概率。可得性启发式在风险管理决策中尤为普遍。例如，尽管港口工人罢工或火灾等致使供应链中断属于低概率事件，但一旦发生且被新闻媒体广泛地报道和传播，股东和经理们就能够依据该可得事件信息做决策（Hendricks and Singhal，2003；2005）。另外，人们的道德认知和决策行为也受可得性启发式影响（Jones，1991；Hayibor and Wasieleski，2009），典型例子是供应商的选择和管理决策问题。

情感启发式（affect heuristic）是行为运营研究的另一种启发式，其核心思想是将情感引入人们的判断和决策过程中（Finucane et al.，2000）。在运营管理领域，情感对运营决策的影响可能表现为群体决策者情绪的彼此影响、规范社会交易（Urda and Loch，2013），以及应对供应链冲突（Eckerd et al.，2013）。事实上，情感启发式可被视为可得性启发式，其中，"可得性"表现为某种情绪，如恐怖、快乐、惊讶等导致的有限认知和偏差等。

1.3 行为运营的综合现象

动力与压力、认知与心智模式、偏差与启发式等概念构成了行为运营理论和实证研究的基础。由于现实中多种行为现象通常同时存在，上述概念的组合将有利于更深入地了解人类行为、决策和绩效的复杂本质。尽管现有的文献不多，但综合运用上述概念预测或解释实证现象已经是行为运营研究的趋势。本书将主要介绍三类可有效解释的宏观综合现象：①牛鞭效应（bullwhip effect）；②贝克尔现象（behavioral hill，或倒"U"形）；③共振失调[①]（resonant dissonance），如图1.3所示。

现象	理论基础	实证研究
牛鞭效应	锚定与调整、有限/缺陷心智模式、风险规避与过度自信。信息透明度和系统理解的增强能够显著降低系统偏差	基础性研究（Forrester，1958；Sterman，1989a；Sterman，2000；Metters，1997）；代表性成果（Croson et al.，2014；Shan et al.，2014；Croson and Donohue，2006）
贝克尔现象（倒"U"形）	目标理论、帕金森定律、动机/压力、学习。绩效最大化的工作挑战是对动力获得的收益和压力导致的损失的平衡，且随技能水平发展而变化	基础性研究（Bendoly and Hur，2007；Linderman et al.，2007；Bendoly and Prietula，2008）；代表性成果（Bendoly，2011；Staats and Gino，2012；Bendoly，2013；Tan and Netessine，2014）
共振失调	认知失调、激励、可得性启发式、学习。越早解决失调，对长远绩效的负面影响就越小	基础性研究（Festinger，1957；Bendoly and Cotteleer，2008）；代表性成果（Bendoly et al.，2015）

图1.3 行为运营中常见的综合或宏观现象

---

① 译者按：共振失调是行为运营管理中常见的综合或宏观现象，指人们在多项目情形下存在的长期认知失调（cognitive dissonance）行为。该行为发生在现有工作任务和期望工作任务之间，员工希望通过转换认知加以消除。越早解决失调，对长远绩效的负面影响就越小。

牛鞭效应，这一著名的宏观综合现象，普遍存在于具有反馈回路、延迟、存量/流量及非线性等特征的经典复杂动态系统中。Forrester（1958）率先发现多级供应链中存在需求波动逐级放大的现象，即牛鞭效应。我们对牛鞭效应的了解大多来自著名的啤酒游戏，该游戏设置了由零售商、批发商、分销商和制造商组成的四级库存系统，且系统具有订货和出货延时、市场需求不确定但分布已知（通常为[0, 8]均匀分布）的特征。Croson 等（2014）指出，即便市场需求是确定的，牛鞭效应依然存在。

对牛鞭效应的早期研究表明，人们关于运营系统的心智模式存在不足（Sterman，1989b）。人们无法准确地理解运营系统，做出订购决策时往往不具有正确或完整的信息。啤酒游戏中，所有参与者因为不知道心智模式存在偏差，而低估了供应链的复杂性，进而导致库存积压。Sterman（2000）指出，啤酒游戏中的多数参与者将自身表现不佳归因为其他参与者的决策，这种归因偏差使得他们无法改善心智模式以提高订购量的准确性。而且，参与者决策的相互依赖，会导致各类协调风险。为此，Croson 等（2014）针对供应链需求和提前期的不确定性，提出了一种新的安全库存——协调库存，结果表明协调库存可以明显地改善供应链运营绩效。

通过对牛鞭效应的研究可获得多种能改进运营系统绩效的方法，比如，提升信息反馈的质量。Croson 和 Donohue（2003，2006）发现共享销售数据和零售商库存虽然不能完全消除牛鞭效应，但有助于减轻供应链上游的牛鞭效应。Kaminsky 和 Simchi-Levi（1998）、Gupta 等（2001）发现缩短交货期有利于缓解牛鞭效应，进而降低了整个供应链的成本。

贝克尔现象也被称为倒"U"形假说，它在管理领域的知名度不亚于牛鞭效应，但却是最近才被学者关注，其原因有两点：一是大规模运营数据的易获性；二是行为实验研究方法逐渐兴起。

简单来说，贝克尔现象描述了员工生产效率达到峰值的条件。在该条件下，增加或减少工作挑战均会导致员工生产效率降低。该现象已在行为运营的实证研究中得到验证（Bendoly and Sacks，2013）。特别地，Bendoly 和 Hur（2007）对贝克尔现象做了详细的理论探讨。

本质上，人们会对多种激励因素做出反应，并且这些激励因素通常同时存在且相互关联（通常为非线性关系），比如某个因素增加导致其他因素下降。同时，激励因素对个体行为的影响亦是多方面的，当积极因素占主导地位时，对个体绩效有益；相反地，当消极因素占主导地位时，则会削弱个体动机。Bendoly 和 Hur（2007）给出了关于工作挑战的经典案例。一方面，目标设定理论（goal setting theory）（Locke，1968；Latham and Locke，2006）表明，如果挑战目标设定在员工能力范围之内，则工作挑战与绩效提升呈正相关，即随着工作难度的增加，员工个人能力被激发，他们更愿意接受该挑战。另一方面，帕金森定律（Parkinson's law）表明，当员工的动机水平较低时，其生产效率也较低。如果设定的挑战目标超出员工的能力范围，就会导致目标与能力的不匹配，从而使得员工失去努力的动机，并对员工绩效产生不利影响。Bendoly 和 Prietula（2008）认为可最大化绩效的挑战水平不仅与员工个体能力有关，而且与动态变化的环境也相关，比如随着技术水平的提高，员工个体能力水平和可最大化绩效的挑战水平都会得到提高。

共振失调也是常见的宏观现象，它最早是由 Bendoly 和 Cotteleer（2008）基于认知失调（Festinger，1957）、动机、可得性启发式、系统反馈与学习等概念建立起来的。共振失调最初被应用于解释为何实施 ERP 后的流程改造并不能降低预期的运营成本，反而导致工作流程的增加，甚至回归到早期流程模式。案例研究表明，员工对理想流程的认知与 ERP 系统所倡导的流程存在不匹配，导致了共振失调。

如果最初对 ERP 的流程实施方案缺乏了解，员工将采用默认方案，从而产生失调。默认方案下的失调不但不能自我解除，反而会产生长期共振现象。考虑到企业缺乏解除失调的动力，员工只能低效地利用 ERP 系统。从运营管理的角度看，失调现象可以暂时被掩盖，但如果没有得到解决，最终将导致运营绩效降低。

Bendoly 等（2015）发现在多项目情形下存在长期的认知失调行为。该种行为发生在现有工作任务和期望工作任务之间，员工希望通过转换认知来消除认知失调。转换是指比较可选任务以获得替代方案，但并不能保证总能得到更优的任务方案，因而无法完全消除认知失调。若转换到更劣的替代方案，认知失调将传递到后续工作任务中。当共振失调与非渴望性工作再次相逢，会令员工感到更加疲惫和沮丧，并消耗员工稀缺的认知资源。经历多次失调将使绩效的负面效果日益加剧，而且随着时间的推移，共振失调会使得员工丧失工作积极性，形成一种螺旋式下降的负面效应。

1.4 行为运营的共同特征

行为运营中各种概念之间的相互作用，以及所涉及宏观现象揭示的运营系统主要特征受时间影响，而表现出动态性。人们所做的一切都受时间影响：人生活在随时间而变的环境中，人的决策随时间发生变化，更重要的是，人的经历、经验和反思也会随着时间推移而演变。由于运营管理依赖于人的行为，如果忽略这些与人的行为相关的变化，将难以解释企业绩效的变化。然而，我们对运营管理的研究多是基于静态而非动态的视角。换句话说，我们一直关注静态的运营问题，而很少关注它们如何随时间变化。迄今为止，绝大多数基于数据的研究采用的多是低频数据，相应的研究结论难以被用于理解人的行为及其带来的影响。

行为运营在理论和实践上都获得了巨大成功，这是因为它在两个方面突破了传统运营的范式：①拥有丰富的有关个体活动的数据资源；②提供了易于操作、界面友好且严谨的计算机化实验设计及工具。上述两方面都为行为运营研究提供了良好的基础。事实表明，实验室的行为数据同样也适用于课堂。本书不仅向学生和从业者传授行为运营的概念，也有助于他们理解研究人的行为的各种方法。

参 考 文 献

Aranda, J., Easterbrook, S. 2005. Anchoring and adjustment in software estimation. Eur. Software Engineering Conference/ACM SIGSOFT Symposium. Foundations of Software Engineering, Lisbon, Portugal.

Argyris, C. 1991. Teaching smart people how to learn. Harvard Business Review, May-June, 99-109.

Baron, J., Kreps, D. 1999. Strategic Human Resources. New York: John Wiley.

Bazerman, M. H., Magliozzo, T., Neale, M. A. 1985. Integrative bargaining in a competitive market. Organizational Behavior and Human Decision Processes 35, 294-313.

Bendoly, E. 2011. Linking task conditions to physiology and judgment errors in RM systems. Production and Operations Management 20（6），860-876.

Bendoly, E. 2013. Real-time feedback and booking behavior in the hospitality industry: Moderating the balance between imperfect judgment and imperfect prescription. Journal of Operations Management 31（1-2），62-71.

Bendoly, E. 2014. Systems dynamics understanding in project execution: Information sharing quality and psychological safety. Production and Operations Management 23（8），1352-1369.

Bendoly, E., Cotteleer, M. J. 2008. Understanding behavioral sources of process variation following enterprise system deployment. Journal of Operations Management 26（1），23-44.

Bendoly, E., Croson, R., Gonçalves, P., Schultz, K. 2010. Bodies of knowledge for research in behavioral operation. Production and Operations Management 19（5），432-452.

Bendoly, E., Hur, D. 2007. Bipolarity in reactions to operational "constraints": OM bugs under an OB lens. Journal of Operations Management 25（1），1-13.

Bendoly, E., Prietula, M. 2008. In "the zone": The role of evolving skill and transitional workload on motivation and realized performance in operational tasks. International Journal of Operations and Production Management 28（12），1130-1152.

Bendoly, E., Rosenzweig, E. D., Stratman, J. K. 2009. The efficient use of enterprise information for strategic advantage: A data envelopment analysis. Journal of Operations Management 27（4），310-323.

Bendoly, E., Sacks, M. 2013. Reducing human error in revenue management decision-making. Ernst & Young: Performance 5（4），30-35.

Bendoly, E., Swink, M. 2007. Moderating effects of information access on project management behavior, performance and perceptions. Journal of Operations Management 25（3），604-622.

Bendoly, E., Swink, M., Shaw, R. 2015. Take it or leave it: Searching, balking and dissatisfaction switching-traps in multi-project work. Working paper.

Bendoly, E., Swink, M., Simpson, W. 2014. Prioritizing and monitoring in concurrent project work: Effects on switching behavior and productivity. Production and Operations Management 23（5），847-860.

Benzion, U., Cohen, Y., Peled, R., Shavit, T. 2008. Decision-making and the newsvendor problem: An experimental study. Journal of the Operational Research Society 59 (9), 1281-1287.

Benzion, U., Cohen, Y., Peled, R., Shavit, T. 2010. The newsvendor problem with unknown distribution. Journal of the Operational Research Society 61 (6), 1022-1031.

Biyalogorsky, E., Boulding, W., Staelin, R. 2006. Stuck in the past: Why managers persist with new product failures. Journal of Marketing 70 (2), 108-121.

Bolton, G. E., Katok, E. 2008. Learning by doing in the newsvendor problem: A laboratory investigation of the role of experience and feedback. Manufacturing and Service Operations Management 10 (1), 519-539.

Boudreau, J., Hopp, W., McClain, J. O., Thomas, L. J. 2003. On the interface between operations and human resources management. Manufacturing and Service Operations Management 5 (3), 179-202.

Box, G. E., Draper, N. R. 1987. Empirical Model-Building and Response Surfaces. Wiley & Sons: New York.

Checkland, P. B. 1981. Systems Thinking, Systems Practice. Chichester, UK: John Wiley & Sons.

Croson, R., Croson, D., Ren, Y. 2011. The overconfident newsvendor. Working paper.

Croson, R., Donohue, K. 2003. Impact of POS data sharing on supply chain management: An experimental study. Production and Operations Management 12 (1), 1-11.

Croson, R., Donohue, K. 2006. Behavioral causes of the bullwhip effect and the observed value of inventory information. Management Science 52 (3), 323-336.

Croson, R., Donohue, K., Katok, E., Sterman, J. 2014. Order stability in supply chains: Coordination risk and the role of coordination stock. Production and Operations Management 23 (2), 176-196.

Dar-El, E. M., Haan, U. D. 1977. Autonomous task decision-making and its implications for job design. International Journal of Production Research, 15 (4), 331-350.

Diehl, E., Sterman, J. D. 1995. Effects of feedback complexity on dynamic decision making. Organizational Behavior and Human Decision Processes 62 (2), 198-215.

Doerr, K. H., Gue, K. R. 2013. A performance metric and goal-setting procedure for deadline-oriented processes. Production and Operations Management 22 (3), 726-738.

Doerr, K. H., Mitchell, T. R., Klastorin, T. D., Brown, K. A. 1996. The impact of material flow policies and goals on job outcomes. Journal of Applied Psychology 81 (2), 142-152.

Dudley, N. A. 1962. Operational research and the universities. Journal of the Operational Research Society, 13(1), 81-86.

Eckerd, S., Hill, J. A., Boyer, K. K., Donohue, K., Ward, P. T. 2013. The relative impact of attribute, severity, and timing of psychological contract breach on behavioral and attitudinal outcomes. Journal of Operations Management 31 (7-8), 567-578.

Etzioni, A. 1971. Modern Organizations. Englewood Cliffs, NJ: Prentice-Hall.

Festinger, L. 1957. A Theory of Cognitive Dissonance. Stanford, CA: Stanford University Press.

Finucane, M. L., Alhakami, A., Slovic, P., Johnson, S. M. 2000. The affect heuristic in judgments of risk and benefits. Journal of Behavioral Decision Making 13, 1-17.

Forrester, J. W. 1958. Industrial dynamics: A major breakthrough for decision makers. Harvard Business Review 36, 37-66.

Forrester, J. W. 1968. Principles of Systems. Cambridge, MA: MIT Press.

Forsyth, Donelson R. 2010. Group Dynamics. Cengage Learning.

Gavirneni, S., Isen, A. M. 2010. Anatomy of a newsvendor decision: Observations from a verbal protocol analysis. Production and Operations Management 19 (4), 453-462.

Gino, F., Pisano, G. 2008. Toward a theory of behavioral operations. Manufacturing and Service Operations Management

10（4），676-691.

Gneezy, U., Rustichini, A. 2000. Pay enough or don't pay at all. Quarterly Journal of Economics 115（3），791-810.

Goldratt, E. M., Cox, J. 1992. The Goal: A Process of Ongoing Improvement. 2nd ed. Croton-on-Hudson, NY: North River Press.

Gupta, S., Steckel, J., Banerji, A. 2001. Dynamic decision making in marketing channels: An experimental study of cycle time, shared information and customer demand patterns. A. Rapoport, R. Zwick(eds.)in Experimental Business Research. Boston, MA: Kluwer Academic Publishers.

Hannan, R. L., Hoffman, V. B., Moser, D. V. 2005. Bonus versus penalty: Does contract frame affect employee effort? Experimental Business Research 2，151-169.

Haran, U., Moore, D. A., Morewedge, C. K. 2010. A simple remedy for overprecision in judgment. Judgment Decision Making 5（7），467-476.

Harvey, N. 2007. Use of heuristics: Insights from forecasting research. Thinking Reasoning 13（1），5-24.

Hayibor, S., Wasieleski, D. 2009. Effects of the use of the availability heuristic on ethical decision-making in organizations. Journal of Business Ethics 84，151-165.

Hays, J. M., Hill, A. V. 2001. A preliminary investigation of the relationships between employee motivation/vision, service learning, and perceived service quality. Journal of Operations Management 19（3），335-349.

Hendricks, K. B., Singhal, V. R. 2003. The effect of supply chain glitches on shareholder wealth. Journal of Operations Management 21（5），501.

Hendricks, K. B., Singhal, V. R. 2005. An empirical analysis of the effect of supply chain disruptions on long-run stock performance and equity risk of the firm. Production and Operations Management 14（1），35-52.

Hopp, W. J., Tekin, E., van Oyen, M. P. 2004. Benefits of skill chaining in serial production lines with cross-trained workers. Management Science 50（1），83-98.

Jones, T. M. 1991. Ethical decision making by individuals in organizations: An issue-contingent model. Academy of Management Review 16（2），366-395.

Kaminsky, P., Simchi-Levi, D. 1998. A new computerized beer game: A tool for teaching the value of integrated supply chain management. H. Lee, S. M. Ng（eds.）in Global Supply Chain and Technology Management. Miami, FL: Production and Operations Management Society.

Katsikopoulos, K. V., Girgerenzer, G. 2013. Behavioral operations management: A blind spot and a research program. Journal of Supply Chain Management 49（1），3-7.

Kohn, A. 1993. Punished by Rewards: The Trouble with Gold Stars, Incentive Plans, A's, Praise, and Other Bribes. Boston: Houghton Mifflin.

Latham, G. P., Locke, E. A. 2006. Enhancing the benefits and overcoming the pitfalls of goal setting. Organizational Dynamics 35（4），332-340.

Lee, Y. S., Siemsen, E. 2014. Task decomposition and newsvendor decision making. Working paper.

Linderman, K., Choo, A., Schroeder, R. 2007. Social and method effects on learning behaviors and knowledge creation in Six Sigma projects. Management Science 53（3），437-450.

Loch, C. H., Wu, Y. 2005. Behavioral operations management. Foundations and Trends in Technology, Information and Operations Management 1（3），121-232.

Loch, C. H., Wu, Y. 2008. Social preferences and supply chain performance: An experimental study. Management Science 54（11），1835-1849.

Locke, E. A. 1968. Toward a theory of task motivation and incentives. Organizational Behavior and Human Performance

3 (2), 157-189.

Lowe, R. A., Ziedonis, A. A. 2006. Overoptimism and the performance of entrepreneurial firms. Management Science 52 (2), 173-186.

Luft, J. 1994. Bonus and penalty incentives: Contract choice by employees. Journal of Accounting and Economics 18(2), 181-206.

Lurie, N. H., Swaminathan, J. M. 2009. Is timely information always better? The effect of feedback frequency on decision making. Organizational Behavior and Human Decision Processes 108 (2), 315-329.

MacDuffie, J. P. 1997. The road to "root cause": Shop-floor problem-solving at three auto assembly plants. Management Science 43 (4), 479.

Metters, R. 1997. Quantifying the bullwhip effect in supply chains. Journal of Operations Management 15 (2), 89-100.

Moritz, B. B., Hill, A. V., Donohue, K. L. 2013. Individual differences in the newsvendor problem: behavior and cognitive reflection. Journal of Operations Management, 31 (1-2), 72-85.

Neale, M. A., Bazerman, M. 1985. The effects of framing and negotiator overconfidence on bargaining behaviors and outcomes. Academy of Management Journal 28 (1), 34-47.

Neale, M. A., Huber, V. L., Northcraft, G. B. 1987. The framing of negotiations: Contextual versus task frames. Organizational Behavior and Human Decision Processes 39, 228-241.

Png, I. P. L., Wang, H. 2010. Buyer uncertainty and two-part pricing: Theory and applications. Management Science 56 (2), 334-342.

Prasad, A., Stecke, K. E., Zhao, X. 2011. Advance selling by a newsvendor retailer. Production and Operations Management 20 (1), 129-142.

Ren, Y., Croson, R. 2014. Overconfidence in newsvendor orders: An experimental study. Management Science 59 (11), 2502-2517.

Rousseau, D. M. 2001. Schema, promise, and mutuality: The building blocks of the psychological contract. Journal of Occupational and Organizational Psychology 74 (4), 511.

Rudolph, J. W., Morrison, J. B., Carroll, J. S. 2009. The dynamics of action-oriented problem-solving: Linking interpretation and choice. Academy of Management Review 34 (4), 733-756.

Ryan, R. M., Deci, E. L. 2000. Intrinsic and extrinsic motivations: Classic definitions and new directions. Contemporary Educational Psychology 25 (1), 54-67.

Schultz, K. L., Juran, D. C., Boudreau, J. W. 1999. The effects of low inventory on the development of productivity norms. Management Science 45 (12), 1664-1678.

Schultz, K. L., Juran, D. C., Boudreau, J. W., McClain, J. O., Thomas, L. J. 1998. Modeling and worker motivation in JIT production systems. Management Science 44 (12), part 1 of 2, 1595-1607.

Schweitzer, M. and Cachon, G. 2000. Decision bias in the newsvendor problem. Management Science 46 (3), 404-420.

Seligman, M. E. P. and Maier, S. F. 1967. Failure to escape traumatic shock. Journal of Experimental Psychology 74, 1-9.

Senge, P. M. 1990. The Fifth Discipline: The Art and Practice of the Learning Organization. London: Random House Business.

Senge, P. M., 1993. Transforming the practice of management. Human Resource Development Quarterly 4 (1), 5-32.

Shan, J., Yang, S., Yang, S., Zhang, J. 2014. An empirical study of the bullwhip effect in China. Production and Operations Management. Forthcoming.

Shermer, M. 2011. The Believing Brain. New York: St. Martin's Press.

Simon, H. A. 1986. Rationality in Psychology and Economics. Chicago: University of Chicago Press.

Staats, B., Gino, F. 2012. Specialization and variety in repetitive tasks: Evidence from a Japanese bank. Management Science 58 (6), 1141-1159.

Sterman, J. D. 1989a. Modeling managerial behavior: Misperceptions of feedback in a dynamic decision making experiment. Management Science 35 (3), 321-339.

Sterman, J. D. 1989b. Misperceptions of feedback in dynamic decision making. Organizational Behavior and Human Decision Processes 43 (3), 301-335.

Sterman, J. 2000. Business Dynamics: Systems Thinking and Modeling for a Complex World. New York: McGraw-Hill.

Su, X. 2009. A model of consumer inertia with applications to dynamic pricing. Production and Operations Management 18 (4), 365-380.

Tan, T., Netessine, S. 2014. When does the devil make work? An empirical study of the impact of workload on server's performance. Management Science, 60 (6): 1574-1593.

Terwiesch, C., Ren, Z. J., Ho, T. H., Cohen, M. A. 2005. An empirical analysis of forecast sharing in the semiconductor equipment supply chain. Management Science 51 (2), 208-220.

Tversky, A., Kahneman, D. 1974. Judgment under uncertainty: Heuristics and biases. Science 185 (4157), 1124-1131.

Tversky, A., Kahneman, D. 1981. The framing of decisions and the psychology of choice. Science 211 (4481), 453-458.

Urda, J., Loch, C. H. 2013. Social preferences and emotions as regulators of behavior in processes. Journal of Operations Management 31 (1-2), 6-23.

van Mieghem, J. A. 2003. Capacity management, investment, and hedging: Review and recent developments. Manufacturing and Service Operations Management 5 (4), 269-302.

Yan, Z. X., Yan, X. H. 2010. A revolution in the field of systems thinking: A review of Checkland's system thinking. Systems Research and Behavioral Science 27, 140-155.

第 2 章

实验学习的良性循环

Elliot Bendoly（伊利亚德·本德里）

行为运营研究的特点之一是其运用的研究方法极为广泛。学者巧妙地结合各种研究方法，推动着行为运营研究的创新与发展。多方法融合和多学科交叉的导向在拓宽行为运营管理研究领域的同时，也避免了该领域过于注重理论研究。通常地，数学模型帮助人们进行最优决策，而行为模型解释人们的真实决策为何与数学模型不一致，以及为何难以与决策支持系统（decision support systems，DSS）交互。行为运营研究为运营模型改进提供支撑，其关注的视角不是理论优化，而是如何提升模型在实践中的应用性。

我们在行为运营的课堂教学中贯彻了多方法融合和多学科交叉，本书的编写采纳了百家之长。因此，有必要梳理行为运营研究领域的各类方法。依据 Bendoly 等（2010）的分类，行为运营研究的常用方法可分为五类：数学建模、案例研究、系统仿真（system simulation）、调查归档和实证实验（empirical experiments）（图 2.1）。

常用方法	认知心理学	社会/群体心理学	系统动力学/系统思考
数学建模	◇◇◇◇◇	◇	◇◇
案例研究	◇	◇◇◇	◇◇◇◇
系统仿真	◇◇	◇◇	◇◇◇◇◇
调查归档	◇◇◇◇	◇◇◇	◇◇
实证实验	◇◇◇◇◇	◇◇◇◇	◇◇◇

图 2.1 行为运营研究的常用方法及应用

行为运营研究方法的应用很大程度上取决于该研究方法最初所属的研究领域（图 2.1）。值得指出是，实证实验（包括实验室和现场实验）因其稳健性，在各个研究领域均有广泛应用。因此，在多方法融合中，实证实验可作为其他方法的有益补充，而不仅仅只是易于实现的方法（后续章节会进一步印证这一点）。下面将依次介绍图 2.1 中的各种方法，并为其与实证实验结合应用提供建议。

2.1 数学建模

数学建模是工业工程、管理科学和运筹学等领域的典型研究方法，包括确定性模型和随机性模型。从哲学上讲，数学建模与亚里士多德的科学观最为相似，即充分利用给定的（有限的）假设，并在此基础上建立模型。与直觉认知相左的是，建模不需要经验证明或支持，正如我们投掷飞镖不需要视觉天赋一样，虽然视觉天赋有助于我们更容易地击中目标。令人欣慰的是，关于数学建模的研究已由传统的"建立更复杂的理论模型"逐渐向"建立更实用的模型"转换。比如，通过对模型参数进行实证检验，可以实现上述转换目标。

事实上，我们对很多数学模型的结果已通过实证实验进行了验证，这是研究发展进步的体现，只有这样才能验证模型对现实世界因果关系描述的准确性。通常多种方法的融合能够揭示模型假设存在的缺陷，并为研究提供新契机（Bendoly，2011，2013）。所以，数学建模与实证实验的结合，有利于形成良性互动的研究过程：模型建立—模型验证—模型修正—模型重验。该原则也可以在本书相关章节的课堂教学中得到运用。

2.2 案例研究

与数学建模截然不同，案例研究更类似于伽利略的科学观，即先观察，再解释。该方法通常具有高度探索性，即在预先没有给定大量假设的前提下，探究问题是如何产生和发展的。案例研究最显著的特点是能提供极为丰富的现场细节。学者亲临现场可以为交流提供额外便利，有助于进一步清晰化学者的心智模式。我们希望案例研究能够解释理论模型难以解释的现象。事实上，案例研究已经推动了运营管理研究领域许多理论模型的落地。

基于案例研究而落地的理论模型有助于设计实证实验，并在后续实验中可能发现新问题（Bendoly and Cotteleer，2008）。与数学建模和实证实验的关系类似，案例研究和实证实验也会形成良性循环：案例模型—实证实验—案例验证—后续实验。

2.3 系统仿真

除数学建模和案例研究之外，还有一些折中方法，如调查归档和系统仿真。系统仿真和传统方法一样，也依赖于函数形式的假设，但其支持问题的动态变化，且通常无须假设因果关系。复杂的系统仿真仍需对系统微观机制做出较强假设（例如，某个特定流程是否存在？它遵循什么规律？），从而实现深层次的研究探索。

现有研究表明，在系统微观机制假设得到验证的情境下，运用系统仿真可分析更有现实意义的宏观现象。同时，各种实证方法（案例研究、调查归档等）也可以支持验证假设的合理性，如存量与流量、反馈循环、约束构建和数学表达式的估计方法（参数化）等。随着实验设计和观察水平的提高，实证实验对于系统仿真的辅助价值凸显（Croson et al.，2014）。事实上，如果没有实证实验作为辅助，系统仿真作为一般性方法就不会像现在这样受到青睐。

2.4 调查归档

与系统仿真不同，调查归档方法以命题为出发点，虽然理论模型能反映因果关系，但学者本能地认为仍需要实证证据证明，以避免其他因素可能导致的解释偏差。调查归档方法的核心是提出研究假设，而从某一特定角度对效应估计得出的结论往往是次要的。因素间的研究假设一旦被实验证明，这些研究假设又有助于初始假设的强化、模型关系的精练和解决方案的改善。

不幸的是，虽然运用纵向调查（longitudinal survey）或归档数据进行研究已较为普遍，但大部分研究仍只是简单比较和方差分析（analysis of variance，ANOVA）。少数研究考虑了模型因素间的非线性关系，但主流仍然是线性关系。这与系统仿真形成鲜明对比，系统仿真方法考虑了大量非线性假设，比如关于流速、存量随着时间变化的非线性特征。不过，调查归档方法可以与实证实验结合，形成强烈的协同效应。目前大多数实证实验在实验前和实验后会进行问卷调查，以弥补由于实验本身结构特点而无法获得的数据，同时防止实验误差和分析带来的传统风险[操纵检查（manipulation checks）、混淆检查（confounding checks）、霍桑检查（Hawthorne checks）等]。另外，它们还可以作为模型估计中的控制项，使得实验数据能够更好地帮助学者提出管理学观点（Bendoly et al.，2014）。

然而，多数调查归档结果往往与初始假设并不相符。因此，我们通常需要在事后对二者之间的不一致进行理论解释。后续的实证实验能否证实事后提出的理论？在调查归档研究之前，新理论的提出是否受到了先前实证实验的启发？如果一种方法能有效促进另一种方法对研究问题的理解，那么多方法研究的价值才能充分地体现出来。只有使用正确的研究方法，才会推动理论和实践的进步。

2.5 实证实验

实证实验无论作为主要研究方法还是辅助研究方法都发挥着重要作用。在这里，我们不讨论实证实验的基本知识（详见 Bachrach and Bendoly，2011；Katok，2011；Rungtusanatham et al.，2011），而是关注最佳实证实验所应具备的特征，进而指导课堂教学。

2.5.1 识别行为现象以进行实验

从研究上说，对某种行为现象的认知往往基于已有研究。不过，学界也开始逐渐地关注从实践中学习。教学和培训中，学生对实践的认知是教学设计的基础。如果他们对某行为现象已理解，那么就没有必要设计教学活动证明该现象的普遍存在性（例如，若学生均理解"赌徒谬误"现象及影响，则针对该现象的教学设计将毫无意义）；如果他们没有掌握，或自以为理解却实际上并不理解，那么就有必要设计教学活动让他们参与进来，并为后续教学和培训收集数据。

此外，选择合适的参与者（学生或员工）也是实证实验成功的关键。如果选择的参与者不符合研究问题的要求，那么实证实验得到的结果几乎没有什么价值，所以教师应该充分考虑课堂教学与参与者在背景和需求方面的匹配性。显然，若仅为了方便，而将教学活动与不合适的参与者强行匹配，结果会非常糟糕，也浪费教师和参与者的时间。

2.5.2 明确测量对象以提升理解

"你不能管理你无法测量的对象"这句话虽广泛流传，但褒贬不一。实际上，人们一直在试图管理他们无法测量的对象，只是不一定用最好的方式（甚至有时候方法还是错误的）。这种情况下，无知不是件好事，它将导致人们最终很难理解无法测量的对象。如果我们仅凭理论（或直觉）去理解和管理这些无法测量的对象，从根本上说是具有风险的；那么，学者和实践者必须意识到可测量性对于管理周围发生的现象的重要性。事实上，选择正确的测量对象与选择正确的测量方法同等重要。

经过客观收集和检查的数据不会撒谎，即便不能完整、清晰地反映现实状况，也仍是有用的，因为它们可以帮助我们调整观察方法。如果现象中对象的主要方面能够被有效地测量，那么学生和教师就可以在大量的观察探讨和主动学习的机会中受益。当研究中或课堂上的数据对现实状况的描述是清晰和完整的，我们就能形成深入的理解或者调整心智模式，并更好地进行管理实践。另外，在推进讨论的同时，数据作为历史记录也为后续研究奠定了基础。

2.5.3 设计测量计划以传授知识

一旦测量对象确定，测量过程本身亦不简单。如果数据收集面较广，获得的启示也许会远超你的预期。除了案例研究和实证实验之外，绝大多数方法都需要假设函数形式，这具有高风险性，因为学者对真实的函数形式往往一无所知。仅仅聚焦在假设函数下探究事先设定好的问题，会限制研究的视野（再次强调，应注重多方法融合）。实证实验的优越性在于既可以收集到我们感兴趣的测量数据，也可以收集到大量其他相关数据，这些相关数据至少能用于设计检查和分析能力控制，也能用来更全面地阐述现实问题。

上述提及的优越性需要建立在好的实验设计上。好的实验设计能够帮助学者清晰地识别主要数据和辅助数据所代表的含义。整个实验过程中，在正确的时间收集准确、清晰和合适的数据至关重要。行为现象的教学设计亦是如此，如果观察的时机不当，或数据与要描述和讨论（及相关学习）的行为现象关联性不强，很可能导致课堂活动起不到效果。因此，教学活动的预测试和实证实验的预实验一样重要。

依据关注的问题，我们鼓励教师在教学活动中有选择性地讲授本书的相关内容。事先考虑各种可能的方法，选择适合您的方式讲授，当然也可大胆地开展实验。如果您在教学中发现了新的改进方法，请告诉我们，我们将把改进后的版本更新至本书网站，以便其他教师从您的改进中受益。当然，对于那些致力于推动行为运营领域发展的学者提出的改进意见，我们同样虚心采纳，并分享给大家。本书力争成为联系研究和教学的桥梁。让我们珍惜机会，并享受这个过程！

参 考 文 献

Bachrach, D. G., Bendoly, E. 2011. Rigor in behavior experiments: A basic primer for SCM researchers. Journal of Supply Chain Management 47 (3), 5-8.

Bendoly, E., Croson, R., Gonçalves, P., Schultz, K. 2010. Bodies of knowledge for research in behavioral operations. Production and Operations Management 19 (4), 434-452.

Bendoly, E. 2011. Linking task conditions to physiology and judgment errors in RM systems. Production and Operations Management 20 (6), 860-876.

Bendoly, E. 2013. Real-time feedback and booking behavior in the hospitality industry: Moderating the balance between imperfect judgment and imperfect prescription. Journal of Operations Management 3（1-2），62-71.

Bendoly，E.，Cotteleer，M. J. 2008. Understanding behavioral sources of process variation following enterprise system deployment. Journal of Operations Management 26（1），23-44.

Bendoly, E., Swink, M., Simpson, W. 2014. Prioritizing and monitoring in concurrent project work: Effects on switching behavior and productivity. Production and Operations Management 23（5），847-860.

Croson，R.，Donohue，K.，Katok，E.，Sterman，J. 2014. Order stability in supply chains：Coordination risk and the role of coordination stock. Production and Operations Management 23（2），176-196.

Katok，E. 2011. Using laboratory experiments to build better operations management models. Foundations and Trends in Technology，Information and Operations Management 5（1），1-86.

Rungtusanatham，M.，Wallin，C., Eckerd，S. 2011. The vignette in a scenario-based role-playing experiment. Journal of Supply Chain Management 47（3），9-16.

第二部分

生产与服务系统

第 3 章

同步和有节拍的流程：流程约束和动态变化的管理[①]

Elliot Bendoly（伊利亚德·本德里）

3.1 概　　述

埃利亚胡·高德拉特提出的约束理论对运营管理者和学者在流程设计的思考方面产生了深远影响。约束理论强调识别流程瓶颈，即限制系统产出的关键约束，同时也强调处理关键约束的策略。此外，约束理论突出潜在约束的动态性，以及流程变化和系统约束之间复杂的交互作用。比如，《目标：持续改进的过程》（Goldratt and Cox，1984）通过活动的描述，说明了串行处理系统中的复杂关系。实践中，约束理论广泛应用于各类运营场景，如计算机维修、保险理赔服务、三明治制作流程等。

本章以珠宝修复流程为例，阐述珠宝修复流程中的约束与动态变化。首先对珠宝修复流程进行整体描述，同时，学生可以在两阶段的珠宝修复流程活动中互动。其次，简要讨论该活动中出现的反直觉结果。为了帮助读者理解这些结果，本章借助简单的计算机仿真，演示珠宝修复流程对动态变化和约束的敏感程度。再次，对珠宝修复活动进行修改，从而帮助读者更好地理解动态变化如何影响整个修复流程。最后，将探讨促使简单的动态运营管理流程复杂化的相关行为现象。

3.2 理 论 基 础

在关于人的行为如何影响运营流程的讨论中，很重要的一点是识别什么会受到人的行为的影响，以及这种影响的来源。事实证明，即便是在自动化程度非常高的环境下，人的行为也会影响运营流程。其中，大部分影响源于管理层，并最终影响到基层员工的工作及表现；其他影响则是源自员工在管理层所设定相关条件下的行为。通常，运营流程会放大人的行为因素的影响，这使得决策与运营结果之间的链接变得模糊。更加不幸的是，由于管理层和基层员工的行为都能影响

[①] 注：本章讨论的概念是非常紧凑和简洁的，相关概念会在后续章节被不断地提及。因此，建议教师和学生在读随后章节之前，先读本章。

运营结果，所以我们有时会将结果的成败错误地归因于某些员工，这导致不当的赞美（奖励）或指责（惩罚），从而造成负面影响。

归因偏差在现实中普遍存在，并在社会心理学研究中得到广泛验证。随着因果关系间的复杂性和不透明度的增加，个人越来越有可能错误地将好的结果归因于一些特定行为（Onifade et al., 1997）。目前，与归因偏差相关的前沿解释较多，其中大部分是基于人们具有某些不可避免的认知局限性，即认知局限性削弱了人们正确理解因果关系的能力。

随着系统复杂度的增加，我们正确认知因果关系的可能性降低。这是因为行动与结果之间的延迟，以及难以用统一的标准衡量实际结果等，模糊了复杂关系（Sterman, 1987, 1989; Diehl and Sterman, 1995; Schweitzer and Cachon, 2000; Bendoly, 2013）。不仅如此，约束条件也在不断变化，即使因果关系固定，由于现实世界的动态性，约束条件的变化也使得因果关系变得模糊不清，进而增加了对现实问题建模的难度（Kleinmuntz and Thomas, 1987; Massey and Wu, 2005）。

因果模糊性（causal ambiguity）和潜在的因果错觉造成管理混乱，并对员工的行动产生不良影响（Sterman, 1989）。如果管理层和基层员工希望解决上述问题，那么，正确认识到归因偏差显得尤为重要。因果模糊性情境下，管理层和基层员工可能忽略了不可预期行为的副作用、子母系统间的权衡以及长短期绩效间的权衡（Forrester, 1971; Sterman, 2000, 2001; Bendoly, 2014）。正因为如此，在现实世界的复杂管理问题情境中，一些行为通常被认为可能导致反直觉的结果。更糟糕的是，如果这些行为的全部影响只能事后度量，那么即便是最轻微的积极反馈（或者非及时的消极反馈）也会被曲解，从而强化了这样一种信念，即现实模型虽然有缺陷，却是正确的。这进一步导致"能力陷阱"（capability trap）这种负面现象的形成，即误解能力得到加强而关键能力被减弱（Repenning and Sterman, 2002）。在相关文献中，上述机制还可能引发"盲目性学习"现象（Levitt and March, 1988; Zollo, 2009）。

研究表明，人们易于相信有缺陷的因果关系（Shermer, 2012）。从进化论角度看，我们受益于误报（即假阳性，false positive，个体报告丛林中有老虎，而实际上并没有）而不是漏报（即假阴性，false negative，个体报告丛林中没有老虎，但实际上有）。假阳性促使人们能遵循自己的想法——相信存在因果关系，即便最后被证实是有缺陷的，亦比认为不存在因果关系而不值得检验要强得多。

作为管理者，我们同样能从原始模型中学到东西。虽然我们可能会发现自己完全错了，但也会学到一些关于我们所处场景的新知识，如果不按照我们的心智模式决策，我们永远也不会明白它们可能存在众多缺陷。除此之外，我们还可以学会如何更好地评估周围环境，解释因果关系产生的延迟，以及如何更有效地确定导致绩效变化的主要原因。

3.3 实际案例

为验证上述想法，让我们从一个简单的案例入手——珠宝修复。事实上，与纪录片中常提及的相反，珠宝修复在几小时内即可完成，并不需要耗费几天时间。微型金属雕像、袖珍型的油画、古董戒指、小型石刻、玻璃器皿等，这些都是小巧且易管理的东西，但是它们往往又是成批的（如珠宝系列、成套玻璃高脚杯等），因此，修复工作由于数量较大而十分耗时。另外，因为许多步骤具有重复性，所以负责管理修复工作的管理者通常给员工指派其擅长的任务。

然而，在修复流程中，员工通常需要接受技能交叉训练，以便必要时协助完成其他任务，从而形成柔性的修复装配线。此时，修复流程的复杂性管理问题出现了。这主要源于两方面，一是工作的串联性，二是员工生产力的固有差异及约束。另外，允许员工在工作流程中自行决定工作内容，这可能使修复流程更加复杂。而且，这种决定是否会提高生产效率，以及是否存在更有效的方式提高修复流程的整体绩效还尚未可知。

3.4 学习活动

为研究串行流程中的动态性，将一个班级学生分成多组（理想情况下是 4 组及以上），每组 5 名学生（若人数不足，则需要有人同时担任多个角色）。参与者需要设想自己在珠宝修复流程中扮演的角色。珠宝修复流程被分为如下 5 个步骤，并且参与者在他们各自的工作站分别进行修复工作。

A. 珠宝拆解
B. 珠宝清洁
C. 配件维修
D. 金属抛光
E. 重新装配

所有的珠宝必须严格按照顺序依次经过每个工作站（例如，须在完成珠宝清洁和重新测量工作后，才能开始配件维修工作）。然而，珠宝在每个工作站停留时间不同（即是不确定的），这取决于员工的技能、任务复杂度以及每个特定步骤中需要修复的数量等。修复流程通常出现如下两种情况：①某一个工作站的延迟导致下一个工作站处于空闲状态；②工作站延迟导致该站修复的物件在库存区不断积压，这会引发一些运营管理上的问题，比如，部分在制品会丢失。

实验设置如下：使用 5 个纸盒代表 5 个库存区，并分别对应 A~E 5 个工作站，第 6 个纸盒表示"完成工作"；纸盒里的筹码表示库存区等待处理的珠宝（图 3.1）；

也可以采用更简单的实验设置：用直线将一张纸分成 6 个部分，并用贴纸表示不同加工阶段。上述任何一种设置都能够演示流程的动态性。

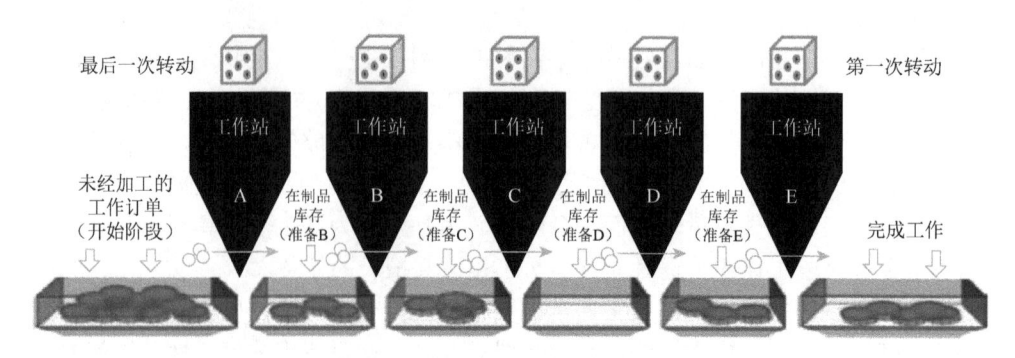

图 3.1 流程动态活动的设置

通过投掷一枚六面骰子的方式，确定每个工作站的工作量，从工作站 E 至 A 依次轮流投掷骰子，每一个循环被称为一个回合。记库存数为筹码数，如果骰子数等于或小于该工作站对应的库存数，那么根据骰子数将筹码从该库存区移至下一个库存区。该流程中，筹码与骰子的流向是相反的，从而保证工作站 E 有可处理的筹码。

例如，工作站 B 的库存区中有 4 个筹码，当工作站 B 成员投掷骰子数为 3 时，将从工作站 B 的库存区移动 3 个筹码至工作站 C 的库存区中。然而，当骰子数大于筹码数时（如骰子数为 6），则将工作站 B 的库存区中所有筹码移至下一个库存区。当筹码经过工作站 E 后，将被放置在"完成工作"盒子里。

每组要求按照上述规则进行 6 个回合。在第一回合开始前，工作站 B~E 的库存区中的初始筹码数量均为 4，剩余的筹码置于工作站 A 的库存区。我们使用如图 3.2 所示的表格记录每一回合转移的筹码数量。

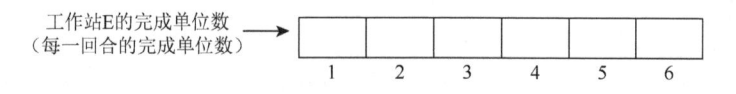

图 3.2 基本活动的有效产出记录表

3.4.1 初始结果

通过观察所有组的实验情况，我们发现，骰子投掷结果的平均值为 3.5。如果该值是工作站 E 的平均产出，并且工作站 D 总能为工作站 E 提供充足原料，那么 6 个回合下来，我们预计系统的平均有效产出值为 6×3.5 = 21。然而通过对结果进行检查（假设每个组都遵循规则，并且骰子重量均匀）发现，最终每个组的完成数却远低于该值，这是为何？

产生上述结果的原因在于，某些情况下工作站和员工部分处于闲置状态，由于缺乏材料，他们不能完成原本应完成的工作，这引起了我们的注意。同时，在我们的演示中，我们没有真正地充分利用某些环境条件，例如在实验中，我们并没有发挥受过交叉训练员工的作用。根据约束理论，提升约束能力和从事其他活动，可提供更多改进的可能，员工可以根据需要将多余的能力自由地分配，这样就可以为检验本实验的逻辑提供理想的环境。

3.4.2 方案1：激励效应

当管理者找到解决方案时（例如，本案例中的能力动态分配），他们很少仅把它当作建议交给员工，相反地，他们通常以不同方式激励员工。工作的激励效应是影响个人自行裁决能力再分配的因素之一（Schultz et al., 1998）。例如，依据在自己岗位上完成的工作量给予奖励，与依据系统有效产出给予奖励对员工的影响是不同的（Bendoly et al., 2010）。为验证这一结果，我们将班级学生平均分为两组，分别按照两种激励方式再次进行实验。实验共计10个回合，在每个回合，学生都可以选择将投掷的骰子数自己使用或者借给别人使用，这样应该会产生一些有趣的结果。为跟踪实验进程和观察激励效应如何影响实验结果，我们设计了一个详细的任务记录表，如图3.3所示。

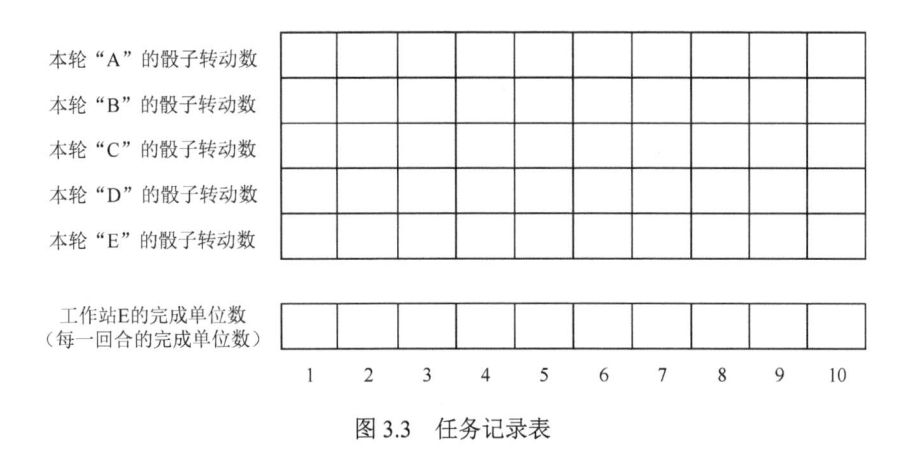

图3.3　任务记录表

根据上述规则进行了10次实验，我们发现，最终完成的结果数，即10次实验结果的平均期望值仍然小于3.5。该结果值得我们思考：为何仍然不能实现平均的绩效呢？

出现这样的结果不能简单地用运气差来解释,也不能完全归因于员工分配产能的选择。从根本上说,这其实是生产服务流程的本质特性所造成的。正如用投掷的骰子数来描述一样,员工的生产能力存在不可控变量。另外,串行生产系统结构和有限的初始库存,从根本上限制了工作的完成。如果我们把同样的任务交给计算机处理,也会得到相同的结果。

本书附带的Synch&Swim.xls Excel工作簿中提供了仿真工具,该仿真工具可说明串行系统生产能力变化的动态性(如上述实验)。下面将模拟20次实验,每次以投掷骰子的方式进行20个回合(图3.4)。仿真模拟结果和班级实验结果非常类似。由于每次投掷骰子的平均数为3.5,只要最后的工作站E总能从工作站D获得足够多的任务,则20个回合的平均完成结果为70。考虑到这只是平均值,通常情况下,完成结果应该有50%的可能性超过该值。

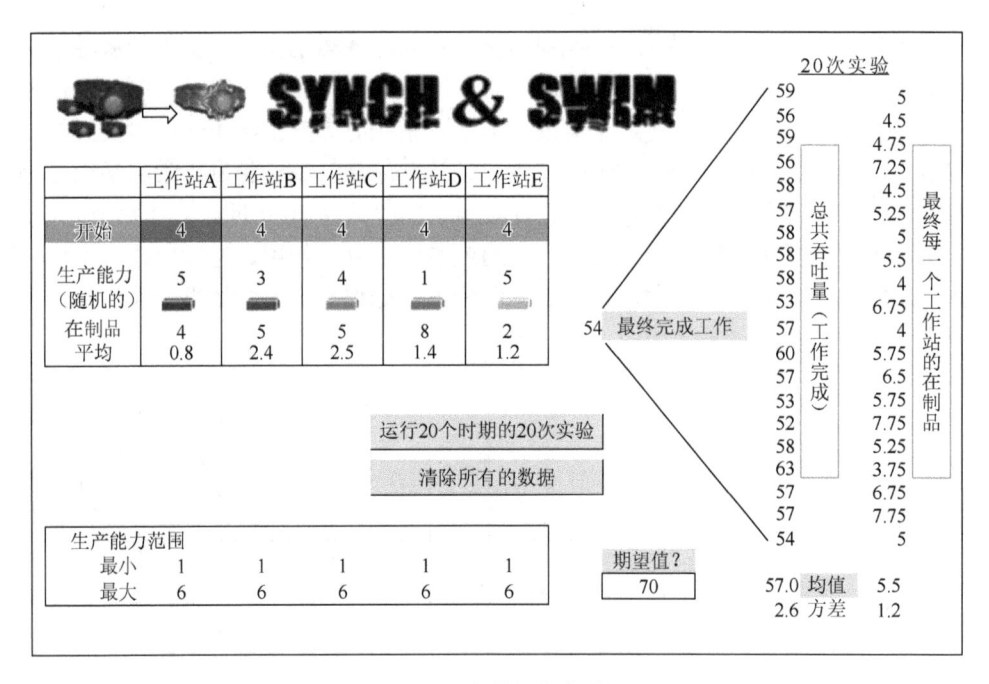

图 3.4 动态模拟程序说明

当然,因为实验流程中不同步骤间存在相互依赖性,所进行的测试必须非常精细。实际上,20个回合中,没有一组的完成数超过70,平均完成数只有56。

上述结果的差异与骰子有多大关系?为弄清这个问题,我们控制骰子值,让其以等概率方式呈现。如果我们保持平均值3.5不变,但缩小其可能的取值范围(例如,选一个数值是2、3、4、5的四面骰子,或者一个数值分别为3和4

的两面硬币），则系统总体有效产出将显著提高。特别是当初始库存较低时（3或者 4），其效果尤为明显。当然，如果初始库存增加，我们仍然可以提高有效产出，如图 3.5 所示（Excel 工作簿中的第二个工作表）。

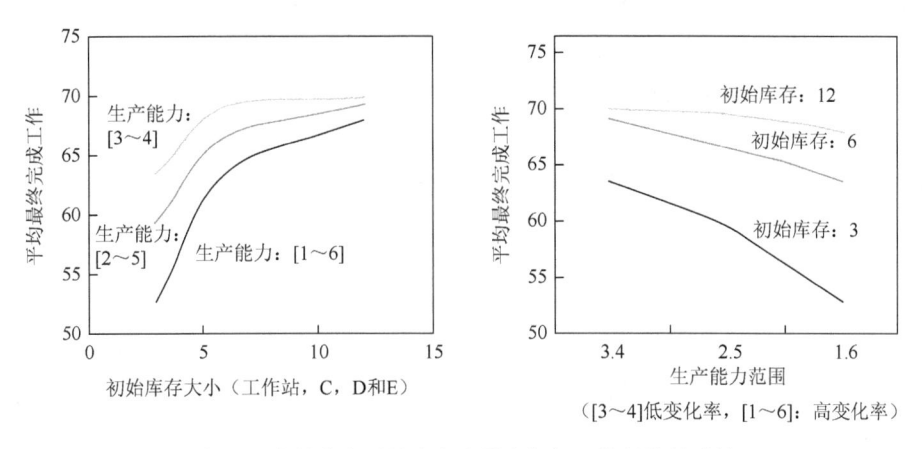

图 3.5 有效产出对约束和变量之间相互作用的敏感性

如果我们可以解决内部的可变性或增加库存（本质上是尽量放松资源约束），那么产出将得到显著提高。然而，天下没有免费的午餐，库存将导致存储成本。尽管库存并不占用很大空间，但长期处于未完成状态的库存可能会丢失或损坏。而且，实践表明，库存的存在会降低员工努力工作的程度（从而导致产出的减少）。此外，降低生产能力可变性也并非易事，任何能够降低可变性的措施（如训练、控制等）都会带来附加成本，且并不能保证一定能提高产出。

然而，如果我们跳出常规思维的框架，提出可以增加系统灵活性的替代方案，或许就能够解决流程约束及动态变化所导致的产能受限问题。基于此，我们对课堂活动进行如下改进。

3.4.3 方案 2：所有权效应

与激励效应方案不同，所有权效应（ownership effects）方案考虑了行为的动态性。具体而言，如果员工关注整个流程的产出，即产出由所有成员的努力共同决定，则会增加员工共享产能的意愿。在极其复杂的流程中，员工对于系统动态性的不同理解会对其效率产生重要影响（Bendoly, 2014）。但针对较简单流程，如本案例，我们假设系统动态性可以被充分理解。然而，员工对所有权仍存在不同认知，特别地，团队工作情境下，员工所有权的感知对运营系统绩效的影响会和激励效应带来的影响类似。

在学习活动中，我们可采用不同方式创造不同的所有权认知，形成相应的激励结构。譬如，在起始的 6 个回合中，激励一半学生关注个人产出，而另一半学生关注整体产出（按照最初设置，不允许共享任何产能）。经过仿真分析，该激励结构等同于团队激励的 50%源自个人生产能力，其余 50%源自系统整体产出。通常，在活动中形成的系统产出差异会在最后 10 个回合显现出来。因此，与方案 1（图 3.3）类似，构建能够刻画系统动态性的复杂激励结构是非常有意义的。

3.4.4 其他行为因素：相对负荷、兴奋和压力

即便是在简单的员工管理流程中，动态复杂性也值得关注。在后续章节中我们将继续讨论其他的行为现象。例如，有研究显示，工作效率和激励大小之间存在着倒"U"形关系（Bendoly and Prietula, 2008）。当没有分配给员工具有足够挑战性的工作时，他们将会对工作失去兴趣，工作也无法完全激发他们的潜能（Locke and Latham, 1990），进而导致了对工作时间的研究（Parkinson, 1957）。在多员工系统中，这些员工可能会向其他人表达自己的不满（不管是否真的有理由），从而激励上游提高生产力，以降低工作量不足的风险（Schultz et al., 1999）。然而，如果工作量过高，同样也会产生消极影响。例如，员工的压力过大通常会导致效率低下、工作失误以及停工。该影响并不仅限于人的心理，还涉及人的生理（Bendoly, 2011, 2013）。当员工的工作积极性被充分地激发，但又不至于被压力压倒时，就可以产生最佳的绩效。何种程度的工作挑战性最合适？这依赖于个人情况及技术水平（Bendoly and Prietula, 2008），而这种依赖性通常可以在简单的流程中观察到。

但是，对于更为复杂的流程，上述现象又是如何体现的呢？相应的问题如下：①方案 1 或方案 2 如何影响产能分配？②方案 1 和方案 2 如何影响个人的生产效率及整个系统的产出？③是否可以提出其他的策略/规则，实现更有效的产能再分配？

3.5 讨 论

上述活动及其后续修改所体现的动态性刻画了在更为复杂的现实情境下所观察到的相关特征。管理者通常关注系统中的非人为因素，或者试图将人的心理和社会动态简单地视为噪声。除了对所涉及的员工造成伤害之外，这种反应本质上还忽略了利用这些典型的人性特征的可能性。另外，人们很容易误解人的行为与长期绩效间的因果关系。

虽然目前普遍认同激励对人的工作有影响，但在具体操作环境中，实际上很少对激励进行严格的评估，而且通常在工作中提出的行为激励并不能达到预期效果。如果管理人员打算真正地利用高德拉特等关于约束理论所揭示的经验教训，他们需要进一步考虑系统的软要素——行为因素，以及这些软要素所隐含的自我纠正和阻碍现象。

同时，对于人的行为，管理者不仅在形成心智模式时要谨慎，更需要从根本上理解其内涵。通过融入人的行为因素的新策略以解决运营管理问题，对于管理员工和理解生产服务流程的内在变化十分重要，同时还有利于形成更准确的心智模式。实际上，心智模式的发展应当结合工业流程的规则和架构，以及其中人类可预测的非理性行为模式，通过持续改进，进而提升整体运营绩效（Ariely，2008）。

参 考 文 献

Ariely，D. 2008. Predictably Irrational. New York：Harper Collins.

Bendoly，E. 2011. Linking task conditions to physiology and judgment errors in RM systems. Production and Operations Management 20（6），860-876.

Bendoly，E. 2013. Real-time feedback and booking behavior in the hospitality industry：Moderating the balance between imperfect judgment and imperfect prescription. Journal of Operations Management 31（1-2），62-71.

Bendoly，E. 2014. Systems dynamics understanding in project execution：information sharing quality and psychological safety. Production and Operations Management 23（8），1352-1369.

Bendoly，E.，Croson，R.，Gonçalves，P.，Schultz，K. L. 2010. Bodies of knowledge for behavioral operations management. Production and Operations Management 19（4），434-452.

Bendoly，E.，Prietula，M. 2008. In "the zone"：The role of evolving skill and transitional workload on motivation and realized performance in operational tasks. International Journal of Operations and Production Management 28（12），1130-1152.

Diehl，E.，Sterman，J. D. 1995. Effects of feedback complexity on dynamic decision making. Organizational Behavior and Human Decision Processes 62（2），198-215.

Forrester，J. W. 1971. Counterintuitive behavior of social systems. Technology Review 73（3），52-68.

Goldratt，E. M.，Cox，J. 1984. The Goal：A Process of Ongoing Improvement. 2nd ed. Great Barrington，MA：North River Press.

Kleinmuntz，D. N.，Thomas，J. B. 1987. The value of action and inference in dynamic decision making. Organizational Behavior and Human Decision Processes 39，341-364.

Levitt，B.，March，J. G. 1988. Organizational learning. Annual Review of Sociology 14，319-340.

Locke，E. A.，Latham，G. P. 1990. A Theory of Goal Setting and Task Performance. Englewood Cliffs，NJ：Prentice-Hall.

Massey，C.，Wu，G. 2005. Detecting regime shifts：The causes of under and overreaction. Management Science 51（6），932-947.

Onifade，E.，Harrison，P. D.，Cafferty，T. P. 1997. Causal attributions for poorly performing projects：Their effect on project continuation decisions. Journal of Applied Social Psychology 27，439-452.

Parkinson，C. N. 1957. Parkinson's Law，or The Pursuit of Progress. Cutchogue，NY：Houghton Mifflin.

Repenning，N.，Sterman，J. D. 2002. Capability traps and self-confirming attribution errors in the dynamics of process improvement. Administrative Science Quarterly 47, 265-295.

Schultz, K. L., Juran, D. C., Boudreau, J. W. 1999. The effects of low inventory on the development of productivity norms. Management Science 45, 1664-1678.

Schultz, K. L., Juran, D. C., Boudreau, J. W., McClain, J. O., Thomas, L. J. 1998. Modeling and worker motivation in JIT production systems. Management Science 44, 1595-1607.

Schweitzer, M. E., Cachon, G. P. 2000. Decision bias in the newsvendor problem with a known demand distribution: Experimental evidence. Management Science 46 (3), 404-420.

Shermer, M. 2012. The Believing Brain: From Ghosts and Gods to Politics and Conspiracies: How We Construct Beliefs and Reinforce Them as Truths. New York: St. Martin's Griffin Press.

Sterman, J. D. 1987. Testing behavioral simulation models by direct experiment. Management Science 33 (12), 1572-1592.

Sterman, J. D. 1989. Modeling managerial behavior: Misperceptions of feedback in a dynamic decision making experiment. Management Science 35, 321-339.

Sterman, J. D. 2000. Business Dynamics: Systems Thinking and Modeling for a Complex World. New York: McGraw-Hill.

Sterman, J. D. 2001. System dynamics modeling: Tools for learning in a complex world. California Management Review 43, 8-24.

Zollo, M. 2009. Superstitious learning with rare strategic decisions: Theory and evidence from corporate acquisitions. Organization Science 20 (5), 894-908.

第 4 章
流程与认知：行为视角下的 Kristen 案例

Steve V. Walton（史蒂夫·沃尔顿）和 Michael Alan Sacks（迈克尔·阿兰·萨克斯）

4.1 概　　述

传统运营管理中，对流程的分析是从完全理性的角度出发的。潜在假设是，只要能理解数学，就能理解流程分析（process analysis）。我们经常用经典案例——Kristen 饼干公司（Kristen's Cookie Company，简称 Kristen）来说明上述假设。Kristen 案例中的行为偏差将验证运营管理（尤其是业务流程分析）中可能发生的一系列常见误解，即理性模型通常假设复杂操作系统中的人员是确定性的、可预测的、独立的、无情感的和可替换的，从而导致模型计算的最优结果与实际存在显著偏差（Boudreau et al.，2003）。

行为运营管理是相对较新的学科领域，它认为运营系统中的人是可预见的非理性个体。因此，从考虑人的行为视角研究 Kristen 案例，有助于避免在流程分析中忽视人的固有动态属性。为此，本章通过拓展传统的 Kristen 案例教学方法，引入对行为因素的讨论。

在业务流程分析中针对行为因素的影响容易走向两个极端：一方面，服务型业务强调以人为中心，导致难以应用流程分析方法；另一方面，生产型业务强调机械自动化而完全不考虑人的行为影响。处在两个极端之间的企业，即使在业务流程中涉及大量人的行为，仍倾向于将流程看作机器进行优化。

通常，忽略人的行为影响而采用机械化管理方法将导致一系列负面影响，例如无法管理人们之间的依赖性、没有考虑人在工作中的状态变化以及只做有限的风险分析等，并由此产生一系列具有挑战性的现实问题，包括资源不当分配、岗位职能预期偏离、目标错失、士气低落和绩效降低等。

有趣的是，部分企业已经在运营中利用行为方面的优势，比如采用精益管理、全面质量管理（total quality management）、六西格玛（six Sigma）等以员工为导向的流程改进方法。该类方法强调人的行为因素对业务流程绩效的影响及在业务流程改进中的作用，因此采用这些方法的企业更熟悉人在流程管理中的影响。

总而言之，管理实践面临的挑战是，管理者或完全忽视人的行为因素，或过度关注人的行为因素影响，或频繁地在组织中使用"万金油"策略，如不可信的

"江湖秘方",或未经检验的神奇的管理策略（Pfeffer and Sutton，2006）。一般来说，人们（尤其是管理者）会受一些行为因素影响，比如被生动的宣传和营销所误导，过分注重教条和信念而非证据，以及过度依赖基准测试的结果（即使存在可用性偏差）。因此，从行为视角重新审视传统运营管理模型，将有利于理解传统运营管理模型的不足，提高企业的决策能力。

4.2 理论基础

4.2.1 传统运营管理理论

Boudreau 等（2003）针对传统运营管理理论，提出如下模型假设。

（1）人不是运营管理模型的重要部分，事实上，许多运营管理模型强调设备性能和调度规则，完全忽视了人的参与。

（2）如果模型中涉及人，通常将人假定为机器：它们可以互换，有着相同的技能，每次都能以可预测和一致的方式执行任务，并且可不间断地工作，随时待命。

（3）人与人之间没有人际关系交互和权力斗争，且价值观一致。

（4）人不具备冲动、固执、吝啬或尴尬等个性特征。

（5）人的工作可被准确地建模和度量。

上述关于人的假设是现有运营管理文献中大多数传统模型构建的基础。

4.2.2 传统模型的局限性

传统模型中的假设有利于简化数学运算，保证模型的可分析性。但是当将这些假设应用于实践时，其与现实不符的特性就会显现出来。现实中，人是有限理性且易受情绪影响的，对于不同的动机和激励，会做出不同的反应，同时人又在社会系统中生活和工作。由于人的行为违背了模型中关于其完全理性的假设，因而大大弱化了这些模型在实践中的应用。更糟糕的是，如果管理者应用基于错误假设的模型，有可能带来严重的管理问题。所以，最好的方法是，运用确定性分析方法，将模型置于所属社会环境中，从而得到更符合实际的结果。

1. 人类行为的心理学和社会学研究

社会学及心理学领域的大量研究表明，在很多工作场景中，个体决策行为都会表现出有限理性。社会学及心理学领域研究主要关注人的行为对运营管理系统产生的负面作用，旨在批判运用理性方法研究组织中人的行为的不现实之处。其中，经济决策和运营管理的研究是两个典型例子。

经济社会学与新古典经济学的主要分歧在于人的行为因素在经济决策中占据何种地位。经济社会学的代表人物，如 Milton Friedman（米尔顿·弗里德曼）、Gary Becker（加里·贝克尔）[①]等，致力于反驳关于个体理性决策的基本假设——经济决策的核心目标是不顾个体状态而达到短期利润最大化，该争论为经济学研究打开了一扇新大门。随后的心理学研究发现，人们容易表现出心理偏差，并导致他们在做经济决策时产生非理性行为（Ariely et al.，2003；Bazerman，1986；Kahneman，1992；Tversky and Kahneman，1986）。此外，经济社会学强调嵌入性，即将经济决策嵌入社会系统中，从而在不同文化背景下产生不同的经济行为（Granovetter，1985；Uzzi，1996）。

运营管理领域的学者也开展了与人的行为相关的研究。随着装配线（assembly lines）、大规模生产等的出现，科学管理（如福特主义和泰勒主义）思想开始普及应用，该思想试图通过程序化人的劳动流程，实现工作效用最大化。科学管理的普及促使心理学和社会学开辟了新的研究领域：挑战"人的行为可以高效程序化"的观点。例如，早期批判科学管理的最著名的研究案例霍桑实验表明，由于管理者与员工进行公开对话的程度不同，员工在相似任务上的表现有所不同（Landsberger，1958），而随后的研究进一步论证了运营管理中人的行为在很多方面都远远不是高效和科学的（Biggart，1977；Selznick，1996）。

2. 心理学和社会学方法的局限性

众多关于组织的研究表明，模型中关于人的理性假设不符合人的实际行为。然而，这些研究的局限在于并没有提出切实可行的方法替代原有方法——仅仅提供批判意见并不够，还需要提供能够解决实际问题的理论。另外，研究的另一个局限在于过度关注问题的负面影响，譬如工作低效、非理性、工作场所的压力等。因而这些研究留下了一个悬而未决的问题：如何积极地对待这些合理的担忧。最近出现的正向组织学理论旨在研究非理性行为能否导致积极的组织结果，从而填补这一空白（Dutton et al.，2006；Rynes et al.，2012）。

基于对运营研究与社会学及心理学研究文献的回顾，本章将这两类文献中的见解纳入到运营管理的教学中，以求改进运营商业实践。在研究和实践中，通过放松人类似于机器建模的假设，能更准确地描述人的行为对流程性能的影响。本章阐述教师如何将人的行为因素自然地纳入到运营流程分析中。

4.3 实际案例

基于某大型国际航空公司维护运营的实际案例，研究如何在维护运营流程中

[①] 译者按：Milton Friedman，芝加哥大学经济学教授，1976 年获诺贝尔经济学奖。Gary Becker 美国著名经济学家、芝加哥经济学派代表人物之一、芝加哥大学教授，1992 年获诺贝尔经济学奖。

考虑人的行为因素。航空公司的维护机库是典型的加工车间,包括引擎组装、引擎检测到涂装等一系列流程部门。传统的运营管理研究通常关注部门间联系的密切程度,以及如何规划通过多个部门完成定量工作的最优路线规划(如五项工作由四个部门完成)。虽然这些都是重要的问题,但缺乏对人的行为因素的考虑使得这些研究面临巨大挑战。例如,发动机的拆卸、彻查、修理及测试等工作较为复杂,需要维修和发动机测试部门的相互信任与团队合作。因此,在实践中,维护运营的各部门会组成跨部门工作团队,团队的成功取决于部门间的合作方式。不同部门之间信息的相互传递与协作由专门员工负责完成。因此,只有明确团队和组织文化的重要性,才能更好地实现运营目标。

4.4 学习活动

Kristen 案例在行为方面的教学是基于学生对行为因素了解有限的重要假设,因为我们所描述方法的重点就是如何以 Kristen 为背景,将行为问题与流程分析结合起来。如果学生已经非常熟悉行为因素,那么就可减少在这方面花费的时间。

4.4.1 模拟场景设置

第一个活动是用 Excel 模拟包含 4 台服务器的排队等待系统的场景。通过模拟验证了利用率和等待时间之间的关系为非线性,这与人们的普遍认知相矛盾。模拟时间控制在 10~15 分钟,具体时间取决于教师是否讨论波动性。服务器的初始设置为:4 台服务器工作,平均服务率 $\mu = 36$ 人/时,平均到达率 $\lambda = 70$ 人/时,依据排队论计算,结果如图 4.1 所示,其中,每位顾客平均等待时间为 0.13 分钟,服务台利用率近 49%。

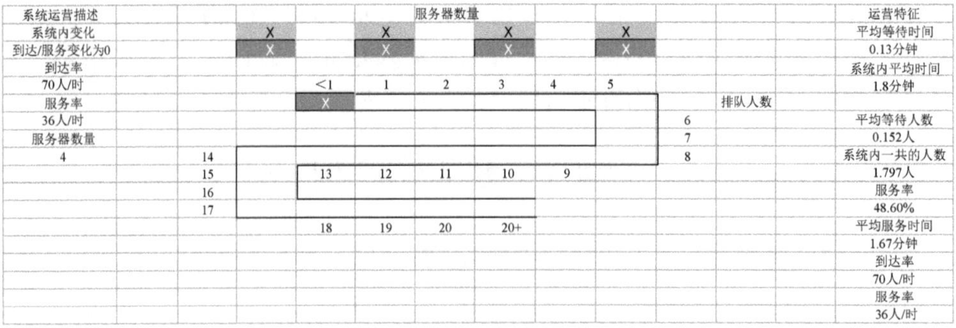

图 4.1 最初设置

第 4 章 流程与认知：行为视角下的 Kristen 案例

活动中，学生作为管理者被询问是否对操作结果感到满意。大部分管理者认为等待时间能接受，但服务器利用率太低。为提高利用率，学生建议将服务器的数量从 4 台减少到 3 台（如果有学生认为系统应该减少到 2 台服务器，老师这时应当否决这一提议）。在执行此建议之前，老师应要求学生推测等待时间和利用率如何变化，以及利用率大约会是多少。通常学生会回答"都会上升"，且推测利用率能达到 70%左右。学生给出推测结论后，老师开始实验；随后，学生发现顾客等待时间上升至 0.66 分钟，服务器利用率上升至 65%（这一步为后面出人意料的结果做了铺垫）。

许多学生觉得 65%的利用率仍然很低，并主张应该将服务器数量减少至 2 台。这时老师同意这一提议，并同时向学生提出两个问题（与前面相同但顺序颠倒）：利用率会如何变化？等待时间会如何变化？（之所以改变问题顺序，是因为等待时间的变化太过出乎意料）此时学生估计的等待时间在 90 秒左右，而老师再次要求学生估计最坏情况，学生估计的等待时间逐渐增加到 2 分钟甚至 5 分钟，但多数学生并不相信会达到最坏的估计结果，因为他们会认为这不切实际。图 4.2 中的阴影框显示了服务器数量由 3 台减为 2 台后的可视化队列。学生惊讶地发现，实际的顾客等待时间竟然达到了近 29 分钟。

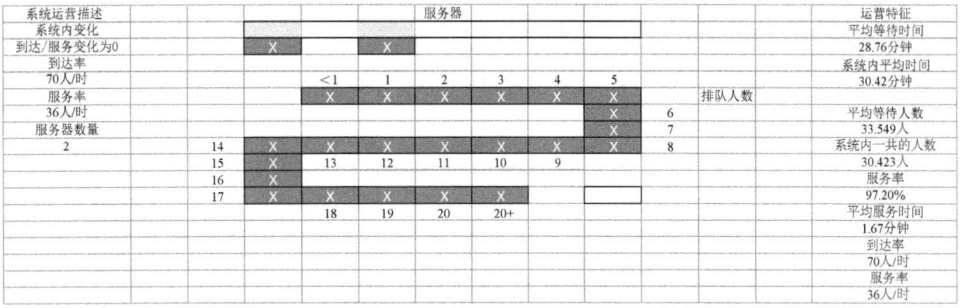

图 4.2 两台服务器模型

导致实际等待时间与学生估计的等待时间相差过大的原因有三个：①运用线性模型表示利用率和等待时间之间的指数关系；②等待时间的锚定值 0.66 分钟很低；③对于最坏情况的估计过度自信。

此时，教师应该强调拥有确定性模型的重要性，但与模型相关的人的行为因素也同样很重要。具体来说，教师可以解释锚定、过度自信，以及人们倾向于假定任何未知关系为线性关系等（Swinkels，2003；Sacks，2013）。

有很多非常好的例子都能证明这些行为因素。比如，Swinkels（2003）证明了代表性偏差、可得性偏差和锚定的影响。这些常见的行为偏差的定义和描述已经被广泛接受［参见 Sacks（2013）］。

如果需要，教师可以考虑增加波动性后，继续模拟。我们建议为系统中的变量赋予 100%的变化范围，这使得服务率在 36 人/时到 72 人/时之间随机变化，而到达率在 70 人/时到 140 人/时之间随机变化，之后重新进行模拟操作。当我们有超过 90 分钟的案例教授时间时，我们可以将这部分模拟添加到课堂教学中，因为增加模拟波动性，通常需要额外多 5 分钟。

4.4.2　Kristen 案例中行为运营讨论

Kristen 案例有多个版本，本节选取 Kristen 饼干公司（A1）案例（哈佛商学院案例，编号：9-686-093）。我们运用案例教学的方式与学生进行讨论并从四个不同角度分析重要行为引发的误解。

该案例教学包括四个关键点：①周期时间以及开始和完成时间；②产能的测定；③瓶颈（bottlenecks）资源的识别；④瓶颈资源的缓解。每个关键点都可能因行为方式而产生相应的误解，为此下面分别详细阐述。（有关如何教授 Kristen 饼干传统运营模型的更多详细信息，请参阅哈佛商学院教学指导，编号：5-688-024）案例中首先设定每个订单是 1 打饼干。之后扩展讨论每个订单包含多打饼干的情况。

1. 误解 1：混淆周期时间以及开始和完成时间

首先，教师提出的第 1 个问题通常是：完成一个紧急订单需要多久？教师可从更基本问题开始，即做一打饼干需要多久？对于这个问题，学生很快能意识到所需时间为各个工序（配料、装盘、烘烤、冷却、包装和支付）串联相加的时间，即开始和完成时间。但是，几乎每堂课，都有学生认为开始和完成时间还取决于该订单是否为夜间的第一批订单，这个问题引出了与瓶颈有关的周期时间的概念。[①]只有准确区分了周期时间、开始和完成时间，才能很好地回答上述问题。进而，引出误解 1：混淆周期时间，以及开始和完成时间。

学生对案例中紧急订单的完成时间主要有两种答案，分别为 26 分钟（开始和完成时间）和 10 分钟（周期时间），这证实了误解 1 的存在。该误解可用于引入思维缺陷，以及探讨如何使用流程分析结果。

教师可以在课堂上组织学生讨论正确答案是 26 分钟还是 10 分钟。此时学生对于他们的论点往往非常自信，因为双方都有经验性证据支持自身的观点。

---

① 译者按：企业在生产产品时，往往是按批生产，各批次之间可以并行生产，比如第一批次第一道工序生产完成，第二批次的第一道工序就可以开始，而不用等到第一批次所有工序完成。当批次足够多时，订单所需时间往往取决于耗时最长的工序，这也是生产效率的瓶颈，我们称最长的工序时间为周期时间。

然而，制作时间就是所有工序的时间之和，即开始和完成时间，因此在 Kristen 案例中为 26 分钟。在确定这一事实后，教师可询问那些认为完成订单时间为 10 分钟的学生为何一直坚信自己的观点。这说明人们基于证据或事实所带来的误解可能产生较严重的负面后果，同时也为随后探讨行为因素对运营决策的影响做好铺垫。

2. 误解 2：混淆有效产能和设计产能

随后，教师提出第 2 个问题："假如晚上工作 4 个小时，那么每晚可以完成多少订单？"部分学生会直接回答 8 个订单，这是因为他们错误地将 4 小时除以 26 分钟。此时，向学生提供甘特图说明第 1 打饼干烘烤时，第 2 打饼干即可开始配料。因此，学生们根据每晚 240 分钟工作时间减去系统启动时间 20 分钟后再除以 10 分钟的周期时间，回答的结果是每晚可做 22 打饼干（即 22 个订单）。

在向学生展示正确的计算结果后，教师引出产能设计：将 240 分钟的工作时间除以周期时间 10 分钟，得到每晚的设计产能为 24 打饼干。然后向学生提问：哪种结果是正确的？毋庸置疑，学生会选择第一种。从授课视角来看，有效产能（每晚 22 打饼干）与设计产能（每晚 24 打饼干）之间的区别是由浪费和偏差引起的，这在后续的精益生产和质量管理中会涉及。但从管理视角来看，涉及的一个重要问题是"你会要求你的员工实现有效产能（effective capacity）还是设计产能（design capacity）？"此时，学生们会很快意识到依据当前配置无法完成每晚 24 打饼干的任务。

从行为视角来看，教师现在可以提出影响员工绩效的因素，尤其是激励和动机因素。教师应告诉学生：过高或过低的目标都不利于激励，而管理的挑战是为员工设置恰当目标并能使其产生最大效用：目标应当具有挑战性，但又不是无法完成的。试想一下，如果管理者坚持将每晚 24 打饼干作为业绩衡量标准会怎样？结果是员工将失去动力，因为员工认为该目标是无法完成的，即如果锚定的目标难以实现，那么可能导致较低绩效。由此产生了更为广泛的探讨主题：什么因素会影响员工对于绩效目标的认知？这包括社会考量和认知偏差（如锚定）。

3. 误解 3：增加产能可实现无瓶颈运营

接着，假设搅拌器每次可以配料 3 打饼干，每个订单不再局限于 1 打饼干，教师提问："你们愿意提供一定折扣以刺激消费者订购 2 打同类的饼干吗？"学生们讨论并给出解释。随后，教师介绍关于产能分析的概念，并要求学生计算产能和利用率，同时将其作为度量指标以比较两类订单（1 打和 2 打），即进行产能分析。表 4.1 给出了产能分析的示例。

表 4.1　产能分析的示例

第一类订单（1 打）

资源	时间	产能	利用率
Kristen（配料，装盘）	6 + 2 = 8	240/8 = 30	24/30 = 0.80
同伴（计时器，包装，支付）	1 + 2 + 1 = 4	240/4 = 60	24/60 = 0.40
在烤箱中烘烤	10	240/10 = 24	24/24 = 1.00

第二类订单（2 打）

资源	时间	产能	利用率
Kristen（配料，装盘，装盘）	6 + 2 + 2 = 10	(240/10)×2 = 48	24/48 = 0.5
同伴（计时器，包装，计时器，包装，支付）	1 + 2 + 1 + 2 + 1 = 7	(240/7)×2 = 68	24/68 = 0.35
在烤箱中烘烤	10	240/10 = 24	24/24 = 1.00

基于表 4.1 的产能分析，学生可以迅速发现烤箱是产能的瓶颈，即使其他工序的产能提升，系统的整体产能仍为每晚 24 打。此时，对误解 3 的解释是：增加非瓶颈工序的产能并不能增加系统产能。

从行为的视角来看，教师可强调如果人们试图将原因和结果关联，那么容易产生有行动总比没有行动好的错误认知。然后，教师可以通过如下实例加以说明：我们暂时没有预算增加一台烤箱，但可以在配料工序上给你增加两个帮手，并需要你完成目标。上述逻辑的缺陷是这种产能的增加对于任务完成并无实质贡献。可见，在运营决策中关注最有用的数据至关重要。

学生根据已完成的分析，很快发现这种逻辑的确是有缺陷的，再多的努力也无法让员工完成任务目标。同时，具有工作经验的学生会发现老板曾对他们说过类似的话。这说明了提出正确的问题以及关注运营决策中最有用数据的重要性。结束这种无效讨论的好方法是提问：如果你真的想提高产能，需要做些什么？这个问题特别有效，因为很多学生可能会渴望增加一台烤箱。这也将学生带入到下一个教学环节。

4. 误解 4：位于瓶颈处的烤箱产能加倍使系统产能加倍

最后，教师要求学生对有两台烤箱的情况重新进行产能分析，类似于表 4.1。为强调误解 4，向学生提问："两台烤箱的情形下，系统产能是多少？"多数学生的答案是每晚 48 打，这是一台烤箱产能的两倍。但该答案并不正确，因为此时会出现新的系统瓶颈。学生没有意识到，增加烤箱一倍的产能并不能将系统产能增加一倍，因为虽然烤箱的产能从 24 打变成 48 打，但是同伴或你所处环节的产能并不会改变，这时自己或同伴所在环节会成为这个系统的瓶颈。从运营管理的角度来看，瓶颈工序的产能加倍并不能使系统的产能加倍。因为多数情况下，瓶颈工序会转变为非瓶颈工序，而之前的非瓶颈工序将转变为瓶颈工序。

从行为视角来看，教师可重新审视锚定对决策的影响，以解释为什么上述误解如此普遍。当一个数字、目标或想法成为焦点时，锚定的作用影响非常显著。本案例中，学生专注于增加一个烤箱的影响，并过度强调每晚48打饼干，以至于多数人忽略了对其他工序的分析。

5. 案例讨论总结

关于案例的讨论方式有多种选择，取决于分配给该案例的讨论时长。例如，如果学生已经了解流程及其变动性，那么我们可以探讨在时间随机情形下的Kristen案例，这与之前关于系统瓶颈变动的讨论是紧密衔接的。

大多数情况下，教师可以在这里结束讨论。结论应聚焦在运营管理方面，这也与案例教学指导的结论类似。本活动中通过人的行为因素维度，强调在流程分析时充分考虑行为因素的重要性。

4.5 讨 论

学生对Kristen案例非常感兴趣，他们惊讶地发现，行为因素能与这种看似简单的运营实践结合得如此紧密。通过上述案例向学生介绍人的行为和运营管理之间的紧密关系，教师会发现学生在课堂上更愿意进一步讨论该话题。有工作经验的学生很快就能理解为何加入人的行为可以改善流程分析，但问题是，如何让他们的老板也能理解呢？

给本科生授课时，缺乏经验的学生倾向于将人的非理性视为随机、不可预测以及无法控制的。但通过在Kristen案例中加入人的行为因素，学生看到了判断错误是可预测和可控制的。同时，加深对这些问题原因的分析，以及对人们反应的理解有助于学生在运营管理背景下主动、积极地考虑人的行为因素。

参 考 文 献

Ariely, D., Loewenstein, G, Prelec, D. 2003. Coherent arbitrariness: Stable demand curves without stable preferences. Quarterly Journal of Economics 118 (1), 73-105.

Bazerman, M. 1986. Judgment in Managerial Decision Making. New York: John Wiley & Sons.

Biggart, N. 1977. The creative destructive process of organizational change: The case of the post office. Administrative Science Quarterly 22, 410-428.

Boudreau, J., Hopp, W., McClain, J. O., Thomas, L. J. 2003. On the interface between operations and human resources management. Manufacturing & Service Operations Management 5 (3), 179-202.

Dutton, J., Worline, M., Frost, P., Lilius, J. 2006. Explaining compassion organizing. Administrative Science Quarterly

51 (1), 59-96.

Granovetter, M. 1985. Economic action and social structure: The problem of embeddedness. American Journal of Sociology 91 (3), 481-510.

Kahneman, D. 1992. Reference points, anchors, norms, and mixed feelings. Organizational Behavior and Human Decision Processes 51 (2), 296-312.

Landsberger, H. 1958. Hawthorne Revisited: Management and the Worker, Its Critics, and Developments in Human Relations in Industry. New York: Cornell University Press.

Pfeffer, J., Sutton, R. I. 2006. Evidence-based management. Harvard Business Review 84 (1), 62-74.

Rynes, S., Bartunek, J., Dutton, J., Margolis, J. 2012. Care and compassion through an organizational lens: Opening up new possibilities. Academy of Management Review 37 (4), 403-423.

Sacks, M. A. 2013. Cognitive biases in decision-making. V. Smith(ed.)in Sociology of Work: An Encyclopedia. Thousand Oaks, CA: Sage Publications.

Selznick, P. 1996. Institutionalism "old" and "new." Administrative Science Quarterly 41 (2), 270-277.

Swinkels, A. 2003. An effective exercise for teaching cognitive heuristics. Teaching of Psychology 30 (2), 120-122.

Tversky, A., Kahneman, D. 1986. Rational choice and the framing of decisions. Journal of Business 59 (4), 251-278.

Uzzi, B. 1996. The sources and consequences of embeddedness for the economic performance of organizations: The network effect. American Sociological Review 61 (4), 674-698.

第 5 章

千变万化的难题：人的行为在调度中的作用

Wout van Wezel（沃特·范·维尔策），Kenneth N. McKay（肯尼斯·N. 麦凯）和 Toni Wäfler（托尼·韦弗勒）

5.1 概 述

调度是将企业资源分配给各项工作和活动（Leung，2004；Pinedo，2012）。调度决策主要包括：优先权设置、时间点设置、人员指派以及机器分配。多数情况下，人们运用甘特图、指派列表以及员工工作表表述调度结果。调度通常被认为是复杂问题，即便是小规模调度问题，其可能的选择方案也非常多。由于计算机的快速发展，人们可以快速地评估和检验众多可行解，因此自 20 世纪 60 年代以来，调度研究被运筹学所主导。然而，调度亦是组织流程，该流程中调度员需执行信息搜集与解释、沟通、解决困难问题和协调各参与者等系列活动。本章将讨论调度员执行的任务和活动，他们之间如何合作与协调，以及计算机的支撑作用。

调度方案主要阐明活动的时间点和决策，包括哪些员工在哪个班次工作、原材料何时购买、订单何时开始生产以及结束、产成品如何运送给客户等。因此，调度对组织绩效有着显著影响。调度是复杂的问题，对绩效有显著的影响，这使得调度成为研究热点。许多文献和著作从不同学科和角度探讨了调度问题，特别地，Gupta（2002）针对调度问题中人的作用，综述了调度问题的相关研究，具体研究范式包含如下几方面。

（1）强权即真理：调度问题没有明确的商议，决策者一般通过组织权力仅仅告知员工要做什么即可。

（2）机器不闲置：根据机器产能接受订单，减少机器空闲时间，通过甘特图执行调度计划并跟踪进度。

（3）分部而治之：将集成的生产数量分配给部门主管（即做什么），并让其决定自己部门的工作计划（即何时去做）。

（4）退而求其次：运用数学方法解决调度问题。由于调度问题通常比较复杂，无法完全求解，可适当放宽假设以使问题可解。

（5）复杂且代价大：数学方法并不能为所有的调度问题提供解决方案，当最差情况下无解时，则该问题无须深入研究。

（6）有比没有好：面对复杂的调度难题，一些学者致力于寻找该难题的解析解。与此同时，还有一些学者开始探究近似求解方法，如启发式算法，处理无法用解析方法求解的难题。其基本思路是在无法精确求解的情况下寻找问题的满意解，该类方法在现实中具有较强实用性。

（7）系统做决定：企业资源计划和决策支持系统为调度提供了算法和运行环境，决策者通过提供输入即可实现输出，从而增强了调度算法在现实中的应用。

（8）不自寻烦恼：由于调度问题过于复杂而难以解决，因此应将生产系统设计为不需要调度的，如准时制生产（just-in-time）系统。

（9）借助计算机：人工智能为复杂调度问题的解决提供了可能的方案，部分人工智能方法被广泛应用于调度问题，如基于规则的专家系统、约束满足（constraint satisfaction）和遗传算法等。尽管这些方法已成功地应用于某些领域的调度问题，但仍欠缺通用性。

上述调度问题的研究范式伴随管理科学、运筹学、物料需求计划（material requirements planning，MRP）/企业资源规划/决策支持系统、精益生产以及人工智能等学科的发展而发展，但每种研究范式都存在一定缺陷。例如，解析优化方法只能求解一些理论问题；启发式方法无法得到最优解；人工智能的自动学习算法由于其黑盒特性，可能给出不可预测的结果等。然而，需要强调的是，这些研究范式并不互相排斥，且每种研究范式都在特定情境下获得了成功应用。

在之前的几十年里，伴随着科学的发展，调度中行为和组织方面的研究一直是一个相对较小但稳定的领域。调度理论和实践之间的脱节问题引起了众多学者的关注，包括Pounds（1963）、Conway等（1967）、Miller（1987）、McKay等（1988）、Buxey（1989）、Kleinmuntz（1990）、Waters（1990）、Hofstede（1992）、MacCarthy和Lui（1993）、Higgins（1996）、LaForge和Craighead（2000）、Herrmann（2006）和Pinedo（2012）。虽然各种研究范式在调度中均已实际呈现，但调度的理论研究覆盖面仍较窄。同时，调度的实证研究亦表明，调度的内涵不仅仅是如何解决一个难题。虽然对于大多数企业而言，提出最优方法解决调度难题具有一定必要性，但其价值却非常有限。例如，调度任务需要计划制定者预估未来的困难，并把它们折算到当前（Coburn，1981）。然而，对未来困难的预估无法与现有任何一种主流调度研究范式相适应，因为它涉及许多难以建模的因素：富有想象的猜测、创造力、风险权衡和与参与者收益共享等。

尽管行为研究只是调度研究领域的一个分支，但其在调度研究中的应用产生了非常可观的价值，主要包括组织调度流程如何在组织中应用，以及调度员如何在这种行为调度环境中思考和操作。本章将探讨调度问题中关于行为研究的多种方法，如纵向案例研究（longitudinal case studies）、调查、实验和认知任务分析等。

5.2 实际案例

与其他章不同，本章在讨论调度理论之前先介绍一个简短案例。该案例是关于办公家具制造商的调度问题（de Snoo et al.，2011a；de Snoo et al.，2011b）。本章后面的调度游戏中也会用到该案例。

采用订单生产模式（make-to-order）的办公家具制造商每天需要处理约 150 个客户定制订单。25 名销售代理负责订单采购，每天向多个供应商采购大约 30 000 个零部件用于金属加工、涂装、装配三个制造车间。如图 5.1 所示，标准交货期为 5 天：每个制造车间各加工 1 天（共计 3 天），测试 1 天，装载和运输 1 天；第 6 天交付使用。

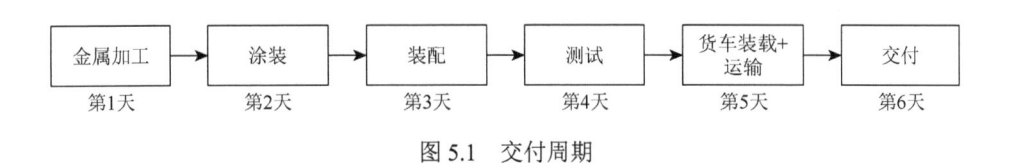

金属加工	涂装	装配	测试	货车装载+运输	交付
第1天	第2天	第3天	第4天	第5天	第6天

图 5.1 交付周期

三个制造车间共有 200 余名操作员以多个班次进行工作，每个车间有一名生产经理和多名班组长。生产经理负责实施中长期战略及员工发展计划，不负责日常运营；班组长作为调度员与操作员间的信息枢纽，以操作员的身份在各个工作站工作，同时负责与调度员沟通信息。

金属加工车间由 40 个工作站组成。生产订单依据不同的工艺路线，采取批生产模式，其批量大小取决于订单大小和有效产能。经过金属加工车间的产品进入涂装车间，进行粉末喷涂处理。涂装车间有两条生产线，其中一条柔性较好但效率较低；另一条清洗和准备时间较长但效率较高，适合处理大批量订单。装配车间共有 7 条装配线，将零部件（自产或外购）组装成最终产品。

每个制造车间都有自己的调度员（图 5.2），他们的工作主要是在特定日期聚集订单，并指派给生产单元或生产线。通常各部门有不同的生产排序偏好，例如，涂装车间倾向将需要喷涂为黑色的订单整合在一起，因为喷涂其他颜色时需要清理整条生产线。金属加工车间则倾向将材料厚度相同的订单整合在一起，这样他们只需设置折弯机一次。

调度计划表会每天发布到各车间，其内容包括未来几天各个车间的工作计划。通常情况下，对每天内的工作顺序影响不大，因此车间可以自行决定当天的生产顺序，即为 Gupta（2002）提到的分部而治之范式。例外的情况是紧急订单，紧急订单需要在一天内通过多车间完成，并要求多个车间在当日早晨的工作会议中进行协商。

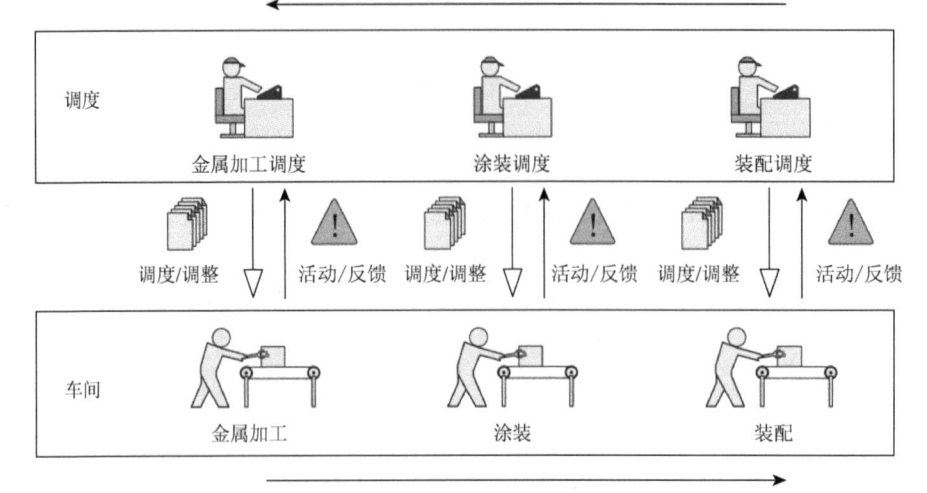

图 5.2　材料和信息的流动

　　此外，发布调度计划表之后，如果出现紧急订单、订单调整、原料供应问题及机器故障等，调度员还面临着许多改变现有调度计划表的要求。根据销售员、产品开发者、供应商和班组长反馈的新信息，调度员修改调度计划表，并将修改信息告知操作员。de Snoo 等（2011a）评估了日常工作日中所有的交互，发现调度员和其他工作人员平均每日交互 220 次，时间为 2~4 小时。因调度员通常不在生产车间，大多数沟通是通过电话进行的。de Snoo 等（2011b）认为重置生产车间布局，进行面对面的沟通将使得调度活动更加高效。

　　交货可靠性是最重要的绩效目标。为完成交货可靠性目标，该公司积极采取了故障排除和订单追赶等多项措施，旨在提高调度员的调度效率，按时交货。目前公司的交货可靠性达到 95%以上。

　　在案例研究中，允许出现订单逾期，因而可以运用约束松弛技术确保装配厂的正常运行。但在某些行业，如汽车供应链，生产计划出现任何逾期订单都是不被允许的，此时传统启发式调度方法将会失效。

　　该公司每天有 150 个订单，且每个订单都包含多个工序活动，因而面临多种复杂调度问题。例如，针对一张桌子的桌腿，需要做以下处理：在金属加工车间进行切割、弯曲和焊接；在涂装车间进行清洗、着色和喷漆；在装配车间进行组装。1 个 50 张桌子的订单就需要上百个工序活动，如果有 150 个该类订单，则每日需要实施成千上万次工序活动，以至于无法制订详细的调度计划。为此，调度部门的工作是，首先，将调度任务分解给多个调度员。其次，降低问题规模，例如，调度员只需确定订单在某天完成，而无须确定其具体的起止时间。

5.3 理论视角

5.3.1 调度问题的复杂性

伴随计算机时代的到来，运筹学被广泛地应用于调度研究中（Muth and Thompson, 1963; Pinedo, 2012）。计算机每秒钟可迅速比较上千种备选方案，并识别方案中的约束冲突，这是人类调度员无法企及的。即便如此，调度问题中的五个复杂性基本特征仍令我们无法遍历所有可能的调度方案。

（1）数值计算的复杂性。很多调度问题是 NP-完全问题，该类问题通常需运用近似算法才能在合理时间内找到近似解（Pinedo, 2012）。然而，采用近似算法意味着解不一定是最优的。因此，在求解问题时，需要权衡求解速度和求解质量之间的关系，这种权衡亦是调度研究的焦点。

（2）信息的时间差。有时决策者需在获得所有相关信息前做出决策。例如，制造商的原材料供应交货期可能比提供给客户的交付周期要长，此时，供应与需求需要分开考虑。

（3）信息的不确定性。例如，某饼干工厂的原料混合需要两分钟，但这仅是从平均时间的角度考虑的，实际上原料混合时间需依据原料质量、温度和湿度等因素来确定。对于调度而言，深入理解和把握这种不确定性非常重要。因此，调度算法需要考虑多种不确定性，并计算最好和最坏情况下的解。

（4）社会情境中的信息解读。可通过实际案例说明信息的社会情境：在一次工厂调研时，我们发现，某机器需要在下午 4 点进行紧急维修。需要告知客户该信息，因为订单配送将会延迟。当我们询问调度员为什么没有立即通知客户时，调度员告诉我们，他会一直等到下午 6 点再给客户打电话，此时，他的经理已经下班回家。客户那边的调度员也已经下班，所以他的电话会被直接转接到仓库。根据经验，调度员知道仓库会接受延迟的订单配送。而如果他在 4 点左右就给自己的经理打电话，那么和客户的沟通就需要走官方渠道，这就可能导致混乱以及引发客户不满。上述处置方案只能针对特定时间的机器损坏以及特定客户，这类信息往往是时间相关的、动态的，并基于人际关系和直觉的，因此该类信息无法量化或形式化，也无法应用于正式流程中或调度算法中。

（5）信息的不可获取性。设计筹备工作和支持计划时，无法获得创建这个调度计划所需的信息，在面对这些不完全信息时需要做出许多假设。此时决策是基于对货品位置、质量和完成程度的最佳预测所作出的。

上述五个复杂性基本特征是调度问题的基础，下面我们探讨处理这些复杂性（图 5.3）的三类机制。

图 5.3 调度复杂性

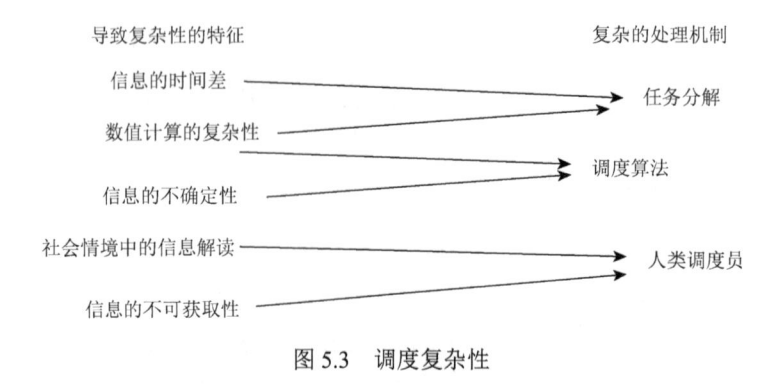

导致复杂性的特征	复杂的处理机制
信息的时间差	任务分解
数值计算的复杂性	调度算法
信息的不确定性	人类调度员
社会情境中的信息解读	
信息的不可获取性	

图 5.3 调度复杂性

（1）第一类机制是任务分解。需要依据任务的时间范围或认知工作负荷进行调度任务的分解。为降低数值计算的复杂性和减少信息时间差，传统方法是分层决策（Anthony，1965），即形成计划、调度和调遣三个层级，这在 20 世纪初就有文档记载，并沿用至今。在任意时间范围，任务分解也都与数值计算的复杂性相关。对于任意时间段，调度问题可能对于调度员而言太复杂而无法处理，因此需要任务分解。

（2）第二类机制是调度算法。调度算法按照预先设定的步骤产生调度方案，并可以快速地对调度方案进行比较；同时，相对于人工，调度算法能够更有效地处理调度中的不确定性。

第三类机制是人类调度员。前述两类机制可被设计并融入日常调度中，但是这种日常调度计划无法很好地处理依赖于情境的或无法获取的信息，此时需要人类调度员的参与以处理这些不能被预先设定的信息流。同时，前述两类机制应用时也需要考虑调度员的作用，这也正是将行为运营引入调度问题的意义所在。

表 5.1 通过一些例子描述了不同类型调度问题中的复杂性特征。

表 5.1 实例

调度问题	生产调度	运输调度	项目计划
信息的时间差	原材料的采购提前期比交货期长	物流公司需要在知道实际运输订单之前租用卡车和雇佣司机	人们经常同时参与多个项目；他们需要在活动开始前预约时间（预留资源）
数值计算的复杂性	M 台机器上加工 N 个工件	产品如何装车，卡车路线设计	人员（一类资源约束）同时参与多个项目
信息的不确定性	化学流程的速度和产量	卡车车速；交通阻塞	任务持续时间
社会情境中的信息解读	满足交货期的责任（如果涉及多个部门）	配送时间窗	工作完成质量
信息的不可获取性	精确的可用产能；维修方案	客户配送时间窗的柔性；是否可以过度使用卡车	员工加班的可能性

5.3.2 行为视角下的计划和调度

1. 调度的集成模型

尽管调度算法有诸多优势，但它们通常未被充分利用。Tenhiälä（2011）发现，在调查的 89 家公司中，只有 25 家采用了有限负荷（finite loading）技术。Jonsson 和 Mattsson（2003）也发现，54 家制造业公司中只有 20 家使用了有限的产能调度。这种理论和实践的差距的主要原因在于运筹领域学者和组织管理领域学者的立场不一致：前者认为模型无法求解的问题是无用的，而后者则认为求解不存在的问题（理论问题而非实际问题）是无用的。为调和这两种立场，我们不仅要将调度视为一个需要求解的问题，而且还要将调度视为一个需要被管理的组织流程。调度与社会技术网络（Wäfler，2001）类似，其中社会元素由调度员和其他相关人员（如车间主管、仓库人员等）组成，这些其他人员在计划中没有正式的作用，但却能影响计划。另一类技术元素由 IT 系统构成（如 ERP、高级计划系统等）。

调度包含一系列任务和活动，如信息搜集及解释、与不同参与方沟通与协商、解决困难、决策制定、问题求解（Jackson et al.，2004；Kreipl and Pinedo，2004；MacCarthy and Wilson，2001a；McKay et al.，1995b；McKay and Wiers，2006；van Wezel et al.，2006）。现实中，没有明确的设计标准规定调度流程应该如何进行组织。为了描述调度任务设计的理论，本章首先描述在案例中，办公家具工厂每周调度员的任务和活动。

（1）周一、周二：调度员开始为制作下周的调度计划表搜集所需的数据，包括调度方案需要遵循的目标和约束等信息，如现有订单和预期订单、上周延迟的生产、可用库存、预期交付、机器和员工可用性、本周预期结果等。

（2）周三：制作初步调度计划表。各部门可以根据生产交货期、服务成本和员工的工作量，设置不同且经常相互冲突的目标。调度员需要平衡这些不同利益，并与相关参与方沟通与协商，制订备选调度方案并进行选择。调度方案考虑的起点是满足客户的交货期，通常核心关注点是最小化交货期违约。约束通常包括硬约束和软约束，其中所有原材料的可获得性是硬约束，而操作员的可用性、加班时间、定期维修等为软约束。特别地，如果原材料供应商能加快交付流程，则原材料的可获得性也可以是软约束。

（3）周四：调度员与运营经理、销售经理和车间班组长共同商议初步的调度计划表，必须决定哪些订单可以逾期、维修计划如何制订、哪些安装调试是必需的，以及这些操作所需时间等。

（4）周五：发布调度计划表，车间为下周一的工作计划做准备。

通过对许多工厂的实地调研发现,通常理论上描述的任务与实际中执行的活动存在鲜明的对比。调度已经通过多种不同范式进行了分析,包括自然决策、社会技术系统设计、认知工效学。尤其是从 20 世纪 80 年代末到 90 年代初,计划和调度领域的实证研究激增,如 Crawford 等（1999）、Higgins（1999）、McKay（1992）、McKay 等（1995a,1995b）、Mietus（1994）、Nakamura 和 Salvendy（1994）、Stoop 和 Wiers（1996）、Wiers（1996）和 van Wezel（2001）。MacCarthy 和 Wilson（2001a）及 Fransoo 等（2011）综述了该领域的研究工作。本章基于 Jackson 等（2004）的研究框架,提出了包含上述诸多研究中的基于经验的实证模型。该模型涉及三部分：调度员需要执行的任务分类,调度员在这些需要被执行的任务中扮演的角色,调度员所处的外部环境。

Jackson 等（2004）描述了三类任务：①正式任务,在作业描述中正式说明过的任务；②维护任务,调度员工作中非正式规定的活动,如检查信息来源；③补偿任务,需要被处理的小问题,如信息系统中的错误信息、拒绝团队合作的工人等。

进一步,Jackson 等（2004）认为调度员的工作具有多种角色。①人际角色：调度员需要在人际网络中保持他的立场,例如,在参与方之间进行协调。②信息角色：调度员在信息枢纽中占据中心位置,需要正式和非正式信息来制定各参与方都能接受的调度计划表。因此,组织成员知道调度员对工厂状态、订单组合和生产进度等信息了解得非常清楚。③决策角色：调度员的决策包括三类,即预测和解决问题、分配资源（如创建实际的调度方案）,以及处理突发事件。

任务分类并不能说明调度员真正做了什么,而只能描述一系列目标导向的相关活动的集合。调度活动经常被描述为问题解决流程,调度员的工作通常遵循"计划—执行—检查—处理"（plan-do-check-act,PDCA）循环。尽管调度问题具有一些共性,但它也很少与已经被解决的调度问题完全一致。为此,Meystel（2006）提出了多层递归的"基本功能循环",包括：①感知,②感知加工,③基于感知输入和通用及特有的知识建立模型,④给出行动建议,⑤采取行动,然后再回到步骤①,感知新的状态。Hoc（2006）基于 Rasmussen 等的阶梯概念（Rasmussen et al.,1994）建立了相似模型。

跟踪 PDCA 循环中的活动,可以发现每个活动包括了多层次递归、预测和抽象。

（1）问题建模、机会识别和分割：计划的目的何在？需要解决什么问题、需求是什么？系统有无改善机会？Volkema（1983）讨论了活动所需的技能和所涉及的流程。

（2）结果定义：计划的内容是什么？是公司重组、新产品发布,还是工厂生产运行？（Caves,1980）。

（3）结果质量规范：定义成功的因素是什么？是生产成本、缩短上市时间、交付目标、市场份额、股东利益还是质量目标？预期结果是否包含模糊概念（如创新）？（Mumford et al.，2008）。

（4）计划生成：考虑到风险和不确定性，采用最有效的行动和活动顺序实现组织资源的预期目标。

（5）计划评估、批准和项目启动：计划在启动之前需要经过评估和批准。

（6）计划实施、监控和维护：随着时间的推移，计划实施的效果如何？是否需要修改？如果需要，有哪些调整？计划的评估和实施是何种关系（Nutt，2007）？

（7）计划结束：知道何时结果达成（或者不能达成），理解计划和执行的质量。如果有下一步，知道下一步要做什么。

需要注意的是，与任务和角色一样，调度活动并不含有任何领域专属性。活动在各种计划环境中都是必需的（如制造、路径选择和人员调度等）。Jorna（2006）认为这样的抽象是可行的，他的研究表明调度员在解决不同领域的调度问题时，通常使用类似的策略和活动，如统计、约束检测、约束松弛、可视化辅助工具使用等。Hoc（2006）也指出不同领域的操作员会采取类似的策略（抽象和预测），以应对具有时间压力时的重调度（rescheduling）。当然，这并不意味着调度员可以很容易地从一个领域转换到另一领域，而只是说明来自不同领域的经验教训可以相互借鉴。

调度员的工作主要包括三个方面：任务、角色和活动。在一个组织中没有哪个调度员可以完成所有计划/调度工作，所以计划/调度通常不是一个独立的工作，而是需要分配给不同调度员。这些调度员可以被组织到一个专门的计划部门，或者分散在不同部门（例如，每个制造部门都有自己专门的调度员）。调度员的任务中有四个重要的组织元素：①如果多于1名调度员，他们的工作如何进行分配；②调度员的任务如何集成到整个组织；③调度员工作质量的度量；④如何使调度获得决策支持系统的支持。

图 5.4 描述了传统视角的调度模型，调度员借助信息技术，制订和调整调度方案。图 5.5 给出了行为/组织视角的调度模型，尽管无法提供确切的模型，我们还是可以通过讨论已有的实证研究结果，从而对模型的建立有所贡献。

2. 单项计划任务绩效

计划的认知模型描述了解决问题、制订计划和信息处理之间的关系。有些调度方法受到人们解决个人计划问题的启发，如制定购物清单、假期计划或下棋策略（van Wezel et al.，2006）。Das 等（1996，27）认为计划不仅能指导人们对信息的处理，还能为知识、评估和行动间建立基本的联系提供一些模式。在上述宽泛的描述基础上，Newell 和 Simon（1972）将计划视为启发式系统，认为可通过

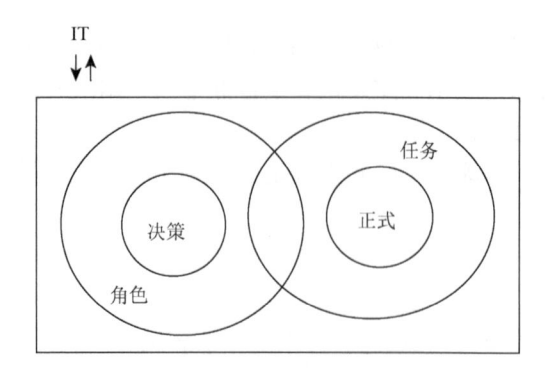

图 5.4 传统视角的调度模型

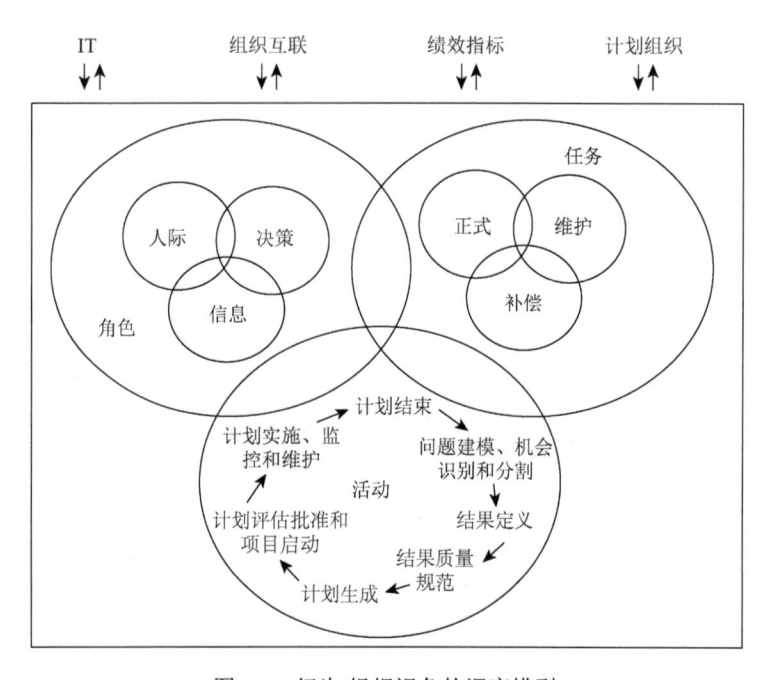

图 5.5 行为/组织视角的调度模型

资料来源：改编自 Jackson 等（2004）

通用问题求解器（general problem solver，GPS）对其进行求解，即在解决细节问题之前构造一个通用解决方案，从而解决了手段-目的分析方法仅能向前看一步的局限性。因而计划启发式算法被应用在手段-目的分析法难以处理的问题中，用来指导行动。

Newell 和 Simon（1972，429）给出了具体的步骤：①通过忽略原问题中对象和操作员的某些细节来进行抽象；②在抽象问题空间形成相应的问题表述；③当抽象问题已经被解决时，使用这个解决方案，可以为解决原问题提供一个计划；④将抽象问题的计划转化到原问题空间，并加以执行。

忽略细节和类比推理有利于降低复杂度。从这个意义上说，计划是求解问题的一种方式。早期的计划模型通常假设计划是一个层级化的流程，需要被持续地改进。Sacerdoti（1975）提出的动作层级网络（nets of action hierarchies，NOAH）正是这一思路的体现。在 NOAH 框架下，计划通过递归算法将计划目标不断分解为子目标来执行，直到每一个子目标都能通过基础动作来实现。这种范式与 Hayes-Roth B 和 Hayes-Roth F（1979）所提的观点相违背，他们认为计划流程在二维计划空间中运行，二维计划空间可通过时间和抽象来定义。通常地，持续改进是自上而下的流程，在抽象维度上由高到低，在时间维度上不断推进；但从不同的计划实施主体来看，现实情况并非总是如此。Hayes-Roth B 和 Hayes-Roth F（1979）提出了机会计划法（opportunistic planning）：个体在持续推理过程中会不断改变抽象程度，并在时间轴上向前或向后移动。Hayes-Roth B 和 Hayes-Roth F（1979）建立了认知计划的理论框架来刻画这种行为。他们发现推理通常是分层发生的，计划是在多个层级同时增量创建的，在细节层的决策可以导致高层的计划失效。他们认为严格的分层计划会排除一些好的解决方案，为此人们可以通过机会计划法，对严格分层计划的缺陷进行弥补：在多方向流程中的自下而上的组件能为潜在创新提供重要来源，低层级决策和相关的观察可启发新的高层级计划（Hayes-Roth B and Hayes-Roth F，1979，306）。

Riesbeck 和 Schank（1989）则认为计划应通过脚本（或程序）制定，并非每个问题都需要新计划，人们可参考以往类似的已解决问题的计划。设计成脚本的计划活动通常比直接构造的适应性更强。在这种范式下，计划是相互关联的记忆、检索和学习过程（Hammond，1989）。计划应该被存储到内存中，这样就能很容易通过比较新旧计划的目标找出一个已有计划。这种解决方案需要被记住以便应用于新问题，若执行计划失败，则表明调度员的相关知识或许是错误的。因此，脚本模型可以被视作学习和改进已有范式的过程。

人们运用抽象分层（abstraction hierarchies）、启发式、脚本和机会计划法等机制来处理复杂问题。van Wezel 等（2006）通过比较自己计划和他人计划间的异同点，描述了这些机制在组织计划中也存在。例如，根据 Hayes-Roth B 和 Hayes-Roth F（1979）的研究，计划策略的选择主要依赖三个变量——问题特征、专业知识和个体差异，在工业调度文献中也有类似的研究。

1）问题特征

Cegarra（2008）从认知视角将调度的问题特征分为七个维度。①不确定性：缺少预测未来事件的能力；②流程稳定性：调度流程中的扰动是可预测的；③时间紧迫性：是否需要立刻做出反应，或者事件是否可以被延迟处理；④周期同步性：操作员、机器、销售和调度员可以有各自偏好的周期时间；⑤流程连续性：离散加工流程（在作业车间中可以找到）较连续流程而言调度起来更为困难；⑥数值复杂性：目前正在处理的调度任务的数值复杂性；⑦目标多重性和相悖性：调度员可能会面对多种不同的目标，如销售和制造，即使在同一个制造车间，优化目标也可能因人、机器或流程而异。

七个维度之间可以独立存在，每个维度可能导致调度任务展现出不同的特征。这表明现实中它们可以组合及相互影响，增加了调度任务的复杂性。Fransoo 和 Wiers（2006）发现，调度员行动的复杂性随操作数量的增加和操作复杂度的提升而加剧。这个结果非常直观，但也与一些推理相矛盾，即复杂性导致操作员思考短路，从而依赖常规决策。Moray 等（1991）也发现了类似结果。尽管时间紧迫性使得感知的工作量增加，操作员还是会通过减少调度任务数量，使工作强度保持在恒定的水平。在本章最后，旅行商问题将会证明该结果。

2）专业知识

专业知识影响工作绩效。Mietus（1994）和 Guerin 等（2012）研究发现调度员会根据自身的经验改变策略，通常专家会比新手使用更高程度的抽象和更多自上而下的推理。

3）个体差异

个体差异导致调度员使用不同的任务策略和看待问题的视角不同，且这些变化随着经验的累积而改变。Kiewiet 等（2005）的研究表明，同一公司的计划者使用卡片分类法和图片定位法执行相同计划任务时，会产生不同的认知图（cognitive maps）。Jorna（2006）通过调查 34 个调度员的问题解决策略，发现领域内的差异比领域间的差异更大，其中文化（如印度尼西亚的调度员和德国的调度员）是导致差异的一个重要因素。

3. 计划和调度的绩效指标

衡量调度绩效的传统指标是违反约束的数量及调度目标实现的程度，这些指标与调度方案的执行进度紧密相关。例如，在生产调度中，关键指标主要有完成时间、迟到、提前、延迟及机器使用率（Hoogeveen，2005）。在人员调度中，主要指标包括由于违反班次均衡而产生的惩罚成本及总体员工满意度（Cheang et al.，2003）。在医院预约调度中，主要指标有医生工作和空闲时间、病人总的等候时间以及病人平均逗留时间（Cayirli and Veral，2003）。但也有学者认为传统衡量方法过于狭隘。例如，MacCarthy 和 Wilson（2001b）认为"计划、调度和控制的客观衡量需要考虑计划产生和执行的流程以及参与制订计划的重要人员，还有计划和调度的实际完成情况"（312）。类似地，Jackson 等（2004）注意到在他们研究的案例中，绩效衡量更多依赖于其他业务人员产生的情境期望，也就是说，其他人希望调度员做什么。例如，调度员应当具有良好的沟通能力，能够分享实时而准确的信息，能够解决问题，对需求具有前瞻性的看法。因此，除了经典的绩效指标，公平和准时等社会概念也很重要。鉴于此，de Snoo 等（2011a）归纳了三类绩效指标。

（1）第一类是执行调度方案效果的绩效指标：①违反约束的数量，如违背对顾客的承诺，超出产能使用限制，违反劳动法规等；②调度方案执行成本，如将同类产品进行批量生产可减少准备时间，从而提高产能利用率；③员工满意度，员工偏好和愿望被尊重和满足的程度。

（2）第二类是调度性能的绩效指标：①出错率，如在调度方案中使用了错误的加工时间；②鲁棒性（robustness）和自适应性，每次偏差事件后是否需要调整或能否容纳一些无法预期的突发事件？如果要调整，是否会像滚雪球一样引起一系列改变，还是说对调度方案的其他部分影响很小？③易理解性，操作员和班组长是否能理解调度方案，例如，如果是因为调度方案降低了他们所在部门的效率，他们能否理解其中的原因。

（3）第三类是调度流程的绩效指标：①及时性和可靠性，是否能够及时发布调度任务，以便操作员提早准备？②调度员的适应性，调度员如何灵活地调整调度计划？③调度员的交流、沟通和协调质量，例如，调度员能否解释他们的选择？他们能否强调让操作员遵照调度方案操作？他们是否可以不起冲突地协商？④调度流程的成本/效率，调度员自身是否能高效工作？他们是否正确地使用了工具？

4. 计划任务的组织

计划任务通常是分配给多个人，很多时候不要求每个人都全职从事调度工作（Wäfler，2001）。因此，计划应该被设计为一项合作性的任务。

任务分解的第一步通常是由时间差异、数值复杂性和不确定性驱动的。Meal（1984）给出了一个关于轮胎制造商的案例：计划部门在过去几十年间形成了多重划分。在计算机可以用于数据处理之前，计划是分散且由顾客驱动的。轮胎制造商的每个部门都有自己的计划，因而导致了较高的库存水平。为此，公司希望转向集中计划。尽管这在当时已经可以借助计算机，但存在一些弊端：一个完整的集中化调度方案过于庞大，无法人工审查（数值计算的复杂性），部门经理的权力被剥夺（信息无法获取，也无法改变），计划依赖的预测将不再可靠（时间差和不确定性）。因此，公司决定将调度计划分离，按几个层级来划分，不再将所有客户订单分配给生产设备来制订集中式调度方案,而是在调度流程中加入多个阶段。在公司层,高级经理根据货品和地区的年度需求来决定由哪个工厂为哪些地区提供服务;在工厂层,厂长依据产品类别的月度需求确定季度生产计划;在车间层,车间主任确定详细的时间表。这种层级的生产计划方法目前很普遍,并且可由 ERP 系统进行辅助。对于每个子计划,需要不同的知识和专业技能。在公司层面,调度员需要知道市场趋势,在车间层面,调度员需要了解操作员和机器的运行状况。

任务分解的第二步是由信息获取受限驱动的。公司经理通常希望每个部门都有自己的调度员,即便这可能导致调度员不是全职的。由于认知局限,不可能了解每台机器操作的历史和细节信息,特别是对于一些保密信息,操作员需要他们信任的人来代表他们的利益。如果部门有自己的调度员,特别是那些具有操作员经验的人,这个问题就可以解决。

任务分解的第三步是与调度和重调度的复杂性相关的。调度和重调度在运筹学理论中有各自不同的方法、技术和工具(Pinedo, 2012),但在实践应用中的区别并不明显,两者之间相互重叠且通常是并行完成的。调度流程中,调度员间的相互依赖可用简单规则和协议进行管理。一旦出现问题,会有足够时间实现调度方案的自适应调整、反馈、交流和协作。因此,调度协作模式的组织设计通常是基于系统的可预测和稳定的相互关系。但是,在重调度中,情况就很不一样。调度方案发布给操作员并被执行。突发事件打断了原有调度方案的可行性,因而需要立即响应。通常,事件何时发生和其对一个或多个计划操作和资源的影响是不确定的。由于时间限制,完全重调度一般是不现实的或不可取的,因为它可能导致生产车间陷入混乱。因此,重调度通常仅进行局部的调整(Vieira et al., 2003; Aytug et al., 2005; Subramaniam et al., 2005)。但是,某个调度计划的调整很容易引起另一个调度计划的修改。例如,某个部门操作工序的变化可能是解决另一部门原料短缺问题的先决条件。为了能够快速找到解决方案,调度员之间的交流和协商至关重要(van Wezel et al., 2006)。所以,重调度的协作结构设计不同于调度的协作设计。重调度强调对调度员任务设计的具体需求,尤其是考虑协调模式的设计来实现任务相互依存关系的管理。尽管在很多组织中调度和重调度可以由同一人完成,但也可多人分工完成。

依据分层计划、部门和调度/重调度的任务分解,仍然会由于任务过于庞大而致使个人难以处理。因此,任务分解的第三个原因仅是数值上的复杂性。

虽然公司倾向于计划任务分解,但有趣的是,de Snoo 和 van Wezel(2014)研究发现协同调度(也即在没有任务划分的情况下作为一个团队工作)能产生更好的调度方案,如图 5.6 所示,这说明当以协同方式完成调度任务时,协同作用可以改善调度效果。

图 5.6 协同调度

5.4 计划和调度的组织互联

大量研究将组织的协调设计视为管理决策者之间相互依存的方法（Albino et al.，2002；Crowston，1997；Molleman and Slomp，2006；Olson et al.，2001；Thompson，1967；van de Ven et al.，1976）。然而，传统的基于可预测性和稳定的相互依赖关系的协调结构构建方法难以适用于高速变化的决策情景（Crossan et al.，2005；Faraj and Xiao，2006；McPherson and White，2006），调度，特别是重调度就是高速变化的决策情景一个明显示例。决策情景的变化和不可预测性会导致依存关系类型和临界性的变化。在高度不确定性和快速决策的情况下，传统假设——环境是高度可预测的，以至于可以刻画相互依赖关系，并且预设机制可以应对各种突发事件——受到挑战（Faraj and Xiao，2006，1156）。绩效指标分析表明，相比好的调度计划，处于动态环境下的经理和调度员认为，流程指标（如交流、谈判、柔性、调度方案可理解性以及员工愿望）更重要（de Snoo et al.，2011a）。有趣的是，这些指标与调度员和其他部门（如采购、销售、生产、质量、财务、人力资源、工业工程和信息技术等）的交互有关（McKay and Wiers，2006）。

Berglund 等（2011）通过阐明、协商和共同解决问题来描述任务。de Snoo 等（2011b）研究了将调度部门迁移到车间后的影响，发现这样的设置使得调度员和操作员能更多面对面交流，提高了交互任务执行效率。在绩效指标研究方面，Nauta 和 Sanders（2001）发现不同部门关注的指标不同：制造部门关注效率和质量，调度员关注交付绩效，市场部门关注客户服务。他们研究的重要结论是，目标差异会增加部门之间的冲突程度和冲突频率。

Berglund 和 Guinery（2008）调查了计划部门和制造/商务部门之间的权力关

系,他们发现调度员主要使用非正式权力而不是正式权力。由于调度员没有正式权力,他们必须通过协商达到销售和生产目标之间的平衡。在此过程中,调度员倾向于并行处理多个场景(McKay et al.,1995b)。Nauta 和 Sanders(2001)探讨了个体特征和四类调度员协商行为的关系,如表 5.2 所示。他们在研究中发现:当员工更外向与随和,且员工感知到部门间高度依赖时,协作解决问题更有可能发生;当员工外向却不易相处时,则竞争和争论更容易发生;当员工感知到相对其他部门有更大权力时,他们会更容易选择让步。当组织实行低成本战略时,各种协商将会变少。

表 5.2 协商策略

解决问题	与伙伴在共同目标下进行协商
让步	根据其他伙伴需求进行协商
争论	将自身首选方案强加于其他伙伴
回避	伙伴间忽视冲突

从组织设计视角来看,McKay 和 Wiers(2006)描述了计划与其他部门的两种关联方式:结构型关联和功能型关联。结构型关联依赖于调度任务的分解,我们需要明确在什么层面进行调度分解,调度员和车间之间的调度以及重调度任务如何被分解。这些分解决策由信息可见度、决策深度和决策广度决定。功能型关联侧重于信息流的管理,该关联依赖于使用的范围和形式(如流程中的参与人数和交流方式),以及解空间(即约束的密度和弹性)。Wiers(2009)举例讨论了自治如何依赖于不确定性(不可预见事件发生的概率和程度)以及人员恢复(即操作员处理干扰事件的能力和自由度)。

(1)平稳型车间(smooth shop):不确定性低且几乎不需要人工干预,调度员可以制订调度方案并专注于优化。

(2)交互型车间(social shop):不确定性低但在生产流程中经常需要人工干预,因此,应将具体的调度决策分配给操作员,这意味着调度部门的调度方案要允许一定的决策自由度。

(3)压力型车间(stress shop):不确定性高且车间操作员无法处理,因为不确定性由外部因素造成。调度员将处理所有的重调度。

(4)灵活型车间(sociotechnical shop):不确定性高但车间操作员能够处理一些特殊情况。无须制订具体的调度方案,因为操作员执行该方案的收效甚微。

由于调度的独特特征,我们需要提出独特的协调理论。销售、调度员、车间操作员的决策自由度,以及这些部门间的适当协调机制均是需要深入研究和明确的。因此,组织设计决策的现有理论尚待完善。

5.4.1 计算机辅助计划和调度

调度问题是决策支持系统的重要应用领域（Eom and Lee，1990；Eom and Kim，2006；Eom et al.，1998）。决策支持系统通过结合个体认知资源和计算机技术，能够提升大型非结构化问题的决策水平（Keen and Morton，1978）。然而，在调度系统中，人们过于强调解决大规模问题的能力，而忽略了用户。Framinan 和 Ruiz（2010）针对生产调度系统提出了通用功能框架，具体包括以下内容。

（1）系统范围：系统可以支持一个或多个层级（计划、车间控制、反应调度等）。

（2）问题建模：系统能够探测到合适的模型（对象组合、约束和目标），使模型适应特定情况，并能够给出问题的解。

（3）问题求解：运用算法或启发式规则，针对所选模型，在合适的水平创建符合实际情况的调度方案。

（4）解决方案的评价：分析解决方案，例如，分析带有多个目标和不确定性的场景。

（5）产能分析：调度前和调度流程中产能瓶颈的探查。

（6）用户界面：输入参数、调度计划表展示（如甘特图）、约束和目标显示、用户交互等。

（7）与现有信息系统集成：例如，将订单、物料清单、收据、库存情况等集成到 ERP 系统中，另外也可以与车间控制系统和客户系统进行交互。

Framinan 和 Ruiz（2010）强调在调度系统中应避免过于依赖人的专业知识。调度特别是重调度通常受限于临时信息，而这些信息在系统设计阶段是无法获取的。此外，调度决策还需要包含各参与方对信息的理解，而这并不稳定。例如，Conway 等（1967）指出，许多排序方面的研究文献谈到车间调度问题，并使用如工件、机器、操作、路线和加工时间等制造术语。事实上，这些研究是从生产车间抽象出来的理想化且纯粹的排序问题，其结果也可以应用到其他领域，比如交通、通信和服务等。不过，也有人认为这些结果不可应用，因为这种理想化模型不能准确描述任何实际生产车间。McKay 等（2002）特别指出调度的动态性赋予了调度员在调度流程中的重要作用。因此，我们应该明确调度设计中人的作用。接下来，将概述可以用来决定人和计算机间交互关系类别的因素，以及这些交互何时进行比较合适。

5.4.2 调度算法的行为效应

众所周知，调度算法需要用来辅助而非取代调度员，因为约束条件和目标太过复杂而不能完全被考虑进算法或启发式算法中（Sanderson，1989）。然而，若对算法进行简化，比如简化问题的约束、把多目标问题简化为单目标问题，则会增加调度员的工作量。例如，需检查调度方案是否有误，这些变化是否会导致意想不到的副作用。由于有太多信息，系统的输入和输出难以理解，导致调度员工作超负荷（Sanderson，1989；Higgins，1992），系统的引进可能使员工产生无聊、意志消沉或自满等情绪（Parasuraman et al.，1993）。决策支持系统的成功不仅在于系统输出的质量，还取决于与用户相关的因素，如感知有用性、易用性和工作相关性等（Sabherwal et al.，2006；Venkatesh and Bala，2008）。虽然技术接受、继承行为以及决策支持的使用风险等已备受相关研究领域的广泛关注，但在调度算法的设计中却还是被忽视了（Chopra et al.，2004；Hoch and Schkade，1996；LaForge and Craighead，2000；Singh and Singh，1997）。

　　Nakamura 和 Salvendy（1994）认为计算机模型应当考虑人类操作员的影响，以便能推断任意系统状态下人类操作员可能采取的决策。Haider 等（1981）研究表明，只有当调度员能够将正在优化的目标和被显示的关于作业和车间的信息关联起来时，交互式调度系统才能真正有效。Baek（1999）发现，在复杂作业车间调度情况下，若操作员的初始解决方案是由他们自己生成时，他们会执行得更好。这表明若计算机辅助与人们问题求解策略不一致时，计算机辅助效果可能会比预期的差。如果算法追求的目标与计划者的目标没有明确的关联，或者不能被决策者理解，那么人们随后就无法深入了解问题，最终导致信息过载（Sharit et al.，1988）和绩效不佳。

　　类似地，Prietula 等（1994）提出调度员和调度算法应该在"同一个问题空间"下。调度员和调度算法采取的模型本身不必相似，但在交互点上必须可以进行可理解的沟通。因此，调度算法使用的成功与否不仅依赖于求解程序的质量和映射质量，还决定于结果在用户界面交互的方式。Cegarra 和 Hoc（2008）的实验研究也证实了该观点，他们发现结果的可理解性对于良好的绩效非常必要，但理解调度算法本身可能会因为较高的认知成本导致低绩效。Chenoweth 等（2004）发现认知前馈（如指令或训练）和认知反馈（即不仅是对结果的反馈，还包括对所使用的系统和决策策略的反馈）会增强复杂模型的认知精度。解释提高了感知的有用性和接受度。然而，在执行相同任务时，调度员之间在推理模式和认知映射方面的差别将使得调度问题的表述更为复杂（Mietus，1994；Kiewiet et al.，2005；Guerin et al.，2012）。

　　调度员的作用是处理即时信息。由于难以预测即时信息在何时和何地出现，调度员需要了解各个时刻的调度方案并能在每个决策时刻进行干预。一旦调度员的思维模型与辅助系统的推理沟通过程不匹配，将会导致以下三种风险。

　　第一种风险是缺失信任或过度信任。如果调度员不信任调度系统，就会忽视系统。由于自动化的引入，人的作用从主动控制向监督控制转变（Lee and Moray

1992)。Arkes 等（1986）以及 Lee 和 Moray（1994）发现操作员若对自动化系统的信任超过对自己的信任，则倾向于采用自动化系统；若对自己的信任超过对系统的信任，则倾向于采用人工操作。Dixon 等（2007）的研究表明，系统故障的增加会减少调度员对系统的依赖，并且调度员的依从性（即当系统显示出问题时，操作员的反应时间和反应准确性）随着系统错误诊断数量的增加而降低。de Vries 等（2003）则强调错误反馈对信任、自信以及人们是否选择使用系统至关重要。他们发现，流程反馈的透明度可以增加对新技术的初始信任和接受度。Riedel 等（2011）发现，良好的绩效可增强信任度，而绩效的多变性会降低信任度，并认为高绩效比低可变性更重要。

第二种风险是过度依赖或自满。Cegarra 和 Hoc（2008，613）将自满定义为"一种不合理的满意度假设，在这种假设中，由于评估或纠正机器提议的认知成本，人类接受了次优表现"。他们发现，提高系统结果的可理解性可避免自满，但是理解算法的内部工作原理并不会减少自满。自满也可能导致基于对满意系统状态的不合理假设的不谨慎（Inagaki，2003）。如果引入一种算法后将操作员的任务从解决问题转变为监测，就必须要考虑到人类无法保持大约半小时以上的有效视觉注意力（Bainbridge，1983）。因此，Kuo 和 Hwang（1998，166）提出在设计交互式调度系统时需要给调度员留下一些思考空间。

第三种风险是失能（由于失去情况感知能力而丧失技能和适应性）（Hoc，2000）。系统的引入会导致调度员"认知饥饿"（cognitive starvation），进而无法处理异常情况（Wiers and van der Schaaf，1997）。van Nimwegen 和 van Oostendorp（2009）发现，使用调度系统来做决策时，提供引导界面辅助的绩效比不提供引导界面辅助的绩效更差，这归因于前瞻性思考。当然，如果系统界面设计合理，可以增强调度员的情况感知和适应能力，因为这可以减少人的工作负荷并提供集成信息（Endsley and Kiris，1995）。

在调度系统的设计中，专家的参与至关重要，辅助系统不应简单地复制人的决策，而应考虑使用效果（如信任、自满、警惕和情况感知等）。综上，系统设计应考虑如下设计标准。

（1）调度员与系统的调度目标需要一致。目标不一致和绩效的多变会降低信任度。

（2）调度员与系统的交流顺畅。系统应该以可理解的方式传达决策策略和调度方案，交流顺畅可增强调度员的接受度和信任度并减少自满情绪。

（3）系统应当考虑人的局限性。局限性包括短期记忆力、注意力持续时间以及个体差异。

（4）系统应当激发人的参与性。应激励调度员参与调度流程，否则其将可能失去对系统功能和结构的长期感知的能力，以及处理系统异常的能力。

上述标准意味着需求规范（在其软件设计和开发之前）比调度问题的数学模型更重要。

5.4.3 调度支持的设计方法

Cegarra 和 van Wezel（2012）指出，为应对情景过度简化并充分利用合作技能、头脑灵活性以及调度员的创新性，调度系统需要具备以下三种属性：①适应性，能够适应环境的中长期变化；②灵活性，能够应对当前（短期）决策环境中的异质性；③易接受性，能够考虑参与决策人员在决策过程中的合作前景。

简单且易懂的算法虽然直观但通常具有较低的接受度（Cegarra and Hoc，2008；Green and Appel，1981）。因此，算法应该能够求解复杂问题。然而，求解复杂问题的算法往往是基于对调度问题进行一次性分析,其适应性和灵活性较差。Cegarra 和 van Wezel（2012）认为，辅助系统应该以两种方式与调度员的思维模型连接：①界面应该使用被普遍接受的标志，充分利用人们对模式识别的能力；②算法需要利用人的能力。为建立这样具有适应性、灵活性、广泛接受性的系统，我们不仅需要挖掘一些信息用于调度问题，以找到适用的算法，还需要了解调度员工作和思考的方式。

Cegarra 和 van Wezel（2011）从三个视角分析了调度中的信息需求方法。①规范性：规定任务如何完成，如层级任务分析（Annett，2000；Annett and Duncan，1967）。②描述性：描述当前任务如何执行，如认知任务分析（Schraagen et al.，2000）。③形成性：提供调度域的详细描述，包括物理和功能的相互关联（Higgins，1999）。他们基于 Vicente（1999）的研究比较了上述信息需求的方法，并提出了设备依赖性、事件依赖性和心理依赖性三个概念。通常地，设备依赖性描述对当前执行任务的设备的依赖程度（如人员、计算机程序等）。事件依赖性强调是否能够检测到新的环境。心理依赖性表明在分析中如何考虑调度员的观点。表 5.3 给出了它们与调度系统属性（适应性、灵活性、可接受性）的关系。传统上，调度决策支持系统采用如下三种方法。①规范性分析方法：一种现有的求解程序，适用于具体的环境，任务被指派给调度员。该方法并不具有设备独立、事件独立以及心理相关的特点，因此基于该方法建立的系统适应性和灵活性较低；与此同时，可接受性受到两个因素的影响：高系统绩效提高可接受性，但低心理依赖性降低可接受性。②描述性分析方法：依赖于设备和事件，但心理相关性强，这虽然降低了适应性（因为新环境从定义上无法在描述性分析中遇到），却提高了系统灵活性和可接受性。③形成性分析方法：具有设备独立、事件独立的特点，但心理相关性弱，因为它分析的是事件域而不是任务绩效。这使得系统适应性和灵活性高，可接受性低，因为当前工作方式是不被考虑的。

表 5.3　分析方法的影响

分析方法	适应性	灵活性	可接受性
规范性分析方法	低	低	低/高
描述性分析方法	低	高	高
形成性分析方法	高	高	低

Cegarra 和 van Wezel（2011，2012）指出三种方法都需要用在安排调度员的任务和角色中，然而详尽的规范性分析、描述性分析和形成性分析可能需要耗费大量时间和成本。为此，van Wezel 等（2011）提出应用赋分法解决上述局限性。在赋分法中，对于每个子任务，自动化带来的影响（如信任、自满、适应性丧失）构成风险——风险越高，潜在效应的成本越大，则人的参与就越重要。上述技术起源于认知工程，用来决定动态高风险下人与计算机之间合适的任务分工。表 5.4 给出了不同自动化水平的例子。

表 5.4　自动化水平

1	人在完成所承担步骤后将任务交给计算机实现
2	计算机帮助确定选项
3	计算机告知人不需要完成的步骤
4	计算机选择动作，人可能执行或者不执行
5	计算机选择动作并实施（在人同意的情况下）
6	计算机选择动作，在充足的时间里告知人们来停止它
7	计算机完成整项工作并告知人它做了什么
8	计算机完成全部任务，人在明确询问时将告知人它做了什么
9	计算机完成全部任务并决定是否告诉人它做了什么，随后计算机决定是否要告知人
10	计算机完成全部任务（如果计算机决定任务应该被完成），并决定人是否应该被告知

资料来源：Sheridan 和 Verplank（1978）

在功能分配中，自动化层级与参与人员的层级决定了合适的任务分析方法。例如，1 级子任务不需要规范性分析，10 级子任务不需要描述性分析。

人工参与可以帮助基于计算机的调度系统处理事先无法预计的信息。计算机模型可能会过时，或者无法抓住现实环境必然存在的灵活性。调度员应当告知计算机什么可以做，而计算机应该接受它。例如，调度员可临时让一台机器同时做两个任务，或者分配任务给一台计算机未记录的机器。

5.5 学习活动

5.5.1 实验1：生产调度问题

该实验借鉴了 de Snoo 和 van Wezel（2014）的研究方法（可使用乐高玩具开展）。实验受到本章提及的家具制造案例的启发，时间限制约为 30 分钟，用来演示简化版的调度场景。该实验将展示动态调度中调度员合作解决复杂问题的效果，这些调度员同时处于时间压力下，并且相互依赖。

调度场景可视为柔性作业车间，包括三个部门，每部门有三台相似的机器，包括锯切机、切割机、铣削机。调度方案具有强关联性，每个订单由两种操作组成，且每种操作处理时间不同，不考虑运输时间、安装时间和库存。参与者在不同的时间点面对的事件信息如表 5.5 所示。参与者在更改计划时有多种可能性：同一台机器订单处理的提前或延后、订单在不同机器上的转移、订单添加或删除。调度员共同负责订单的及时交付和机器的高效利用。因为各个订单都有自己的加工路线，一个调度方案的调整很快会导致另一个订单调度方案不可行。

表 5.5 参与者面临的事件

1	上午 8:30：销售部门收到一个潜在客户的订单请求，需要交付一个试用产品。如果订单能够准时交付，客户在不久的将来很可能会下大量订单。因此，管理层决定接受该订单请求。订单 13 要求最晚在下午 5 点之前交付，且订单的产品需要先锯切（加工时间为 3 小时），然后切割（加工时间为 3 小时）
2	上午 8:50：配送部门发现产品在交付流程中出现了损坏。因此，产品需要重新铣削加工。铣削是这个"紧急"订单唯一的加工活动（加工时间为 2 个小时）。订单 14 要求在下午 15:00 时准备好
3	上午 9:40：订单 12 的原材料不符合质量标准，需要重新提供原材料。因此订单 12 将会推迟，它可以从铣削和锯切调度计划表中去除
4	上午 10:10：车间通知切割部门不具备订单 4 所需的专门化高级技术。管理层决定将订单 4 的切割任务外包，因此订单 4 只需锯切部门的输入
5	上午 10:40：产品经理声明锯切机器 1 需要注意在 14:00 至 15:00 期间进行维修。在此期间，在该机器上不能安排订单
6	上午 11:20：收到一个紧急订单（订单 15），要求在 16:00 交付。该产品需要先切割（加工时间为 2 个小时）后铣削（加工时间为 2 个小时）

该实验可以用来模拟几种可供选择的调度情景，用以证明沟通和协作如何影响调度流程。

（1）情景一（玩家从一个空的调度计划开始）：参与者需要基于产品和其操作的描述创建调度方案。

（2）情景二（玩家从一个完整的调度方案开始，该调度方案即将在第二天执行）：先有意给定一个初始次优调度方案，这样参与者能够立即对其进行优化。一些突发事件（如取消订单或新增紧急订单，表 5.5）会使调度方案无效，参与者必须共同协调解决。

（3）情景三（玩家从一个完整的调度方案开始，且该调度方案正在执行）：突发事件使调度方案无效，但是随着实验的进行，调整调度方案的机会将变少。对于已经开始生产的订单中途不能再改变，不允许抢占。因此，随着实验进行，可以被移动的订单越来越少。当调度方案已经被发布，时间压力将更大，因为应对时间变少。例如，在上午 8：50 接到一个紧急订单（表 5.5 中的事件 2），如果调度方案已经开始执行，则三个订单（订单 6、订单 9、订单 3）将不能再被移动。此外，在上午 11：00 有两个订单（订单 2、订单 12）计划开始加工，进一步减少可移动订单的数量。这种情况下将有更多约束，需要考虑的备选方案数量也更少了。

在组织设计选项中，合作有三种方式，如图 5.7 所示。

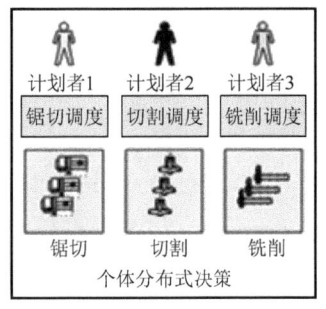

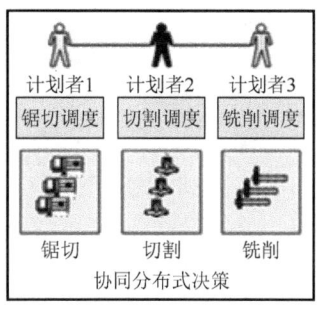

图 5.7 调度的协作模型

（1）个体分布式决策：参与者是彼此分开的，他们只能看到自己的调度计划方案且可以指定调度员的名字，并与他们沟通要进行的改变。但是对于可选方案或决策是不允许商议的。

（2）协同分布式决策：参与者彼此分开，他们都有自己的调度方案但彼此不允许沟通彼此的调度方案。但是，在这种模式下，调度员可以在面对面会议上沟通或商谈。合作显然要花费一些成本：调度员需要离开各自工作地点，并且在商议后需要在他们各自的调度方案中采取协商的活动（由于记性差存在出错的风险）。

（3）群体决策：三个调度方案被合并起来，并且参与者在同一地点。他们共同处理所有的突发事件并共同制定决策。

为了进行实验，为每位参与者准备了乐高板（积木代表调度订单），还有一本订单手册（包含交付时间和每个操作的加工时间）。初始调度方案间的关联关系对于每一对调度方案的设定是一样的：每个调度方案包含相同数量的订单，订单加工时间的方差相等,单个订单的两个生产操作的顺序相关性是相同的,每个调度方案包含相同的松弛和冗余时间,如图 5.8 所示。在固定的时间点,群体参与者需要处理如表 5.5 记录的信息事件。参与者有 12 分钟时间更新和改进他们的调度方案,该 12 分钟对应真实车间的四个小时(上午 8 点至中午 12 点),一台数字钟提醒参与者时间。通过上述方式,我们实现了复杂现实调度的模拟。如果时间允许,还可以在不同环境下进行第二次实验。

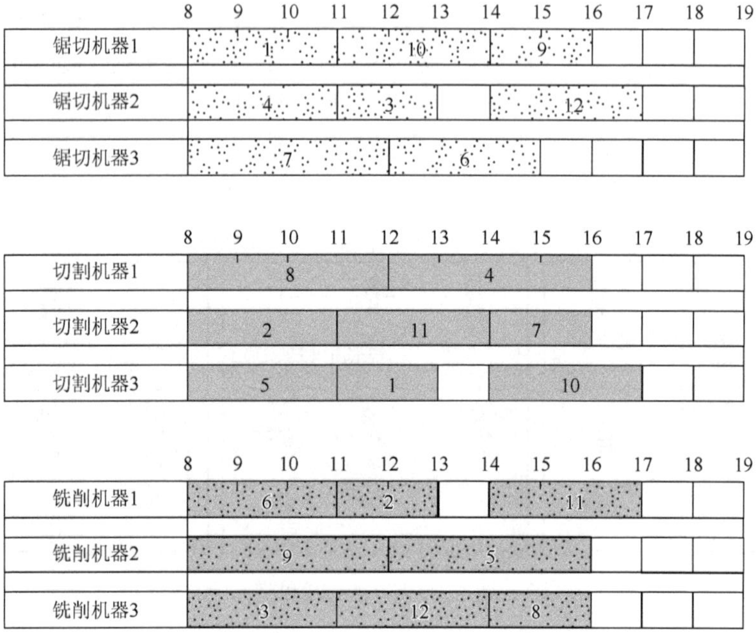

图 5.8 开始调度

在汇报环节,参与者可以反思他们的经验。

(1)开始空的调度方案和调整完整的调度方案的差别。当参与者从已经存在的调度方案开始时,他们需要首先掌握调度任务间的相互关系,这在突发事件堆积起来时是很困难的。我们通常看到参与者首先从调度方案中移除所有,并重新构建。这跟调度算法的使用相关,如果调度方案是由算法生成,调度员会发现与他们自己创建的调度方案相比,算法创建的调度方案更难改变。

(2)时间压力对于任务绩效的影响,以及离线调度和在线控制之间的差异。

(3)所作调整对已完成调度方案的影响。动态情形下,详细的集中调度不一定是合理的选择,因为调整将使得之前大部分决策无效。

(4)感知的任务相关性、权力斗争以及谈判策略。

（5）交流和信息透明的必要。特别是个体决策模式导致的调度方案错误，例如，安排同一个工件的操作同时在多台机器上进行。

（6）群体决策模式中出现任务分解。是否所有参与者中有一个作为主导，还是所有决策是共同做出？

值得指出的是，该游戏的参与者并不是具有调度经验的调度员，而是对调度毫无经验的人。游戏无法教给这些新参与者调度专家所掌握的知识和技能。有经验的调度员会采取不同的策略，他们对其他调度员更熟悉，也更加了解政策等，他们在合作情境中会和调度新手表现不一样。尽管如此，本游戏仍可教会参与者理解调度领域中的行为运营研究中的重要概念。

5.5.2 游戏2：旅行商问题

该游戏基于Bendoly和Prietula（2008）的研究。

许多前因对绩效的影响是非单调的，这些因素受到边际效益递减的影响，从而使得因果关联具有渐进的特性。例如，增加某项工作任务的人员数量会增强协调的需求，有时会抵消规模效应。有时这种关联会呈现曲线特征，Pierce和Aguinis（2013）将这种现象称为物极必反效应。譬如员工工作量问题，较低工作量会导致员工厌倦和散漫，而较高工作量也会降低员工绩效。工作量和绩效的倒"U"形关系（即Yerkes-Dodson定律；Yerkes and Dodson，1908）源于两种对立现象：一方面，根据目标设定理论（Locke，1968；Locke and Latham，1990），适度的工作压力相比毫无压力会激发员工动力；另一方面，目标过高形成的压力和挫折会导致员工丧失动力，付出的努力更少（Karasek，1979；Lawler and Suttle，1973；Erez and Zidon，1984；Locke and Latham，1984）。处理非单调关系非常困难，因为它们会因人因时而异。例如，在技能效应对特殊工作量水平的个体解释中，经验丰富且技能娴熟的员工通常不会像无经验/技能的员工那样，对于较高工作量望而却步。

本节游戏证明了两种现象：过高或过低的工作量对绩效均有不利影响，但是高技能的员工对于工作量的敏感度低于低技能的员工。游戏基于运筹学中经典的旅行商问题（traveling salesman problem，TSP），其最基本的形式可归结为排序问题：某旅行商从原点城市出发，需访问所有中间城市并最后回到原点城市，目标是找到最短路径。与前述的制造排序问题类似，该问题亦属于NP难问题。衡量绩效的两个指标分别是：①路径长度；②参与者创建路径的时间。

考虑到游戏的目的是分析工作量对绩效的影响，首先需要确定每个参与者的基准速率。基准速率依赖于对旅行商问题的持续求解，直到获得稳定的求解速度。基准速率可以通过计算三问题移动平均坐标系探测到，具体方法是：当求解最近五个子序列的移动平均差异不超过 5%时，最近的三个决策的移动平均值即为基准速率。

所有参与者基准速率确定后，游戏即可开始，同时需控制工作量和启发式规则这两个参数。

1）工作量

工作量可以用旅行商问题的排队来模拟。从队列中删除已经完成求解的问题，并记录路径距离和求解时间来计算绩效，问题将以以下三个速度等级之一自动增添到队列中：①远低于基准速率。参与者因需要等待新的工作而空闲，这是为了验证厌倦和散漫会降低绩效。②稍高于基准速率。参与者需要比标定阶段更努力，要设法完成工作量。③远高于基准速率。参与者需要大幅提高工作效率，即便如此队列仍可能不断变长。

2）启发式规则

专业知识可以通过教授参与者一些启发式规则来实现。例如，最近邻启发式算法是将距离当前城市最近的城市作为路径中的下一个城市，运用该规则可以让参与者短时间内找到尚可的路径，让参与者感觉他们已经掌握了关于旅行商问题的游戏机理。

根据教学目标、参与者数量和可用时间等参数，游戏可分派给单个或多个参与者。游戏结果主要关注速度设置和技能水平的影响。

首先，图 5.9 显示了不同工作强度下，动机、工作完成率和质量的变化情况。可以看出，技能水平的提高会影响对工作压力的感知度，调整工作量级别以达到最有利于峰值绩效的水平。为此，我们可以探讨工作量增加时参与者如何权衡质量和速度，这如何影响他们的动机，采用启发式算法是否减轻了工作量增加的影响。

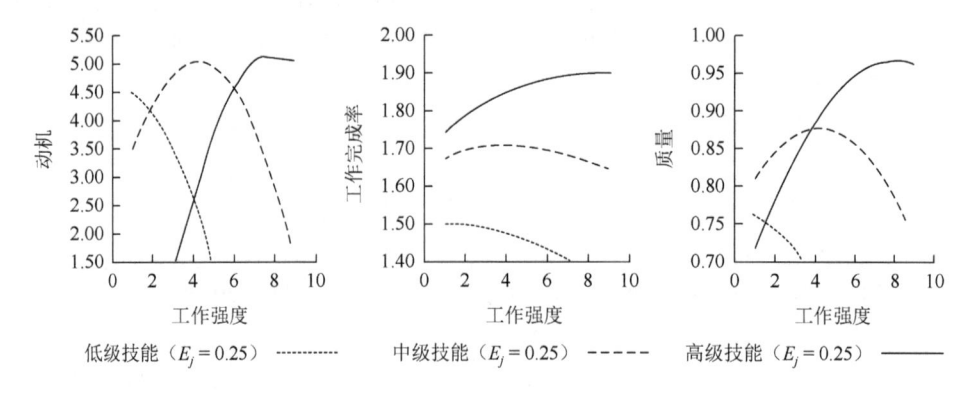

图 5.9 非单调关系与技能水平的影响

资料来源：Bendoly 和 Prietula（2008）

其次，讨论可以指明能够设计工作负荷的实际情景。例如，学生可以依据自身经历思考工作量的设计问题：多门课程同时临近结束时怎么办？制造业的例子是装配线和项目管理，服务业的例子中可以考虑集中队列和分散队列有何区别。

由物极必反效应引起的曲线关系总体上阐述不够。该实验可以被作为验证这层关系的一个实例，并激发对于其他实例的讨论。Pierce 和 Aguinis（2013）的概述可以被看作上述工作的起点。

5.6 讨　　论

传统上，运营管理将调度问题视为一类复杂的数值问题，需要运用先进的算法和大量计算资源去寻找近似最优解。然而，对于需要在实际日常工作中处理这些问题的调度员而言，分支定界（branch-and-bound）或模拟退火（simulated annealing）等算法缺乏实际价值。调度问题是难题：调度员需要从看似彼此独立的诸多难题开始着手，然后再构建统一框架来整合这些难题。然而，调度员面临的难题的期望结束状态是无法精确知道的。在解决问题的过程中，构成难题的各个部分会改变，这些部分可能被调整或者同时消失，随后又有新的变化加入进来。此外，调度中的信息、目标和规则亦会被各个参与方进行不同解读。在组织中，为了降低同时处理许多具体决策的影响，一种常用策略就是处理更大、多个难题聚合集成的难题。每个更大的难题部分包含一个或多个小的难题。例如，如果调度方案说明哪些订单需要在哪天被生产，但不需要知道在哪些具体时刻或以什么加工顺序（如案例描述部分所述），则这些小的改变可以在一个部门内部进行调整。

为强调调度员的参与作用，调度员可以将难题划分为小难题，从而可以更有效地应对。通常，具有可分解的子系统的任务分解总是需要不同部门进行协调。当一个部门中发生的突发事件使该部门的调度计划失效，并且还牵扯到另一个部门的资源约束时，比较主流的做法是进行缺失信息收集、沟通、解释和协商。调度员的目标是通过搜索现有约束中的灵活性条件来找到一种解决方案，让所有参与者满意。由于各部门是基于各自目标进行评估的，他们通常并不立即愿意损失自己的绩效去解决其他部门的问题，这时调度员的附加价值就显而易见了。了解部门或个人在什么时候可以增加工作量，记录下未来的补偿方案，并说服同事、经理和操作员，这些都是调度员的核心技能。图 5.10 对本章所讨论的内容进行了总结。

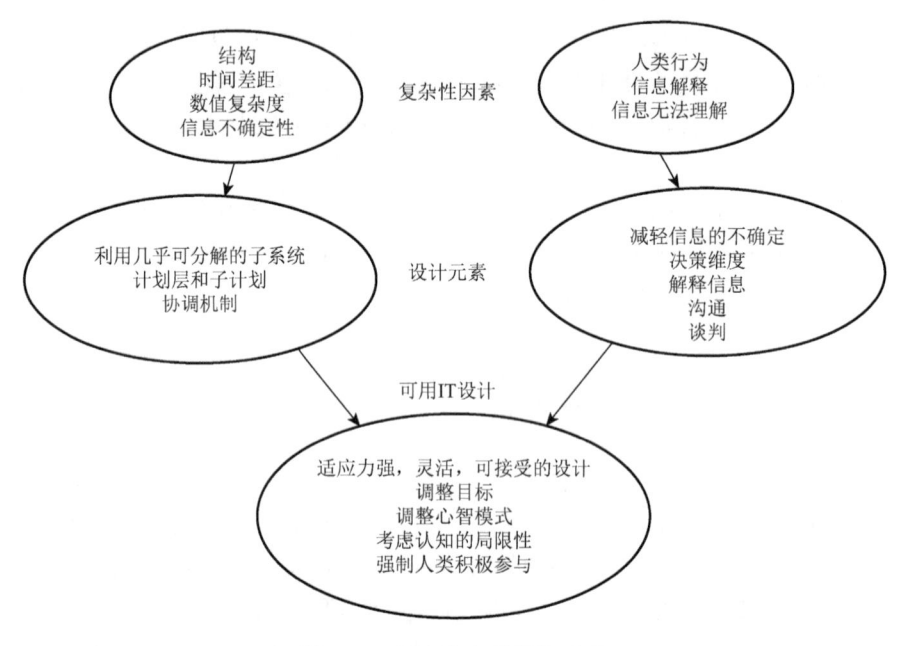

图 5.10　调度中人的行为元素

参 考 文 献

Albino, V., Pontrandolfo, P., Scozzi, B. 2002. Analysis of information flows to enhance the coordination of production processes. International Journal of Production Economics 75 (1), 7-19.

Annett, J. 2000. Theoretical and pragmatic influences on task analysis methods. J. M. Schraagen, S. F. Chipman, V. L. Shalin (eds.) in Cognitive Task Analysis. Mahwah, NJ: Lawrence Erlbaum Associates.

Annett, J., Duncan, K. D. 1967. Task analysis and training design. Occupational Psychology 41, 211-221.

Anthony, R. N. 1965. Planning and Control Systems. Boston: Harvard Business School Press.

Arkes, H. R., Dawes, R. M., Christensen, C. 1986. Factors influencing the use of a decision rule in a probabilistic task. Organizational Behavior and Human Decision Processes 37 (1), 93-110.

Aytug, H., Lawley, M. A., McKay, K., Mohan, S., Uzsoy, R. 2005. Executing production schedules in the face of uncertainties: A review and some future directions. European Journal of Operational Research 161 (1), 86-110.

Baek, D. H. 1999. A visualized human-computer interactive approach to job shop scheduling. International Journal of Computer Integrated Manufacturing 12 (1), 75-83.

Bainbridge, L. 1983. Ironies of automation. Automatica 19, 775-779.

Bendoly, E., Prietula, M. 2008. In "the zone": The role of evolving skill and transitional workload on motivation and realized performance in operational tasks. International Journal of Operations and Production Management 28 (12), 1130-1152.

Berglund, M., Guinery, J. 2008. The influence of production planners and schedulers at manufacturing and commercial interfaces. Human Factors and Ergonomics in Manufacturing and Service Industries 18 (5), 548-564.

Berglund, M., Guinery, J., Karltun, J. 2011. The unsung contribution of production planners and schedulers at production and sales interfaces. J. C. Fransoo, T. Wäfler, J. Wilson (eds.) in Behavioral Operations in Planning and Scheduling. Berlin: Springer.

Buxey, G. 1989. Production Scheduling: Practice and Theory. European Journal of Operational Research 39, 17-31.

Caves, R. E. 1980. Industrial organization, corporate strategy and structure. Journal of Economic Literature 18, 64-92.

Cayirli, T., Veral, E. 2003. Outpatient scheduling in health care: A review of literature. Production and Operations Management 12 (4), 519-549.

Cegarra, J. 2008. A cognitive typology of scheduling situations: A contribution to laboratory and field studies. Theoretical Issues in Ergonomics Science 9 (3), 201-222.

Cegarra, J., Hoc, J. M. 2008. The role of algorithm and result comprehensibility of automated scheduling on complacency. Human Factors and Ergonomics in Manufacturing and Service Industries 28 (6), 603-620.

Cegarra, J., van Wezel, W. 2011. A comparison of task analysis methods for planning and scheduling. J. C. Fransoo, T. Wäfler, J. Wilson (eds.) in Behavioral Operations in Planning and Scheduling. Berlin: Springer.

Cegarra, J., van Wezel, W. 2012. Revisiting decision support systems for cognitive readiness: A contribution to unstructured and complex scheduling situations. Journal of Cognitive Engineering and Decision Making 6, 299-324.

Cheang, B., Li, H., Lim, A., Rodrigues, B. 2003. Nurse rostering problems: A bibliographic survey. European Journal of Operational Research 151 (3), 447-460.

Chenoweth, T., Dowling, K. L., St Louis, R. D. 2004. Convincing DSS users that complex models are worth the effort. Decision Support Systems 37 (1), 71-82.

Chopra, S., Lovejoy, W., Yano, C. 2004. Five decades of operations management and the prospects ahead. Management Science 50 (1), 8-14.

Coburn, F. G. 1981. Scheduling: The coordination of effort. I. Mayer (ed.) in Organizing for Production and Other Papers on Management, 1912-1924. Easton: Hive Publishing.

Conway, W., Maxwell, W. L., Miller, L. W. 1967. The Theory of Scheduling. Reading, MA: Addison-Wesley.

Crawford, S., MacCarthy, B. L., Wilson, J. R., Vernon, C. 1999. Investigating the work of industrial schedulers through field study. Cognition, Technology and Work 1 (2), 63-77.

Crossan, M., Cunha, M. P. E., Vera, D., Cunha, J. 2005. Time and organizational improvisation. Academy of Management Review 30 (1), 129-145.

Crowston, K. 1997. A coordination theory approach to organizational process design. Organization Science 8 (2), 157-175.

Das, J. P., Karr, B. C., Parrila, R. K., 1996. Cognitive Planning. New Delhi: Sage.

de Snoo, C., van Wezel, W. 2014. Coordination and task interdependence during schedule adaptation. Human Factors and Ergonomics in Manufacturing and Service Industries 24, 139-151.

de Snoo, C., van Wezel, W., Jorna, R. J. 2011a. An empirical investigation of scheduling performance criteria. Journal of Operations Management 29 (3), 181-193.

de Snoo, C., van Wezel, W., Wortmann, J. C. 2011b. Does location matter for a scheduling department? A longitudinal case study on the effects of relocating the schedulers. International Journal of Operations and Production Management 31 (12), 1332-1358.

de Snoo, C., van Wezel, W., Wortmann, J. C., Gaalman, G. J. 2011c. Coordination activities of human planners during rescheduling: Case analysis and event handling procedure. International Journal of Production Research 49 (7), 2101-2122.

de Vries, P., Midden, C., Bouwhuis, D. 2003. The effects of errors on system trust, self-confidence, and the allocation of control in route planning. International Journal of Human-Computer Studies 58 (6), 719-735.

Dixon, S., Wickens, C. D., McCarley, J. M. 2007. On the independence of reliance and compliance: Are false alarms worse than misses? Human Factors 49, 564-572.

Endsley, M. R., Kiris, E. O. 1995. The out-of-the-loop performance problem and level of control in automation. Human Factors 37 (1), 381-394.

Eom, S. B., Kim, E. 2006. A survey of decision support system applications (1995-2001). Journal of the Operational Research Society 57 (11), 1264-1278.

Eom, S. B., Lee, S. M. 1990. A survey of decision support system applications (1971-April 1988). Interfaces 20 (3), 65-79.

Eom, S. B., Lee, S. M., Kim, E. B., Somarajan, C. 1998. A survey of decision support system applications (1988-1994). Journal of the Operational Research Society 49, 109-120.

Erez, M., Zidon, I. 1984. Effect of goal acceptance on the relationship of goal difficulty to performance. Journal of Applied Psychology 69 (1), 69-78.

Faraj, S., Xiao, Y. 2006. Coordination in fast-response organizations. Management Science 52 (8), 1155-1169.

Framinan, J. M., Ruiz, R. 2010. Architecture of manufacturing scheduling systems: Literature review and an integrated proposal. European Journal of Operational Research 205 (2), 237-246.

Fransoo, J. C., Wäfler, T., Wilson, J. R., eds. 2011. Behavioral Operations in Planning and Scheduling. New York: Springer.

Fransoo, J. C., Wiers, V. 2006. Action variety of planners: Cognitive load and requisite variety. Journal of Operations Management 24 (6), 813-821.

Green, G. I., Appel, L. B. 1981. An empirical analysis of job shop dispatch rule selection. Journal of Operations Management 1 (4), 197-203.

Guerin, C., Hoc, J. M., Mebarki, N. 2012. The nature of expertise in industrial scheduling: Strategic and tactical processes, constraint and object management. International Journal of Industrial Ergonomics 42 (5), 457-468.

Gupta, J. N. 2002. An excursion in scheduling theory: An overview of scheduling research in the twentieth century. Production Planning and Control 13 (2), 105-116.

Haider, S. W., Moodie, C. L., Buck, J. R. 1981. An investigation of the advantages of using a man-computer interactive scheduling methodology for job shops. International Journal of Production Research 19 (4), 381-392.

Hammond, K. J. 1989. Chef. C. K. Riesbeck, R. C. Schank (eds.) in Inside Case-Based Reasoning. Hillsdale, NJ: Lawrence Erlbaum Associates.

Hayes-Roth, B., Hayes-Roth, F. 1979. A cognitive model of planning. Cognitive Science 3, 275-310.

Herrmann, J. W. 2006. Rescheduling strategies, policies, and methods. J. W. Herrmann (ed.) in Handbook of Production Scheduling. New York: Springer.

Higgins, P. G. 1992. Human-computer production scheduling: Contribution to the hybrid automation paradigm. P. Brodner, W. Karwoski (eds.) in Ergonomics of Hybrid Automated Systems-III: Proceedings of the Third International Conference on Human Aspects of Advanced Manufacturing and Hybrid Automation, Gelsen-kirchen, August 26-28, 1992, Germany. New York: Elsevier.

Higgins, P. G. 1996. Interaction in hybrid intelligent scheduling. International Journal of Human Factors in Manufacturing 6 (3), 185-203.

Higgins, P. G. 1999. Job shop scheduling: Hybrid intelligent human-computer paradigm. University of Melbourne, Department of Mechanical and Manufacturing Engineering.

Hoc, J. M. 2000. From human-machine interaction to human-machine cooperation. Ergonomics 43, 833-843.

Hoc, J. M. 2006. Planning in dynamic situations: Some findings in complex supervisory control. W. van Wezel, R. J. Jorna, A. M. Meystel (eds.) in Planning in Intelligent Systems: Aspects, Motivations, and Methods. Hoboken, NJ: Wiley-Interscience.

Hoch, S. J., Schkade, D. A. 1996. A psychological approach to decision support systems. Management Science 42 (1), 51-64.

Hofstede, G. J. 1992. Modesty in modeling: On the applicability of interactive planning systems, with a case study in pot plant cultivation. University of Wageningen, the Netherlands.

Hoogeveen, H. 2005. Multicriteria scheduling. European Journal of Operational Research 167 (3), 592-623.

Inagaki, T. 2003. Adaptive automation: Sharing and trading of control. E. Hollnagel (ed.) in Handbook of Cognitive Task Design. Mahwah, NJ: Lawrence Erlbaum.

Jackson, S., Wilson, J. R., MacCarthy, B. L. 2004. A new model of scheduling in manufacturing: Tasks, roles, and monitoring. Human Factors 46 (3), 533-550.

Jonsson, P., Mattsson, S. 2003. The implications of fit between environments and manufacturing planning and control methods. International Journal of Operations and Production Management 23 (8), 872-900.

Jorna, R. 2006. Cognition, planning and domains: An empirical study into the planning processes of planners. W. van Wezel, R. J. Jorna, A. M. Meystel (eds.) in Planning in Intelligent Systems: Aspects, Motivations, and Methods. Hoboken, NJ: Wiley-Interscience.

Karasek, R. A. 1979. Job demands, job decision latitude and mental strain: Implications for job redesign. Administrative Science Quarterly 24, 285-311.

Keen, P. G. W., Morton, M. S. S. 1978. Decision Support Systems: An Organizational Perspective. Reading, MA: Addison-Wesley.

Kiewiet, D. J., Jorna, R. J., van Wezel, W. 2005. Planners and their cognitive maps: An analysis of domain representations using multi dimensional scaling. Applied Ergonomics 36, 695-708.

Kleinmuntz, B. 1990. Why we still use our heads instead of formulas: Toward an integrative approach. Psychological Bulletin 107 (3), 296-310.

Kreipl, S., Pinedo, M. 2004. Planning and scheduling in supply chains: An overview of issues in practice. Production and Operations Management 13 (1), 77-92.

Kuo, W. H., Hwang, S. L. 1998. A prototype of a real-time support system in the scheduling of production systems. International Journal of Industrial Ergonomics 21 (2), 133-143.

LaForge, R. L., Craighead, C. W. 2000. Computer-based scheduling in manufacturing firms: Some indicators of successful practice. Production and Inventory Management Journal 41 (1), 29-34.

Lawler, E. E., Suttle, J. L. 1973. Expectancy theory and job behavior. Organizational Behavior and Human Performance 9, 482-503.

Lee, J., Moray, N. 1992. Trust, control strategies and allocation of function in human-machine systems. Ergonomics 35 (10), 1243-1270.

Lee, J., Moray, N. 1994. Trust, self-confidence, and operators adaptation to automation. International Journal of Human-Computer Studies 40 (1), 153-184.

Leung, J. Y., ed. 2004. Handbook of Scheduling: Algorithms, Models, and Performance Analysis. Boca Raton, FL: Chapman and Hall/CRC Press.

Locke, E. A. 1968. Towards a theory of task motivation and incentives. Organizational Behavior and Human Performance

3, 157-189.
Locke, E. A., Latham, G. P. 1984. Goal Setting: A Motivational Technique That Works. Englewood Cliffs, NJ: Prentice-Hall.
Locke, E. A., Latham, G. P. 1990. A Theory of Goal Setting and Task Performance. Englewood Cliffs, NJ: Prentice-Hall.
MacCarthy, B. L., Liu, J. 1993. Addressing the gap in scheduling research: A review of optimization and heuristic methods in production scheduling. International Journal of Production Research 31 (1), 59-79.
MacCarthy, B. L., Wilson, J. R., eds. 2001a. Human Performance in Planning and Scheduling. New York: Taylor and Francis.
MacCarthy, B. L., Wilson, J. 2001b. The human contribution to planning, scheduling and control in manufacturing industry: Background and context. B. L. MacCarthy, J. R. Wilson (eds.) in Human Performance in Planning and Scheduling. New York: Taylor and Francis.
McKay, K. N. 1992. A model for manufacturing decisions requiring judgement. PhD diss., University of Waterloo.
McKay, K. N., Black, G. W. 2007. The evolution of a production planning system: A 10-year case study. Computers in Industry 58 (8), 756-771.
McKay, K., Pinedo, M., Webster, S. 2002. Practice-focused research issues for scheduling systems. Production and Operations Management 11 (2), 249-258.
McKay, K. N., Safayeni, F. R., Buzacott, J. A. 1988. Job-shop scheduling theory: What is relevant? Interfaces 18 (4), 84-90.
McKay, K. N., Safayeni, F. R., Buzacott, J. A. 1995a. Schedulers and planners: What and how can we learn from them? D. E. Brown, W. T. Scherer (eds.) in Intelligent Scheduling Systems. Boston: Kluwer Publishers.
McKay, K. N., Safayeni, F. R., Buzacott, J. A. 1995b. "Common sense" realities of planning and scheduling in printed circuit board production. International Journal of Production Research 33 (6), 1587-1603.
McKay, K. N., Wiers, V. 2006. The organizational interconnectivity of planning and scheduling. W. van Wezel, R. J. Jorna, A. M. Meystel (eds.), Planning in Intelligent Systems: Aspects, Motivations, and Methods. Hoboken, NJ: Wiley-Interscience.
McPherson, R. F., White, K. P. 2006. A framework for developing intelligent real-time scheduling systems. Human Factors and Ergonomics in Manufacturing and Service Industries 16 (4), 385-408.
Meal, H. C. 1984. Putting production decisions where they belong. Business Review 62 (2), 102-111.
Meystel, A. 2006. Multiresolutional representation and behavior generation: How does it affect the performance of and planning for intelligent systems? W. van Wezel, R. J. Jorna, A. M. Meystel(eds.)in Planning in Intelligent Systems: Aspects, Motivations, and Methods. Hoboken, NJ: Wiley-Interscience.
Mietus, D. M. 1994. Understanding planning for effective decision support. PhD diss., University of Groningen, the Netherlands.
Miller, D. M. 1987. An interactive, computer-aided ship scheduling system. European Journal of Operational Research 32 (3), 363-379.
Molleman, E., Slomp, J. 2006. The impact of team and work characteristics on team functioning. Human Factors and Ergonomics in Manufacturing and Service Industries 16 (1), 1-15.
Moray, N., Dessouky, M. I., Kijowski, B. A., Adapathya, R. 1991. Strategic behavior, workload, and performance in task scheduling. Human Factors 33, 607-629.
Mumford, M. D., Bedell-Avers, K. E., Hunter, S. T. 2008. Planning for innovation: A multi-level perspective. M. D. Mumford, S. T. Hunter, K. E. Bedell-Avers (eds.) in Multi-level Issues in Creativity and Innovation. Amsterdam:

Elsevier.

Muth, J. F., Thompson, G. L. 1963. Industrial Scheduling. Englewood Cliffs, NJ: Prentice-Hall.

Nakamura, N., Salvendy, G. 1994. Human planner and scheduler. G. Salvendy, W. Karwoski (eds.) in Design of Work and Development of Personnel in Advanced Manufacturing. New York: Wiley.

Nauta, A., Sanders, K. 2001. Causes and consequences of perceived goal differences between departments within manufacturing organizations. Journal of Occupational and Organizational Psychology 74 (3), 321-342.

Newell, A., Simon, H. A. 1972. Human Problem Solving. Englewood Cliffs, NJ: Prentice-Hall.

Nutt, P. C. 2007. Examining the link between plan evaluation and implementation. Technological Forecasting and Social Change 74, 1252-1271.

Olson, G. M., Malone, T. W., Smith, J. B., eds. 2001. Coordination Theory and Collaboration Technology. Mahwah, NJ: Lawrence Erlbaum.

Parasuraman, R., Molloy, R., Singh, I. L. 1993. Performance consequences of automation-induced "complacency." International Journal of Aviation Psychology 3, 1-23.

Pierce, J. R., Aguinis, H. 2013. The too-much-of-a-good-thing effect in management. Journal of Management 39 (2), 313-338.

Pinedo, M. L. 2012. Scheduling: Theory, Algorithms, and Systems. 4th ed. New York: Springer.

Pounds, W. F. 1963. The Scheduling Environment. J. F. Muth, G. L. Thompson (eds.) in Industrial Scheduling. Englewood Cliffs, NJ: Prentice-Hall.

Prietula, M. J., Hsu, W.-L., Ow, P. S., Thompson, G. L. 1994. MacMerl: Mixed-initiative scheduling with coincident problem spaces. M. Zweben, M. S. Fox (eds.) in Intelligent Scheduling. San Francisco: Morgan Kaufmann Publishers.

Rasmussen, J., Pejtersen, A. M., Goodstein, L. P. 1994. Cognitive Systems Engineering. New York: John Wiley & Sons.

Riedel, R., Fransoo, J., Wiers, V., Fischer, K., Cegarra, J., Jentsch, D. 2011. Building decision support systems for acceptance. J. C. Fransoo, T. Wäfler, J. Wilson (eds.) in Behavioral Operations in Planning and Scheduling. Berlin: Springer.

Riesbeck, C. K., Schank, R. C. 1989. Inside Case-Based Reasoning. Hillsdale, NJ: Lawrence Earlbaum.

Sabherwal, R., Jeyaraj, A., Chowa, C. 2006. Information system success: Individual and organizational determinants. Management Science 52 (12), 1849-1864.

Sacerdoti, E. D. 1975. The nonlinear nature of plans. Proceedings of the Fourth International Joint Conference on Artificial Intelligence. San Francisco: Morgan Kaufmann.

Sanderson, P. M. 1989. The human planning and scheduling role in advanced manufacturing systems: An emerging human factors domain. Human Factors 31, 635-666.

Schraagen, J. M., Chipman, S. F., Shute, V. J. 2000. Cognitive Task Analysis. Mahwah, NJ: Lawrence Erlbaum Associates.

Sharit, J., Eberts, R., Salvendy, G. 1988. A proposed theoretical framework for design of decision support systems in computer-integrated manufacturing systems: A cognitive engineering approach. International Journal of Production Research 26 (6), 1037-1063.

Sheridan, T. B., Verplank, W. L. 1978. Human and computer control of undersea teleoperators. Cambridge, MA, MIT Man-Machine Systems Laboratory Report.

Singh, D. T., Singh, P. P. 1997. Aiding DSS users in the use of complex OR models. Annals of Operations Research 72, 5-27.

Stoop, P. P., Wiers, V. C. 1996. The complexity of scheduling in practice. International Journal of Operations and

Production Management 16 (10), 37-53.

Subramaniam, V., Raheja, A. S., Rama Bhupal Reddy, K. 2005. Reactive repair tool for job shop schedules. International Journal of Production Research 43 (1), 1-23.

Tenhiälä, A. 2011. Contingency theory of capacity planning: The link between process types and planning methods. Journal of Operations Management 29 (1), 65-77.

Thompson, J. 1967. Organizations in Action: Social Science Bases of Administrative Theory. New York: McGraw-Hill.

van de Ven, A. H., Delbecq, A. L., Koenig, R., Jr. 1976. Determinants of coordination modes within organizations. American Sociological Review 41, 322-338.

van Nimwegen, C., van Oostendorp, H. 2009. The questionable impact of an assisting interface on performance in transfer situations. International Journal of Industrial Ergonomics 39 (3), 501-508.

van Wezel, W. 2001. Tasks, hierarchies, and flexibility: Planning in food processing industries. PhD diss., University of Groningen, the Netherlands.

van Wezel, W., Cegarra, J., Hoc, J. M. 2011. Allocating functions to human and algorithm in scheduling. J. C. Fransoo, T. Wäfler, J. Wilson (eds.) in Behavioral operations in planning and scheduling. Berlin: Springer.

van Wezel, W., Jorna, R. J., Meystel, A. M., eds. 2006. Planning in Intelligent Systems: Aspects, Motivations, and Methods. Hoboken, NJ: Wiley-Interscience.

van Wezel, W., van Donk, D. P., Gaalman, G. 2006. The planning flexibility bottleneck in food processing industries. Journal of Operations Management 24 (3), 287-300.

Venkatesh, V., Bala, H. 2008. Technology acceptance model 3 and a research agenda on interventions. Decision Sciences 39 (2), 273-315.

Vicente, K. J. 1999. Wanted: Psychologically relevant, device-and event-independent work analysis techniques. Interacting with Computers 11, 237-254.

Vieira, G. E., Herrmann, J. W., Lin, E. 2003. Rescheduling manufacturing systems: A framework of strategies, policies, and methods. Journal of Scheduling 6 (1), 39-62.

Volkema, R. J. 1983. Problem formulation in planning and design. Management Science 29, 639-652.

Wäfler, T. 2001. Planning and scheduling in secondary work systems. B. L. MacCarthy, J. R. Wilson (eds.) in Human Performance in Planning and Scheduling. London: Taylor and Francis.

Waters, C. 1990. Expert systems for vehicle scheduling. Journal of the Operational Research Society 41 (6), 505-515.

Wiers, V. C. S. 1996. A quantitative field study of the decision behaviour of four shop floor schedulers. Production Planning and Control 7 (4), 383-392.

Wiers, V. C. S. 2009. The relationship between shop floor autonomy and APS implementation success: Evidence from two cases. Production Planning and Control 20 (7), 576-585.

Wiers, V. C. S., van Der Schaaf, T. W. 1997. A framework for decision support in production scheduling tasks. Production Planning and Control 8 (6), 533-544.

Yerkes, R. M., Dodson, J. D. 1908. The relation of strength of stimulus to rapidity of habit-formation. Journal of Comparative Neurology and Psychology 18 (5), 459-482.

第 6 章

击中目标：投射比赛的流程控制、实验及改善

George Easton（乔治·伊斯顿）

6.1 概　　述

本章介绍埃默里大学 Goizueta（戈伊苏埃塔）商学院运营管理课程的一个学生团队项目，主要包括流程分析和六西格玛质量管理。项目由 4~5 名学生组成团队进行投射比赛，比赛结果将作为学生期末成绩的主要部分，剩下的部分由书面报告决定。比赛前，每个团队进行为期 1 个月的投射训练，其中有 2~3 周的训练强度较大。由于事先未知目标投射距离，学生需要建立关于投射器性能的统计模型，以帮助他们在比赛中根据实际要求的目标投射距离做出最优设置。

投射比赛展示了质量管理系统，特别是与六西格玛有关的核心概念，包括流程思维、统计控制、共同原因偏差（common cause variation）、特殊原因偏差（special cause variation）以及流程能力（Montgomery，2012；Pyzdek and Keller，2010），它们大多数与组织的管理者的行为或认知有关。理解这些概念可能导致的不同行为，有助于管理者避免常见误解和战术错误。同时，投射比赛亦可给予学生关于随机性和绩效评估的启示。人们通过事前控制（Langer，1982）、事后追因（Fischhoff，1982）等，可更好地理解和接受随机性对绩效评估的影响。

6.2 理　论　基　础

实施如六西格玛这类质量管理系统的目的是：自上而下地改善组织领导层、管理层以及员工层的行为。虽然质量管理系统的实施涉及上述组织结构的各个方面，但核心是改进质量，其中最具挑战性的工作是如何促进员工行为、思维意识及组织文化的更新。因此，关注人的行为是六西格玛、全面质量管理等管理系统的核心。

质量管理中最基本的要素之一是对流程的关注。很大程度上，流程被视为质量管理中的最基本的"原子"或"分子"。因此，质量管理系统的根本任务是建立、控制和改进流程。

流程的概念既简单又复杂。由于流程看起来如此简单，以至于人们往往很少考虑流程。但是，在实践中，事情并不那么简单。如果流程很重要，那么针对一个流程，我们有必要给它设定一个可实施的定义，这样我们就可以很清楚地知道某一项工作活动是否可以被认为是一个流程。确定流程是否存在固然重要，但除此之外，能够确定流程是否针对要解决的任务进行了恰当的定义也同等重要。不同的工作所需的流程也不同。例如，制造厂车间的生产流程，与计划流程或问题解决流程在本质上是不同的，这些流程定义的细节和方式也不同（Easton, 1993）。

虽然在这里不可能完全清楚地解释流程的概念，也不可能准确地阐述不同类型工作所需流程类型的差异，但从根本上讲，流程的本质是使得工作结构化（structuring work）。多年的质量管理研究经验告诉我们，组织管理绩效依靠的是以流程为代表的结构化和严谨性，而这不是在组织内部就能自然而然地产生的。

质量管理的另一个基本思想是流程处于控制状态。要从质量管理的层面理解控制的概念，首先需要理解并接受几乎所有的流程都存在随机偏差（Pyzdek and Keller, 2010），也就是说，流程的每次输出都存在差异，且难以预测。管理者通常认为流程是完全确定的，或者随机偏差都是可以忽略的，这种假定会造成一系列严重后果，比如，管理者在面对流程中出现问题或错误时推卸责任。上述归咎行为之所以经常出现，是因为管理者忽略了问题可能完全是由随机偏差导致的，即没有特定的原因与问题的出现相关。在这种情况下，管理者倾向于推卸责任，认为问题或错误产生的原因是人为的。处于控制状态的流程意味着流程产生的变化在统计意义上是稳定、可预测的。这种稳定的偏差被称为共同原因偏差或者内在偏差（intrinsic variation）（Pyzdek and Keller, 2010; Deming, 1986a, 1986b; Montgomery, 2012），该类偏差在流程中一直存在，即使在流程正常运行时也会发生。

由某种特殊原因导致的流程偏差被称为特殊原因偏差（Pyzdek and Keller, 2010; Deming, 1986a, 1986b; Montgomery, 2012）。造成这类偏差的事件或因素被称为特殊或指定的原因，是可以被识别、预防的。虽然识别造成不同偏差原因的难易程度不一，甚至在有些情境中，管理者需要付出很大努力才能识别，但其基本思想是，特殊原因偏差是由流程中断造成的，因此可以通过揭示中断的原因避免偏差的再次发生。

统计流程控制（statistical process control，SPC）方法是基于统计理论的技术工具，用于量化流程偏差，并提供了判断特殊原因偏差是否发生的标准。换句话说，SPC方法提供了工具与标准来确定流程是否处于控制中。当流程失控（即检测到特殊原因偏差）时，管理者就有理由相信该流程的正常功能已被中断，并且能找到造成中断的特殊原因。

区别共同原因偏差和特殊原因偏差的关键在于流程中的偏差是否可以被流程操作者所控制。可控偏差是指操作者能够控制的偏差，多数情况下能够被测量。

不可控偏差是指操作者无法控制的偏差。共同原因偏差是流程固有的，虽不受操作者控制，却可以被缓解。减少共同原因偏差通常较为困难，因为这需要操作者对流程进行根本性的改变。在日常生活中，它根本不受操作者的控制。与此相反，特殊原因偏差通常受到操作者控制，同时也取决于外部影响。

上述讨论的核心是流程中的共同原因偏差以及流程是否被特殊原因偏差中断，这些概念与流程是否稳定有关。稳定性是流程的固有特征，与该流程是否能够生产特定规格的产品无关。流程可能是完全稳定的，但当其共同原因偏差很大时，该流程就不能在规定范围内实现可靠生产，且当产品的特性不满足要求时，流程就生产出了缺陷产品。

流程能力（process capability）概念的核心思想是流程可以在规定范围内可靠地生产产品。流程具备一定能力的先决条件是流程处于控制之中。不受控制的流程是不稳定的，不稳定的流程不可能在规定范围内可靠地生产产品。因此，具备一定能力的流程是处于控制之中的，它具有足够小的共同原因偏差，从而保证所生产的产品完全处在标准要求之内。用于量化一个流程是否有能力的指标通常被称为流程能力指数（Pyzdek and Keller，2010）。

上述观念与行为、感知和认知有非常重要的关系。首先，如上所述，管理者和其他员工均期望流程中没有或者有极少随机偏差。这种对流程确定性的期望也体现在公司系统的运营和设计中。因为没有考虑到随机偏差，所以如果仔细观察个人行为和公司的流程系统，我们发现了一个默认假设，即随机偏差是可以忽略的，或者任何可能发生的偏差一定是由可识别和可控的原因导致的。这些假设隐含在行为和系统中，不易发现却非常普遍。例如，公司在制定预算时，通常不考虑随机偏差，即使生产流程运行一切都好，但是由于缺陷、浪费、停机、资源和劳动力是随机的，所以产品的生产成本自然也是随机的。然而，几乎每个人都以确定的方式讨论产品的生产成本。

如果流程操作者和管理者倾向于认为所有偏差都源于某些特定原因，他们将会干预流程（Krehbiel，1994；Deming，1986a；Pyzdek and Keller，2010）。流程干预（process tampering）是指管理者对处于控制状态下的流程进行调整，试图应对共同原因偏差。由于共同原因偏差是随机的，因此对流程进行干预以试图修复或纠正这类偏差通常没有意义。管理者运用 SPC 方法，识别出共同原因偏差和特殊原因偏差，进而减少由共同原因偏差带来的流程干预（Pyzdek and Keller，2010）。

许多公司采用忽略共同原因偏差影响的方法提高绩效。例如，如果激励是提高绩效的主要策略，则意味着共同原因偏差并不是影响绩效的最重要因素之一，因为激励并不能减少共同原因偏差。正如戴明所言，尽力而为是不够的（Deming，1986a，1986b）。由于减少共同原因偏差需要根本性地变革流程，所以仅仅在流程中付出最大努力通常也不会减少共同原因偏差。既然尽力而为无法减少共同原因偏差，那么期望通过激励将流程改进到所需的绩效水平也是天方夜谭。因为激励最多只能帮助决策者集中注意力和增加努力而已，这些固然重要，但还远远不够。

决策者倾向于认为流程总是可控的。然而，大多数流程即便在运行良好的情况下仍可能失控。在许多组织中，有小部分流程一直处于失控状态，甚至大部分流程也经常处于失控状态。特别是对于少数无法监测的流程，它们绝大多数是失控的。

由于多数决策者认为流程是可控的，当流程出现问题时，如客户抱怨，决策者似乎从来没有考虑过流程是否处在控制之中，或者是否有能力控制流程。他们总会试图找出问题的责任人，即所谓的谁的过错谁承担。但多数情况下，问题的产生是源自流程本身固有的特点，如无法满足客户需求或与员工无关的特殊原因，或流程不在可控状态。Deming（1986b）认为员工工作系统本身和与他人的互动影响了90%~95%的流程绩效。

为此，Deming（1986a，1986b）提出了驱逐恐惧（drive out fear）的观点。该观点认为流程本身对绩效的影响远超于员工对绩效的影响，管理者不应寻找那些因绩效不佳而被记过的人，而应关注流程设计，包括质量管理系统的设计和实施。

大量的心理学研究集中于人们对概率、偏差和随机性的认知（Pious，1993；Kahneman et al.，1982；Nickerson，2004），这些研究涉及的概念对于理解质量管理至关重要。其中，基本归因偏差更是体现了人的本能（Ross，1977；Ross and Anderson，1982；Pious，1993）。基本归因偏差是指人们通常倾向于将错误归咎于人的性格、能力等个人素质因素，而不是潜在的外部因素。例如，在高速公路上插队的司机可能是赶着去医院。人们不习惯将司机的行为归因为客观因素，而是更倾向于追究责任。另外，人们倾向于责备不幸者。例如，被偷者往往被认为是因为自己不小心，而不是责怪小偷。

归因心理学研究表明，流程出现问题时，管理者会本能地推卸责任，从而避免陷入恐惧，这可能是人类天然的特性。管理者不会倾向于从系统中寻找原因，因为人类的本能是直接得出结论，认为出现问题的原因是员工粗心、懒惰或愚蠢等。戴明观察到了这种现象，因此将驱逐恐惧加入到十四点原则[①]中（Deming，1986a，1986b）。

统计数据显示，选修《流程分析和六西格玛》课程的 MBA 学生对基本归因偏差的了解甚少。事实上，找"替罪羊"是人之天性。管理者应深刻地理解这一

---

① 译者按：戴明关于质量管理的十四点原则是：1）持之以恒地改进产品和服务，要努力保持竞争力，做长期经营打算，提供就业机会；2）采用新的观念；3）停止依靠大规模检查去提高质量；4）结束只以价格为基础的采购习惯；5）持之以恒地改进生产和服务系统；6）实行岗位职能培训；7）建立领导力企业管理；8）驱逐恐惧；9）打破部门之间的障碍；10）取消对员工的标语训词和告诫；11）取消定额管理和目标管理，用领导力来代替；12）消除打击员工工作情感的考评；13）鼓励学习和自我提高；14）采取行动实现转变。

天性，并控制自身的反应和行为（Goleman，1995）。自我监督是《情商：为什么情商比智商更重要》（Goleman，1995）[1]的关键思想，了解基本归因偏差更能让管理者理解为什么进行自我监督，而不是仅仅记住戴明"驱逐恐惧"的训诫。

综上所述，质量管理涉及行为相关的问题包括：①组织通常比自然形成的系统需要更多的结构化或流程；②管理者易于忽略或低估随机偏差的重要性；③管理者及员工倾向于认为所有偏差源自可识别的原因；④员工倾向于干预可控的流程；⑤管理者及员工倾向于相信所有流程是可控且可用的，因此当流程出现问题时，如客户投诉，常常会忽略共同原因偏差；⑥管理者有推卸责任的强烈倾向，该倾向源自基本归因偏差，以及所有偏差都有特定原因的信念；⑦管理者倾向于认为更多的努力有利于解决问题，这与戴明所提出的"尽力而为是不够的"观点冲突。

接下来，我们结合投射比赛项目对上述几类行为进行详细阐述。

6.3 学习活动

投射比赛作为一项团队活动，已被广泛应用于运营管理和质量管理课程中。该活动已经成为埃默里大学 Goizueta 商学院 MBA 学生及本硕生的选修课程《流程分析和六西格玛》的结课项目。

顾名思义，投射比赛需要用到投射器，通常使用的是"Statapult"（Air Academy Associates，2014），它是一种培训设备，在六西格玛从业者中获得了广泛应用。2000 年左右，本章作者在达美航空公司参观一项六西格玛相关培训时第一次知道 Statapult，并曾开玩笑地跟学生说，如果他们没有使用 Statapult 的经验，他们就不是六西格玛"俱乐部"成员。本章选择 Statapult 是因为它在六西格玛研究界中的影响较大，当然，也可以使用其他投射器。

投射器主要应用于六西格玛的统计流程控制。

在典型的统计流程控制训练中，投射器在规定设置下发射，通过测量球的落地位置生成数据，用于控制图的构建、特殊原因的识别等。投射器更高级的用途包括教学实验设计和实验数据分析等。此外，Statapult 还可被用于讲授先进的方法，如鲁棒设计（Taguchi et al.，2004），其原理是投射器有许多影响其发射距离和可变性的控制参数和设置。

类似于六西格玛中"定义—测量—分析—改进—控制"（define-measure-analyze-improve-control，DMAIC）环节，投射比赛旨在强化流程意识、实验思维、问题求解（Pyzdek and Keller，2010）和回归分析。但是，投射比赛的进行方式与 Statapult 在六西格玛训练中常用的方式有很多不同。

---

[1] 译者按：丹尼尔·戈尔曼. 情商：为什么情商比智商更重要. 杨春晓译. 北京：中信出版社，2018.

首先，单纯地让学生们在特定距离或特定目标上射击对于主修课程项目作业来说太简单了，并且这种方式只能向学生说明流程控制和流程能力的概念而不能帮助学生深入思考。最初设计这个实验时，是希望将它用在基础运营管理课程中。但这种入门的运营管理课程不涉及实验设计，因此使用 Statapult 演示实验设计不是一个好的选择。其次，所有选修该课程的学生都学习过回归统计方法，他们掌握的统计知识应该比在工业界的六西格玛培训中常用到的更为先进。

另外，阐述随机性和随机偏差的某些定理也很重要。通常，对于 MBA 项目中的核心运营管理课程，学生大多都是 30 多岁且有丰富的商业经验。本章作者由于在全面质量管理和六西格玛中的经验，掌握了质量管理学科中重要的概念和定理，但这些知识目前并没有被美国的管理者们广泛了解。为了扩展和改变学生们的思维，本章作者在课程早期对 MBA 学生进行了调查，了解了他们认为的优秀 C 级领导者（CEO、COO、CIO、CFO[①]等）的特征，得到的反馈大多很大众化，比如责任追究、创造正确的激励、绩效激励、做出正确决策、创造愿景等。

根据戴明十四点原则中的第八点"驱逐恐惧"，以及他的名言"尽力而为是不够的"，包括戴明著名的红珠实验，这些表面上看起来简单又合理的陈述很有趣。红珠实验是一种关于质量的练习，它模拟一种虽然处于控制之中，但根本上没有生产能力（从而产生缺陷）的生产流程。实验中，员工根据他们的绩效被追究责任，但其实他们的绩效完全是随机的。让员工对随机结果负责任，渐渐地就会导致员工产生恐惧心理。

由于尽力而为是不够的、驱逐恐惧与责任追究和绩效激励形成了鲜明的对比，受此启发，我们将投射练习定位为基于学生团队投射准确性绩效的比赛。投射准确性可以被客观地测量出来，准确性的高低可以作为学生成绩的评价标准。在这个系统中，学生成绩可以作为一种激励机制。与典型的训练练习不同，此次比赛没有让学生将投射器的目标设定为固定的，或将投射器设置为同一个固定参数。相反，学生们投射的目标距离是随机的。

尽管投射距离范围是确定的，但是学生团队的射击距离并未事先给定。比赛前，学生团队被告知其投射的目标是距离范围 80 到 130 英寸[②]之间的三个随机目标。比赛中，每个团队的投射目标随机分配。所以，学生团队的主要任务是，如何准确地将投射器发射到 80 到 130 英寸之间的任意指定距离。

每个团队由 4~5 名学生组成，尽管投射器可以由三个学生投射，但是至少 4 名学生的团队会更好。学生们将会分配到一套如图 6.1 所示的工具箱，里面包含：

---

① CEO，chief executive officer，首席执行官；COO，chief operating officer，首席运营官；CIO，chief information officer，首席信息官；CFO，chief financial officer，首席财务官。

② 1 英寸 = 2.54 厘米。

投射器（包括推动投射臂的橡皮筋）；投射球；卷尺；投射用的落地垫；胶带；爽身粉；塑料杯。

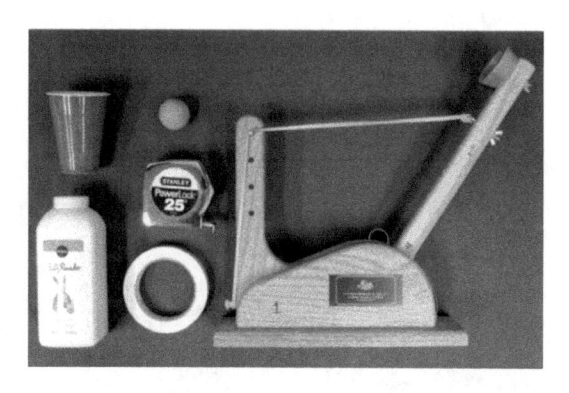

图 6.1 投射比赛工具箱

在实际比赛前大约一个月，学生团队将获得这些工具箱。

投射器如图 6.2 所示，学生们可以对投射器进行调整。具体说明如下：①投射器前垂直杆有四个前针位置；②投射装置底端弧形有六个停针位置，控制投掷臂向前摆动的幅度；③投射臂回拉角度可从水平 180 度和停针位置之间自由确定。此外，装球杯子的位置和橡皮筋在投射臂连接的位置是可以调整的，为了简化竞争，要求学生团队在规定设置中保持这两个因素不变。

图 6.2 投射器

投射比赛分两轮进行，学生团队被随机地等分成两组，第一组参加第一轮比赛，第二组参加第二轮比赛。

在第一轮比赛前，每个团队有 20 分钟进行准备活动，投射器和落地垫的放置要能够保证地垫覆盖目标的投射范围（80英寸～130英寸），并使卷尺设置在从弹射装置底座延伸到落地垫远端的位置，以使卷尺能够在比赛时读出投射距离。图6.3为比赛投射器的设置。

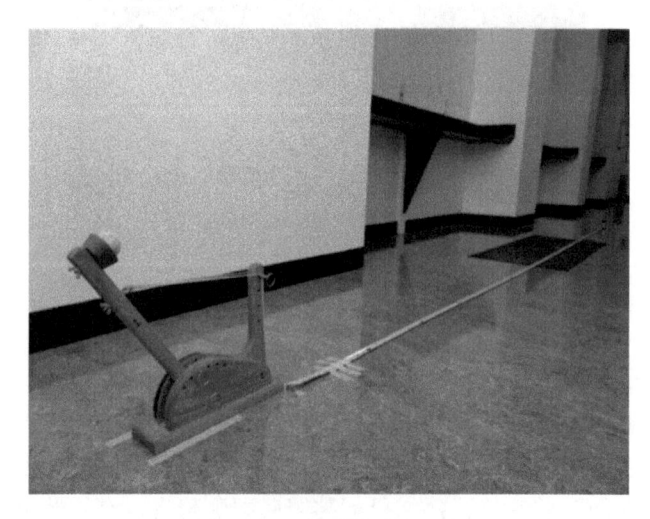

图6.3　比赛投射器的设置

从其他非投射团队随机选择两位成员作为当前投射团队的记录员，他们分别独立测量和记录投射距离，测量精度设为1/8英寸，卷尺的最高精度为1/16英寸。将多组投射距离写在折叠的纸上，交给两个记录员中的一位。按照指示，两位记录员每次仅向投射团队公布一个投射距离，其他投射距离保密，直到允许公布下一次的投射距离，这些投射距离随机分配给各团队，并四舍五入到最接近的尺寸。

当比赛开始时，记录员告知投射团队第一个目标距离，团队依据该距离快速地设置投射器，以保证投射装置能够投射到指定位置。团队可使用笔记本电脑做辅助计算，但是不能实际练习操作。所以每个团队只能根据他们自己开发的投射器模型来选择他们的设置并进行投射，每次投射成绩都计入比赛结果。每个团队可以投射10次，并尽可能接近目标距离。在这10次投射中，他们可以随意调整自己的装置，每一次投射都很重要。

每次投射前，投射球需沾爽身粉以方便两位记录员记录其落地位置，两位记录员独立记录投射距离，然后取两者平均值。使用平方差来评价投射的准确性。为了简化，不涉及任何角度的准确性，只涉及投射器基点到投射球落地点的垂直距离。记录员的工作是标记好球的位置在卷尺上的投影，并记录位置。图6.4显示了测量记录的过程。

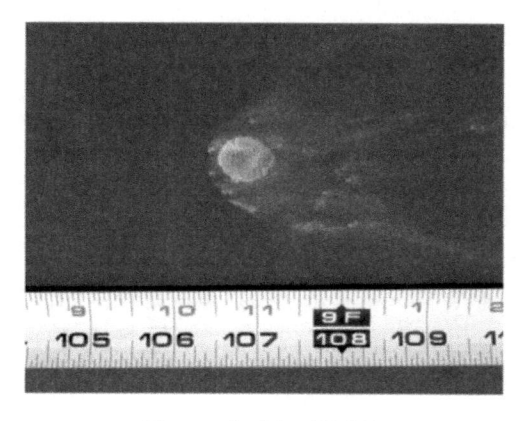

图 6.4　小球留下的痕迹

投射团队完成第一个目标距离的 10 次投射后,记录员再告知第二个目标距离。同样地,投射团队依据该距离重新设置投射器,完成 10 次投射。这轮投射结束之后,记录员告诉其第三个目标距离,每个团队按之前要求完成 10 次投射,最终完成 30 次投射,并通过均方差评估绩效。即针对每次投射,计算距离目标的平方距离,加和后除以 30。

通常,投射比赛结果完全由投射绩效决定。为了更好地了解团队如何开发投射模型、如何运用和控制投射流程等,我们将比赛结果改为投射表现占 60%,书面报告占 40%。需要说明的是,书面报告除了必须使用 DMAIC 格式要求外,还需要用控制图说明团队如何能够以可控的方式进行投射。投射比赛项目通常占整个课程分数的 20%。

6.3.1　团队应如何准备比赛

如果学生已经深入理解了课程内容,那么执行本项目的策略就很简单了。首先,团队需要弄清楚如何控制投射装置进行投射。在这个步骤中,每个团队应该挑选容易操作的控制装置,以防止特殊原因偏差,减少共同原因偏差。团队还应该了解在投射流程中有多少共同原因偏差,他们应该制定清晰和明确的投射程序,包括团队成员的角色确定。如上所述,书面作业部分的要求之一是学生通过提供相关的控制图表来证明投射流程是可控的。

其次,团队需开发投射模型,以根据设置来预测投射器发射的距离。我们将给出一些指导性建议,如构建基于投射距离和投射设置的回归模型。由于团队间不允许交流,因此各团队需基于自身数据建立回归模型。模型中,给定目标距离,即回归方程的因变量 y 值,然后团队根据自己的数据创建自己的方法,以确定相应的投射参数设置,即回归方程的自变量 x 值。此外,参数设置方案通常不是唯一的，所以当有多个 x 值可以用来确定目标距离时，团队要决定使用哪种方案。团队可以更改的三个参数，分别是连续变量，即投射臂的后拉角度，和两个有序的离散变量，即前针和停针的位置。综上，为保证项目执行的有效性，需要遵循以下几点要求。

（1）通过投射准备练习获得因变量投射距离和自变量投射参数的初步关系。

（2）通过使用质量工具，可以确定投射流程，以及主要偏差的来源。

（3）不断调整投射装置，使其每次投射点在射程中间区域内，直到投射器可以在可控范围内发射，并定义和记录投射流程，包括成员分工。一般而言，对学生来说，弄清楚如何设置投射装置并不难，所以，在不改变设置情况下，投射距离可以在合理的统计控制范围内。为满足作业的要求，学生还应制作显示统计控制的控制图表。

（4）在非正式游戏阶段，团队自由地对投射装置进行投射演练，得到了装置投射的最长距离和最短距离。尽管这个步骤不是必需的，但由于它不需要花费太多的时间，却能够有效地确保学生设计的投射流程在所有距离上都能很好地工作，因而很关键。

（5）运用全因子实验设计[①]建立投射统计模型。例如，依据投射器的三个可变参数：前针 4 个位置，停针 6 个位置以及投射臂的后拉选择的任意 3 个角度，形成投射参数组合，即 $4\times6\times3 = 72$ 种组合选择。若每个组合情形下进行 5 次投射，则共计需投射 360 次；虽然这是可以实现的，但是在实际操作流程中，可以做一些简化，因为并不是所有的设置都有意义。合理的参数设置方案可能涉及两个前针位置、两个停针位置、3 或 4 个投射臂的后拉角度。当设置为 4 个投射臂后拉角度，进行 5 次投射，这样的实验将涉及 $2\times2\times4\times5 = 80$ 种组合选择。重复投射次数可以很容易地增加到 10 次，这就意味着总共有 160 次观察。

（6）建立基于设置的投射参数的回归模型。对于前针和停针的四种组合方式，模型可以根据投射的目标距离反求出投射臂的后拉角度。当存在多个可行的参数设置方案时，可通过估计对应参数设置方案的标准差进行方案选择。

（7）充分考虑模型的可扩展性。若投射团队成员足够了解项目内容且有清晰的工作计划，项目可在 2～3 小时内完成。

6.3.2 团队实际如何准备比赛

大多数学生团队在初期都经历过几次失败以及大量的摸索。因为比赛流程中

[①] 译者按：全因子实验设计是指所有因子的所有水平的所有组合都至少进行一次实验，可以估计所有的主效应和所有的各阶交互效应。

如何做是非结构化和不确定的。但是，这种不确定性也可能是学生从课程中学到很多知识的关键诱因之一。只有当问题出现在自己的项目中时，学生方能真正理解问题的答案和解决问题的方法。

大多数学生团队希望提前进行一次全因子实验，以收集所需数据，从而构建在比赛中使用的模型。通常，他们在实验开始前没有玩过投射器，所以不知道何种参数设置方案可以射中目标。有些参数设置方案不在目标范围内，并且由于球没有落在卷尺覆盖的范围内，造成了数据的丢失。这些参数设置方案不能用于构建模型。因此，应当简化用于获得知识的早期实验。

尽管流程控制是课程的主题，但是学生团队在实验开始前常常没有过多考虑流程控制。所以在实验流程中学生们会碰到许多流程控制问题，并试图解决这些问题。几乎每个学生团队都发现了两个问题：投射器的稳定性（投射器必须被牢牢地固定，但是一个人很难在投射的同时将其牢固地压下）和不同操作人员的差异。

尽管投射并不困难，但是准确的投射却并不简单。投射流程需要三到五人的团队来进行必要的数据收集，以评估流程控制，并尝试构建投射距离模型。以下是学生所扮演的典型角色。

（1）一个人固定投射器。站在投射器底座边缘，或者用身体挡住投射器手臂，阻止投射器手臂向前移动。

（2）一个人进行投射。首先需要将投射球沾上爽身粉装进杯子里，然后确定投射臂的后拉角度，并释放小球来完成投射。

（3）至少一个人观察投射球的落地点，测量投射距离，捡回投射球并交给投射者。

学生团队还可能会涉及其他角色。例如，需要人员在笔记本电脑上的电子表格模型中输入目标距离以获得所需的投射参数设置方案。由于这个操作在 10 次投射比赛中只需要执行 3 次，所以这个角色可以由固定投射器的人或进行投射的人来完成。还有在测量投射臂后拉角度的视差问题，有些学生团队会让一个人在量角器旁边的固定位置上读取示数，通常是学生蹲在量角器旁，仔细观察量角器上的标记和投射臂上的箭头。

那些未事先考虑流程控制或熟悉投射流程而直接开始实验的团队，通常会在实验开始时发现这是个错误的决定。当实验开始后，他们发现了一些流程控制问题，如固定投射器底座。由于他们在实验流程中改变了操作流程，所以其操作流程在实验数据收集流程中是不一致的，这可能影响实验结果。他们甚至会发现由于设置不当，投射器射向目标范围外而造成数据缺失，以至于他们不知道如何分析数据，从而导致第一次实验无效。

第一次数据收集后，很多团队都会提问。那些没有接触过投射器，也没有解决流程控制问题或者没有考虑结果分析而直接实验的团队，经常使用所有可能的设置进行大规模因子实验。如上所述，这些团队往往不知道该如何处理缺失数据。大多数情况下，由于他们考虑的组合数量太多，所以每种设置组合只有一次实验。这些团队与教师交谈后，大多都会意识到他们第一次实验的数据存在重大问题。教师一般会问他们，在实验流程中的射击流程是否一致，建议他们简化设计，并强调重复实验的重要性。大多数团队听了教师的建议后都意识到需要重新实验。其他当时没有意识到的团队，试图在随后投射流程中验证他们的模型时，也会发现他们的初始数据基本无法使用。

6.4 讨　　论

6.4.1 投射比赛流程游戏总结

投射比赛项目对学生非常有益，能促使他们思考许多公司在实际流程中所遇到的问题，具体表现为共同原因偏差和特殊原因偏差。借助实验，还可以加强学生对回归分析的理解和使用。投射比赛项目还展示了流程标准化等概念。本质上，所有的团队都明白，在有客观证据表明一种变化很重要之前，他们应该尝试减少影响流程变化的因素。最明显的事实是，几乎每个团队只选择一个人来发射投射器，这个人在数据收集和比赛过程中不会改变。也就是说，他们认识到不同操作者所带来的偏差问题，并意识到应该消除它，而不需要实际进行实验来确认它的存在。

整个投射比赛流程中，学生们理解了为什么流程必须被很好地定义，这有助于他们理解现实中流程控制的共同原因偏差和特殊原因偏差，同时以此前的学习为基础，也有助于掌握回归分析方法。

许多团队不仅仅认识到消除操作人员之间的差异是个好主意，同时他们也标准化了有关投掷流程的多个方面。例如，是用拇指和食指下拉投射臂，还是单独用拇指，如何进行角度刻度的瞄准以测量拉回的程度，球在杯子上如何放置，拉回弹射臂的速度等。简而言之，投射比赛让学生们认真思考偏差的来源。

该项目还说明了与测量精度有关的一些问题。比赛要求精度为 1/8 英寸。虽然球上撒了爽身粉并留下了痕迹，但仅凭肉眼读取球的移动距离几乎是不可能的，即使指示距离应该测量到标记的中心，也很难或者不可能测量到最接近 1/8 英寸的距离。如图 6.4 所示，投射球落地位置测量为 106¾ 英寸或者 106⅞ 英寸都合理。但是在尝试测量投射球落地点至最近的 1/8 英寸时，大多数学生都会产生随机测量误差，所以真正的距离很容易与学生的最佳估计相差至少 2/8 英寸或 3/8 英寸，因此，两个测量人员通常不会得到完全相同的测量结果。当然，测量误差是真实测量系统的一个重要特征。

为了减少测量误差，比赛中采用两位记录员分别独立测量，并取两者的平均值的方法。由于现实中记录员之间沟通和讨论不可避免，很难做到完全独立测量。为此，我们使用另一种减少测量误差的方法：当两位记录员的测量距离相差超过3/4 英寸时，在这两个测量距离及其平均值的三个数中取距离目标最近的距离作为测量距离。可见，当测量存在较大差异时，团队会用到三个距离信息，以使投射距离的测量误差尽可能地小。

投射比赛还涉及一些很少有团队能解决的复杂问题，如橡皮筋的弹性问题。实际上，如何拉回橡皮筋非常重要，如果将橡皮筋快速拉回，那么它的力量要大于缓慢拉回的力量。同时，停顿也非常重要，即将投射臂拉回到预期投射角度时，橡皮筋的保持时间。为了精准投射，将橡皮筋拉回并使其稳定是最有效的方法。偶然间，我们发现有一个团队意识到了这一点，他将投射臂拉到所需角度后数到三再松开。此外，橡皮筋弹性还受到温度和时间的影响。

开展后续练习并不困难，且这些投射练习可以帮助学生充分理解这些概念，例如，让学生进行实验来演示停顿影响，或者确定是否可检测到操作员之间的差异。当回归模型对相同的目标距离产生多个参数设置方案时，应当选择标准差最小的参数设置方案。可以采取田口（Taguchi）方法分析（Taguchi et al.，2004），引导学生进行必要的实验，以确定在相互竞争环境中哪个参数设置方案是最好的。

随着时间推移，投射性能和统计回归模型的稳定性发生变化，例如，橡皮筋的特性随着时间推移而改变。应对这些变化的一种方法是为每次投射校准回归模型，通过设置投射器射击标准距离来实现。例如标准距离为 100 厘米，但实际投射 20 次的平均距离为 95 厘米，这表明所有的距离应该按照比例 100/95 = 1.053 代入模型计算参数设置方案。或者利用加法而不是乘法调整，比如，在每个距离上添加 100−95 = 5 厘米。

6.4.2　薪酬绩效的衡量

现在回到投射比赛关注的焦点问题，即如何确定绩效薪酬与共同原因偏差等因素间的关系。具体来说，即确定绩效差距是源自随机偏差还是投射能力。图 6.5 给出了 2013 年 12 月的 16 个投射团队成绩的均方差，其中最好团队的均方差为 3.08，最差团队的均方差为 48.79，最佳团队和最差团队之间绩效差异非常大，几乎相差 16 倍。为此，我们利用均方差的自然对数重新绘制了直方图，如图 6.6 所示，此时最差团队均方差的自然对数是最佳团队的 3.5 倍。

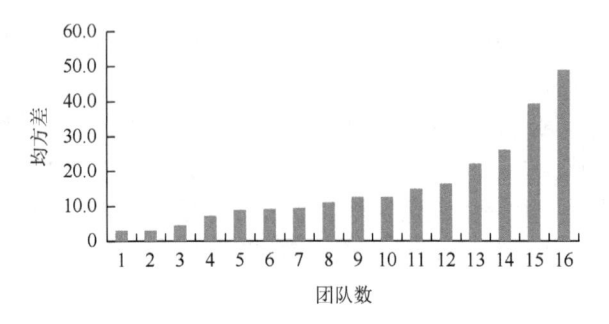

图 6.5　团队成绩的均方差

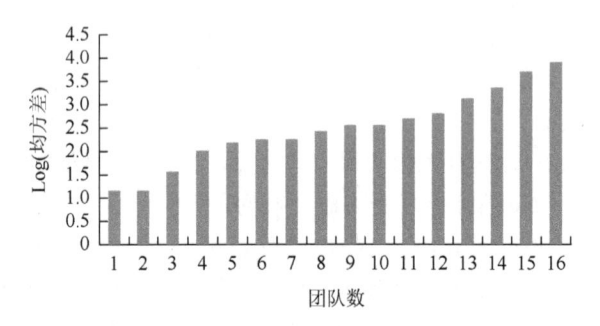

图 6.6　团队成绩的均方差（取对数）

接下来，用简单统计分析评估投射能力是否存在真正的差异。首先，通过分位数图（也称作概率图）检验投射能力的差异。若队伍之间无差异，则均方差应该表现为同一分布的 16 个随机抽样。这些图通常用于方差分析中评估主要影响和交互影响，以判断当主要影响和交互影响为 0 时是否会偏离期望。

如果投射距离服从方差为常数的正态分布，并且团队使用的投射统计模型是准确的，那么投射距离是没有共同原因偏差的，则均方差就为特殊原因偏差分布的方差。样本方差服从自由度为 $n-1$ 的 χ^2 分布。在样本标准差中，用样本均值估计真实均值，所以自由度是 $n-1$，而不是 n。但在投射比赛中，目标距离是给定的，样本均值不用来估计真实均值。如果投射模型是无偏的，那么目标距离偏差的期望为 0。因此，投射比赛均方差分布的自由度是 n，本实验中 $n = 30$，均方差的 χ^2 分位数图如图 6.7 所示。

若均方差服从 χ^2_{30} 分布，则图 6.7 中所有的点将会近似落在一条直线上，图中直线为中间 50% 的点所在的直线。从图 6.7 可见，如果均方差表现的差异是由特殊原因偏差造成的，那么两个或四个最差的团队的均方差要高于本应具有的水平，而与其他团队有显著的不同。其他团队的均方差服从 χ^2_{30} 分布。

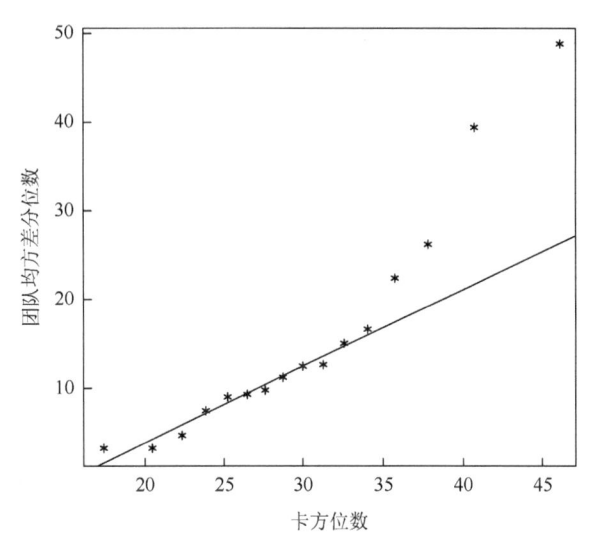

图 6.7 卡方分布分位数

借助单因素方差分析方法，建立因变量与目标距离的方差的关系。为减少极端值的影响，去掉每组数据中的最大值和最小值，获得 30−2 = 28 个数据。此时，采用单因素方差分析时，有 16 个团队水平和每队 28 个数据。由于这些数据的均方差相差较大，同时有少部分偏差为 0 的情况，对每个偏差增加 0.25 之后取对数，最终得到每队 28 个偏差对数。在数据中添加小数字，以允许在有零时的情况下还可以取对数。这种数据处理技术由 Tukey（1977）提出。

方差分析结果具有高度显著性，采用 JMP①2013 统计软件进行分析，F 检验②的 p 值小于 0.0001。残差检验也表明没有偏离正态性以及方差相等的假设。这表明采用方差分析是合适的，同时也说明各团队能力不完全相同。为了确定哪些团队本质上彼此不同，利用 JMP 软件进行了 Turkey（图基）的真实显著性差异（honestly significant difference，HSD）检验。HSD 检验是多重对比检验，用于检验每组团队之间的差异是否显著，以 JMP 的连接字母报告的形式显示了检验结果，如表 6.1 所示。在显著性水平为 5%情况下，如果团队的任何字母列中没有相同的

---

① 译者按：JMP 软件是由全球最大的统计学软件公司 SAS 推出的交互式可视化统计发现软件，主要用于实现统计分析。JMP 在 SAS 的基础上形成了自己的算法，特别强调以统计方法的实际应用为导向，交互性、可视化能力强，使用方便，尤其适合非统计专业背景的数据分析人员使用，在同类软件中有较大的优势。

② 译者按：F 检验又名联合假设检验、方差比率检验、方差齐性检验，是在零假设之下，统计值服从 F 分布的检验。样本标准偏差的平方，即 $S^2 = \sum(x-x)^2/(n-1)$；两组数据就能得到两个 S^2 值，$F = S^2/S^2$，然后计算的 F 值与查表得到的 F 值比较，如果 $F < F_表$，表明两组数据没有显著差异；$F \geqslant F_表$，表明两组数据存在显著差异。

字母，则表明这两个团队在统计上有显著差异。如果在团队的任何字母列中有相同字母，则表明这两个团队在统计上没有显著差异。

表 6.1　JMP 连接字母的输出结果

团队	字母 A 列	字母 B 列	字母 C 列	字母 D 列	团队均值（越小越好）
1	A				0.0032
2	A	B			0.4760
3	A	B			0.6111
4	A	B			0.7601
5	A	B	C		1.0286
6	A	B	C	D	1.1247
7	A	B	C	D	1.1475
8	A	B	C	D	1.2176
9	A	B	C	D	1.2391
10	A	B	C	D	1.2938
11		B	C	D	1.4050
12		B	C	D	1.4065
13		B	C	D	1.5285
14		B	C	D	1.6128
15			C	D	2.2617
16				D	2.3852

注：表中显示的是团队平均的 Turkey HSD 多重比较检验的结果

由表 6.1 可见，在字母 A 列，涵盖了 1~10 团队，没有涵盖 11~16 团队，这表明在比赛中表现好的 10 支团队优于表现差的 6 支团队，但这也意味着表现最好的第 1 团队与 2~10 团队在统计上无显著差异。同理，在字母 B 列，2~14 团队表现优于 15~16 团队；在字母 C 列，5~15 团队优于 16 团队；在字母 D 列，6~16 团队明显差于 1~5 团队。因为 6~10 团队同时拥有 A~D 字母，这表明排名 6~10 的团队在统计上没有差异。

可见，统计分析结果表明表现最好的团队能力明显优于表现最差的团队，但其差距主要源于共同原因偏差。该结论与之前理论预期一致，也与许多质量管理大师提出的观点一致，即绩效评估实际上只应该给少数最优秀的员工更大奖励，因为他们的表现确实比绝大多数员工要好。同样，只有少数表现最差的员工应受到惩罚，其他人应该得到大致相同的回报（Deming, 1986a；Scholtes, 1997）。

我们原认为投射比赛结果很大程度上源于共同原因偏差，学生们可能抱怨其对成绩的影响，为此，设计了绩效薪酬和责任追究机制以保证比赛的公平和客观性。但实际比赛中，学生们对投射比赛中的随机因素并无争议，他们关注的焦点在于：做了什么、出现了什么误差、产生了什么绩效？这种通常是因果性的、确定性的，不涉及随机性的讨论。

投射比赛的结果有很大随机性，这种设置不只出现在投射比赛中，事实上，大多数成绩分配情况都具有随机性。很多体育比赛也是如此，这与成绩是基于排名还是用绝对分值的表示无关。投射比赛的成绩是用名次表示，但可以根据过去比赛中团队的均方差分布范围推算分值。除非绩效分布的范围远大于偏差值，否则最终结果仍涉及相同的随机性。即便如此，接近边界值的结果也存在相同的随机性问题。因此，我们所面对的学术课堂和公司绩效中的各种情况、比赛结果和对应酬劳在很大程度上也是随机的。

由此可见，我们似乎习惯了接受包含大量随机因素的结果。约束在这里可能是一个错误的词，因为这种倾向很可能是内在、不言而喻的，并没有真正出现在意识层面。我们似乎事先就相信，我们对随机结果有实质性的控制。因此，在事后找到原因时，随机的结果看起来似乎就不那么随机了。

参 考 文 献

Air Academy Associates. 2014. Statapult. http：//www.sixsigmaproductsgroup.comProducts/tabid111/ProdID/29/Language/en-US/CatID/3/Statapult_Catapult.aspx，downloaded March 26，2014.

Deming，W. E. 1986a. Out of the Crisis. Cambridge，MA：Massachusetts Institute of Technology Center for Advanced Engineering Study.

Deming，W. E. 1986b. Quality Productivity and Competitive Position. Cambridge，MA：Massachusetts Institute of Technology Center for Advanced Engineering Study.

Easton，G. 1993. The 1993 state of U.S. total quality management：A Baldrige examiner's perspective. California Management Review 35（3），32-54.

Fischhoff，B. 1982. For those condemned to study the past：Heuristics and biases in hindsight. Cambridge：Cambridge University Press.

Goleman，D. 1995. Emotional Intelligence. New York：Bantam.

JMP. 2013. Version 11.0. SAS Institute Inc.，Cary，NC.

Kahneman，D.，Slovic，P.，Tversky，A. eds. 1982. Judgment under Uncertainty：Heuristics and Biases. Cambridge：Cambridge University Press.

Krehbiel，T. C. 1994. Tampering with a stable process. Teaching Statistics 16，75-79.

Langer，E. 1982. The illusion of control. D. Kahneman，P. Slovic，A. Tversky（eds.）in Judgment under Uncertainty：Heuristics and Biases. Cambridge：Cambridge University Press.

Latzko，W. J.，Saunders，D. M. 1995. Four Days with Dr. Deming：A Strategy for Modern Methods of Management. Reading，PA：Addison-Wesley.

Montgomery，D. C. 2012. Statistical Quality Control. New York：Wiley.

Nickerson，R. S. 2004. Cognition and Chance：The Psychology of Probabilistic Reasoning. Mahwah，NJ：Lawrence Erlbaum Associates.

Pious, S. 1993. The Psychology of Judgment and Decision Making. New York: McGraw-Hill.

Pyzdek, T., Keller, P. 2010. The Six Sigma Handbook: A Complete Guide for Green Belts, Black Belts, and Managers at All Levels. 3rd ed. New York: McGraw-Hill.

Ross, L. 1977. The intuitive psychologist and his shortcomings: Distortions in the attribution process. L. Berkowitz (ed.) in Advances in Experimental Social Psychology, vol. 10. New York: Academic Press.

Ross, L., Anderson, C. A. 1982. Shortcomings in the attribution process: On the origins and maintenance of erroneous social assessments. D. Kahneman, P. Slovic, A. Tversky(eds.)in Judgment under Uncertainty: Heuristics and Biases. Cambridge: Cambridge University Press.

Scholtes, P. 1997. The Leader's Handbook: Making Things Happen, Getting Things Done. New York: McGraw Hill.

Taguchi, G., Chowdhury, S., Wu, Y. 2004. Taguchi's Quality Engineering Handbook. New York: Wiley-Interscience.

Tukey, J. W. 1977. Exploratory Data Analysis. New York: Pearson.

Turner, R. 1998. The red bead experiment for educators. Quality Progress 31 (6), 69-74.

第 7 章
等待还是购买：策略型顾客的行为

Anton Ovchinnikov（安东·奥夫钦尼科夫）

7.1 概　　述

通过学习策略型等待还是立即购买的博弈，学生可以了解动态定价和收益管理背景下顾客的策略型购买行为。动态定价和收益管理导致商品销售价格随着时间变化，比如航空公司的定价策略以及零售商常用的降价促销策略。策略型顾客通常会权衡商品的未来价格和购买时间，以最大化自身效用。例如，顾客中意的围巾在当年 10 月份的售价为 60 美元，但预计到了明年 1 月份，围巾价格可能降至 30 美元，那么他可能推迟自己的购买计划。同理，对于从迈阿密到纽约售价为 475 美元的机票，旅客如果预期未来票价可能会下降，就会等待票价打折时再购买。

等待购买和立即购买决策涉及两个关键问题：①顾客如何做出等待购买与立即购买的决策？②面对策略型顾客的决策行为，商家如何动态调整商品定价，以最大化收益？

目前的管理实践还未有效地解决上述两个问题。从商家的角度，通常可采用特定的营销方式应对策略型顾客的等待行为。例如，航空公司规定，在航班起飞前特定天数内停售一些低价舱位，通过机票价格普遍上涨鼓励旅客在有了出行需求时立即购买机票。又比如，不同零售店通过库存共享的管理方法，降低单个零售店的库存水平，减少商品打折出售的可能性，刺激顾客立即购买。从顾客的角度看，可借助大数据，预测商品的未来价格，例如，顾客可通过 FareCast[①]公司提供的机票价格预测服务，了解机票价格的未来走势。

上述两个关键问题受到了学者的广泛关注，亦有不少深刻洞见崭露头角，然而，该问题仍有待深入探索。办法之一是通过行为决策实验获得决策结果：基于这两个关键问题的情境，构建策略型等待还是立即购买的决策游戏，让学生在游戏中扮演角色，从而做出该情境下的决策。游戏有以下三种类型：①学

[①] 译者按：FareCast 由 Oren Etzioni（奥伦·埃齐奥尼）创办，通过预测机票价格的走势以及增降幅度，帮助消费者抓住最佳购买时机。2008 年微软以 1.15 亿美元的价格收购 FareCast，微软 Bing Travel 服务便是基于 FareCast 开发。

生扮演买家角色，决策为立即购买或等待折扣价格购买。此时，学生扮演的买家需了解立即购买的高价格，与等待折扣价格购买所面临的缺货风险；与此同时，还需与电脑虚拟生成的若干买家及一个卖家进行竞争。②学生扮演卖家的角色，面向电脑虚拟生成的若干策略型买家，决策是否提供降价折扣。③买家和卖家的角色均由学生扮演，该类型游戏更贴近生活实践。此时，卖家和买家之间是一对多的关系，即一个学生扮演的卖家面对多个学生扮演的买家，考察买卖双方之间的竞争交互。

接下来，介绍针对这两个关键问题的理论框架，简要描述决策游戏框架，并提供关于等待购买和立即购买博弈的应用实例。①

7.2 理论基础

传统收益管理模型通常假设顾客是短视的，即只要产品价格低于其估值就立即购买（Talluri and van Ryzin，2004）。考虑策略型顾客的收益管理问题相对新颖，越来越多的学者针对顾客的策略型决策行为以及企业的相关对策展开研究。例如，Aviv 和 Pazgal（2008）发现，在与策略型顾客交易时，企业根据早期销售情况而改变销售价格的做法收效甚微。Liu 和 van Ryzin（2008）指出，企业通过有意识地调整库存水平（如有意地降低存货水平），可刺激顾客立即购买；Ovchinnikov 和 Milner（2012）指出，在顾客知晓价格折扣促销的情况下，企业应该将促销商品和缺货商品在销售周期内混合销售。当然，相关研究并不仅限于此，Levin、Sahin、Su、Swinney 和 Zhang 等学者针对策略型顾客的收益管理做了大量的研究工作，详情可参见 Shen 和 Su（2007）的研究综述。

收益管理情境下，相关行为学研究通常也假设顾客为短视型，并就此刻画企业的决策行为。Bearden 等（2008）在没有考虑策略型顾客的情况下，运用行为实验研究了传统收益管理中企业存在的决策偏差。Bendoly（2011）将上述研究扩展到多级收益管理问题中，即企业需要制定关于多个产品的决策。这两项研究均指出：企业通常在销售前期，拥有大量的销售时间和库存，从而选择制定过高价格；而在销售后期，则偏向制定过低价格。譬如在当年 10 月，围巾的售价高达 60 美元，而在来年 1 月，售价则降至 30 美元。Kremer 等（2013）最早考虑了企业面对策略型顾客时的决策行为。有趣的是，他们的研究结论与前文结论相反。当面对策略型顾客时，企业表现出短视行为，即在销售前期（主要销售季节 10 月）通

---

① 若需要该游戏完整版，请与 Darden 商业出版社联系。Darden 商业出版社将为符合要求的教师提供登录用户名和密码、决策游戏的教学笔记、样本分析以及游戏教学方法讨论的相关资料。用户名、密码和游戏 ID 由教师提供。

过定低价卖出了更多围巾，获得了高于最佳利润的收益，但该做法对于销售后期（降价季节，即来年 1 月）的收益不利。

虽然关于顾客策略行为的研究较少，但顾客策略行为对现实的管理问题有着重要的影响。Li 等（2014）通过分析旅游业数据，发现有超过 35%的旅客表现出了策略行为。Mak 等（2014）也发现只有 6%的顾客表现出完全短视行为。从统计上看，多数顾客都是策略型的，尽管他们并不总是完全理性的——有时在该等待时选择立即购买，或在该立即购买时决定等待。那些应该立即购买而选择了等待的顾客所犯的错误抵消了那些应该等待而选择了立即购买的顾客所犯的错误，所以对每位顾客而言，可假设所有其他顾客都是完全策略型的。然而，Li 等（2013）亦指出在每个销售季节有一部分（不到 40%）顾客表现出一定程度的短视行为，使得企业可从中获利。Osadchiy 和 Bendoly（2010）从另一视角也验证了大部分顾客为策略型的结论。

基于策略型顾客的动态定价问题与经济学研究的耐用品销售问题类似。Coase（1972）、Lazear（1986）以及 Besanko 和 Winston（1990）在顾客完全理性的假设下，分析了企业的决策优化问题；Reynolds（2000）、Cason 和 Reynolds（2005）以及 Cason 和 Mago（2010）则通过实验方法对这类问题进行了分析。虽然基于策略型顾客的动态定价问题与经济学研究的耐用品销售问题在概念上相似，但本章的设置不是典型的运营研究情境。例如，本章讨论的降价促销情境中，考虑一个卖家与单个买家就单一商品进行交易，这在传统运营研究中不常见。

7.3　实　际　案　例

鲜花生产商的物流优化问题是包含策略型等待还是立即购买航空托运产能决策的实例。鲜花生产商（买家）每周五通过航空公司（卖家）托运鲜花（玫瑰）至地区分销商。每周的托运费用的预算固定不变，但希望托运成本尽可能低。航空公司在周一至周三提供固定的托运价格，周四可能会限量地提供一些折扣价格，并在周五再提价销售剩余的托运能力，这种情况会在数周内重复出现。尽管有花店在周一至周三托运，但仍有部分鲜花生产商试图钻定价规则的空子，等到周四托运。此时，鲜花生产商需要与其他鲜花生产商共同竞争航空公司有限的、以低价折扣销售的托运产能。此外，航空公司周四的价格通常很低，足以吸引其他类型的非鲜花生产商托运人采用航空托运来运输他们的货物。因此，一直等到周四的花店将与更多的非花店托运人竞争有限的低价托运产能。

航空公司通常会在周四的折扣价格上提供有限的托运能力。因为航空公司知道，一些选择等待的鲜花生产商，即使没有获得折扣价格，仍然愿意以高于周一至周三的固定价格运送他们的鲜花。制定周五的高价和周四的托运产能限制是为了抓住那些等待周四价格折扣却没有得到低价托运服务的鲜花生产商的剩余需求。

个别情况下，当鲜花生产商没有获得周四的低价折扣托运产能时，仍然可以选择一般的外部快递公司运送鲜花。然而，花店认为这种外部快递公司的选择是次优的。一方面，快递公司的价格通常比航空公司的周五价格还要稍高一些；另一方面最主要的原因则是花店如果采用外部快递公司，当鲜花到达地区分销商时，额外的运输、装卸和快递仓库的短期存储等均对鲜花的质量产生了负面影响。我们不禁要问，为何鲜花生产商和航空公司之间不建立长期的合同机制，而是依赖于现货市场进行互动和相互博弈？原因在于，鲜花生产商和航空公司之间缺乏信任。曾经有过长期合同的先例，但是由于鲜花生产商的托运业务仅仅占航空公司托运产能的一小部分，航空公司只能通过折扣价格促销剩余的托运产能。面对折扣价格，鲜花生产商不再愿意继续按合同约定的原价继续购买托运服务。因此，无论鲜花生产商还是航空公司均不倾向于签订长期的托运合同。

7.4 学习活动

7.4.1 教学目标

通过策略型等待还是立即购买的决策游戏，教师可在课堂上讨论动态定价和收益管理的背景下策略型顾客的行为特征。尽管学生们有该决策相关的生活经历，但面对多样化的经历，教师难以在课堂教学中统一展开讨论，而借助决策游戏，教师可对此开展递进式的教学。该游戏共有 3 个版本，版本 1 为通用版本，可作为讨论策略型顾客（买家）行为的基础范式。当学生对策略型顾客行为有了初步理解之后，可进一步在版本 2 中考虑面对策略型顾客（鲜花生产商）如何管理航空公司的收益，以及在版本 3 中考虑竞争带来的影响。

学生们通过参与决策游戏和讨论所采用的策略，完成以下活动目标。

（1）理解动态定价和收益管理背景下的策略型顾客行为的含义，以及策略型顾客行为如何与管理和定价等领域相联系。

（2）分析策略型顾客的潜在行为特征，并探讨该行为的驱动因素。

（3）解释和验证为何策略型顾客行为是收益管理系统应该考虑的因素，阐明忽略策略型顾客行为将导致的"螺旋式下降"现象。

（4）分析企业面对策略型顾客时的应对能力，以及相关的收益管理策略，并评价现有的主流收益管理策略（如降价策略和库存调整策略等）。

（5）提出改进企业收益管理策略的建议，以提高其防范和利用策略型顾客行为的效率。

若在一般的决策模型/定量分析/管理科学课程中，收益管理相关概念不是课程重点，则课堂活动目标可调整为：①理解买卖双方竞争的动态性；②基于竞争的动态性建模，为买卖双方的策略提供启示；③补充学习决策树、概率和期望效用等不确定决策方法的应用；④补充学习动态决策方法的应用；⑤学习动态规划方法、动态规划建模与求解方法。

7.4.2 游戏版本

在游戏版本1中，学生扮演策略型顾客角色——买家（鲜花生产商），一轮表示一周，在每一轮游戏中，学生需做出看似简单的决策：现在购买还是等到周四购买？具体决策如下：①在商品价格正常且托运能力充足时尽早购买，比如周一至周三；②等待周四价格较低时购买，此时学生可能面临缺货从而只能在周五以更高价格购买。

在游戏版本2中，学生扮演航空公司角色——卖家，仍然是一轮表示一周，在每一轮游戏中，学生可依据历史决策信息和相关数据，决定航空公司在周四进行打折销售的托运能力。

游戏版本3综合了版本1和版本2，即一部分学生扮演版本1中的买家角色，另一部分学生扮演版本2中的卖家角色，从而可以考察买卖双方之间的博弈行为。

需要说明的是，在游戏版本1中，一名学生扮演一个买家的角色，卖家和其余买家是由计算机生成的虚拟角色。计算机生成的买家角色中一部分为策略型，即根据某些算法权衡后决定等待还是立即购买；其余买家为折扣追逐型，即仅在有折扣时购买。在游戏版本2中，一名学生扮演航空公司（卖家）的角色，所有买家角色由计算机虚拟生成，其中一部分买家为策略型，其余为折扣追逐型。游戏版本3中的买家和卖家均由学生扮演。

7.4.3 活动决策

1. 买家决策

假设你是一家鲜花生产商，需要将玫瑰（鲜花）托运给经销商，并由其转售给零售商。在每周五晚上，你可以通过MoonQuest航空公司托运鲜花。

作为鲜花生产商，你每周的托运预算是2999美元，MoonQuest航空公司的正常托运价格也是2999美元。如果你在周三晚上之前托运，则可享受优惠价格2500美元，这样你每周的运输成本将节省499美元。同时，你发现MoonQuest航空公司通常在周四出售一些闲置的托运能力，价格为1500美元。因此，如果等待至周四托运，你可能节省1499美元的运输成本。然而，降至如此低的价格会吸引原本不使用MoonQuest航空公司服务的其他客户，预计有3位这种客户。这3位折扣追逐型客户加上包括你在内的MoonQuest航空公司的4位常规客户，总共有7位客户，每位客户的托运能力需求为1个单位。MoonQuest航空公司的托运总能力为6个单位。

目前，尚不确定MoonQuest航空公司愿意通过折扣价格销售的托运能力数量。MoonQuest航空公司可能不会把它所有未出售的托运能力都打折销售。例如，如果周四早上有3个未出售的托运单位，MoonQuest航空公司可能只会以1500美元的折扣价格出售2个托运单位。待2个托运单位售完之后，MoonQuest航空公司可能会将剩余的1个托运单位的价格提高到高于这周最初的2500美元。根据你的经验，剩下的这1个托运单位可能会卖到2999美元。

你的经验还表明，其他鲜花生产商（常规客户）可能像你一样，也在考虑等到周四，以便获得更低的托运价格。因此，如果你选择等待，将面临与其他客户的竞争，可能不仅不能获得折扣价格，甚至连2999美元的全价托运都无法获得。在此情况下，为了保证把玫瑰成功托运给地区经销商，你被迫使用一般的次日达快递来运送玫瑰，价格为4000美元。游戏将模拟进行40轮，在每一轮，你可选择现在托运或等到周四托运。若不进行选择，系统默认为周四托运。在每一轮，你可以获得的信息包括MoonQuest航空公司这一轮以正常价格销售的托运单位数量，以及上一轮折扣销售的托运单位数量。以上历史信息将有助你做出更好的决策。总之，对你而言，决策要素包括：①决策目标，最小化托运成本，以节省费用；②决策变量，现在托运或等到周四托运。

2. 卖家决策

假设你是MoonQuest航空公司的定价和收益管理分析师，管理每周五晚从佛罗里达州迈阿密市飞往纽约的航班。该航班主要负责托运鲜花到地区经销商处。

考虑关税、物流等因素，这趟航班最多可托运6个单位的标准化集装箱，每单位全价费用为2999美元。该航班的客户需求包括两部分。第一部分是4个常规客户（鲜花生产商）的需求：为了满足这部分需求，你为周一到周三的托运订单提供了2500美元的折扣价格，同时还保证了在这3天销售的托运单位数量。作为交换，鲜花生产商保证每周都有运输需求。第二部分是当地几家制造商的托运需求：这几家制造商因为航空运输成本过高通常不采用航空托运，但你估计，当每单位托运能力的价格降至1500美元时，这些制造商将愿意使用航空托运。

基于上述条件，你的定价策略如下：4个鲜花生产商周一到周三购买托运能力，单位价格为2500美元；到了周四，当剩余2个单位的托运能力时，按照先到先服务的方式将剩余托运能力分配给客户，此时，剩余托运能力无法满足全部花店的需求。

然而，即便鲜花生产商知道在周一到周三购买托运能力可以保证成功发货，而延迟到周四购买则会面临剩余托运能力不足的风险，仍有鲜花生产商愿意等到周四时托运。针对此类情况，你认为这可能会伤害到 MoonQuest 航空公司的收益。为了改善这种情况，你决定限制周四以折扣价格销售的托运能力数量，并在周五以每单位 2999 美元的全价销售剩余的托运能力。你希望通过动态调整折扣促销的托运能力数量，改变鲜花生产商（常规客户）等待周四折扣促销的购买行为，并且在多数情况下，也能完成剩余托运能力的销售任务。当然，在该策略下，鲜花生产商最终可能无法成功购买到该航空公司的托运服务，此时仅能选择单价为 4000 美元的第三方托运。但在你看来，他们错失 MoonQuest 航空公司的托运服务是他们自己权衡购买时机的结果。如果鲜花生产商选择在周一至周三托运，那么 MoonQuest 航空公司完全可以保证运输鲜花的这部分托运能力。

你将进行 40 轮模拟游戏。每一轮你都将决策周四以打折价格 1500 美元销售的托运能力数量。你可以获得一些决策辅助信息，包括当前或者过去几周的销售情况，如你所做出的历史决策、不同价格托运能力的销售情况等。总之，对于卖家而言，决策要素包括：①决策目标，最大化收益，赚更多的钱；②决策变量，每周四打折销售的托运能力数量。

7.4.4　游戏简介

这是一个在线游戏。教师提供网站的 URL（uniform resource locator，统一资源定位符）、用户名、密码和游戏 ID，学生可以从网站上输入信息，登录游戏。在游戏的后台数据库中存储了游戏参数以及决策相关的信息。可视化界面在 Adobe Flash 中完成。首次登录时，需检查系统要求。每次登录时，玩家均需签订一份知情同意书。以下将详细介绍学生操作简介，教师操作简介可在 Darden 商业出版社提供的教学说明中获取。

1. 游戏 1：买家操作简介

买家操作简介如下。界面窗口的顶端显示日历和决策倒计时，日历下面的折线表示本周实时的购买情况（比如，买家是否能够以折扣价格买到航空公司的托运能力）。

窗口中间的两个按钮 PLACE ORDER NOW 和 PLACE ORDER ON THURSDAY 为买家决策的选项，选项下方的折线图显示了目前为止买家在各轮（周）节省的资金累计总额，其中，三角形代表该轮买家选择等待购买，圆形代表该轮买家选择了立即购买。

教师可以选择如何在学生操作界面上展示决策辅助信息，比如每轮等待的客户数量信息（完整的列表在教师操作界面给出），显示为按钮或表格形式。买家单击按钮获取信息，然后关闭弹出窗口继续游戏。信息以表格的形式显示，买家将同时看到所有的信息字段。

游戏一旦开始就不允许中途停止。不过，买家可以关闭浏览器，然后重新登录，从中断处的那一轮继续。最后，一旦买家做出最后一轮决策，游戏就停止并报告买家的累计节省净额，净额最多的买家获胜。

2. 游戏2：卖家操作界面

卖方的游戏操作界面与买家操作界面非常类似，主要有两个差异：①在周三到周四之间，玩家多了一些额外的时间完成托运能力决策；②可获得做出最佳决策所需要的全部信息。

对于第一个差异需要说明的是，实际上，卖家可以更早地做出选择，但是经过了周一至周三的销售后，能够折扣促销的托运能力数量，即剩余托运能力的数量发生了变化，最初的决策方案可能行不通，因此需要给卖家额外的时间。剩余的托运能力数量信息可以显示为单独的表格（与版本1中右侧的表格相同），也可以直接显示为图表，单击信息描述旁边的按钮即可打开和关闭对应的图表。

7.4.5 教师操作界面

下面是对教师操作界面的简要介绍，完整版本可通过Darden商业出版社获得。教师界面为教师部署游戏提供了操作的弹性。教师可以增加、修改、删除和测试游戏，添加和删除玩家，以及获得游戏决策结果。

教师通过管理界面可调控以下五个方面：①价格、需求和托运能力数量的参数；②每一轮游戏的时间；③买家和卖家行为的有关数据；④可用的决策辅助信息，以及其显示形式；⑤学生玩家数据的输入/输出。

7.4.6 参与游戏实验

为了提高教学效果，可以让学生们自己记录游戏活动的情况，如表7.1买家表格和表7.2卖家表格所示。下面介绍不同学生参加两个游戏实验的情况。

表7.1 买家表格

周次	决策（购买还是等待）	决策理由

表 7.2　卖家表格

周次	决策（折扣容量）	决策理由

1. 实验 1

课程名称：动态定价与收益管理

课程性质：MBA 选修课

课程时间：2.5 小时

课前指导：

现在，你大概已经知道托运价格和托运能力数量将随着时间发生变化。动态定价可能使产品的未来价格显著低于当前价格，许多顾客也注意到了这一点，那些本来会以当前价格购买产品的顾客，可能会选择等待折扣价格购买，表现为策略型顾客行为。策略型顾客行为在收益管理领域是相对较新的概念，也是收益管理领域面临的新挑战。本课程中，我们将通过基于计算机的定价模拟游戏，探讨动态定价与收益管理中的策略型顾客行为。在这个游戏中，有些学生扮演卖家角色，有些学生扮演买家角色。我们将在课堂上玩这个游戏，并讨论学生们想出的不同策略。通过讨论，你将在动态定价和收益管理中对顾客行为有更好的理解，以及对企业如何设计定价策略引导顾客决策有一定认识。为了更好地在课堂上开展该游戏，我们鼓励学生提前进行游戏预演。游戏 1：学生扮演买家角色制定决策，卖家决策由计算机生成；游戏 2：学生扮演卖家角色制定决策，买家决策由计算机生成。游戏说明与登录密码已经给出，请在登录前思考该如何扮演所分配的角色。游戏中表现最好的买家和卖家的扮演者将获得纪念品。

请注意，上课之前，学生们已经被分配好了各自扮演的角色——买家或卖家，并对所扮演角色的决策问题有了一定思考。

课堂上，我们首先用 5~10 分钟快速回顾与课程游戏相关的规定，再花 5~10 分钟快速地回顾游戏的基本概念和活动要点，比如，如何定价，何时定价，如何分配折扣促销的托运能力数量，以及这种分配策略对买家和卖家的影响等。

在讨论学生的决策结果时，我们发现，虽然对学生进行了金钱激励，但学生作为买家时关注的重点并不是最大化自身的期望收益或效用，而是考虑如何选择一部分期数进行早期购买，一部分期数等待折扣购买。学生们通常喜欢用保守决策或冒险决策来区别他们的购买策略。一些学生混合使用了保守决策和冒险决策，他们对其改变决策策略的原因进行了解释。一个原因类似于多臂老虎机实验中的热手效应，基于直觉决策，认为之前购买成功或失败的结果将持续到后期。试图保持收支平衡也是一个原因。例如，如果等待购买并且托运失败，则损失 1500 美元；如果立即购买，则获益 500 美元。那么学生可能认为在经历一次托运失败之后，可以通过 3 次立即购买实现收支平衡。显然，这是不正确的，因为第一次没有立即购买而产生的 500 美元机会成本被忽略了。为此，我们引入混合策略均衡的概念，在买家充分理解卖家制定的折扣容量决策的基础上，使用决策树，做出立即购买或等待购买的决策，以最大化自身期望收益。

通过在课堂上 35~45 分钟的讨论，学生可以了解到，买家若要利用决策树制定决策，就需要理解卖家的决策和行为。通过询问学生在游戏 2 中扮演卖家时如何做决策，再征询他们的策略，会发现以下现象：如果卖家折扣销售的托运数量较多，则会有更多买家选择等待购买；如果折扣销售的托运数量较少或为零，则更多买家选择立即购买。这说明买家和卖家之间存在博弈。学生作为卖家时，关注的也不是最大化卖家的期望收益，而是专注于买家对卖家决策的反应。关于该情境下的相关行为学的研究，我们在这里不进行深入讨论。但是，需要对学生明确指出的是，买卖双方在做出决策的时间和所掌握的信息上存在差异。

与买家不同，卖家在制定决策时，已经知道早期购买的买家数量，也知道等待购买的买家数量。我们可以运用如下方式获得卖家的静态最优策略（Talluri and van Ryzin, 2004）：首先询问学生，假设卖家在周一至周三售出了 4 个单位的托运能力，那么 6 个托运能力中有多少个在周四折扣销售呢？很显然，答案是 2 个。然后，问学生现在能否推测出卖家的策略是什么？从而引导学生发现卖家的策略可以展示在一张查找表中，从而确定立即销售单位的数量。也可以这样问：如果现在有 3 个单位的托运能力在周一至周三售出，那么剩下 3 个单位的托运能力中有多少应该在周四折扣售出？因为构建这个问题的决策树有一定的难度，针对这一部分可以多花一些时间进行解释。比如，一个单位的打折促销的托运能力可以卖给一个等待的策略型买家，在什么情况下，周五将没有剩余的托运能力可售了？又比如，涉及折扣追逐型买家，如果航空公司在周四降价促销 2 个单位或更少单位的托运能力，在什么情况下，周五可以卖出 1 个单位托运能力？

教师可协助扮演卖家的学生计算相关的概率，并计算各自的期望值，获得类似于教学笔记中显示的结果，大约需要 15~25 分钟。截至现在，学生参与的课堂时间共计 60~70 分钟。经过总结分析及课间休息后，学生正式进入游戏 3。

游戏 3 的活动大约需要 20 分钟，学生休息后需立即返回课堂，当所有玩家全部登录后，游戏才能继续。在游戏 3，首先需要关注卖家的游戏策略。一些学生采用静态最优策略，另一些学生则试图通过动态调整策略引导买家做出决策。①关注采用静态最优策略的卖家，筛选出与其配对买家的决策结果进行讨论；特别地，要重点分析卖家是通过该策略鼓励还是劝阻了买家的等待购买行为。通过讨论，学生可以了解到虽然这是多轮重复的动态决策游戏，但是卖家应用静态最优策略确实可以有效地控制买家的等待行为。因为如果有很多买家等待，那么待售的托运能力数量就减少；反之，如果有很少买家等待，待售的托运能力数量就增加。

之后，进一步关注采用动态调整策略的卖家，并询问他们为什么会不断地调整并使用不同的策略。通常卖家的回答不会特别有说服力，更像是和买家站在同一心理战线上一样。比如，他们会说，我在尝试着教买家做一些事。此时，教师可以通过提出一些问题引导学生思考，比如，你是在做教育事业呢，还是在管理你公司的收益？

然后，继续关注买家的决策，探讨买家是否需要更多的信息来优化决策。可询问买家需要什么信息，以及如何使用这些信息，比如有一些买家会提出早期的销售信息会很有用。再询问卖家是否愿意分享该信息，卖家通常会果断地拒绝，买家可以进一步与卖家商量，争取能得到卖家的同意。比如，提出实践中的一些公司的早期销售信息本身就是公开信息：Expedia 网站显示了给定价格下的剩余座位数量。然而，实际上，现有研究表明，在这个游戏中，买家并不总能从卖家的共享信息中获益。例如，在实验室实验中，获得信息的买家每批货物的平均购买价格要高于那些没有信息的买家，这可能是因为买家对自己处理信息的能力过度自信，错误地预测了卖家的反应。

综上，本课程涉及的重要问题如下：①策略型顾客的行为模式是怎样的，对收益管理有何影响？②企业应该了解哪些买家行为？③企业的应对策略是什么？④买家如何做出等待购买与立即购买的决策？⑤最后，指出考虑策略性顾客行为的收益管理问题仍然是值得关注的研究话题。

2. 实验 2

课程名称：决策分析

课程性质：MBA 核心课

课程时间：1.5 小时

课前指导：

在本课程倒数第二节课中，我们将关注收益管理问题。这个问题中，卖家通

---

① 译者按：静态最优策略，是依据掌握的买家早期购买的信息，利用决策树，计算出每一周期收益最大的方法并选择它。而动态调整，是依据掌握信息做出的决策，希望买家受其决策影响从而在下一周期改变决策，从而再增加自身收益。比如卖家希望早期购买的买家更多，就会动态调整，减少周四的折扣容量。

过动态定价策略以期增加收益，买家通过与卖家博弈，期望以更低价格购买产品。这种情况很常见，如机票的动态定价。课前，你将会收到带有课程信息链接地址的电子邮件，你需要分析买家和卖家的策略，并通过计算机模拟双方的互动博弈。在一个游戏中，你将扮演买家的角色；而在另一个游戏中，你将扮演卖家的角色，分别与电脑互动博弈。在课堂上，你将再次进行该游戏。不同的是，这次需要学生们之间相互博弈，即一些学生扮演买家，另一些学生扮演卖家。通过探讨你的策略、表现、分析和认知，我们将总结和检验你（学生）在决策分析中所学的知识。游戏中表现最好的买家和卖家将获得纪念品。

在课堂上，先用 5~10 分钟时间向学生介绍游戏的结构和事件的顺序，再用 15~20 分钟时间完成游戏 3。在游戏中，一些学生被分配为卖家的角色，并随机与三到四个买家配对。在有三个买家的团队中，第四个买家由电脑扮演。

当课程进行到 30 分钟时，教师可询问买家："你是如何决策早期购买或等待购买的？"考虑到先修课程的影响，通常买家的反馈是：画出决策树的框架，确定节点的输出，并依据卖家行为获得各分枝的概率。

当课程进行到大约 40 分钟时，教师可询问卖家："你如何确定在周四折扣促销的托运能力数量？"在看到买家的决策树之后，卖家当然也会尝试用决策树来解释他们的策略。卖家可能会指出自己在制定决策时，已知晓周一至周三购买的买家数量，而买家制定决策时不知道卖家这周的决策，所以双方在同一周制定决策时，信息是不对称的。因此，卖家可以思考不对称信息对自己决策带来的影响，以及信息的价值。例如，通过询问卖家：如果买家全部早期购买或全部等待购买，卖家的策略会有什么不同？如果买家还在犹豫，就会询问对卖方来说最理想的结果是什么？最不理想的结果是什么？为什么？

通过与卖家进行上述讨论，可逐渐地引出最优反应的概念。即，在立即购买的买家数量已经确定的情况下，存在一个特定策略使得卖家的期望收益最大。有学生可能会质疑上述的卖家期望收益最大化的策略，认为卖家应当可以策略性地训练买家的行为。针对这个问题，可进行深入讨论。教师可以提问：最优反应是教买家做什么吗？学生可能会提供肯定的回答，这一策略不鼓励或者阻止买家总是等待。教师也可以引导学生思考卖家决策中信息的作用（Wallace and Hammond, 1994）。

如果买家的行为是完全理性的，那么卖家的确可以通过动态调整价格影响买家的行为，并交替使用或多或少的折扣销售的托运能力数量，从而获得更大收益。但实际中，买家存在着各种行为偏差，这就导致了卖家的最优策略应该是具有鲁棒性和实用性的。卖家的最优策略利用了其可在买家完成决策后再进行决策的特性，并挖掘了卖家信息的价值。针对卖家的讨论需要至少 30 分钟。

最后，教师可以再次询问买家："在已知卖家最优策略的情形下，你是选择立即购买还是等待购买？"该问题存在混合均衡，因为如果一个买家知道所有其他买家都在等待，那么他选择立即购买肯定是有益的。以此类推，唯一可能的均衡是部分买家选择立即购买，部分买家选择等待购买。此时，可与买家探讨他们的风险态度：风险规避、风险偏好或者两者交替混合存在。此项讨论约需 15 分钟。

在课堂的最后 5 分钟，总结课堂内容，阐述如下结论。

（1）在任何竞争环境下，决策不仅取决于自身也取决于对方。

（2）假设买卖双方能根据对方信息做出反应，则双方的信息不对称性将有利于后行动的卖家决策。

（3）卖家的最优反应策略是实现单期收益最大化，该策略能够识别策略型顾客行为，从而令顾客丧失信心，不再过度等待。

（4）买家的最优反应策略是混合策略均衡，即部分买家等待购买，部分买家立即购买。如果假设所有买家以相同概率等待购买，那么可以使用蒙特卡罗模拟方法对该概率进行最优化求解。

（5）卖家可以通过动态定价策略获得更好的收益，该策略将买家的行为纳入到卖家的策略中，比如周期性折扣，在一个销售周期中，有些销售时段提供了折扣，有些销售时段不提供折扣。尽管部分买家支付的价格高于其他买家，但这并不意味着他们的行为是不道德的。如果没有动态定价，这两类买家购买的平均价格会更高，最终销售的数量也会更少。为保证策略的成功，买卖双方需充分理解对方的信号和反应。

（6）游戏中，买家的部分行为反应是非理性的，尚不能明确是否是买卖双方没有准确理解彼此的信号和反应所导致。实际上，使用最优反应策略进行决策的卖家获取的收益还不错。

7.5 讨 论

动态定价和收益管理中，考虑策略型顾客行为是新兴的研究领域。目前此类研究成果很少应用于实际的收益管理系统中。因此，对收益管理者而言，如何面对策略型顾客进行动态定价并获得收益、如何应对策略型顾客行为带来的挑战以及如何发现潜在的机会是至关重要的。同时，策略型等待还是立即购买游戏也可为 MBA 教学提供素材。本章的研究表明：在竞争情况下，了解对手的行为至关重要。当对手是作为个体的人时，要考虑可能出现哪些可预测的非理性行为，以及如何利用这些非理性行为。买家和卖家的行为也是许多运营管理学者正在研究且值得进一步研究的方向（Mak et al., 2014；Kremer et al., 2013）。同时，通过游戏收集顾客等待与购买博弈数据的方法也是值得借鉴的,它是从行为角度研究动态定价和收益管理理论与实践的基础。

<h2 style="text-align:center">参 考 文 献</h2>

Aviv, Y., Pazgal, A. 2008. Optimal pricing of seasonal products in the presence of forward-looking consumers. Manufacturing and Service Operations Management 10 (3), 339-359.

Bearden, N., Murphy, R., Rapoport, A. 2008. Decision biases in revenue management: Some behavioral evidence. Manufacturing and Service Operations Management 10 (4), 625-636.

Bendoly, E. 2011. Linking task conditions to physiology and judgment errors in RM systems. Production and Operations Management 20 (6), 860-876.

Besanko, D., Winston, W. L. 1990. Optimal price skimming by a monopolist facing rational consumers. Management Science 36 (5), 555-567.

Cason, T. N., Mago, S. D. 2010. A laboratory study of duopoly price competition with patient buyers. Economic Inquiry 51 (2), 1123-1141.

Cason, T. N., Reynolds, S. S. 2005. Bounded rationality in laboratory bargaining with asymmetric information. Economic Theory 25 (3), 553-574.

Coase, R. 1972. Durability and monopoly. Journal of Law and Economics 15 (1), 143-149.

Kremer M., Maintin B., Ovchinnikov, A. 2013. Strategic consumers, myopic retailers. Working paper.

Lazear, E. P. 1986. Retail pricing and clearance sales. American Economic Review 76 (1), 14-32.

Li, J., Granados, N., Netessine, S. 2014. Are consumers strategic? Structural estimation from the air-travel industry. Management Science (3), 2114-2137.

Liu, Q., van Ryzin, G. 2008. Strategic capacity rationing to induce early purchases. Management Science 54, 1115-1131.

Mak, V., Rapoport A., Gisches E. J., Han, J. 2014. Purchasing scarce products under dynamic pricing: An experimental investigation. Manufacturing and Service Operations Management 16 (3), 425-438.

Osadchiy, N., Bendoly, E. 2010. Are consumers really strategic? Implications from an experimental study. Working paper.

Ovchinnikov, A., Milner, J. M. 2012. Revenue management with end-of-period discounts in the presence of customer learning. Production and Operations Management 21 (1), 69-84.

Reynolds, S. S. 2000. Durable-goods monopoly: Laboratory market and bargaining experiments. Rand Journal of Economics 31 (2), 375-394.

Shen, Z.-J. M., Su, X. 2007. Customer behavior modeling in revenue management and auctions: A review and new research opportunities. Production and Operations Management 16 (6), 713-728.

Talluri K. T., van Ryzin, G. J. 2004. Theory and Practice of Revenue Management. New York: Springer Science + Business Media.

Wallace, D. L., Hammond, J. S. 1994. Maxco, Inc. and the Gambit Company. Case no. 9-174-091. Cambridge, MA: Harvard Business Publishing.

第 8 章

见树也见林[1]：流程设计动机和绩效的认知

Karen Eboch（卡伦·埃博赫）

8.1 概　　述

本章的重点是从个人经验和观察的角度，帮助读者理解工作设计和流程改善。虽然与工作设计和流程相关的概念已被整合到运营管理的许多方面，包括质量管理、精益系统、产能管理、库存管理和设备布局等，但是对于学习运营管理的学生来说，理解流程及其设计的具体细节并非易事。

由于传统运营管理侧重于制造业领域，因此提供给学生的例子多数基于大规模生产或装配线的情境。但由于学生缺乏实际经验和行业知识，制作或理解相关的工作流程图对他们来说就像计划一次月球之旅一样，过于抽象。考虑到大部分学生都有在服务业兼职的经历，且他们通常会与他们的朋友讨论与分析不同的工作角色及其职责，进而形成对工作设计的直觉认识，这为学习运营管理的工具和技术奠定了基础。

本章的学习活动先要求学生完成一张关于零售或餐饮服务业典型工作的观察表。然后，当基本的职责明确后，学生会被分成小组去设计零售服务工作流程图（如餐厅顾客服务流程）。最后，从运营管理和员工激励的角度向学生强调流程的改善，让学生同时看见森林（运营管理）和树木（工作设计中的激励行为），进而从运营和绩效激励视角去改善工作/业务流程。

运营管理在制造业中有着极为广泛的研究基础，强调提高效率和效力（有效性）。譬如，针对产能和设施布局问题，运营管理关注流程图和装配线的平衡，以便根据实时需求跟踪流程的步骤，即为流程分析（Battaia and Dolgui, 2013; Becker and Scholl, 2006）。基于流程分析提出的价值流程图则进一步强调流程步骤的增值，因而在精益生产中被视为流程改善的关键驱动因素（Bertolini et al., 2013）。随着服务业的发展，运营管理研究的背景转移至更加结构化的劳动密集型环境中，

---

[1] 译者按：传统运营管理就像一片广袤的森林，而组织行为中的激励行为则像挺拔的树木。在改善工作流程时，我们既要看到森林，也要看到树木。不仅要从传统运营管理角度改善工作流程，还要考虑人的行为因素，从组织行为角度进行工作设计，激励员工以提高绩效。

并相应调整了管理理论和原则（Schmenner，1986，2004）。譬如，服务设计蓝图已经发展成为实用方法，用于跟踪服务流程中的客户交互，并在组织结构的层面将前台和后台活动进行区分（Bitner et al.，2008）。

虽然流程图能帮助决策者洞悉生产质量和生产效率提高的因素（Nebl and Schroeder，2011），但工作设计不只是编排调度任务或平衡装配线。设计工作流程以提高工人的积极性和参与度时，还需要考虑其他因素（Bendoly et al.，2010）。然而，工作设计中的激励、团队以及与人相关因素通常在运营管理战略和组织行为学领域被单独地研究，即它们之间没有交集（Kinicki and Williams，2013；Kreitner and Kinicki，2013；Robbins and Judge，2014；Schermerhorn，2012）。传统的组织行为学文献借鉴了大量经济学、心理学、社会学和组织学理论，通过将个人、团队和组织动力学作为自变量，生产率作为因变量，研究两者之间的关系，但没有考虑操作流程和压力因素。

为了将运营管理战略和组织行为更好地进行整合，我们有必要深入理解流程运营目标与具体工作岗位人员之间的相互关系。行为运营通过探索认知心理学、社会心理学、群体动力学和系统动力学与运营管理之间的联系，为其研究打下了基础（Bendoly et al.，2010）。Gino 和 Pisano（2008）将这个新兴的行为运营领域定义为"研究人的行为和认知及其对运营系统和流程的影响"（679）。在工资水平较低的零售/餐饮服务业背景下讨论这种联系，侧重于强调市场因素跨学科的重要性——并不局限于制造业的运营管理领域。

8.2 理论基础

8.2.1 传统运营管理

运营管理和组织行为管理均起源于泰勒科学管理（Zuffo，2011）。泰勒科学管理的核心是工人的劳动分工和考核，正如传说中的施密特一样，他运用恰当的工具和技术提高了搬运速度，并减少了生铁的加工时间。泰勒通过将工人薪酬与生产效率挂钩，促使工人参加专业培训以提升绩效（Taylor，1911）。一方面，亨利·福特将泰勒科学管理应用到他的流水线上，其他企业家纷纷效仿，通过将工作简化为若干个专门的任务来提升效率。另一方面，埃尔顿·梅奥在霍桑实验中采用泰勒科学管理方法发现：人的因素会影响工作的效率，并且与传统运营管理的目标相冲突（Mayo，1933）。由此形成了组织行为管理和运营管理两个分支，其中组织行为管理关注行为科学在工作场合中的应用，而运营管理则侧重于对流程改善的探索（Kreitner and Kinicki，2013）。

运营管理通常运用线性规划和仿真技术建立最优的流水线，优化平衡装配线任务。然而，随着生产线越来越复杂，为了开发出更加现实可行的方法，运营模型的复杂程度也在增加（Becker and Scholl，2006）。Hayes 和 Wheelwright（1984）聚焦于流程策略，并与产品和人力资源战略研究保持一致。虽然他们对于员工参与和技能培训的研究没能像产品-流程矩阵（product-process matrix）那样广为人知，但他们对于行为因素影响工作设计的研究在运营管理领域仍得到了认可。全面质量管理和精益生产重新定义了生产的标准规范，通过团队合作和向员工赋权进一步强调了关注员工的重要性（Womack et al.，1990）。

随着服务业的发展，运营管理的研究领域进一步扩大到了制造业之外。与 Hayes 和 Wheelwright（1984）提出的产品-流程矩阵类似，Schmenner（1986）针对服务业提出了服务-流程矩阵以匹配服务资源。在此基础上，Schmenner（2004）提出了快速平稳流理论：流程生产力与流程速度正相关，但与流程中的增值速度不一定相关；因此，应当采取措施以减少流程等待时间和延迟引发的变动。为此，运用流程图和服务设计蓝图可使企业或组织提升效率和改善创新（Bitner et al.，2008）。

8.2.2　组织行为中的锚定[①]

泰勒所侧重的经济激励与梅奥所侧重的社会压力之间产生的分歧，使管理学开始沿着运营和行为两条不同主线发展，也表明学者需要构建社会模型以协调两者之间的差异（Kreitner and Kinicki，2013）。马斯洛的需求层次理论认为，由于不同个体的需求层次不同，所以他们的驱动因素不同。马斯洛的需求层次理论将需求分为五个层次，从低到高依次为：生理需求（如食物、衣服和住所等基本需求）、安全需求（人身安全、健康保障等）、感情需求（友情、爱情、归属感等）、尊重需求（自我尊重、信心、成就等）和自我实现需求（道德、创造力等）。基于此，Alderfer（1972）提出了生存需求、关系需求和成长需求（existence，relation，growth，ERG）理论。ERG 理论与马斯洛的需求层次理论存在类似的结构层次，同时它还刻画了需求层次之间互动的概念，从而允许需求层次向上或向下发展。关系需求与马斯洛的需求层次理论的感情需求相对应，生存需求与处于较低层次的生理需求和安全需求相对应，成长需求与处于较高层次的尊重需求和自我实现需求相对应。在环境发生变化或无法到达更高层次的需求时，Alderfer 的 ERG 理论[②]允许需求层次向下移动或回归到较低层

[①] 译者按：本节首先介绍需求层次理论——根据个人不同的需求制定相应的激励政策，进而提高个人绩效。然后，通过在工作设计中引入激励因素，提出工作特征模型，并对其进行了详细介绍。最后，通过行为锚定法对组织行为进行锚定并获得激励潜能分数（motivating potential score，MPS），从而量化激励潜能。

[②] 译者按：马斯洛的需求层次是刚性的、阶梯式上升结构，即认为只有充分满足了较低层次需求，才会产生较高层次的需求，二者顺序不可能颠倒。相反地，ERG 理论并不认为各类需求层次是刚性结构，而是认为多种需求可以同时起作用；并且，当满足较高层次需求的企图受挫时，人们可能回归较低层次的需求。

次的需求。管理者可以根据个人不同的需求制定相应的激励政策，进而提高个人绩效。

早期的激励理论主要依赖金钱、社会认同和赞美等外部奖励。Hackman 和 Oldham（1980）通过在工作设计中引入激励因素，提出了工作特征模型。模型中的五个核心工作特征（技能多样性、任务完整性、任务重要性、个体自主性、绩效反馈度）影响着三个关键心理状态（工作意义、工作责任、工作产出认知），反过来又影响了工作产出（内在工作积极性、个人发展满意度、工作满意度、工作有效性以及缺勤率）。具体来说，技能多样性（一个角色完成不同任务所需要的不同能力）、任务完整性（完成一项任务所需工序的完整性或可被识别的程度）、任务重要性（工作对他人生活产生的巨大影响）这三个工作特征决定了工作意义；个体自主性（个人完成工作任务时所体会到的自由、独立和判断力）决定了员工的工作责任；对员工的绩效反馈度则决定了员工对工作产出的认知。在工作设计中，通过设计高层次的核心特征，使员工达到高水平的心理状态，进而提高工作产出。心理状态对工作产出的改善效应（更高的工作积极性，个人成长/发展满意度，工作满意度，工作效率以及减少旷工）又受三个因素的调节作用，分别为知识和技能的增长（工作能力是否提高）、需求增加（是否渴望有挑战性的工作）和工作环境满意度（从工作中还是从工作外寻求个人满足感）。

为了运用工作特征模型设计出对员工更具有激励效果的工作，Hackman 和 Oldham（1980）整合了五个核心工作特征，并对各工作特征进行打分以获得 MPS。[①]该问卷采用 7 分制衡量五个核心工作特征，分数取值从最低值 1 到最高值 7。MPS 计算方法是取技能多样性、任务完整性和任务重要性得分的平均值，再乘以个体自主性和绩效反馈度的得分。MPS 分数较低则表明激励潜能不佳，应优先重新设计该工作以提高其激励属性。在装配线流程中，MPS 普遍偏低。因此，可采用员工授权和任务扩展或轮转的方法提高 MPS 和工作积极性，正如全面质量管理从质量和精益生产的角度提高员工工作积极性一样（Fried and Ferris，1987）。

即使是为了解决员工的需求和激励问题而进行的组织层面的工作变动，也会遭遇抵制和挫折（Connor et al.，2003）。领导力水平在工作变动的方向上至关重要，领导力的影响甚至超出具体负责的管理人员对组织绩效和员工激励方面的作用（Piccolo and Colquitt，2006）。对公平、公正和组织正义的考虑也可能推翻按激励原则设计的工作或奖励系统（Bing and Burroughs，2001；Bowen et al.，1999；Colquitt et al.，2001）。因此，在设计员工角色和实施流程改进时必须谨小慎微。

---

① 译者按：激励潜能分数（MPS）=［(技能多样性＋任务完整性＋任务重要性)/3］×个体自主性×绩效反馈度。

8.3 实际案例

沃尔玛是世界上最大的零售商和私人雇主，在全世界范围内有超过 220 万名员工，仅仅在美国就有 130 万名员工（Wal-Mart Stores，2013）。作为一家折扣零售商，沃尔玛不断寻求提高效率的方法，以期降低成本并提升顾客价值。沃尔玛主要通过其供应链战略管理手段降低成本，包括领先的分销网络和战略伙伴库存管理技术。同时，沃尔玛还以其劳动力政策和大量的最低工资兼职员工而闻名。目前，该公司有超过 70%的经理都是从前端销售代表开始他们的职业生涯的，这非常有利于他们深入理解前端销售中员工与顾客互动的本质。

沃尔玛注重提供高质量的顾客服务、准备充足的库存和培养积极的员工队伍，并通过运营成本与销售额的比例对管理进行评价（Fishman，2006）。降低成本的压力往往会将员工成本压到最低，并通过管理创新的方法提高效率。例如，条形码和电子数据交换（electronic data interchange，EDI）技术等库存跟踪技术的进步，减少了门店的工作压力（比如为单个产品定价或清点库存以决定重新订购）。自助扫描结账和旋转式打包机提高了结账效率。通过定期和重新分析门店员工的角色和职责，沃尔玛不断地寻求降低成本的方法以提升顾客价值。

由于沃尔玛的体量和全球影响力，业界对其成熟的商业模式和方法具有广泛的了解。因此，我们以沃尔玛作为服务型企业的案例代表，阐述运营管理对服务流程改善的影响。以前台收银员为例，我们创建一个该角色关键层面的简单流程图（图 8.1）。

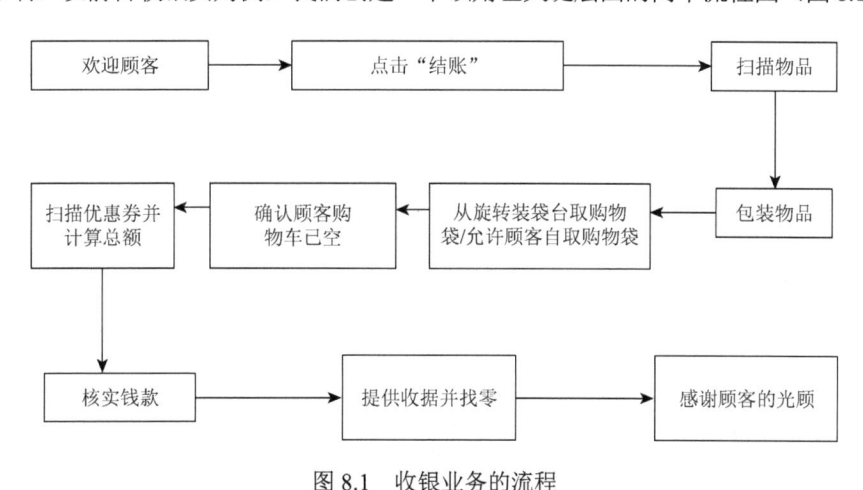

图 8.1 收银业务的流程

图 8.1 为沃尔玛前台收银员业务流程图。可以看出收银员的工作具有重复性。虽然图 8.1 并没有提供关于收银员所需的特定技能以及其可能需要执行的其他任

务，例如，收银用品（如收银纸、袋子和零钱）必须定期补充，但我们可以通过这一简单流程探讨收银员以及运营管理的相关问题。

在沃尔玛的实际运营中，当客流量较低时，收银员可能会被调配至备货和保洁岗位；当客流量较高时，部分销售员工将协助收银员进行服务工作。从运营管理角度考虑，交叉培训和轮岗可以在不重复使用资源情况下，提高服务灵活性和效率。随着员工被要求从事更多样的任务，该职位的技能多样性和激励潜力将得到提高。然而，如果员工感到轮岗的安排并不公平，或认为他们被要求做的工作超出了他们的本职工作，那么这可能导致员工积极性被削弱。

运用服务设计蓝图，我们亦可从整体顾客价值的角度探讨收银员与销售员工之间的轮岗关系。图 8.2 展现了简单的顾客购物体验流程，从停车场开始，再到选购商品，最后通过收银员或自助扫描完成交易。

物理环境	沃尔玛室外停车场	进入通道的设计	购物车的控制	店面的布局、选择以及清洁	前后布局以及开放通道数	检查设计	
顾客行为	到达沃尔玛	进入商场	取购物车	购物	结账	商品装袋	或 自动扫描
		互动线					
前台/可见的员工行动间的联系		欢迎顾客	提供购物车	补充货物/摆正货物/清洁	收银	迎接顾客/扫描商品	监控记录
		可视线					
后台/不可见的员工行动间的联系		安全监控潜在威胁		库存接收/废物处理		检验标签的价格以及促销活动	
		内部互动线					
辅助流程		扒手的数据库		EDI库存跟踪		UPC的编程、定价、改善	

图 8.2　沃尔玛服务流程

注：UPC 为 universal product code，通用商品代码

图 8.2 所示的服务流程有利于探究收银员与各个部门员工的互动和依赖关系。例如，商店外观、库存及整体购物体验都是顾客选择购物商场的重要考虑因素，如果不能满足顾客的期望，那么他们可能会另选其他商场（Fishman，2006）。此外，像库存管理和追踪等辅助流程可以延伸到沃尔玛的上游供应商，这说明在为顾客提供高品质的体验时，各供应链之间存在互联性。

使用流程图和服务设计蓝图查看企业的运营流程，有助于识别潜在的员工干扰和瓶颈问题。这也有助于说明沃尔玛的运转依赖于员工是否完成了他们的任务。如果员工未能完成相应任务，将会降低顾客体验并失去销售商机。因此，保持员工的积极性使其有效地执行被分配的任务，并且确保完成所有相关分配的任务是管理职能的关键。

8.4 学习活动

虽然本章的学习活动是以小组为单位，但我们建议每个学生在活动开始前单独完成一个零售/餐饮服务的典型工作和焦点任务的工作表。当每个学生确定了其基本职责后，才开始组建团队并开始制作其业务流程图，譬如，餐饮业为顾客服务的业务流程图，或帮顾客选择产品的导购业务流程图等；然后，分别从运营管理和工作设计激励两方面进行流程改善。根据该活动是在课上或课后进行，以及教师要求的详细程度，活动可以在课上50分钟之内或课下一周以上的时间内完成。

活动开始时，每个学生回忆他最熟悉的最低薪酬的服务工作。学生无须知晓关于该工作的正式工作描述。学生基于个人经验、观察以及与他人交流后，列出该工作职位的任务和职责（见附录 A，学生讲义：第一阶段）。学生在明确该工作的任务和职责后，将进一步需要确定该工作与其他工作的相互依赖性或其他关系，从而有助于他完成工作并提供顾客价值。为了聚焦于顾客价值，学生需要考虑有多少员工为顾客提供服务，如何进行任务分配，任务的关联度如何。当对服务交付的各个部分进行仔细考虑后，每个学生需要完成典型交易所需步骤的业务流程。

由于每个学生对服务有着不同的体验和认知，第一阶段活动的结果也会有所不同。为此，我们运用名义群体法[①]，让学生进入第二阶段活动。第二阶段活动侧重于整合团队成员的认知，从而更准确地描述各种服务环境中占主导地位的顾客价值流程（见附录 B，班级团队讲义：第二阶段）。在第二阶段活动中，根据所分析的角色的共性组成 4~5 人的团队，并比较各个角色的职责和业务流程。根据学生人数和所选择的角色，可以基于以下具体组织[如麦当劳和塔可钟（Taco Bell）、

[①] 译者按：名义群体法是指群体成员先进行个体决策，然后各成员逐一说明自己的看法，直到所有成员表达完毕再进行群体讨论，挑选最佳方案。

梅西百货和沃尔玛] 或行业（如快餐和正餐, 折扣店和专卖店）组建团队。团队成员需要比较他们的任务、职责以及流程, 并选择一个工作岗位进行分析。在确定工作职位扮演的角色后, 学生使用头脑风暴法分析其在第一阶段活动中忽略的任务和职责, 进而基于顾客价值建立新的业务流程图, 该流程图应该具体地反映目标角色的任务和职责, 而不是像先前那样目标角色是待定的。

我们使用流程图定义当前服务状态, 团队中的学生需要明确如何将工作量和服务效率与已确定角色（或角色间）的任务划分联系起来, 以及如何改善具有相互依赖关系的流程。最后, 当提出改善建议时, 团队应当结合任务变化和服务预期考虑改善个体员工的激励措施。

根据学习目标的不同, 服务设计蓝图可以替代流程图, 或与流程图同时存在。服务设计蓝图可帮助学生更好地理解顾客被服务的体验, 同时也可鼓励学生考虑在交易发生时工作所依赖的后台及支持流程。

当所有团队完成所需图表和分析后, 每个团队应当在班级中分享各自的结果和结论, 从而突出不同人对工作任务重要性的感知差异, 以及对运营不同的熟悉程度。其中, 应该注意各团队所制作的工序流程的完整性。描述中所使用的语言也应该被仔细地推敲, 以避免绘制图表的人对最低工资的工人和各级管理人员做（有偏差的）价值判断。个人经验可能会影响认知: 工作或购物、餐饮经历中的"糟糕故事"也可以加强学生对于人的行为因素对生产和服务交付的影响——因为人在流程设计和执行中起了重要作用。

8.5 讨 论

案例讨论借助积极的、基于问题的学习方式, 吸收学生的个人经验, 以及运用运营管理和行为运营管理中的概念, 为提高学生思维能力提供了一种可能的途径。我们赋予学生管理者的角色, 让其决定如何解决实际的工作流程和生产力的问题。自 Bloom（1956）分类学提出以来, 了解如何评估、综合、分析和应用概念已成为公认的教育目标。Fink（2003）在 Bloom 的工作基础上增加了人的因素, 进而深入探讨了人自身及人之间相互作用的影响。Pink（2005）提出通过整合左右大脑有利于形成整体创造性思维, 从而在当今的商业环境中取得成功。Gardner（2007）则认为成功所需的认知能力由纪律、综合、创造、尊重和道德组成。

当学生列出员工为实现顾客价值所做的所有任务时, 他们会意识到应当正确执行哪些操作才能完成简单的任务。学生将会明白并理解基本操作中跟踪和设计流程的复杂性, 如麦当劳的订单处理。通过学生间的讨论, 该练习也可以展示以下内容。

（1）工作流程的复杂程度超出了个人角色的理解范围，需要从全局和交付顾客价值的角度进行工作间的交互。

（2）一些步骤因太过于浅显而容易在工作表罗列的时候漏掉，但其会对顾客价值产生重要影响。证明每项任务必要性的简单方法是，请学生列出简单的例行动作中的所有步骤，例如制作花生酱、果冻、三明治或系鞋带，然后尝试仅使用提供的步骤完成这些动作。

（3）前台和后台运营存在区别。商家可能有意识地将工作流程展示给顾客，这会影响工作的完成方式、员工的积极性以及顾客对价值的认知。可以引导学生讨论餐厅是否将厨房工作流程展示给顾客对食品质量的影响。

（4）商品的生产（或服务）流程需要协调员工的努力与协作。如果操作正确，员工之间的交接对顾客来说可能是无缝衔接的。但是，若生产流程中某一任务操作出现问题，该责任的归属可能会产生偏差，从而导致错误的结果。比如厨师的错误导致服务员获得很少的服务小费。

（5）允许因空闲或缓冲导致的较低绩效。某些角色和任务允许有额外的空闲时间，或者得有缓冲时间以确保员工可从繁重工作中恢复。此外，各项操作间的依赖关系可能会暂时扭曲任务执行的紧迫感。

（6）通过激励提高生产率。员工之间的销售竞争是提高交易量的一种常见方法，而从计时工资制度转向佣金制度则会增加薪酬的变动成本。

（7）通过交换或改变工作岗位（岗位轮换）让工作更具激励性。对流程的改善可以针对以下五个关键维度进行分析：技能多样性、任务完整性、任务重要性、个体自主性、绩效反馈度。

（8）区分流程图中是否包含附加值的步骤。虽然学生习惯于从顾客的角度看待服务交易，但从运营和激励的视角分析角色，可以帮助解释为什么任务以该种方式完成，以及非增值步骤如何嵌入到工作方法中。

如果工作流程不能达到预期结果，那么可能是运营和行为因素共同导致的。对顾客价值的交付产生影响的行为也应该从交付工作的设计中分离出来。一方面，日常工作可能令员工产生厌倦，增加工作失误率，并最终导致质量下降以及引发安全问题。另一方面，缺乏激励的员工会经常缺勤甚至离职。因此，需要了解如何设计工作流程以增强员工的积极性和生产力，进而通过协同效应提高组织效率。

通常，工作流程的规划不像平衡一条装配线或调度一个车间那么简单。理解个体工人的任务分配对其积极性和绩效的影响，有利于提升制造业和服务业背景下产品的质量和生产力。当学生们反思自己在食品服务与零售行业的最低工资工作中遇到的挫折时，他们也在寻求该项工作的改善方法。因此，运营效率和员工激励的交互平衡是实现双赢工作设计的解决方案。

附录 A　学生讲义：第一阶段

在你的生活中，你或许曾在服务业从事过最低工资的工作，或者至少你认识从事过这类工作的人。在本次作业中，你需要思考在食品服务或零售业中的一项典型工作。

你将选择一份自己最熟悉的餐饮或零售服务工作，并列出该工作的所有任务和所需角色。考虑一下你需要完成多少种不同任务，以及它们最终如何与交付的顾客价值相联系。例如，假设你周末在塔可钟上晚班，你的工作都包括什么内容？

在对你的工作角色完全了解之后（包括个人经验、朋友讲述或顾客观察等方式），你还需要考虑其他员工的任务并与他们共同协作完成该工作，以实现交付顾客价值，具体包括：①需要多少员工制作膳食或者提供配送服务？②每位员工的职责分配是怎样的？③各个任务之间如何相互关联的？

最后，你需要绘制一张业务流程图，并在图中标识出你的角色和其他需要协作的角色，同时区分前台任务（顾客可见）和后台任务（顾客不可见）。将你完成的业务流程图带到课堂上，以便做更多讨论！

附录 B　班级团队讲义：第二阶段

根据你所分析的角色，组建团队并比较任务列表和业务流程图。为团队选择工作职位，同时结合头脑风暴法尽可能多地确定该工作的职责。

创建一个包含此角色并以顾客价值为导向的业务流程图。图中标识该角色需要完成的任务和其他角色需要完成的任务。如果你知道某些职位会和其他角色联系的话，把它们也加进来，特别是当这些角色也会出现在你们的分析当中时。思考如下问题：如何才能改善该流程？工作量如何影响任务的分配？如何激励该工作？激励会影响交付的质量和生产率吗？如何提高角色的生产率？这些变化能够影响该角色的激励潜能吗？

参 考 文 献

Alderfer，C. P. 1972. Existence，Relatedness，and Growth：Human Needs in Organizational Settings. New York：Free Press.

Battaia，O.，Dolgui，A. 2013. A taxonomy of line balancing problems and their solution approaches. International Journal of Production Economics 142（2），259-277.

Becker，C.，Scholl，A. 2006. A survey on problems and methods in generalized assembly line balancing. European Journal of Operational Research 168（3），694-715.

Bendoly, E., Croson, R., Gonçalves, P., Schultz, K. 2010. Bodies of knowledge for research in behavioral operations. Production and Operations Management 19 (4), 434-452.

Bertolini, M., Braglia, M., Romagnoli, G., Zammori, F. 2013. Extending value stream mapping: The synchro-MRP case. International Journal of Production Research 51 (18), 5499-5519.

Bing, M. N., Burroughs, S. M. 2001. The predictive and interactive effects of equity sensitivity in teamwork-oriented organizations. Journal of Organizational Behavior 22 (3), 271-290.

Bitner, M. J., Ostrom, A. L., Morgan, F. 2008. Service blueprinting: A practical technique for service innovation. California Management Review 50 (3), 66-94.

Bloom, B. S., ed. 1956. Taxonomy of Educational Objectives: The Classification of Educational Goals. New York: Susan Fauer.

Bowen, D. E., Gilliland, S. W., Folger, R. 1999. HRM service fairness: How being fair with employees spills over to customers. Organizational Dynamics 27 (3), 7-23.

Colquitt, J. A., Conlon, D. E., Wesson, M. J., Porter, C. O., Ng, K. Y. 2001. Justice at the Millennium: A meta-analytic review of 25 years of organizational justice research. Journal of Applied Psychology 86 (3), 425-445.

Connor, P. E., Lake, L. L., Stackman, R. W. 2003. Managing Organizational Change. 3rd ed. Westport, CT: Praeger.

Fink, L. D. 2003. Creating significant learning experiences: An integrated approach to designing college courses. San Francisco: John Wiley & Sons.

Fishman, C. 2006. The Wal-Mart effect: How the World's Most Powerful Company Really Works-and How It's Transforming the American Economy. New York: Penguin.

Fried, Y., Ferris, G. R. 1987. The validity of the job characteristics model: A review and meta-analysis. Personnel Psychology 40 (2), 287-322.

Gardner, H. 2007. Five Minds for the Future. Boston: Harvard Business School Press.

Gino, F., Pisano, G. 2008. Toward a theory of behavioral operations. Manufacturing and Service Operations Management 10 (4), 676-691.

Hackman, J. R., Oldham, G. R. 1980. Work Redesign. Reading, MA: Addison-Wesley.

Hayes, R., Wheelwright, S. 1984. Restoring Our Competitive Edge: Competing Through Manufacturing. New York: John Wiley & Sons.

Kinicki, A., Williams, B. K. 2013. Management: A Practical Introduction. New York: McGraw-Hill/Irwin.

Kreitner, R., Kinicki, A. 2013. Organizational Behavior. 10th ed. New York: McGraw-Hill.

Mayo, E. 1933. The Human Problems of an Industrial Civilization. New York: Macmillan.

Nebl, T., Schroeder, A. 2011. Understanding the interdependencies of quality problems and productivity. TQM Journal 23 (5), 480-495.

Piccolo, R. F., Colquitt, J. A. 2006. Transformational leadership and job behaviors: The mediating role of core job characteristics. Academy of Management Journal 49 (2), 327-340.

Pink, D. H. 2005. A Whole New Mind: Moving from the Information Age to the Conceptual Age. New York: Penguin.

Robbins, S. P., Judge, T. A. 2014. Essentials of Organizational Behavior. 12th ed. Upper Saddle River, NJ: Prentice-Hall.

Schermerhorn, J. R. 2012. Exploring Management. Hoboken, NJ: John Wiley & Sons.

Schmenner, R. W. 1986. How can service business survive and prosper? Sloan Management Review 27 (3), 21-33.

Schmenner, R. W. 2004. Service business and productivity. Decision Sciences 35 (3), 333-347.

Taylor, F. W. 1911. The Principles of Scientific Management. New York: Dover Publications.

Wal-Mart Stores, Inc. 2013. Walmart Annual Report. Bentonville: Wal-Mart Stores, Inc.

Womack, J. P., Jones, D. T., Roos, D. 1990. The Machine that Changed the World. New York: Macmillan.

Zuffo, R. G. 2011. Taylor is dead, hurray Taylor! The "human factor" in scientific management: Between ethics, scientific psychology and common sense. Journal of Business and Management 17 (1), 23-41.

第 9 章

服务满意度设计师：服务设计及其行为的启示

Louis St. Peter（路易斯·St. 彼得），Walter L. Wallace（沃尔特·L. 华莱士）和 Yusen Xia（夏玉森）

9.1 概 述

服务业几乎在每个成熟经济体中都扮演着重要角色，即使是在不成熟经济体中，服务业的重要性也与日俱增。以美国为例，服务业产值占据国内生产总值的 64%（IMF，2012），雇用了 80%的劳动力（Henderson，2012），产生了超过 6000 亿美元的出口额，并创造了超过 1790 亿美元的贸易顺差。在过去 30 年中，服务业使美国经济能够吸纳由制造业就业人数减少、工薪阶层增加及人口老龄化驱动的日益增长的就业。这些趋势及其他相关因素共同促进了对服务业的需求，尤其是在育儿、医疗、酒店和教育等领域。

即使在曾经通过基础制造业推动经济发展和繁荣的中国，人们现在也愈发地意识到消费者需求对于经济持续增长的重要性（S.C，2013）。根据已有经验，消费者需求会从最初来自商品，逐渐地转向来自服务。

Fitzsimmons（2011）借助简单语句准确地描述了服务概念：服务是一种将顾客作为共同生产者的，随时间易逝的、无形的经历。该定义突出了大多数服务产品都具备的两个内在特征：无形性以及消费和交付的同时进行。因此，服务人员有时很难全面地描述他们所提供的服务。这既反映了服务无形性的本质，也反映了在服务体验流程中，消费者作为服务共同生产者的互动参与。

9.1.1 制造业中的服务

无论是医疗、酒店和教育等传统服务业，还是产销一体的制造业，服务都是关键的组成部分。多数情况下，制造企业提供服务的动机是战略性的，目的是应对日益增长的竞争压力。

虽然许多企业尝试通过提供相关服务对产品销售进行补充，但服务悖论阻碍了部分企业提供服务。正如 Gebauer 等（2005）所描述的，当在扩展服务业务上的大量投资导致服务内容和成本增加，却没有产生更高的预期回报时，服务悖论随即产生。

Gebauer 和他的同事从行为和组织角度解释了为何服务悖论如此常见。考虑到企业迫切期望使回报最大化，他们运用 Vroom（1964）的期望理论[①]框架，解释了管理者扩展服务业务的三个动机因素：效价、期望和手段。其中，效价是指个人潜在产出的内在吸引力。对三个动机的解释如下：如果我重视个人潜在的未来产出（效价），相信通过我的努力会成功地带来组织的产出（期望），相信组织产出和个人产出间有直接的关系（手段），那么我将加倍努力从而实现组织产出。

在制造业，人的认知存在两类局限性，这可能导致期望理论的应用变得复杂。第一类局限是人们倾向于过度关注显而易见的和可感知的事物（Gebauer et al.，2005）；第二类局限是人们倾向于待在舒适区（Bendoly and Prietula, 2008；Bendoly et al., 2010），因为舒适区有利于人们规避风险（Kahneman et al., 1982）。比如，制造商通常认为产品研发投资决策的风险较低，是一种更安全的业务扩张战略。相反，制造商认为开发或延伸产品服务的战略是高风险的，这种战略选择超出了他们的舒适区和可行产品的范围。

9.1.2　成功 VS 失败：一些例子

Johnston 和 Clark（2008）认为判定企业提供的服务是否成功的标准至少包括三方面：①顾客价值；②品牌价值；③企业贡献。

企业能否成功地提供服务不仅取决于如何满足顾客的初始期望，还取决于当服务失败时企业能否有效地应对。诺德斯特姆（Nordstrom）、美捷步（Zappos）和丽思卡尔顿（Ritz-Carlton）的案例说明了即使服务失败是由无法控制的因素造成的，企业也已经在失败的经历中理解了这种服务悖论所暗含的依赖关系——高的投入成本却导致低的预期回报。这些企业关注与每位消费者的互动，将每一次互动视为向消费者展示服务承诺的机会，从而在经济效益方面取得了持续的成功。下面给出两个案例（Conradt, 2011）。

诺德斯特姆：公司一名保安人员发现，一位女士正趴在地板上寻找因为试衣而不慎从结婚钻戒上掉下来的钻石，他动员一群人一起帮忙寻找。最终，经过大家共同努力，在吸尘器的杂物中找到了那颗遗落的钻石。

---

① 译者按：期望理论又称作"效价-手段-期望理论"，是管理心理学与行为科学的一种理论。这个理论用公式表示为：$M = E \times V$，其中 M 是激发力量，E 是期望值，V 是效价。

美捷步：公司一位顾客的母亲由于药物治疗致使脚部发麻并且对压力敏感，导致以前大部分的鞋都不能再穿了。为此，该顾客为她母亲在美捷步预订了 6 双新鞋，希望至少有一双鞋能穿。到货后她母亲向美捷步申请退回多双不能穿的鞋，并解释了相关原因。两天后，她母亲收到了来自美捷步的一大束鲜花，并祝福她早日康复；同时该顾客以及她的母亲和妹妹都被升级为美捷步 VIP 会员，他们所有订单都将享受免费快速送货的服务。

不幸的是，也不乏一些企业因为在服务失败时处理不当，最终导致破产。譬如，某小型衣柜制造商在提供优质服务时遇到了挑战，设计既要满足顾客的服务需求，又要实现公司盈利。尽管该家制造商获得了多个卓越服务奖项，却无法将卓越的服务转化成足够的额外收入以维持企业持续经营。最终，企业在申请破产后被一家大型制造商收购。在其他的失败案例中，有些是设计失败的服务产品直接导致了公司的消亡，此外还有其他因素导致了服务失败，比如不重视对顾客的服务、傲慢地认为"顾客是错的"，甚至对顾客产生敌意等。最后一个因素在百视达（Blockbuster）身上得到了充分体现，该企业不仅忽略顾客需求偏好的改变，而且还用惩罚策略不让顾客改变需求偏好。

9.2 理论基础

9.2.1 服务质量模型

广义上讲，我们可以认为服务管理涉及两个主要元素：设计和交付。虽然本章的重点是服务设计及其行为含义，但是这两个因素间的相互关系也会造成很大影响。它们之间的相互关系如图 9.1 所示。

图 9.1 服务设计与交付系统的内在联系

图 9.1 中二者之间的连接箭头说明了流程设计的目的是指定服务交付流程中的意图和细节。反过来，服务交付流程的反馈为服务流程的改善提供了有价值的交付信息，因此它是改善服务流程重要的数据来源。

通常地，顾客服务水平反映了企业提供服务的能力、交付流程的有效性和交付流程中人员的同理心之间的平衡。若失去平衡，则可能导致服务失败。导致服务失败的因素包括：服务流程、服务流程涉及的系统和设备、顾客期望、服务人员行为及顾客行为等。该框架是系统模型特有的，且暗示了管理者遵循系统设计思维的价值（Bendoly，2014）。

Zeithaml 等（1990）建立的服务质量模型，通过可靠性、响应性、有形性、保证性和共情性五个维度，为鉴定服务质量提供了有效方法。首先，对比顾客服务期望和实际交付的服务体验，揭示服务质量存在的差异。这类差异可以通过两个维度进行衡量：①该差异是否超出或低于顾客期望的可容忍度，可容忍度反映的是顾客对于他们所体验的服务质量的合理变化的接受程度；②顾客体验差异的幅度，图9.2 给出了五种常见的潜在差异。

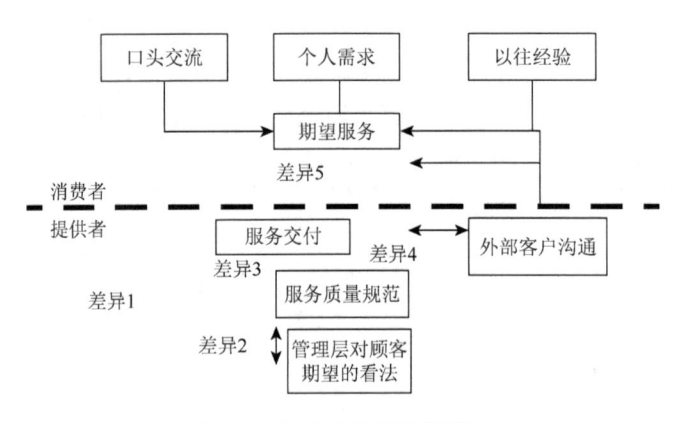

图 9.2　五种常见的潜在差异

差异 1：顾客期望与管理层对这些期望认知之间的差异。导致该类差异的原因包括市场调研不足，管理层与客户的实际体验脱节，或企业关于什么对顾客重要的假设未经验证。

差异 2：管理层对顾客需求的感知与服务质量规范之间的差异。导致该类差异的原因包括资源约束、管理层漠不关心、服务设计不明确、服务开发流程随意等。

差异 3：服务质量规范与服务交付之间的差异。导致该类差异的原因包括培训不足，服务交付人员无法或不愿满足设计规范，以及为了应对顾客期望变化而临时引入的修改。

差异 4：服务交付与外部通信之间的差异。在这里指公司的广告宣传使顾客产生的期望与服务交付的内容不一致。导致该类差异的原因包括营销信息过度承诺或夸大，或未能仔细地处理顾客期望。

差异 5：顾客期望与实际服务体验之间的差异。导致该类差异的原因包括上述四类差异发生因素的总和。

评估上述所有差异的核心在于服务质量的五个维度：可靠性、响应性、有形性、保证性和共情性（Berry，1995）。在服务质量（service quality，SERVQUAL）测量工具中，这五个维度分别对应23个具体项目：4个有形性项目，5个可靠性项目，4个响应性项目，5个保证性项目和5个共情性项目。顾客对每个维度的期望和感知采用7分制进行评价，图9.3给出了服务质量的有形性维度上的期望和感知测评表。

期望	感知
这篇问卷调查您对银行的看法，请通过数字说明您认为银行应该具备以下特性的程度。希望以下数字可以表达您对银行所提供服务的期望。	以下陈述与您对您选择的那家XYZ银行的感觉有关，请通过数字说明您对XYZ银行具备以下特性的信任程度，希望以下数字可以表达您对XYZ银行的感知。
非常不同意　　　　　　　非常同意 1　　2　　3　　4　　6　　7	非常不同意　　　　　　　非常同意 1　　2　　3　　4　　6　　7
(E) 有形性 E1.银行拥有最新型的设备。　____	差异分数 　　　　　　　　　(P)　P–E 有形性 E1.XYZ银行拥有最新型的设备。 　　　　　　　　　____　____
E2.银行的设施在视觉上更具吸引力。____	E2.XYZ银行的设施在视觉上更具吸引力。 　　　　　　　　　____　____
E3.银行员工穿着得体整洁。　____	E3.XYZ银行的员工穿着得体整洁。 　　　　　　　　　____　____
E4.银行设施的外观与所提供服务的种类相适应。　　　　____	E4.XYZ银行设施的外观与所提供服务的种类相适应。　　　____　____

图9.3　有形性维度的SERVQUAL样本

在顾客完成测评表后，从每个维度的感知平均分中减去期望平均分，并以此值为依据寻找差异存在的原因，并采取补救措施。

9.2.2 传统服务设计

当交付流程被视为一种交易时，若服务提供者专注于提供高质量且全方位的服务体验，则反映出其卓越的服务标准。交付流程是将输入转化为输出的操作，即把劳动力、物质和技术的组合变成可行的、有价值的服务。在此背景下，如何应对由顾客引起的服务流程变化是我们需要解决的问题：供应商应该在多大程度上适应因顾客引起的流程变化？标准的解决办法是平衡服务成本和质量之间的决策，决策的效果用客户满意度来衡量。通常更好的服务意味着更高的服务成本，而更差的服务意味着更低的顾客满意度。

相反，若服务提供者能够从更高的视角看待交付流程，并将其构建为基于体验的关系，那么就可能出现新的解决方案。当服务提供者了解顾客行为和服务流程的技术特征时，服务提供者和顾客间的共同生产和互动合作可能提高服务提供者的产出。

企业越来越认识到基于顾客体验的关系会成为服务业的主导力量。这一趋势主要是因为专业软件和数据分析的重大进展使个性化定制服务达到了前所未有的水平。例如，诺德斯特姆，倡导销售人员与顾客通过面对面交流建立关系，从而提供个性化服务体验（Spector and McCarthy, 2012）；相比之下，丽思卡尔顿则以其高度流程化的服务体验著称，通过信息数据库技术跟踪顾客偏好（Gallo, 2011），若某位顾客有异国旅游和奢华住宿方面的需求，丽思卡尔顿则会为其预订普拉湾酒店，并提供专门的定制服务。

随着服务业在现代经济中的重要性日益增强，传统的服务交付流程亟须重新设计以适应发展需要。随着对有效服务的理解越来越深入，服务质量得以显著提升。然而，目前仍有越来越多的证据表明顾客的不满意情绪广泛地存在于服务流程中。因此，本书将探讨过去的经验教训，以及行为运营及其相关领域中一些有趣的见解，从而帮助企业进一步提升服务交付流程的水平。

9.2.3 服务设计要素

传统设计流程包括六个关键要素。当六个要素被集成到综合服务系统中，该服务将会满足以下评价标准：有效实施、稳健性、可用性、一致性、持续地创造顾客价值和紧密联系前后台的服务运营，以确保服务交付的完整性。

（1）服务理念：包括预期目标市场和顾客服务体验，即如何让服务拥有市场以及与其他竞争产品产生差异。

案例：Lending Tree.com 运用网络软件简化贷款申请流程，生成来自竞争贷款机构的多个抵押贷款报价。

案例：美捷步视"用服务感动顾客"为公司的核心价值观，为顾客提供免费送货及全年退货政策。

案例：东方快车为伦敦到威尼斯火车上的乘客提供特色旅行和用餐服务，可让人们体验 19 世纪上流社会的奢华生活。

（2）服务创建：通过实体设施、感官体验、心理因素的结合以满足顾客需求。在餐饮服务中，实体设施涉及设施的设计和其他可触摸的物品，如餐具和餐巾等；感官体验涉及食物味道、香气和视听环境；心理因素涉及舒适的环境、周到的接待和幸福感等。总之，每种因素都应该与服务理念相一致并且持续改善。

案例：为了创建特色体验，东方快车使用豪华车厢和复古餐车，穿着制服的员工为乘客提供完美的服务、精致的美食和一流的葡萄酒，并且乘客可以欣赏到欧洲美丽的风景。

（3）绩效规范：概述目标顾客的期望和需求，并说明如何满足顾客的期望和需求。绩效规范还包括满足特定高价值细分市场顾客的期望和需求，从而为定制服务建立基础。这些期望和需求为后续的设计规范、交付规范奠定了基础。

（4）设计规范：详细地描述服务流程，从而方便在不同区域和不同个体间复制服务体验。它描述了服务执行的核心活动和服务交付时所需的技能和指导方针，这些指导方针包括成本和交期、自由决定权、规模、布局和位置等设施设计因素。

（5）交付规范：描述了服务交付的工作流程，包括总体工作流程、工作调度表、交付地点和结果。

（6）服务补救：提供了培训计划，并明确了一线员工在服务失败时有权采取纠正措施的程度。旨在让员工意识到可以从服务失败中学习。当服务补救流程既快速又简单，既公平又专业且员工可以以此获得授权和奖励时，服务补救不仅能防止顾客流失，还能全面提升顾客感受到的服务体验，从而建立和维护顾客忠诚度。事实表明，完善的服务补救能够为公司赢得好的声誉和威望。

9.2.4　服务设计的新原则

如前所述，传统服务设计的重点是将顾客的不确定性作为一个问题进行处理，并着重在服务成本和顾客满意度之间找到最佳的平衡。通常的解决方法是在满足基本服务需求的基础上提供针对细分市场的有限定制化服务，这种定制化服务会比基本服务产生更多的利润。虽然该方法可适用于多种服务的设计，但仍存在局限。

相反，我们从更为广阔的视角切入，可将顾客的不确定性视为机会而不是问题。有效的顾客不确定性管理需要服务提供者将这种顾客行为作为服务交付流程中正常预期的一部分，这同样为服务提供者带来了更多机会。

以 DVD 租赁服务为例，网飞（Netflix）和百视达两家公司提供了不同的服务流程。百视达采用类似图书馆借书的收费方法，收益由每部 DVD 固定租费和逾期费用两部分组成，其中，逾期费用是因顾客不及时归还而产生的惩罚费用。虽然逾期费用降低了逾期归还比例，但同时也导致顾客满意度下降。

随着其他租赁模式的发展，百视达的顾客大量流失，转到网飞等其他供应商处。网飞采用月租收费方法，收益只由顾客的月租费构成，每位顾客在缴纳月租费后可同时租赁多部 DVD，并且在归还后只要还在月租周期内，就可再次免费租赁其他新 DVD。可见，网飞考虑了顾客的消费行为模式，将顾客的不确定性视作正常的行为并利用它，同时也确保了持续的收入。

一些服务提供者开始考虑服务体验的行为科学及其相关领域（Bendoly et al., 2010）。有效的服务交付管理既需要了解服务流程的技术，也需要了解顾客行为和基本心理特征。DVD 租赁的案例阐述了如何将行为模式视为常态，从而提供更新颖且有效的方法，以提升顾客服务水平。这些方法挑战了在服务成本和顾客满意度之间寻找平衡的一般认知。

接受顾客行为中的不确定性是服务设计的第一步，第二步是认识到顾客的满意度并不取决于客观的现实体验，而是取决于记忆中的体验，即体验效用。为了更好地理解，我们对体验效用的概念进行拓展（Kahneman, 2000），通常，体验效用由痛苦或快乐体验的持续时间和强度决定。如果能够实时测量每分钟所经历的快乐或痛苦，则可绘制体验效用曲线，曲线的面积即可反映出顾客的整体体验（Kahneman, 2013）。

为此，Redelmeier 和 Kahneman（1996）研究了患者结肠镜检查的体验流程，患者每分钟被询问其痛苦体验程度，用 10 分制来打分，流程持续时间为 4 至 69 分钟不等，据了解，他们在手术流程中的实际疼痛有显著差异。图 9.4 给出了两位典型患者的痛苦体验曲线。

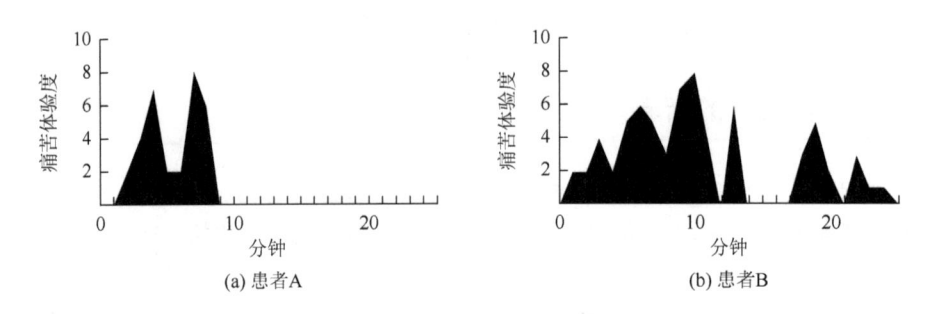

图 9.4 病人的痛苦水平报告

由图 9.4 可得，患者 B 对应的曲线面积远大于患者 A 的曲线面积，这是因为在相似峰值情况下 B 的持续时间是 24 分钟，远多于 A 的持续时间 8 分钟。

上述体验流程结束后，再次要求患者以 10 分制对总体痛苦程度打分。预期是，对痛苦的回忆将与上述图表的结果相一致。但与预期结果相反，我们观察到了两种意外的模型：①痛苦流程持续时间对事后痛苦体验程度没有影响；②事后痛苦体验程度是流程中痛苦体验最高值与流程结束时痛苦体验值的平均值。

丹尼尔·卡尼曼认为，上述结果的冲突体现了人的双重自我特性，即经验自我报告了我们现在正在经历的事情，而记忆自我报告了我们对经历的总体感受[对于运营管理背景下的管理压力与激励的生物研究见 Bendoly（2011）]。

因此，如果我们理解什么因素可以使体验更容易被记住，就可以将这些因素加入服务设计流程中。通常影响体验记忆的因素包括（Chase and Dasu, 2001）：①服务体验流程；②服务体验时间；③服务体验判定。

1. 服务体验流程

对服务体验的简要评估可以影响顾客的再次光顾率，正如 Ariely 和 Carmon（2000）及其他学者（Baumgartner et al., 1997；Redelmeier and Kahneman, 1996；Loewenstein and Pelec, 1993）所述，服务体验的内容主要有三个方面：①体验的变化趋势；②体验的峰点和谷点；③体验的结束方式。

同时，研究表明，人们倾向于关注每次服务体验的改善，并且更喜欢那些被改善的体验。如前所述，服务结束时痛苦或快乐的程度对于服务体验的记忆有非常重要的影响。

2. 服务体验时间

正如 Friedman（1990）所言，人们的时间观受情境影响，下面四种情况尤为突出：①全神贯注做事时，容易忘记时间；②希望时间流逝时，容易高估持续的时间；③同时处理的事件数量越多，事后估算的时间越长，而与实际花费的时间无关；④除非体验时间比预期时间显著缩短或延长，否则很少关注实际体验的时长（Cook et al., 2002）。

3. 服务体验判定

当服务体验出乎意料的好或坏时，我们常常想要寻找单一且明确的体验驱动因素。我们可能会忽略经常出现的事实，即大多数体验突变是由多个小事件组合导致的。这意味着人们倾向于关注特殊事件（偏差），拒绝承认服务流程有一定概率存在缺陷，而将正常流程的特殊偏差视为是出乎预料的，也容易将最后发生的事件视为服务体验突变的主要原因。

9.2.5 行为因素融合

Chase 和 Dasu（2001）认为服务体验流程、服务体验时间和服务体验判定可以转换成五个新的服务设计原则，这些原则不是为了取代服务设计的六个要素，而是对其补充进而提升服务设计效率。使服务可以：①有效实施；②稳定处理需求和资源的变化；③易于使用；④使性能保持一致；⑤持续创造顾客价值；⑥将前台和后台紧密联系，确保服务的交付。

原则1：强势收尾。

顾客容易记住最终体验而不是最初体验。

案例：马来西亚航空公司在旅程结束时为旅客提供行李收集和地面运输服务，该项服务让旅客倍感舒适，甚至有旅客在九年后仍对该服务记忆犹新。

传统服务管理重视自始至终优良的设计流程，特别强调服务开始和结束的重要性。这反映了我们看重第一印象和最后印象的传统观点。在完全理性且具有完美计划的世界中，很难否认精心打磨服务流程中的每个阶段的重要性。但现实中，无论服务设计多么精细，也无法保证服务流程完美无瑕。首先，服务流程存在较多不可控因素。例如，由于天气或其他突发事件，航空公司航班延误。即使是在可控的事件中，相互冲突的需求也常常导致顾客不满意。例如，设计航空经济舱的目的是给顾客提供低价机票，但若是长途航空旅行，经济舱会令人感到拥挤和不舒适。同样重要的是，要认识到人类之间的交互很少遵循理想的模式。人类希望掌握决策主动权，而不是走别人为他们规定的路线。

为此，Chase 和 Dasu（2001）认为令人愉快的结局比美好的开端更为重要。他们的观点来自以下两个行为科学的基本观察结果：①人们记忆中最后体验的印象远深刻于最初体验的印象；②人们倾向于服务流程的改进而非退步。

原则2：尽早消除。

尽早消除服务流程中影响顾客记忆的坏体验。通常坏体验包括：负面新闻、不舒适的环境和漫长的等待。

案例：很多医生意识到病人在治疗流程中会因存在疼痛和不舒适的环节而感到焦虑。为此，我们最好将这些环节安排在治疗的开始阶段，但多数情况下，它们通常被安排在治疗的结束阶段。

人们通常不愿意将坏消息传递给他人，因此人们更倾向于尽可能拖延坏消息的传播。但事实上，这可能对顾客产生相反的影响，这是因为：①由于潜在负面事件会形成焦虑，我们应尽快消除它们；②人们更喜欢先苦后甜的体验，这样就可以品味它们的乐趣。

原则3：分解愉快，合并痛苦。

将人们满意的体验分解为多个片段，将人们不满意的体验合并成一个片段。

案例：互联网交易中，一方面通过大量产品展销使顾客产生多次购物的愉悦感，另一方面，顾客可一次注册实现多个展位的购物，进而减少重复注册带来的无聊感。

Chase 和 Dasu（2001）反思了关于得失的不对称反应。大量研究表明，在愉悦或收获方面，多个短期或小型的事件比数量或持续时间相同的大型或长期的事件更为可取。例如，大多数人认为在主题公园玩两次 90 秒的项目比玩一次 3 分钟的项目主观感觉更好。

然而，在损失或痛苦方面，许多企业忽视了这一原则，尤其是合并痛苦。例如，自动电话服务系统需要使用多条线路以响应系统请求。如果你希望更新驾照，则需要成功联通三条线：第一条是核对所需文档，第二条是提供文档、做视力测试并上传照片；第三条是领取临时驾照。完成上述步骤之后，你的正式驾照会在一周之内邮寄给你。

与此类似，多数私人门诊也将疼痛分散到多个就医流程。通常情况下，首先登记并用医保卡挂号；然后在候诊室等候通知，接着等候医生助理记录你的生命体征并依据病历更新日志，随后再等待主治医师接诊，并接受血液检查以及其他检查，最后，确认并支付医疗费用。

关于电话线路系统有多个案例。在最近的一次个人经历中，我成功地通过了四次语音提示，只为了有机会在等待 20 分钟后与人工客服进行沟通。该问题普遍存在，以至于目前出现了许多网站引导顾客如何缩短等待流程。

原则4：自主选择。

当人们相信能够控制不舒适流程时，他们会觉得更快乐和舒适。

案例：当顾客抱怨他们的复印机维修太慢时，施乐公司对此紧急问题提供加急服务，同时减缓对不太紧急问题的服务速度，进而提升了顾客的满意度——他们更看重服务的选择性和灵活性而不是即时服务。

激励研究表明，人们对从事的工作具有控制权时，他们会更努力地投入，对结果更有责任感，并对自己的工作更满意。该原则同样适用于服务体验，正如 Chase 和 Dasu（2001）所指出的，如果献血者能自己决定从哪个胳膊抽血可明显减少他们的不适感。

即便是严谨的就医流程，医疗界也认识到让患者充分了解并自主决定治疗选择的重要性。某肿瘤医院运用该原则改善医院服务。在其电视广告中，一位病人分享了自己拥有治疗选择权的好处，而不是局限于千篇一律的治疗方法。

最后，值得指出的是：有选择固然好，但选择太多会让人不知所措。因此，服务中应当适度给予顾客选择。

原则 5：制定礼仪。

礼仪是服务中重复、熟悉的动作——尤其是在长期、专业的服务体验中：如组织晚宴、庆祝活动、手写感谢信等。

案例：大多数邮轮公司都会提供一次船长晚宴和一次午夜自助餐。

仪式和相关礼节在人们生活中扮演着重要角色。它们标志着我们生命中大多数的重要时刻，譬如出生、洗礼、毕业、结婚、晋升、退休、死亡等。也许不那么明显，但在我们的生活中较小的礼节也扮演着重要角色。它们可能只是口头感谢，表达感激之情，或是通过简单的肢体语言表示我们确实在听别人讲话。

事实证明，这些小的礼节在服务体验中也发挥着重要的作用，尤其是当服务体验不尽如人意时。服务失败的典型补救方法是针对服务失败向顾客提供物质补偿。如果服务失败是因为工作失误，或导致了物质损失，这种补救方法是恰当的。但服务失败往往是没有善待客人的结果，如粗鲁地对待客人或忽视客人的需求。具有讽刺意味的是，在这些情况下，物质补偿有可能适得其反，承认错误并真诚道歉可能更有效。

9.3 实际案例

通过嘉年华邮轮公司的案例阐述服务设计因素与行为原则之间的交互关系。

9.3.1 服务设计

步骤 1：定义服务理念。

嘉年华邮轮公司自其 1972 年首航起，就在市场中明确了其服务理念。该服务理念既定义了目标市场，也定义了客户服务体验。

广受欢迎、面向大众市场的邮轮航线，可到加勒比、墨西哥、欧洲以及阿拉斯加。六条世界级邮轮航线，每一条航线都极具特色，都融合了从简单欢乐到异国探险的多样体验，从而确保为顾客提供可选择的最理想度假方式。（www.worldsleadingcruiselines.com）

步骤 2：开发服务组合。

服务组合涉及物质、感官和心理等方面。

嘉年华邮轮公司的服务组合包括邮轮套房选择（朝海或朝舱）、餐饮选择、日常娱乐（游泳、攀岩或乒乓球）、晚间娱乐以及陆地观光。服务组合的每个项目都是对服务理念的进一步强化。同时，船上大量的服务设施为刺激顾客感官和吸引顾客兴趣创造了机会。

步骤3：建立绩效规范。

绩效规范描述了目标顾客的期望和要求。

嘉年华邮轮公司必须区分顾客的要求和期望。顾客的要求是指服务顾客的最低标准，包括一次安全、愉快的邮轮体验，以及在游轮上和岸上不同程度的娱乐活动。根据受众不同，顾客期望更有针对性和可定制性。譬如，想在邮轮上体验具有五星级服务的派对，可以预订丘纳德邮轮公司的邮轮，乘坐以高雅和卓越著称的玛丽女王二号。在这个环境中，绩效标准超过了基本的顾客要求，以确保满足目标顾客的期望。

步骤4：概述设计规范。

嘉年华邮轮公司有六条航线，每条航线都提供独具特色的服务。譬如，不同航线的船上娱乐设施风格各异。而面向家庭的航线上某些设施和活动就不会在丘纳德的玛丽女王二号上出现，因为豪华和时尚才是该邮轮的特点。

步骤5：设定交付规范。

各条航线设定清晰的交付规范，包括航线调度、餐饮提供、船上娱乐、船舱服务以及其他服务设施的时间表等。起航前对所有交付时所需的实物进行盘点和整理，例如，食物和酒吧用品、毛巾和床上用品等，它们被储藏在甲板下以备使用。

步骤6：确定服务补救计划。

服务补救计划是指在最后一个步骤中，应对交付失败的"服务恢复"的策略和流程。通过服务补救计划可提升整体服务体验、建立顾客忠诚度和吸引拥护者。1972年，嘉年华邮轮公司 Mardi Gras 首航，就在迈阿密港外触礁，为此公司决定邀请所有被困的游客参加船上免费露天酒吧，将抛锚的邮轮变成了一个漂浮的派对，并且为他们的"快乐轮船"品牌做了广告（Bloomberg Business Week, 2013）。当然，从某些服务失败中恢复很困难，譬如，2012年嘉年华邮轮公司 Costa Concordia 在意大利海岸撞礁造成32人死亡之后，公司通过对该航线大幅降价以保持顾客的忠诚度。

9.3.2 行为原则

原则1：强势收尾。

通常是最终的印象而不是最初的印象会留存在顾客的记忆中。嘉年华邮轮公司的众多航线均使用该项原则，除了特别关注海上旅行最后一晚的餐饮和娱乐体验外，还将服务延伸至上岸后。这是由于实际中顾客的最终印象通常会扩展到常规服务结束以后的服务体验。例如,顾客上岸后可能会出现轻微的晕动症,也就是所谓的下船综合征。缓解该症状最好的办法是散步或慢跑。为此,嘉年华邮轮公司向游客提供一项特殊的上岸服务,如在酒店多停留几天并进行身体训练,以帮助他们应对晕动症。

原则2:尽早消除。

糟糕的经历,包括负面新闻、不舒适的环境和漫长的等待等。应避免这些糟糕的经历在游客对整个服务流程中的记忆中占主导地位。例如,登船和行李运送是旅行中最糟糕的体验部分,且发生在航行初期。显然,若能尽早完成此进程是最理想的结果。但是,限于邮轮的承载能力,物流运输存在较大挑战,譬如,天气、机械故障等突发事件都会给服务带来负面影响。此时,消除负面影响的关键在于及时向游客提供其所需信息。例如,嘉年华邮轮公司让游客及时了解到达延误时间等航行信息,便于他们灵活安排岸上活动,以避免不愉快的体验。

原则3:分解愉快,合并痛苦。

将人们愉快的体验分解成多个阶段,将人们痛苦的体验合并成一个阶段。尤其是分解愉快的概念,是大多数邮轮公司的主要做法。譬如,嘉年华邮轮公司通过持续为游客提供一系列简短而多样的活动,丰富他们的航线体验。

原则4:自主选择。

在服务体验等背景下,选择和满意度间的关系得到了很好的验证。嘉年华邮轮公司运用该原则的手段是为游客提供丰富的晚餐和活动选择。譬如,公司的"飞离项目"是一个包括航线价格和往返港口飞机机票价格的集成项目。该项目的优点有两个:一是节省旅游总成本,二是如果航班取消或延误,可以为其提供保险。但缺点是:游客无法选择船型、座位、出港时间以及中途停留站。使用原则4,嘉年华邮轮公司为那些希望在旅游安排上可以有更多选择的游客提供可选择的套餐。该套餐允许游客自行安排往返港口的行程,并为他们提供上船凭证,预订费用大致相当于嘉年华"离岸项目"。

原则5:制定礼仪。

同样地,大多数邮轮公司已经掌握了原则5的使用。例如,嘉年华邮轮公司特有的礼仪包括晚间自助餐、航行结束前的欢送晚宴和夜间娱乐等。

9.4 学习活动

我们运用头脑风暴法完成个人或团队练习活动。基于工作或个人经验,每个参与者或参与团队需要选择特定的服务情景完成下面三个活动:①运用传统设计步骤,如表9.1所示;②运用行为原则,如表9.2所示;③改进服务质量模型。

表 9.1　运用传统的服务设计步骤

服务情景：
服务理念： 细化顾客的服务预期目标
服务组合： ——物质项目： ——感官体验： ——心理因素：
绩效规范： ——要求： 细化目标期望：
设计规范： ——将要实施的活动： ——服务提供者所需的技能： ——执行的指导方针（成本与时间目标，自主决定的程度）：
交付规范（工作流、计划表，要被交付的结果）：
服务补救计划： 被授权的行动或人员

表 9.2　运用行为原则

描述如何合并服务
原则 1：
原则 2：
原则 3：
原则 4：
原则 5：

前文描述了服务质量模型，并指出差异 5 要求顾客评估他们的服务体验和期望的差距。我们还注意到，顾客实际体验和体验记忆间还存在第 6 种差异，叫作隐性差异。在本练习活动中，要求参与者扩展他们关于服务质量评估的思维，并指导他们通过修改差异评估流程以更好地处理隐性差异。

选择一个你已经工作过或作为顾客体验过的服务情景。使用所提供的模板，设计包含每个设计因素的服务。

在此练习中，参与者将 Chase 和 Dasu（2001）的五项原则纳入到他们的服务设计中，并且对传统设计步骤（表 9.1）创建的服务设计元素进行扩展。

9.5　讨　论

目前，服务设计科学已取得了长足进展，且许多基本设计原则经受住了时间的考验。我们希望本章的学习活动和讨论有助于读者理解服务设计的价值，并在实际应用中获得经验。特别地，行为原则与传统设计因素并不冲突，加入行为原则更有利于增强设计因素中的人际交互。

9.5.1 实践启示

传统意义上，顾客作为服务的共同生产者，将会给服务设计带来不可预测的因素。然而，从行为科学角度重新审视，这类不可预测因素为理解共同生产，并更有效地将共同生产融入服务，开辟了新道路。其理由体现在如下两个方面。

一方面，期望与体验之间的联系并不直接。定位、营销以及物理因素旨在塑造顾客体验，以及帮助构建顾客预期体验。然而无论构建的顾客预期体验多么的细致，人类都是自我导向的，他们从自己角度诠释体验，从而影响他们的期望。即便是在最好情况下，预期体验也只能是在一个大致的方向引导顾客。

另一方面，实际体验和记忆体验存在差距。实际上，顾客会创建自己的剧本，讲述他们的期望和经历。但顾客对于这两者的回忆是不完整的，因此服务设计通常基于记忆体验，最有效的服务设计是把更多的注意力集中到可能被记住的事情以及可能体验到的内容上。

9.5.2 理论启示

目前的研究是借鉴行为经济学理论获得服务中的行为概念。然而，这些行为概念在服务管理中的适用性还只是依靠不确定数据来支持。因此，对于运营管理，系统地将行为科学融入服务管理的设计和交付流程中显得尤为必要，如开发和测试新的潜在设计元素。对于行为科学来说，服务业在世界经济中占比越来越大，这为行为运营研究提供了重要机会。迄今为止，虽然行为科学的研究成果发人深省，但是这类研究尚处在萌芽阶段，还需不断完善。

参 考 文 献

Ariely, D., Carmon, Z. 2000. Gestalt characteristics of experiences: the defining features of summarized events. Journal of Behavioral Decision Making 13, 191-201.

Baumgartner, H., Sujan, H., Padgett, D. 1997. Patterns of affective reactions to advertisements: the integration of moment-to-moment responses to overall judgments. Journal of Marketing Research 34, 219-232.

Bendoly, E. 2011. Linking task conditions to physiology and judgment errors in RM systems. Production and Operations Management 20 (6), 860-876.

Bendoly, E. 2014. Systems dynamics understanding in project execution: information sharing quality and psychological safety. Production and Operations Management 23 (8), 1352-1369.

Bendoly, E., Croson, R., Gonçalves, P., Schultz, K. 2010. Bodies of knowledge for research in behavioral operations. Production and Operations Management 19 (4), 434-452.

Bendoly, E., Prietula, M. 2008. In "The Zone": The role of evolving skill and transitional workload on motivation and realized performance in operational tasks. International Journal of Operations and Production Management 28 (12), 1130-1152.

Berry, L. L. 1995. Relationship marketing of services-growing interest, merging perspectives. Journal of the Academy of Marketing Science 23 (4), 236-245.

Bloomberg Business Week. 2013. Will Carnival Party On? February 25-March 3, 16-17.

Chase, R. B., Dasu, S. 2001. Want to perfect your company's service? Use behavioral science. Harvard Business Review 72 (6), 78-84.

Conradt, S. 2011. 11 of the best customer service stories ever.http://mentalfloss.com/article/30198/11-best-customer-service-stories-eve.

Cook, L. S., Bowen, D. E., Chase, R. B., Dasu, S., Stewart, D. M., Tansik, D. A. 2002. Human issues in service design. Journal of Operations Management 20, 159-174.

Fitzsimmons, J. 2011. Service Management: Operations, Strategy, Information Technology. 7th ed. New York: Irwin/McGraw-Hill.

Friedman, W. J. 1990. About Time: Inventing the Fourth Dimension. Cambridge, MA: MIT Press.

Gallo, C. 2011. Wow your customers the Ritz-Carlton way. Forbes. https://www.forbes.com/sites/carminegallo/2011/02/23/wow-your-customers-the-ritz-carlton-way.

Gebauer, H. Fleisch, E., Friedli, T. 2005. Overcoming the services paradox in manufacturing companies. European Management Journal 23 (1), 14-26.

Henderson, R. 2012. Employment outlook: 2010-2020. Industry employment and output projections to 2020. Monthly Labor Review 2 (1), 65-83.

International Monetary Fund (IMF). 2012. Nominal GDP data for 2012. World Economic Outlook Database, April.

Johnston, R., Clark, G. 2008. Service Operations Management: Improving Delivery. 3rd ed. Harlow: Pearson Education.

Kahneman, D. 2000. Experienced utility and objective happiness: A moment-based approach. D. Kahneman, A. Tversky (eds.) in Choices, Values, and Frames. Cambridge: Cambridge University Press.

Kahneman, D. 2013. Thinking, Fast and Slow. New York: Farrar, Straus and Giroux.

Kahneman, D., Slovic, D., Tversky, A. 1982. Judgment under Uncertainty: Heuristics and Biases. Cambridge: Cambridge University Press.

Loewenstein, G., Pelec, D. 1993. Preferences for sequences of outcomes.Psychological Review 100, 91-108.

Redelmeier, D. A., Kahneman, D. 1996. Patient's memories of painful treatments: Realtime and retrospective evaluations of two minimally invasive procedures. Pain 66, 3-8.

S.C. 2013. The post-industrial future is nigh. Economist, February 19. www.economist.com/blogs/analects/2013/02/services-sector.

Spector, R., McCarthy, P. D. 2012. The Nordstrom Way to Customer Service Excellence. 2nd ed. Hoboken, NJ: John Wiley & Sons.

Vroom, V. 1964. Work and Motivation. New York: John Wiley & Sons.

Zeithaml, V. A., Parasuraman, A., Berry, L. L. 1990. Delivering Quality Service: Balancing Customer Perceptions and Expectations. New York: Free Press.

第 10 章

工作负荷共享：洞察仿真动态中的群体行为

Diego Crespo Pereira（迭戈·克雷斯波·佩雷拉）和 David Del Rio Vilas（戴维·德尔·里奥·维拉斯）

10.1 概　　述

工业工程和管理实践中，建模与仿真方法是设计和改进制造/服务系统的强有力工具。尽管该方法已经有了很多应用（Bangsow，2012），并且相比其他分析方法，建模与仿真拥有更多优势（Banks et al.，2010），但该方法也无法完全模拟人的绩效与行为效应（Baines et al.，2004）。

研究证实了人的预料之外行为会对生产系统的绩效产生重要影响（Bendoly and Prietula，2008；Powell and Schultz，2004），诸如动机、疲惫和群体行为等因素都会潜在地影响产出。然而，建模与仿真通常不考虑这些因素，例如，经典教材（Banks et al.，2010；Robinson，2004）几乎没有提及如何对人的行为进行建模。人的行为常被机械地处理，即人的行为和机器被同等对待。

建模与仿真在现实应用中，一般通过考虑任务时间变化的统计分布来引入人的可变性。Baines 等（2005）的研究指出个体效应仅可用学习曲线解释，该假设意味着人的工作效率独立于生产系统状态，但这并不符合现实情况，因而备受质疑（Schultz et al.，1998；Schultz et al.，1999）。

本章旨在说明，劳动密集型的生产流程中，行为因素会影响仿真模型的准确性。所选案例源于采矿业中的真实制造工厂，该工厂属于劳动密集型。传统仿真模型和实际系统的主要区别在于如何刻画行为因素造成的影响（Bendoly et al.，2010），包括：①反馈效应（feedback effects），即员工如何根据工作条件调整工作节奏；②依存效应（interdependence effects），即员工如何在工作共享中互动。

接下来，首先回顾仿真模型如何处理人的因素以及应该考虑的行为效应；其次，介绍一个制造企业案例；接着，阐述本章的学习活动及学习材料；最后，讨论结果并给出结论。

10.2 理论基础

本章的主要目标是阐述生产线中以机械方式将人的因素建立仿真模型,并评估仿真结果的偏差。通常,对人的表现变化进行建模的经典方法是分析任务时间的统计分布。

生产线建模的关键之处在于估计任务变化和到达流程如何影响队列生成和生产线的生产能力。排队模型通常与实际情况不符,因为排队模型需要采用指数时间分布,而该分布很少能准确地反映实际任务的持续时间。仿真则可以处理一般分布,在一般方法中,假设某个任务的第 n 次重复服从某种随机分布,比如经验分布、理论分布或非参数分布。任务时间常被假定为独立同分布,仿真文献中为理论分布与实际数据的拟合提供了几种技术,给出了处理自相关任务时间和非平稳时间序列的方法。但当任务时间依赖于系统状态时,上述方法并不可行。在这种情况下,我们需要运用回归模型,将任务时间与其他系统变量关联起来。

已有研究讨论了忽略行为因素是否对仿真结果产生相关影响,以及应该引入哪些影响来改进经典的机械式模型。

针对行为因素影响仿真结果的问题,考虑两类模型。①非平稳模型。该类模型考虑了任务时间分布的变化,适用于描述由时间变化或学习导致的人的绩效变化(Baines et al.,2004;Baines and Kay,2002;Fletcher et al.,2006)。②状态依赖模型。该类模型适用于对行为现象进行建模,将员工绩效与系统变量联系起来。例如,在 Powell 和 Schultz(2004)建立的生产线模型中,员工轮班时间根据生产线队列长度的函数生成。

行为科学的知识有助于提高仿真模型的准确性,虽然有学者进行了深入研究并且呼吁进行整合研究,但与运营研究交叉的领域仍然只是受到有限的关注(Bendoly et al.,2006,Bendoly et al.,2010)。

该领域的研究主要集中在将行为科学引入到离散事件仿真模型中。例如,Neumann 和 Medbo(2009)在离散事件仿真实验中纳入员工选择何时休息的自主性、个体差异特征(如周期时间或学习率的均值和标准差),以及员工特定的能力等因素。研究结果显示,员工的不同特征水平显著地影响着生产能力。Elkosantini 和 Gien(2009)在仿真模型中纳入了员工决策认知模型。上述学者讨论了在模型中纳入行为科学的可行性,并为如何实施这些研究提供了指导。他们也强调了这些方法在实际案例中有效应用的重要性,以及适当的模型验证的重要性。

文献中另一类研究方法聚焦于生产系统的实验室实验,实验室实验是行为科学的常用研究方法,但目前仍很少应用于研究生产流程中技术和行为因素之间的相互作用。

Schultz 等（Schultz et al., 1998；Schultz et al., 1999；Schultz, 2003）通过实验探究了低库存系统和工作共享对员工绩效的影响规律。实验建立了由三个串行操作组成的流水线，要求参与者在代表客户订单的软件应用程序中完成编码任务，参与者为高中生，主要结论如下：①个体工作节奏取决于库存水平。该现象解释了低库存水平下实际产量比经典机械式模型所预期的产量更高的原因。②人际互动可产生负面影响。由于负面的人际互动，串行生产线中的工作共享可能使得产出低于预期。

Powell 和 Schultz（2004）运用仿真方法研究具有状态依赖的串行生产线的绩效，并假定低库存时任务时间与工作量成反比。该假设解释了现实中观测到的低库存的串行生产线的生产能力与传统仿真结果的差异。

Bendoly 和 Prietula（2008）设计了另外一个实验，实验由单个操作人员构成，参与者必须通过软件应用程序求解旅行商问题。与 Schultz 实验不同，该实验的参与者是商学院学生，因而两个实验的参与者有着不同的认知背景。Bendoly 和 Prietula（2008）揭示了动机和任务时间之间的关系，以及与员工技能的交互作用，该研究结论支持如下假说：①高技能员工的工作负荷和工作绩效呈正相关关系；②中技能员工的工作负荷和工作绩效呈倒"U"形关系；③低技能员工的工作负荷和工作绩效呈负相关关系。

上述关系表明学习能力在行为研究中起着重要作用。

综上所述，尽管行为因素在多数运营实践中常被忽视，但它们对仿真模型的准确性的影响不容忽视。所以本次教学活动旨在说明分析有人参与的生产线的管理难度，同时对仿真模型结论的有效性提出异议。

我们重点关注三类行为效应：①动机和绩效的关系；②工作负荷和绩效的关系；③工作共享对绩效的影响。

动机是员工绩效的驱动力，尽管它在实验中不能被精确地控制，但企业可以通过激励等方式对其产生影响。

工作负荷和绩效之间的关系由两个不同的定律控制。当工作负荷较低时，耶基斯-多德森定律（Yerkes-Dodson law）表明工作负荷的增加将导致绩效增加。相反，帕金森定律表明，当工作负荷很高时，进一步增加工作负荷会损害员工绩效。然而，员工对工作负荷的感知将影响上述关系，因此需特别注意活动的设计情况。同时，技能等变量也会影响员工对工作负荷的感知（Bendoly and Prietula, 2008）。因此，在实验设计中，应考虑学习效应发生的情形。

最后，工作共享也可能会产生不同的工作绩效。工作共享能够减少空闲时间，但工作共享形成的员工之间的相互依赖可能导致一系列后果。例如，效率较高的员工可能降低自身工作节奏以避免花费过多时间帮助他人，而效率较低的员工或者提高自身的速度赶上他人，或者降低自身的速度以期望获得他人帮助。

Schultz（2003）通过实验揭示了工作共享可能会对工作绩效产生负面的影响：①如果不考虑行为因素，仿真结果可能不准确，并由此得到不准确的结论；②具有低容量缓冲区的生产线性能可能会高于预期，而员工工作共享的获益低于预期。

10.3 实际案例

本章选取西班牙某中型制造企业进行案例分析，该企业主要为机构和住宅建筑提供天然屋顶石板，企业无法从其他行业的技术转移中获益。同时，企业自动化水平较低，精益生产原则应用也较少，该企业无法从现代化转变中受益的原因在于，石板生产区位于西班牙西北部的偏远山区，受地理条件限制。同时，企业的工作性质属于劳动密集型，员工的工作环境艰苦并且不符合人体工程学条件。这些都导致企业很难找到熟练员工，因此需要通过高薪酬招揽员工，导致劳动力和运营费用占企业总成本的三分之一。为提高生产效率，该企业在产量增长、质量提升、健康安全保障和环境保护等方面采取了一系列改善措施（Rego Monteil et al., 2010）。

10.3.1 流程描述

将从采石场开采出来的不规则且沉重的原石送至制造车间，然后用圆锯将这些原石切割成条状，再将条状石块切割成厚片状，通过自动传送带将其运送至分割器上。电动轨道运输车的操作员根据指定样式及库存水平，接收和分配这些石块。操作员从分割器上取出石块，使用特殊类型的凿子将每个厚片状石块切割成片状，后续通过目测对其先进行质量检查，然后使用较小的凿子将这些片状石板切割成平板块，将凿子放置在板块边缘，用锤子轻轻敲打，从而在劈开方向产生裂纹，凿子的轻微杠杆作用可以将片状石板分割成光滑平整的两部分。

不断重复上述流程，直到把原始石块转换成数量不等的片状平板块，而这一流程的效率，主要取决于采石场石块的质量，以及分割器操作员的经验和技能。紧接着，操作员开着电动推车将这些片状平板块聚集在一起，并将它们运送至切割机器旁边的分配点；然后，根据需求，操作员依据相应尺寸的要求，切割这些石板块；最后，每一个石板块经由有经验的分类员检查之后装入板条箱，如图 10.1 所示。石板块有着不同的尺寸和等级，对其质量的评估主要包括粗糙度、颜色均匀度、厚度和缺陷（主要是石英岩线和波形）的存在和位置。因此，公司为每一个商品规格提供了三个等级：高级品、一等品和标准品。此外，把不符合质量要求的石板块先放置一旁，然后回收利用，切割成符合其他标准的形状，如果石板块无法达到切割标准，就直接废弃。操作员将需要回收的石块板运至相应的机器，运输员的任务是当切割机器利用率饱和时，把多余的材料囤积到离切割机较近的缓冲区。

因此，运输系统将由分配器组成的推式系统和由切割器组成的拉式系统连接在一起，形成一个共享的三层流。此外，由于每个操作员所遵循的分配规则自成体系，系统的建模问题变得非常复杂。

图 10.1 石板加工

注：从采石场到板条箱，石板被开采 1，切割 2，分割 3，成形 4，分类 5，包装 6

10.3.2 明确变化来源："产品-流程-资源"方法

管理者和员工认为天然屋顶石板的制造工艺是高度可变的，呈现以下特点。

（1）流程输入的石板块特性不稳定。好的材料进入这个流程，能很容易被分割成目标样式，并在分类中表现出良好的质量；当材料不好时，在分割流程中可能会产生更多废料。

（2）流程的瓶颈在分割、分类和包装流程之间动态转移。

（3）原材料的高度可变性，需要较大空间的缓冲区。有时因积累了大量的原材料，还需要一些空间来分配这些库存；有时则因任务队列消失和材料的迅速消耗，造成制造流程最后一步的闲置。考虑到这些，缓冲区通常以最大可能容量设置，但这会导致工厂布局的混乱。

制造流程中最大可变性的来源是天然石板中的矿物组成和形态变化，这属于产品可变性的范畴。因为质量不确定，相关的机械配置和工作安排都无法事先确定，而需要根据实时系统状态才能完成（Alfaro and Sepulveda，2006）。领班根据对流程性能的感知决定了切割样式，以及确定每个样式需要的分割员、分类员以及机器的数量。领班动态地调整分割员的工作时间，并从附近车间中增加分割员，同时重新分配分类和包装的员工。领班还可以更改分类员的目标样式规范或厚度目标，因此，这些人为因素将影响其他相关流程规则和资源能力相关的可变性，即流程的可变性。

因为流程具有劳动密集型的性质，这就涉及另外一种变化来源。分割任务需要高技能的员工，员工间的差异可以通过观察他们的绩效获得。每一个分割员掌握的分割技术不尽相同，这导致分割员的工作速度和材料利用率的异质性。分类和包装是包括一系列标准和工作程序的另外两个手工任务的例子：尽管有统一的质量标准，但是不同的分类员在实际操作中采用了松紧不一的标准，这将导致决策差异。在包装任务中，不同员工的表现也略有不同。不论是货盘中石板块的填充顺序，还是货盘本身的特征都受行为的影响，这些因素代表着资源的可变性，如图10.2所示。

图 10.2 实际分类和包装作业

传统上，对生产系统的分析主要集中在技术层面，比如机器、缓冲区或者运输元件等（Baines and Kay, 2002）。分析人力资源的方式与分析机器的方式相同，基本忽视了人体工程学和行为的变化（Neumann and Medbo, 2009）。然而，有证据表明，人的行为在许多方面与机器不同（Powell and Schultz, 2004）。人的行为依赖于资源的状态，人可以根据环境调整工作速率，而这种工作速率的动态变化主要和人的经验、年龄、一天的工作时间以及个体间差异等因素相关（Baines and Kay, 2002）。虽然机器的加工速率可以通过时间周期和故障率进行建模，但对于人的绩效的建模需要包括动态以及状态相关因素。Baines 等（2004）研究了仿真的结果如何随着某些动态因素的变化而改变。Powell 和 Schultz（2004）阐释了流水线的绩效如何依赖于人的自我调节行为。

10.4 学习活动

本次学习活动是基于项目的流程仿真和优化，游戏包含基于石板块工艺案例的生产线设计和开发。学生组成四人小组，并分别扮演工人和流程工程师的角色，负责系统仿真和改进。该游戏将搭建一个实验性生产环境，在该环境中，产品和流程相关的可变性得到控制。因此，人力资源的可变性可以分离出来，这使得我们可以深入地研究其影响，如图 10.3 所示。

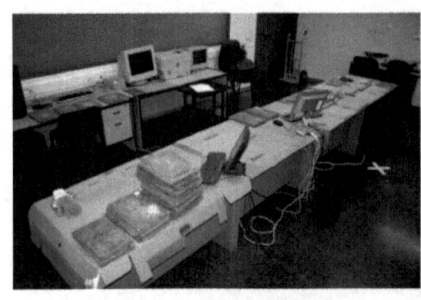

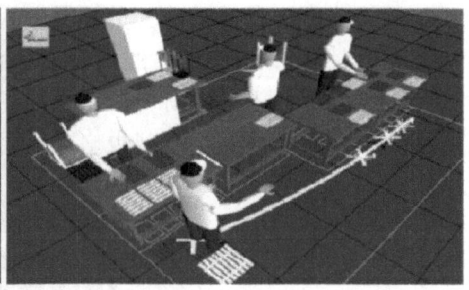

图 10.3　实验设置（左图）和在 Delmia Quest 实施的仿真模型（右图）

该活动根据仿真项目质量、配置性能的优化以及模型预测能力评估团队能力。与运营研究中其他学习和实验活动不同，本次任务既有较高的体力负荷又有适度的心理负荷，这主要是为复制现实的生产环境条件。

仿真项目涉及对在实验中收集的数据进行分析。在仿真软件 ExtendSim 中建立、验证模型，根据给定的奖励函数来优化流程参数，并在实验设置中执行解决方案。每个小组在技术报告中总结其结果，对报告根据五个标准进行评分：数据分析、模型实现、模型验证、实验和优化以及技术报告陈述与修订。这些方面对团队表现的评分占仿真项目分数的 60%，剩下 40% 在小组之间竞争分配，主要取决于他们在实验环境中的表现和结果的准确性。

加入竞争因素的目的是避免团队间的合作，从而得到较好的结果。这种方法同时还设置了现实的奖励方案，其分数不仅通过完成工作获得，还可以通过以下形式获得——通过使用理论和知识超越竞争对手，并衡量系统的实际改进情况。考虑花费在改进上的时间，相比于花费较少努力而获得更好结果的团队，那些花费较多时间而没有改进结果的团队将受到惩罚。

10.4.1　实验设置

流程设计受天然屋顶石板制造厂启发。这种劳动密集型生产流程的特点是产品、流程和资源具备高度可变性。先前研究揭示了在绩效中个体差异主要取决于工作环境是否符合人体工程学的条件（Rego Monteil et al., 2010）。

实验中，生产流程由五个任务形成的闭环构成，其中有四个任务构成了需要解析的流程，设置第五个任务的目的是形成闭环，该任务确定了安全库存界限，当产出暂时不能提供足够的输入时，安全库存保证生产不被中断，防止循环饥饿[①]和阻塞事件[②]发生。

生产流程中输入和输出的产品是相同的，都是一定数量的石板块，由于真实的石板块可能比较难获得，我们使用假的石板块代替。为学生提供实际材料的偏好和理由是为了使他们对制造环境的基本情况有一定了解，比如石板块非常重、脆，有着锐利的边缘，处理它们需要特别小心。

本批次的石板块标记为 N_E。根据两种属性将石板块分成三种类型，其中涂成红色标记的石板块占比 P_R，其余部分为绿色标记的石板块（占比 $P_G = 1 - P_R$），绿色石板块被分成了两种不同的大小，大的尺寸为 32mm×22mm，小的尺寸为 30mm×20mm 和 27mm×18mm。这些样式对应着实际中的主要商业规格。绿色标记石板块中较大尺寸的石板块占比 P_L，较小尺寸的石板块占比 P_S。石板块上还显示由两个字母和一个数字随机生成的字母数字代码。输入批次包含的石板块类型序列是依据石板块的比例随机生成的，如图 10.4 所示。

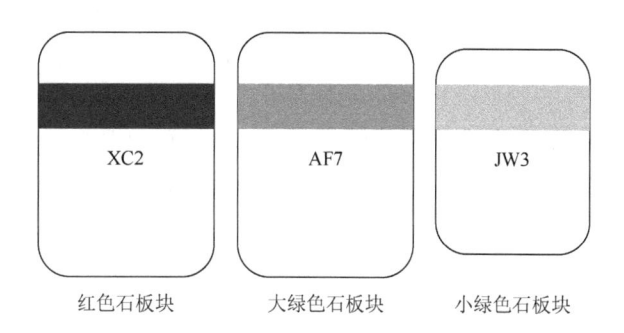

图 10.4 石板块的类型

注：字母数字字符是随机生成的

第一个任务是根据石板块的颜色进行分类，该任务在工作台 1（WS1）进行。将石板块分成两批，即红色石板块 N_R 和绿色石板块 N_G。每次将一批货传递到下一工作台时，该工作台的操作员按其颜色（红色或绿色）的批号键将其录入到应用程序 WS1_Register 中。

第二个任务在工作台 2（WS2）进行，对绿色石板块进行测量并根据大小进行分类。借助工作台中打印的参考标记或操作员的经验对石板块进行测量，然后，

[①] 译者按：循环饥饿指生产线中上一工序的产出不足，导致本工序处于空闲状态。

[②] 译者按：阻塞事件指由于本工序工作速率慢，而上一工序工作速率快，导致上一工序的产出堆积，形成阻塞。

在计算机中输入板块编码，将其录入到应用程序 WS2_Register 中，再根据石板大小，将石板块堆放在相应的批次上。如果出现输入或分类错误，将会受到惩罚，因此员工在这个流程中需要注意力高度集中。

第三个任务是运输，把在 WS1 和 WS2 完成分类的石板块运输至工作台 3（WS3），我们默认将停车地点建立在 WS1 和 WS2 中间，并在地板上做出标记。

第四个任务是为流程重新生成输入批号。在 WS3_Register 应用中生成了一个石板块类型的随机次序 N_R，并在显示器显示。随后，相应批次将会推送至循环输送机上，作为剩余流程中的资源。每一批次的推送，都需要在应用程序中通过按键录入。

第五个任务的目的是确保 WS1 到达流程与 WS3 无关。闭环的设置结果与开放流程没有区别，该任务的工作台在功能上与传送带相似，将输入批次从 WS3 运至资源槽中。该工作台旁设有安全库存槽，假如 WS3 缺乏输出批次，备用批次将进入工作台。这个监督/控制阶段，不仅有利于流程标准化，也有助于限制流程的可变性。通过该阶段到达 WS1 的批次在应用程序 Source_Register 中录入，该应用程序还能提供执行管理的功能，如时间控制或者工作台的员工分配等。

为了研究运输员和 WS2 员工之间的工作共享效果，我们设计了一个流程变量。在工作共享模式下，运输员可以帮助 WS2 的员工在计算机上进行输入操作，运输员和 WS2 操作者都必须可以使用计算机。同时运输员进行此输入操作时，需要 WS2 工人对其进行授权许可。这种授权许可可以是简单的口头语言，例如，需要帮助吗？是或不是。这时 WS2 工人只需关注分类和移动石板块，同时向队友（即运输员）口述字母和数字代码，从而缩短工作周期。在工作共享模式下，运输员只能帮助 WS2 工人进行输入注册这一操作，而不能进行 WS1 至 WS3 的运输，所以，运输员要在这两个操作间权衡。

任务设计的目的是根据身体负荷和心理负荷的程度，产生不同类型的生产流程。表 10.1 显示了研究团队成员对这些关系的描述。

表 10.1　任务描述

任务	身体负荷	心理负荷
WS1	中	中
WS2	中	高
WS3	中	低

为了建立生产线，四个工作台应该排成一条线，而第五个工作台放置在旁边，作为输入批次的安全缓冲区。槽号应该印在桌子上，从而形成固定的工作台位置和缓冲区位置。每一个工作台都有一台用于存储录入数据的计算机，计算机连接局域网，运行相应的程序，并连接到数据库服务器（如 MySQL 服务器）。图 10.5

显示了该设置的平面图，表 10.2 显示了每一个工作槽的功能。每部分的数字表示缓冲区容量的限度。

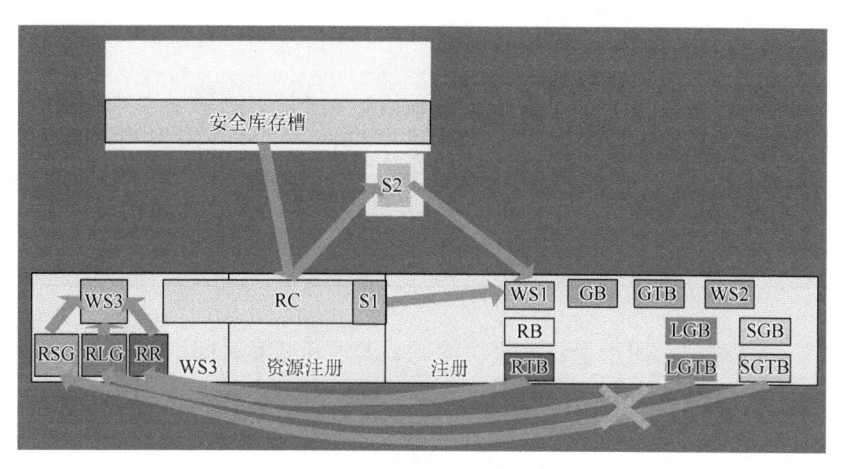

图 10.5 实验设置布局

表 10.2 槽的布局

槽编码	部分容量	功能
S1	1 输入批次	输入批次的收集点
S2	1 输入批次	在不良人体工程学条件下，输入批次的收集点
WS1	1 输入批次	WS1 的工作槽
RB	1 红色石板块批次	红色石板块的批处理
GB	1 绿色石板块批次	绿色石板块的批处理
GTB	1 绿色石板块批次	绿色批次连接的缓冲区
WS2	1 个或容量不受限的绿色石板块批次	WS2 的工作批次
WS3	1 输入批次	WS3 的工作批次
LGB	1 大尺寸绿色石板块批次	批处理大尺寸绿色石板块
SGB	1 小尺寸绿色石板块批次	批处理小尺寸绿色石板块
RTB	1 或 2 个红色石板块批次	红色石板块放置在缓冲区，等待运输
LGTB	1 或 2 个大尺寸绿色石板块批次	大尺寸绿色石板块放置在缓冲区，等待运输
SGTB	1 或 2 个小尺寸绿色石板块批次	小尺寸绿色石板块放置在缓冲区，等待运输
RR	红色石板块容量不受限	缓冲区中红色石板块等待被再利用
RLG	大尺寸绿色石板块容量不受限	缓冲区中大尺寸绿色石板块等待被再利用
RSG	小尺寸绿色石板块容量不受限	缓冲区中小尺寸绿色石板块等待被再利用

这项活动也可以在没有计算机的情况下进行。在没有计算机支持的情况下，可以用标准表格来记录事件，同时需要公共时钟或者同步时钟确保时间记录填写的一致性。具体来说，会使用如下三种表格。

（1）WS1 表格，当分类后的红色或绿色石板块运送至 RTB 或 GTB 位置时，对其进行登记。学生应当写清楚批次类型和批次发送时间。表 10.3 提供了一个模板。

表 10.3　模板 WS1 形式

时间（分：秒）	类型（标记）	
	红色槽	绿色槽

（2）WS2 表格，用于登记石板块编码、大小和分类时间。表 10.4 提供了一个模板。

表 10.4　WS2 表格模板

时间（分：秒）	代码	尺寸（标记）	
		大块	小块

（3）WS3 表格，用于指示石板块类型的顺序，以及批次调度的时间。图 10.6 为该表格的设计模板。尽管不同团队可以使用相同的顺序来控制流程可变性，但石板块类型的顺序应当是随机生成的。

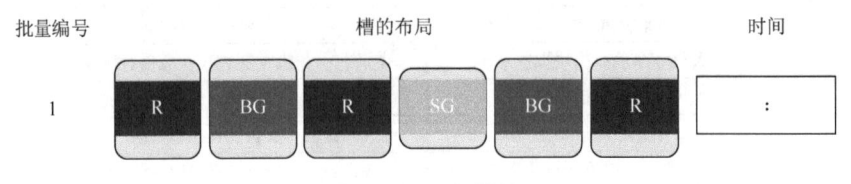

图 10.6　WS3 模板

10.4.2　变化来源和实验条件

通过制定标准化的任务流程（包括执行步骤序列、允许的操作行为以及优先级）可限制流程变化。实验通过教师监督与奖励函数中的惩罚，共同确保操作者不能从违背这些行为标准中受益，但这项规则有三个例外。

（1）运输员有权去选择优先批次，并可根据自己的主观判断制定优先规则。

（2）WS2 操作员可以自主决定优先执行哪一个子任务：是对一个石板块进行分类或是在计算机中输入它的编码。尽管这种自由可能会增加个体差异对绩效的影响，但其反映了实际设置中会遇到的可变性，同时它能让操作者更舒适地工作。

（3）在工作共享时，运输员可以自由地选择何时给 WS2 操作员提供帮助以及何时停止，WS2 操作员可以拒绝接受帮助。

然而，由于这种变化源自人类本身，所以应将它们与其他人的可变性形式一样对待。

产品可变性可通过随机组成的输入批次引入进来。根据它们的颜色，石板块或是直接从 WS1 流动到运输员，或是经过 WS2。这种可变性存在于许多实际的系统中，这些系统将产品的生产与不同的加工步骤相结合，且这种产品的可变性影响流水线的平衡。WS2 处理石板块的速度慢于 WS1。当 P_R 较高时，WS1 是最拥挤的工作台，石板块在 WS2 的低到达率可能会导致空闲时间的产生。相反，当 P_R 较低时，将会有大量绿色石板块在 WS2 中被处理，该工作台任务进度缓慢，也会阻碍 WS1。因此，系统的瓶颈位置取决于 P_R 值，它可以通过修改数值进行更改。此外，平均 P_R 的临时随机变化会导致瓶颈从 WS1 转移到 WS2，反之亦然。尽管这种更改 P_R 的行为可以增加绩效的可变性，同时掩盖了因人的行为所导致的可变性，但通过给所有团队分配相同的随机顺序可以对其进行控制。

红色石板块的概率 P_R 应当设置在 0.5~0.65 范围内。本次活动的首选值是 0.6。当 $P_R \approx 0.66$ 时，WS1 和 WS2 将会有均衡的工作量。对于本次活动来说，一个不平衡的生产线是最理想的，理由如下。

通过限制 WS1 和 WS2 之间的缓冲区，定义两个工作条件。

（1）第一种布置对应于低库存条件，WS2 槽中可存储的最大批次是 1。在 WS1 和 WS2 之间只能存储 2 个中间批次，此时 WS2 是此条件下的瓶颈，并导致 WS1 阻塞。

（2）第二种布置对应于高库存条件，WS2 槽中可存放无限数量的石板块。此时，因为 WS1 和 WS2 都可以最大速率运行，所以两者都是瓶颈的来源。

机械式地分析系统时，仿真模型的结果是在高库存条件下，会产生较高的产出量，这是因为两个工作台都是满负荷运行，并且假定工作速率与工作负荷条件和缓冲区容量无关。

但是，在这两种不同的条件中我们可以预料到员工的不同行为。根据文献结果（Powell and Schultz，2004；Schultz et al.，1998）可知，低库存系统中的绩效高于预期。此外，之前研究观察到，工作负荷和绩效之间存在倒"U"形关系（Bendoly and Prietula，2008），这意味着高库存条件的实际绩效低于传统仿真模型中的结果。在高库存条件下，由于系统不平衡，WS2 缓冲区容量将会随着时间推移而增加，而不会达到稳定状态。因此，根据帕金森定律的预测，WS2 的工作负荷最终导致绩效降低。图 10.7 描述了一个典型系统状况。

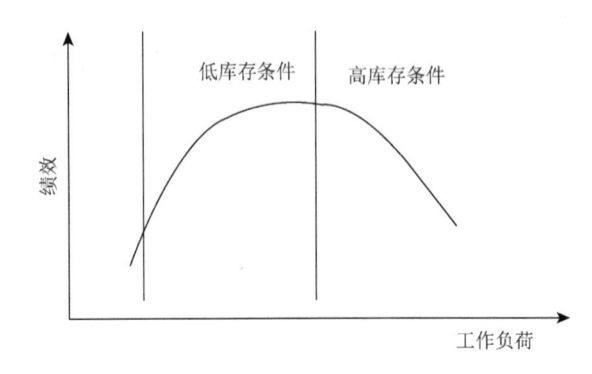

图 10.7　在两种工作条件下预期的动机效应[①]

在这项活动中考虑的另一个实验因素是工作共享。为此设置两个选择：一是不允许工作共享，二是允许工作共享（即允许运输员帮助 WS2 操作员）。在这种条件下，通过分析仿真系统，可以发现，由于 WS2 是系统瓶颈，所以它的任务时间预期将缩短，并且整体的有效产出将上升。然而，员工的相互依赖可能产生积极或者消极的影响，例如，工作负荷分配不均可能诱发公平性问题，进而导致较低绩效；另外，合作通常还需要一个决策流程和准备时间，忙碌的员工可能消极地对待这个流程。

10.4.3　活动要点

实验分四个阶段进行。

第 1 阶段，向参与者介绍活动流程和任务流程。该阶段由 4 次生产运行构成，每次持续时间为 5 分钟。事先，不会给参与者提供任何相关流程信息，参与者被随机分配到工作场所中，每次运行后都会进行轮换。因此，所有参与者都有机会尝试每一项任务，并可以计算出一个参考周期时间。

第 2 阶段，每轮实验运行一定次数，该次数要等于实验处理变量的数量，更改变量会产生不同的实验条件。运行次数的范围是 2 到 4，每轮实验持续 12 分钟，理想情况下，团队数量应该是实验条件数量的倍数，因为这可以使实验设计更具有稳健性。

[①]译者按：缓存区库存由低到高时，会对员工产生激励，员工有动机去提高效率，从而绩效增加；而库存量为高库存时，再增加，员工会认为该工作负荷自己无法完成，导致员工付出较少的努力，从而绩效降低。

表 10.5 介绍了实验条件。

表 10.5　WS2 表格模板

在实验中建议优先顺序	实验条件	描述
1st	O	低库存，无工作共享
1st	A	高库存，无工作共享
2nd	B	低库存，工作共享
3rd	AB	高库存，工作共享

实验中，团队应当遵循以下几条规则：①对于每次给定的运行，分配给所有团队的实验条件数量应相等。例如，如果有 8 个团队，实验条件数设定为 4，那么每项实验条件被分配到 2 个团队。②每一个实验条件只分配给每个团队一次。③实验条件的分配必须是随机的。④工作台中参与者的分配必须是随机的，一旦建立，对于所有的实验条件，分配必须相等。⑤WS3 生成的石板块批次类型序列必须是随机的，但是要保持所有实验条件和团队不变。

为保证参与者的积极性，可以建立一个弱激励机制。在阶段 2，基于结果的计算如下：如果团队的平均产出率高于基本生产运行最大产出率的 80%，那么该团队获得 100%奖励分数；而如果团队没有达到这个目标，将会失去部分奖励分数。

第 3 阶段，参与者对系统进行仿真。仿真模型应当基于完全理性假设下进行构建，并与实际环境进行比较。同样也可以使用其他经典建模方法，这样做的目的是评估在建模时未考虑行为影响而导致的结果估计偏差。

构建模型时，可以从软件应用程序和视频中获得数据。在系统中，应用程序记录了事件发生的列表，它们跨越了系统中的许多批次：从 WS1 退出，在 WS2 处理，以及最后从 WS3 退出。因此，可以建立一个包含 WS1、WS2 和整体系统的基本事件清单。这一清单可以用于绘制缓冲区容量图，也可以用于计算平均停留时间——这与从仿真软件模型中获得结果的方法类似。

图 10.8 显示了 WS1 中的石板块数量与时间的函数，它包括了缓冲区 WS1、GB，以及操作员 1 加工的 RB 石板块的数量。图 10.9 显示了在系统中的总停留时间与从 WS3 退出的批次数量的函数，图 10.8 和图 10.9 中有两处停留时间的激增，对应于"饥饿"导致的在 WS3 中的延迟。

在第 4 阶段，通过奖励函数对参与者进行评估，奖励函数的结果取决于有效产出速率和在制品库存水平。在此阶段，参与者将执行从仿真模型中获得的改进措施，并修改选定的系统参数：红色批次比例（P_R）、绿色批次的大小（N_G）、

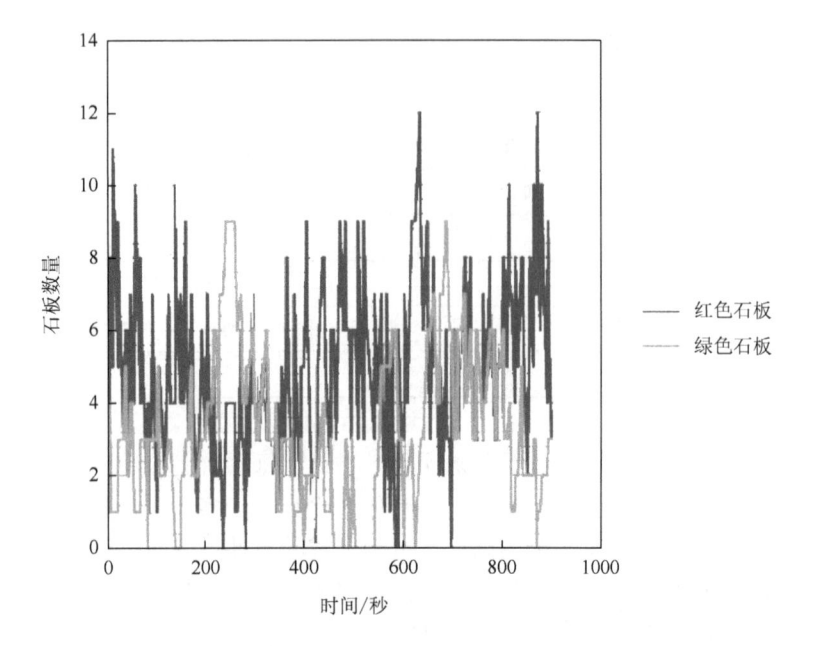

图 10.8 WS1 中的石板块容量

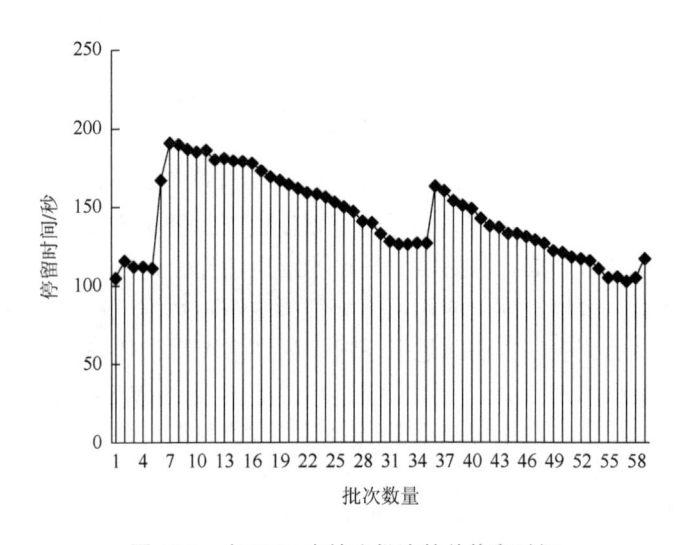

图 10.9 在 WS3 中输出批次的总停留时间

工作台中操作员的分配，以及 RT、LGT 和 SGT 的容量。根据得分对团队进行排名，并给予相应的加分奖励。实验的运行时间设置为 15 分钟。

最后，参与者们应当分析和讨论他们的结果。下面给出了这种分析的指南，图 10.10 说明了活动流程。

阶段1：学习任务 → 阶段2：实验和数据采集 → 阶段3：模型构建和系统优化 → 阶段4：改善的实施 → 结果分析和结论

图 10.10　活动流程

🧠 10.5　讨　　论

从两个互补的观点进行分析，在所有情况下都考虑的因变量是产出量，即单位时间内由 WS1 + WS2 或者由 WS3 产出的批次。

第一个观点是比较不同的实验条件得出的结果来评估行为效应的重要性。在这种情况下，应当将实验结果与未对行为进行建模仿真的结果进行比较。由教师来建立该仿真模型，并且应该从第 1 阶段开始就将平均个体差异考虑进估计的任务时间中，该模型中的行为必须和现实系统中的行为进行比较。

为此，将实验条件作为自变量进行方差分析。模型中引入的变量如下：①库存水平因素（低或高，分别对应 0 和 1）x_I；②工作共享模式（关闭或者启用，分别对应 0 和 1）x_{WS}；③群体效应参数，用于解释群体诱导可变性的变量 x_G；④经验因素，可以建模为运行数量 n 的函数。

最简单的模型是假设经验和绩效之间存在着线性关系。学习曲线模型实际上是最理想的情况，但是因为运行的次数比较少，线性近似可能已经足够了。

进行方差分析的回归模型采用下列形式：

$$产出 = \beta_0 + \beta_I \cdot x_I + \beta_{WS} \cdot x_{WS} + \beta_{I \cdot WS} \cdot x_{I \cdot WS} + \sum_G \beta_G \cdot x_G + \beta_n \cdot n$$

用回归分析法估计模型参数中的回归系数 β。假设检验表明是否存在行为效应，G 是团队集合，不包括参考组。

对 β 参数假设检验的解释将会产生各种结论，如表 10.6 所示。

表 10.6　实验结果的解释

回归系数 β	显著负值	不显著	显著正值
β_I	该结果与机械式模型中预期绩效提高的结果相反。行为效应或许可以解释这种差异	无法区分两种可能的结论。行为效应可能会抵消增加缓冲区容量的收益，或者它们可能是由缺乏检验能力引起的。需要将百分比变化与仿真模型比较	该结果与机械式模型中预期的结果相符。然而，对比仿真中的绩效增加，可能会发现行为效应
β_{WS}	该结果与机械式模型中预期绩效提高的结果相反。负相互依存关系可以解释这种差异	无法区分两种可能的结论。行为效应可以抵消工作分享带来的好处，或者它们可能由缺乏检验能力引起的。需要将百分比变化与仿真模型比较	该结果与机械式模型中预期的结果相符。然而，对比在仿真中的绩效增加，可以揭示积极或者消极的行为效应

续表

回归系数 β	显著负值	不显著	显著正值
$\beta_{I,ws}$（因素之间的相互作用，目前没有文献能够提供在这方面预期的结果）	高库存水平和工作分享之间的相互作用呈负相关，这表明在高库存系统中的工作共享绩效降低的程度小于低库存系统	这种相互作用是不显著的，表明可以假设这两个因素对绩效产生线性影响	高库存水平与工作共享的相互作用是正相关的，表明在高库存系统中的工作共享绩效增加的程度大于低库存系统
β_G		如果它们是显著的，表明团队之间是存在差异的。此因素无关紧要	
β_n	类似遗忘效用在起作用。因为没有理论依据，这个结果表明实验是存在问题的	没有检测到学习效果	学习效果是存在的

我们从这项教学活动中得到如下结果。表 10.7 显示了回归模型估计以及参数的显著性水平。我们将结果提供给 WS2，因为 WS2 是瓶颈并限制了有效产出。从这里，我们可以看到学习效果是明显的。然而，尽管高库存可能会减少"饥饿"事件，从而提高了有效产出，但在观察中并没有什么显著影响。假设 $\beta_I > 0$，单边 t 检验的 p 值为 0.2，显然违背了预期的绩效增加，这表明行为影响是存在的。这一结果与以前研究一致（Powell and Schultz，2004；Schultz et al.，1998），因此它可以用 Bendoly 和 Prietula（2008）表述的现象解释。

表 10.7　WS2 输出的回归模型

因素	估计参数	p 值（双边 t 检验）
截距	0.130	0.000
经验	0.004	0.003
高库存	−0.006	0.395
工作共享	−0.001	0.937
R^2		0.4312
F 统计量		5.179
F 检验 p 值		4.823×10^{-4}

我们将所得结果与仿真模型结果进行比较，其中学习效果没有考虑在内。如表 10.8 所示，仿真结果表明由于高库存，产出量如预期一样增加。

表 10.8　库存水平对 WS2 的 Z 检验的影响的仿真结果

WS2 模拟（230 组）		
设置	平均输出	标准偏差
低库存	31.00	1.18
高库存	31.44	1.29
Z 统计量		3.039
p 值		0.029 83

第二种观点是将参与者建立的仿真模型的结果与最后一次运行的结果进行比较。在比较中，我们需要考虑的另一个重要因素是动机可能会更高，该因素产生的原因是基于结果分数的高激励方式。因此，可以通过比较基于正常动机的仿真模型得到的结果和基于更高动机下得到的结果，明确动机对绩效的影响规律。

表 10.9 提供了参与者获得的解决方案。由表 10.9 可以看出，大多数团队采用的配置是红色石板块接近于平衡线值 0.66，如图 10.11 所示。同时，我们也看到更多的团队选择了低库存设置。值得注意的是，在最后一次运行中，没有团队选择启动工作共享，这表明，学生们没有感觉到在工作共享中能够获得收益，这与机械式模型中的预期结果相反，符合观察到的现象（Schultz，2003）。

表 10.9 实验配置参数

序号	结构参数			
	红色石板块	传输批量	工作共享	库存水平
1	0.66	3	不共享	低
2	0.74	3	共享	高
3	0.674	4	不共享	低
4	0.6162	2	不共享	高
5	0.6	3	不共享	高
6	0.75	3	不共享	低
7	0.65	3	不共享	低
8	0.8	3	不共享	低

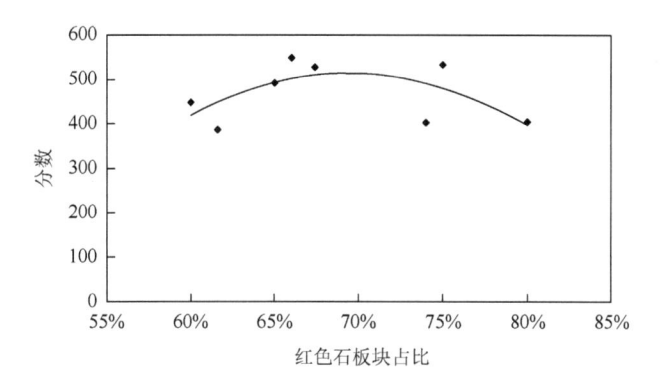

图 10.11 红色石板块占比和分数之间的关系

表 10.10 显示了各团队在最后一次运行中获得的分数以及预测分数。

表 10.10 团队最后一次运行获得的分数

团队	最后一次运行结果			
	获得分数	预测分数	误差	分数
1	550	202.0	172.28%	66.7%
2	404	221.7	82.17%	19.0%
3	528	423.0	24.78%	76.2%
4	387	297.8	30.07%	23.8%
5	448	390.4	14.77%	61.9%
6	533	200.0	166.68%	61.9%
7	493	305.9	60.97%	52.4%
8	405	294.2	37.70%	38.1%

我们发现预测分数和实际分数有着较大差异，这主要是由最后一次运行中的较高的工作速率所导致。此时，平均有效产出比以前的运行高出 20%，单凭学习效果不能解释该差异。

10.6 结　　论

本次学习活动结果验证了三种不同的行为对生产线产出的影响。绩效激励效应、工作负荷和绩效间的复杂关系，以及员工的相互依赖效应可以解释为何经典模型和观察到的流水线结果存在差异。这些现象主要是通过三个实验参数影响的：激励、缓冲区容量以及工作共享。

缓冲区容量、工作共享、流程状态感知或方法的更改并没有观察到显著的影响，这一结果与以机械式引入人力资源的仿真模型正好相反。仿真模型得出缓冲区容量的增加和工作共享可以使产出显著增加，但在实际生产环境中，会发现这些结果扩展的局限性，这与 Schultz 及其合作者所得出的结论相一致（Schultz et al.，1999；Schultz，2003）。行为因素的影响似乎抵消了增加缓冲区容量和工作共享的预期好处。

对生产流程管理者而言，这些结果具有实际意义。当任务发生变化时，管理者需要多关心员工，因为这些变化影响员工的工作动力和工作水平。实验结果表明，工作共享或增加库存的预期收益在实践中可能无法实现。对于仿真从业者而言，这些结果表明，忽略行为效应可能会使模型产生不准确的结果，以及可能会实施无效的措施。

进一步研究评估这些有效性，可以加深我们对观察到的效应模式以及背后驱动原理的理解。当我们在分析劳动密集型流程的仿真时，为了在仿真中校准和引入行为模型，可以开发一些实际方法，以便得到更准确的结果。

<h2 style="text-align:center">参 考 文 献</h2>

Alfaro, M., Sepulveda, J. 2006. Chaotic behavior in manufacturing systems. International Journal of Production Economics 101（1），150-158.

Baines, T. S., Asch, R., Hadfield, L., Mason, J. P., Fletcher, S., Kay, J. M. 2005. Towards a theoretical framework for human performance modelling within manufacturing systems design. Simulation Modelling Practice and Theory 13（6），486-504.

Baines, T. S., Kay, J. M. 2002. Human performance modelling as an aid in the process of manufacturing system design: A pilot study. International Journal of Production Research 40（10），2321-2334.

Baines, T. S., Mason, S., Siebers, P.-O., Ladbrook, J. 2004. Humans: The missing link in manufacturing simulation? Simulation Modelling Practice and Theory 12（7-8），515-526.

Bangsow, S., ed. 2012. Use Cases of Discrete Event Simulation. Berlin: Springer.

Banks, J., Carson, J. S., Nelson, B. L., Nicol, D. M. 2010. Discrete-Event System Simulation. Upper Saddle River, NJ: Prentice-Hall.

Bendoly, E., Croson, R., Gonçalves, P., Schultz, K. 2010. Bodies of knowledge for research in behavioral operations. Production and Operations Management 19（4），434-452.

Bendoly, E., Donohue, K., and Schultz, K. 2006. Behavior in operations management: Assessing recent findings and revisiting old assumptions. Journal of Operations Management 24（6），737-752.

Bendoly, E., Prietula, M. 2008. In "the zone": The role of evolving skill and transitional workload on motivation and realized performance in operational tasks. International Journal of Operations and Production Management 28（12），1130-1152.

del Rio Vilas, D., Crespo Pereira, D., Crespo Mariño, J. L., Garcia del Valle, A. 2009. Modelling and simulation of a natural roofing slates manufacturing plant. Proceedings of the International Workshop on Modelling and Applied Simulation, no. c, EMSS.

Elkosantini, S., Gien, D. 2009. Integration of human behavioural aspects in a dynamic model for a manufacturing system. International Journal of Production Research 47（10），2601-2623.

Fletcher, S. R., Baines, T. S., Harrison, D. K. 2006. An investigation of production workers' performance variations and the potential impact of attitudes. International Journal of Advanced Manufacturing Technology 35（11-12），1113-1123.

Neumann, W. P., Medbo, P. 2009. Integrating human factors into discrete event simulations of parallel flow strategies. Production Planning and Control 20（1），3-16.

Powell, S. G., Schultz, K. L. 2004. Throughput in serial lines with state-dependent behavior. Management Science 50(8), 1095-1105.

Rego Monteil, N., del Rio Vilas, D., Crespo Pereira, D., Rios Prado, R. 2010. A simulation-based ergonomic evaluation for the operational improvement of the slate splitters work. Proceedings of the 22nd European Modeling and Simulation Symposium, no. c., EMSS.

Robinson, S. 2004. Simulation: The Practice of Model Development and Use. Hoboken, NJ: Wiley.

Schultz, K. L. 2003. Overcoming the dark side of worker flexibility. Journal of Operations Management 21 (1), 81-92.

Schultz, K. L., Juran, D. C., Boudreau, J. W. 1999. The effects of low inventory on the development of productivity norms. Management Science 45 (12), 1664-1678.

Schultz, K. L., Juran, D. C., Boudreau, J. W., McClain, J. O., Thomas, L. J. 1998. Modeling and worker motivation in JIT production systems. Management Science 44 (12, Part 1), 1595-1607.

第三部分

供应链与集成技术

第 11 章

繁荣、萧条和啤酒游戏——理解供应链中的动态

John Sterman（约翰·斯特曼）

11.1 概 述

许多工业企业面临的核心问题是生产和分销管理。如何将生产与需求匹配是企业经常面临的问题。众所周知，工厂的生产率通常比顾客的实际购买率波动大。在由多级库存和订货决策构成的分销系统中也经常出现这一现象，即零售环节的小扰动会被放大。对于零售环节的扰动，系统为何产生了放大现象呢？我们注意到，制造和分销流程中的一些典型做法会造成此类扰动，但这往往被归咎于公司的外部环境。

——Jay W. Forrester（1961，22）

供应链管理的目的是在合适的时间提供合适的产品。当顾客需求发生变化时，供应链管理者通过调整资源的预定和使用速率进行应对。这样，供应链就形成了负反馈控制。供应链系统中通常存在大量的时间延迟，而时间延迟又容易引起振荡——生产和库存会高于或低于期望水平。图 11.1 显示了自 1950 年以来，美国消费品和原材料的工业生产情况。

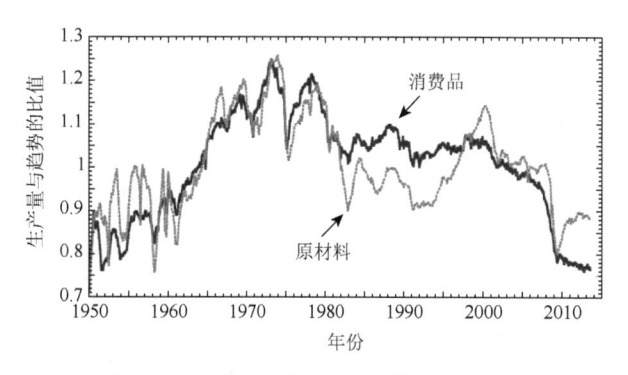

图 11.1 供应链中的振荡、放大和滞后

资料来源：美国联邦储备局，B51000 和 B53000 系列，1950 年 1 月至 2013 年 8 月。趋势线表示各个指标的最优指数增长拟合

图 11.1 中的数据是去趋势化的（自 1950 年起，制造业产出的长期增长率约为 3.2%/年）。图 11.1 揭示了三个重要特征。

（1）振荡（oscillation）：尽管产量的总趋势在增长，但波动显著。商业周期占主导地位，从繁荣到衰退的平均周期为 4.5 年，且存在较大波动性。[①]

（2）放大（amplification）：原材料生产的波动显著大于消费品生产的波动（与消费品相比，原材料处于供应链上游）。例如，消费品月度产量变化率的标准差为 11.7%/年，而原材料月度产量变化率的标准差为 17.6%/年，约为消费品的 150%。[②]

（3）滞后（phase lag）：原材料生产周期的波峰与波谷均滞后于消费品生产周期的波峰与波谷。

振荡、放大和滞后这三个特点在供应链中无处不在。通常情况下，波动从客户向上游供应商传递并逐渐放大，而上游供应商的波动会滞后于其直接客户。

在一些特定行业中，这种从消费到生产的波动放大效应会更大。图 11.2（a）显示了石油供应链中的放大效应（图中显示的是年化增长率；该图显示了 12 个月的移动平均值，以滤除月份间的高频噪声）。

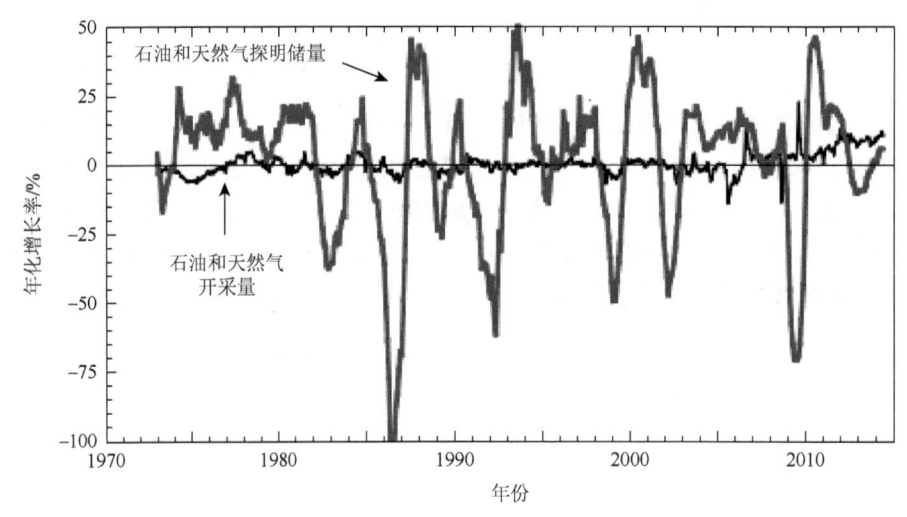

(a) 美国石油和天然气的生产和钻探活动

[①] 美国官方商业周期裁决机构国家经济研究局（National Bureau of Economic Research，NBER）报告说 1854 年至 2009 年间经历了 33 个周期，峰与峰之间的周期间隔从 17 个月到 128 个月不等，均值为 56.4 个月，标准差为 28.5 个月（http://www.nber.org/cycles.html）。

[②] 标准差由月度数据年化得出，其中月度数据每季度调整。

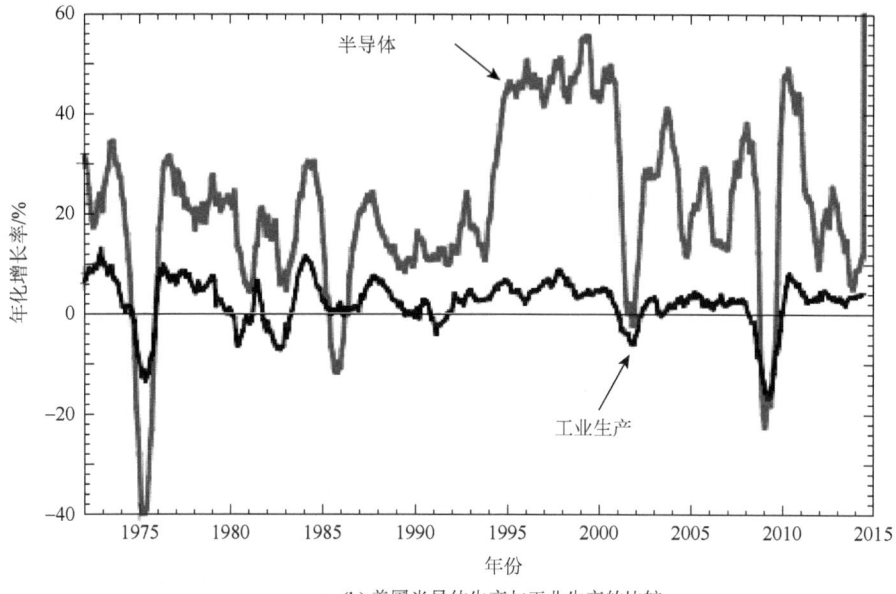

第 11 章 繁荣、萧条和啤酒游戏——理解供应链中的动态　169

(b) 美国半导体生产与工业生产的比较

图 11.2　供应链的放大化

图 11.2（b）显示了半导体供应链中的放大效应，图中显示的是 12 个月的平均年化增长率（该数据基于季节性调整的月度数据计算得到）。

由图 11.2 可知，供应链中的放大现象非常显著。图 11.2（a）显示，石油和天然气钻探环节的波动大约是石油和天然气生产环节波动的 3 倍，这使得钻井设备供应商的盛衰周期呈现出大起大落特征。图 11.2（b）来自半导体行业数据。半导体生产处于电子设备供应链的上游，其波动远远超过行业整体生产的波动。

其他行业也有类似的放大现象，如机床行业（Anderson et al.，2000；Sterman，2000）。

运营管理的一个核心问题是分析供应链中观察到的振荡、放大和滞后是否由运营或行为因素引起。

运营理论假定：理性的主体根据他们的动机和所掌握的信息做出最优决策。因此，供应链的不稳定性必定是理性参与者与系统的物理结构和制度结构相互作用的结果。其中，物理结构包括连接消费者和供应商的网络，网络中库存和缓冲区的位置，以及生产、订单履行、运输等环节的能力约束和时间延迟；制度结构包括企业之间横向和纵向协调与竞争的程度，各组织内部信息可获得性以及决策者的激励措施。

行为理论也可以解释供应链中的物理结构和制度结构，该理论将决策者看作心智模式不完善的有限理性参与者，他们使用启发式方法做订购、生产、产能扩充、定价及其他决策（Morecroft，1985；Sterman，2000；Boudreau et al.，2003；

Gino and Pisano，2008；Bendoly et al.，2010；Croson et al.，2013）。这些启发式的方法可能产生最优的或者次优的决策，取决于它们捕捉复杂情境的能力（Simon，1982）。行为理论解释了在判断和决策过程中经常出现的错误与偏差（Kahneman et al.，1982）。行为理论还指出：诸如时间压力等情境因素会消耗稀缺的认知资源，从而降低决策质量（Shah et al.，2012）；而在压力下做出的决策会受到恐惧、愤怒和其他心理生理反应的强烈影响（Lo and Repin，2002；Rudolph and Repenning，2002）。

为了说明运营理论和行为理论之间的不同，我们构建了一条简单供应链，在该条供应链中只有一个生产者为两个相互竞争的零售商提供服务。如果最终需求意外地增加，两个零售商都会追加订单；若这些订单超过了产能，那么生产商将会对产品进行分配——每一个零售商只能得到其期望订购的一小部分。在上述情况下，理性的零售商可能会做出策略性的反应，即订购超过他们实际需求量的产品，以期获得更大的分配份额，这就导致了 Sterman 和 Dogan（2014）所称的虚假订单，其结果是放大了最终需求的变动，甚至造成需求泡沫（Lee et al.，1997；Cachon and Lariviere，1999；Armony and Plambeck，2005）。此外，零售商可能使用行为决策规则，如在缺货的时候多订货，甚至因为心理过度反应导致在交货量下降的时候囤货。这样的启发式决策和心理反应也导致最终需求的放大。

理解运营理论与行为理论的差异很重要。如果供应链的不稳定源于运营因素和理性行为，那么政策必须以改变系统的物理结构和制度结构为导向，包括激励措施。如果这种不稳定源于有限理性和情感激发，那么这样的政策可能是远远不够的。

汽油短缺有时会导致加油站储存的油用完，挂出"对不起，没有汽油"的标语，如 1979 年美国的石油危机、2000 年欧洲的运输罢工以及 2012 年美国东海岸受到飓风"桑迪"袭击的事件。在这些事件中，石油短缺都导致人们在加油时需要排队等待数个小时。例如，在飓风"桑迪"之后，美国出现了上百辆车等待加油的情况，为了防止司机情绪激动，州立警察和当地警察纷纷出动，安抚排队司机的焦虑情绪。这样的排队本身只会加剧问题。当地媒体的报道促使司机们在加油站没油之前购买汽油。甚至，有些人在寻找加油站的路上把油耗完了，只能推车前进。

Richard Bianchi（理查德·比安基）在长达半英里[①]的队伍中等待加油，他说："我只想购买到汽油，因为你不知道这样的情况会持续多长时间。"而此时其油箱里还有四分之三的油。

Jimmy Qawasmi（吉米·夸瓦斯米）说："人们太恐慌了。"

---

① 1 英里≈1.61 千米。

如果这样的行为是理性的，那么通过改变制度结构和激励机制的政策，如制定最大购买量或单双号规则（基于汽车车牌号最后一位，限制人们每两天才能购买一次汽油），可减少需求、缓解短缺。如果囤积是对稀缺资源的行为上和心理上的反应，那么这样的行为可能会使情况继续恶化，因为它强化了人们的预期——资源短缺的情况确实存在，增加了那些油箱几乎满格的也来排队加油的司机数量。当然，任何一种情况都可能涉及策略、理性行动和行为、心理反应的相互作用。

本章将阐释供应链的不稳定现象（包括振荡、放大和滞后）是如何从供应链物理结构和行为决策过程的相互作用中产生的。放大和滞后主要是源于基本物理结构的存在，包括库存存货以及因为订单的变化产生的生产调整的延迟。然而，振荡并非不可避免，它们主要源于有限理性的行为决策过程。实验研究表明，供应链中的不稳定现象与需求泡沫、囤货和虚假订单一样，在没有运营因素（行为理性）的实验设置中也会出现。

本章将介绍两个可以用来讲授供应链原理的学习活动。生产案例（Booth Sweeney and Sterman，2000）是简单的纸笔练习，测试参与者在简单库存管理背景下对积累和时间延迟的理解，并探究放大和滞后的起源。啤酒分销博弈（Sterman，1989a）是另一个简单供应链角色扮演的模拟，该活动广泛用于运营管理、系统动力学和系统思维的教学中。

11.2 理论观点

供应链由多个企业组成，其中每个企业接受订单、调整生产和产能以满足需求的变化。供应链中的每个环节都应当对原材料和产成品的库存进行维护和控制。为了解供应链的行为以及振荡、放大和滞后的原因，首先需要了解单个环节的结构和动态特性，即企业如何管理库存和资源以平衡生产与订单，这些平衡流程总是包含了负反馈。

11.2.1 库存管理问题：结构

所有的负反馈流程都需要将系统状态和期望状态进行比较，然后启动纠正措施来消除这两者之间的差异。在这样的库存管理任务中，管理者设法将库存（系统的状态）保持在特定目标水平，或者至少保持在可接受范围内。库存只有在流入量和流出量发生变化时才会改变。通常情况下，管理者必须设定流入量，以补偿损失和使用消耗，并且抵消让库存偏离期望值的扰动。从控制开始到其产生效果，以及从库存发生变化到决策者感知到这种变化之间通常存在延迟现象。这些延迟现象的持续时间受到管理者自身行为的影响，可能会有所不同。

库存管理问题（stock management problem）发生在多个层面。在企业管理层面上，管理者必须订购零件和原材料来维持充足的库存，以满足预期的生产变化。并且他们必须根据这些材料使用速度的变化和交货延误的变化做出调整。在个人层面上，你可以调节每天早晨淋浴时的水温，控制你行驶在高速路上的汽车，管理私人账户余额。在宏观经济层面上，像美联储这样的中央银行通过管理货币存量刺激经济增长、避免通货膨胀，同时弥补信贷需求、预算赤字以及国际资本流动的变化。

库存管理问题可以分为两个部分：①系统结构的存量和流量；②管理者用于订购和生产新元件的决策规则（图 11.3）。

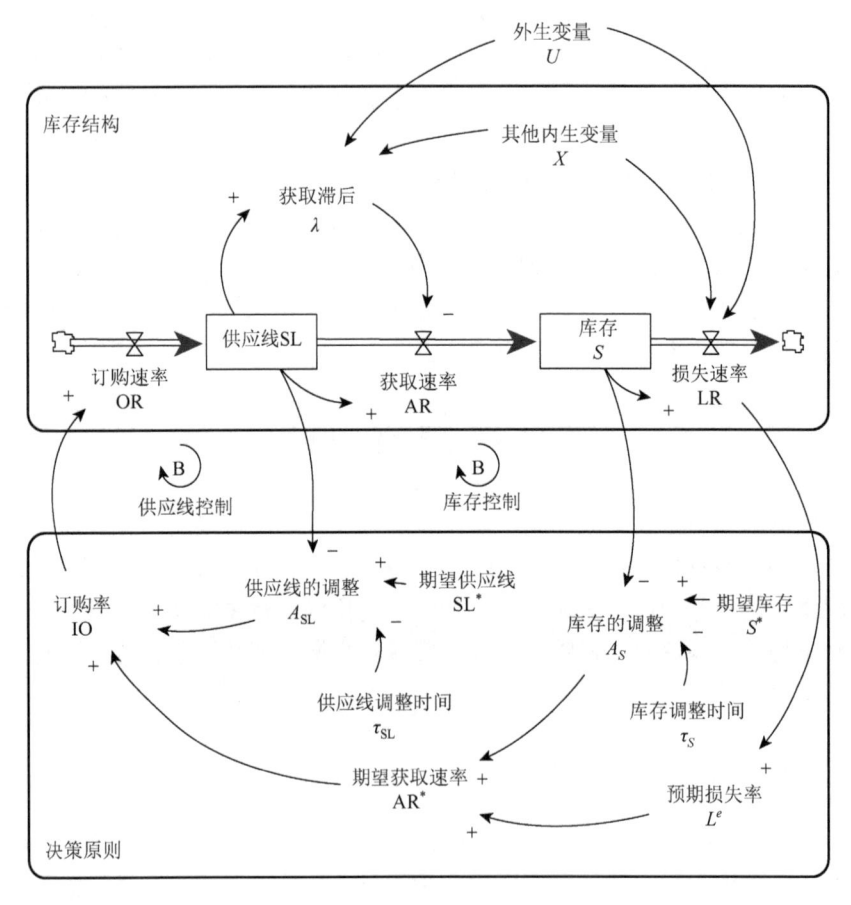

图 11.3 通用库存管理结构

库存量 S，根据获取速率 AR 减去损失速率 LR 积分计算：

$$S_t = \int_{t_0}^{t} (\text{AR} - \text{LR}) \mathrm{d}s + S_{t_0} \tag{11.1}$$

其中，S_{t_0}为t_0时刻的存量。

损失包括存量中的任何流出量，包括使用（如原材料的库存）或衰减（如车间和设备的折旧或新产品的损坏）。损失速率首先取决于存量本身，当存货用尽时损失速率也应为零；损失速率还取决于其他的内生变量X和外生变量U。损失速率可能是非线性的，也可能取决于库存的周期分布。损失速率函数为

$$\mathrm{LR} = f_{\mathrm{LR}}(S, X, U) \tag{11.2}$$

一般情况下，管理者不能仅凭个人意愿就在存量中新增库存。通常新库存的获取存在时间延迟，虽然已经订购但是还没有收到，因此形成了订单的供应线（supply line，SL）：企业想增加的资本货物不可能立即获得，而必须等设备建设或交付完成。这恰如新员工不可能立即被雇用和训练；当你踩下刹车后，汽车需要一段时间才能停下来；当美联储调整利率后，经济也需要一段时间才能做出反应。供应线中的库存由订购速率 OR 减去已完成和进入库存的速率累加计算（符号说明见图 11.3）：

$$\mathrm{SL}_t = S\int_{t_0}^{t}(\mathrm{OR} - \mathrm{AR})\mathrm{d}s + \mathrm{SL}_{t_0} \tag{11.3}$$

期望供应线的决定因素没有显示出来。

获取速率取决于已订购但尚未收到的，也取决于平均时间延迟：

$$\mathrm{AR} = \mathcal{L}(\mathrm{SL}, \lambda) \tag{11.4}$$

$$\lambda = f_\lambda(\mathrm{SL}, X, U) \tag{11.5}$$

其中，滞后算子$\mathcal{L}(\mathrm{SL}, \lambda)$表示物料延迟或配送滞后时间，即由于时间延迟，订单下达后平均要经历λ个时间单位才能获得（Sterman，2000，第 11 章）。

一般情况下，获取滞后λ是变量，它取决于供应线本身以及其他内生或者外生变量。例如，获取速率 AR 通常受到产能限制：生产能力取决于工厂、设备、劳动力和其他资源；供应商的交付时间取决于供应商库存和运输能力；新建筑的建设速度取决于该地区建筑行业的能力等。

以房地产行业从 2007 年所谓的"大衰退"中复苏的情况为例。在经济低迷期间，开始建设和建设中的房屋都非常少；由于劳动力和设备充足，房屋能够快速建造完成，因此整个建造流程中的滞后会处于正常水平或者低于正常水平。随着房地产市场复苏，房屋建造流程的滞后仍然保持着较低水平，直到建设活动接近建筑业的产能；一旦产能达到饱和，建造流程中的滞后就随着在建房屋数量的上升和获取速率增加而增加。获取滞后还受到管理决策的影响，比如一家公司通过支付运费溢价（paying premium freight）或者增加工作时间的方式来加快生产，从而加快材料的交付。

图 11.3 代表的结构具有普遍性。系统可能是非线性的。在内生变量之间可能会存在着复杂的反馈，系统可能会受到诸多外部力量的影响（包括系统性的影响和随机性的影响）。获取新零部件或新元器件的滞后时间经常是变化的，且可能受到供应商产能的限制。表 11.1 介绍了一个范例的一般形式。在不同情况下，管理者必须不断地调整订购速率，以保证库存接近目标水平。请注意，在这些系统中，多数情况下都会产生振荡和不稳定的现象。该结构可以应用到管理、医学以及其他领域的各类系统中。例如，McCarthy 等（2014）开发了系统动力学模型，改善患有贫血症的长期血液透析病患的治疗方法。该模型捕捉到了促红细胞生成素治疗和血红蛋白水平变化之间的时间延迟，进而提出了可以稳定血红蛋白水平的治疗方案，提升了治疗效果，并降低了治疗成本。

表 11.1 库存管理结构实例

体系	存货	供应线	损失率	获取速率	订购	典型情境
库存管理体系	库存	在途货物	顾客需求	上游交付订单量	货物订购	经济周期
基建投资体系	基础建设	在建工程	折旧	工程竣工	新合同	建设项目生命周期
设备管理体系	设备	已购设备	折旧	设备交付	新设备采购	经济周期
人力资源管理体系	从业人员	空位与实习生	解雇与离职	雇用率	就业岗位	经济周期
现金管理体系	现金余额	应收账款	开支	已收账款	客户账款	现金流与现金管理
市场营销体系	客户群	潜在客户	客户流失	新客户增长	新客户合约	市场的繁荣与萧条
农场养猪体系	生猪库存	乳猪与妊娠母猪	屠宰率	成熟率	繁殖率	猪肉周期
农产品体系	粮食库存	田里作物	消耗	产率	种植率	大宗商品周期
商业地产体系	地产存量	开发中的地产	折旧	竣工率	开发率	地产的繁荣与萧条
电灶煮饭	锅温	电灶温度	热量消耗	电灶到锅热量传导	电灶设备	烧糊的菜
驾驶系统	车距	车的惯性	阻力	速度	油门与脚刹调节	堵车
淋浴	水温	水管中水的温度	使用率	喷头溢出的水	水龙头调节	水温失调
血糖调节	血液中葡萄糖含量	消化道中糖与淀粉	新陈代谢	消化	食物消耗	能量循环
社交饮酒	血液中酒精浓度	胃中酒精浓度	酒精新陈代谢	胃到血液的传导率	酒精摄入量	醉酒

在决策规则方面，订单的制定反映了管理者的决策制定过程。Sterman（2000，第 13 章）认为，此类决策必须基于决策者实际掌握的信息，且能在极端情况下保持鲁棒性，即使人们做出决策的方式不是最优的，但也必须符合实际决策过程中的知识。在大多数库存管理情况下，由于各变量之间存在复杂的反馈关系，管理者很难做出最优决策。相反，人们使用启发式方法或者经验法则可以确定订购速率 OR。这里提出的订购决策规则假设管理者不能做出最优化的决策，而是通过局部理性启发式方法进行控制。因此，该模型完全符合有限理性的假设以及由 Simon（1982）、Cyert 和 March（1963）开创的企业行为理论。

任何订购决策规则都应考虑以下三个因素。①管理者应当通过库存弥补预期损失。②管理者应当减小期望库存和实际库存的差异，当库存低于期望值时多订购，当库存高于期望值时少订购。③管理者应当重视供应渠道中的未完成订单，通过调整供应渠道中的订单减少期望库存与实际库存的差异。

若要将这种直觉公式化，首先要注意在多数实际情况下，订购率必须是非负的特性：

$$\text{OR} = \text{Max}(0, \text{IO}) \tag{11.6}$$

其中，IO 表示订购率，订购率受其他因素的影响。有时出现订单取消的情况，而且取消的订单量可能会超过新订单量。取消订单的成本和管理流程可能与新订单不同。因此，在建模中应尽可能将取消订单作为供应渠道中的明显流出量，由单独的决策规则来管理，而不是被作为负的订单量处理（Sterman，2000，在第 19 章提供了合适公式）。

将订购率公式化为锚定和调整的过程（Tversky and Kahneman，1974）。假设管理者将订单建立在期望的获取速率 AR^* 的基础上，AR^* 是他们期望能够增加库存的速率；然后管理者在预期的获取速率附近进行一定幅度的订单调整，以使未完成的订单与供应目标一致（供应线调整，A_{SL}）：

$$\text{IO} = AR^* + A_{SL} \tag{11.7}$$

期望获取速率的公式化同样是锚定和调整的过程。管理者希望弥补预期损失 L^e，通过数量上的调整使库存量与预期目标一致（库存的调整，A_S）：

$$AR^* = L^e + A_S \tag{11.8}$$

为何期望获取速率取决于期望损失速率而不是实际损失速率呢？一个库存流量的当前值表示瞬时变化率。然而，实际中的仪器和信息系统无法测量这种瞬时变化率，只能测量一段区间内的平均变化率。这类似于，物体的速度可以用一段时间内物体移动的距离与移动时间的比值进行衡量，进而得到的是这个区间内的平均速度。然而整个区间内的瞬时速度是变化的，在终点时的速度可能不同于平均速度。同样地，企业的瞬时销售率是无法衡量的，但是可以通过一个小时、一天、一星期、一个月或者一个季度的总的销售量来计算销售速率。这里的销售速率表示报告期内的平均销售速度，最后时段的销售速率可能不同于报告期内的平均销售速度。无论多么精确的仪器，测量并反映给观察者的变化率总是不同于瞬时变化率。

尽管原则上所有有关流量的测量和报告均存在延迟，但在实践中，有时系统动态的延时很短，可忽略不计。如果决策制定者直接观察到的损失速率就是没有延迟或测量误差的，则可以假定 L^e 就是实际损失速率。然而在大多数情况下，无法直接得到损失速率，必须要对其进行估计，这时就需要考虑测量、报告和感知延迟因素。此外，如果损失的报告周期较短，则有必要对这些数据进行过滤和平滑处理。例如，大多数制造业企业不用原始订单或者出货量数据作为订购原材料或启动生产的直接输入。订单和出货量通常伴随着较多噪声，以此为依据改变生产的代价较高。因此，企业需要过滤掉出货量和客户订单中的高频噪声，来避免对暂时的变化做出过度反应。通常用指数平滑或者其他形式的移动平均完成对高频噪声的过滤。最后，预期损失可能由企业对季节性变化和其他因素的感知偏差等导致。

订单启发式的反馈结构如图 11.3 底部所示。库存 A_S 的调整构成了库存控制回路的平衡（负反馈）。最简单的公式是假定期望库存 S^* 和实际库存之间差异的调整呈线性关系：

$$A_S = (S^* - S) / \tau_S \tag{11.9}$$

其中，τ_S 表示库存调整时间（$1/\tau_S$ 是每单位时间内，期望库存和实际库存订单之间的差异）。期望库存可能是常量，也可能是变量。

供应线的调整类似于库存的调整：

$$A_{SL} = (SL^* - SL) / \tau_{SL} \tag{11.10}$$

其中，SL^* 表示期望供应线；τ_{SL} 表示供应线调整时间。供应线调整形成了供应线控制回路的负反馈。

图 11.3 并没有显示期望供应线的反馈结构。在某些情况下，期望供应线是恒定的。然而更多情况下，决策制定者渴望订购足够数量的货物，以达到他们所期望的获取速率。根据利特尔法则（Little's law），在平衡状态，供应线必须包括 λ 时间单位的期望生产量。期望供应线可以设置成关于期望获取速率 AR^* 的函数：

$$SL^* = \lambda^e \times AR^* \tag{11.11a}$$

其中，λ^e 表示预计获得的延迟时间，代表了决策者认为货物供应的延迟时间（一般情况下，不同于实际获得的延迟时间）。

式（11.11a）的假设具有非常强的合理性。假定决策者通过调整供应的货物来达到期望获取速率，包括弥补预期损失和修正期望库存与实际库存之间的暂时性差异。但如下实验表明，决策制定者一般不会如此富有经验。管理者通常不会根据库存的暂时不平衡调整供应，而是根据对长期生产量需求的估计（预期损失率 L^e）调整期望供应：

$$SL^* = \lambda^e \times L^e \qquad (11.11b)$$

期望供应的公式应以实际决策过程的实证调查为基础制定（Senge，1980；Croson et al.，2013；Sterman and Dogan，2014）。

无论期望供应线使用哪个公式，预计获取货物的延迟时间越长或者期望的生产量越大，那么订货量就应越大。如果零售商希望每周能够从供应商那里获取 1000 个小部件，而交货需要 6 周的时间，那么这个零售商就必须订货 6000 个小部件以确保该部件的供应不间断。供应线的调整建立了负反馈循环，通过对订单订货量的调整来确保获取速率维持在期望值水平，该期望值应该考虑下达订单到收到货物的时间延迟。若没有供应线反馈，那么就会出现供应线中已经有足够部件来弥补库存不足，但依然不停下达订单指令的情况，从而产生超量库存和不稳定的情况。供应线的调整也弥补了获取延迟带来的变化。例如，如果延迟加倍，那么供应线的调整就会触发足够的额外订单，以使货物的获取恢复到预期速率。

对于预期的获取延迟时间 λ^e，管理者可以通过很多方式估计，从简单的常数估计到基于经验的猜测，再到复杂的预测。通常情况下，发现交付时间的变化需要一定时间，客户并不知道他们订购的货物会延迟，直到承诺的交货期已经过去。预期的获取延迟可以通过感知延迟进行建模，这个感知延迟代表实际延迟中对变化进行观察和反应所需的时间。例如，Senge（1980）发现，在美国经济中，工厂和设备的预期交付时间比实际交付时间滞后 1.3 年。

订购率的公式化符合行为模型的核心原则（Sterman，2000，第 13 章）。首先，这个公式具有鲁棒性：无论库存过剩有多大，订单都不会为负，因此供应线和库存永远不会小于 0。其次，这个公式没有使用决策者在现实中无法获得的信息，如损失速率的瞬间值，或确定最优订货率的动态规划问题的解。最后，订单决策规则是建立在决策行为知识的基础上的，如锚定和调整启发式。在确定订单时，预期损失是容易预测且相对稳定的起点。损失速率信息通常是局部可用的，这对决策者非常重要。弥补损失使库存量维持在当前水平，然后根据现有库存和供应渠道中的库存是否充足做出调整，这里并没有假设这些调整是最优的。相反，期望数量和实际数量的差异会使管理者产生压力，导致调整量超过或不及维持现状的水平。

11.2.2　库存管理问题：动态

为了阐明库存管理中的行为，我们以制造企业的产品库存管理为例。图 11.4

调整了通用的库存管理结构，以适应库存和生产控制的情况。该企业备有成品库存，并在订单到达时立即发货。在这个简单的例子中，假设顾客对订单的交付很敏感，如果公司不能立即完成订单，顾客可能就会去寻找其他供应商（Sterman，2000，第 18 章，扩展了模型以添加"未完成订单"积压情况）。生产是需要时间的，供应线的在制品库（work in process inventory，WIP）存随着生产的开始而增加，随着生产的结束而减少。

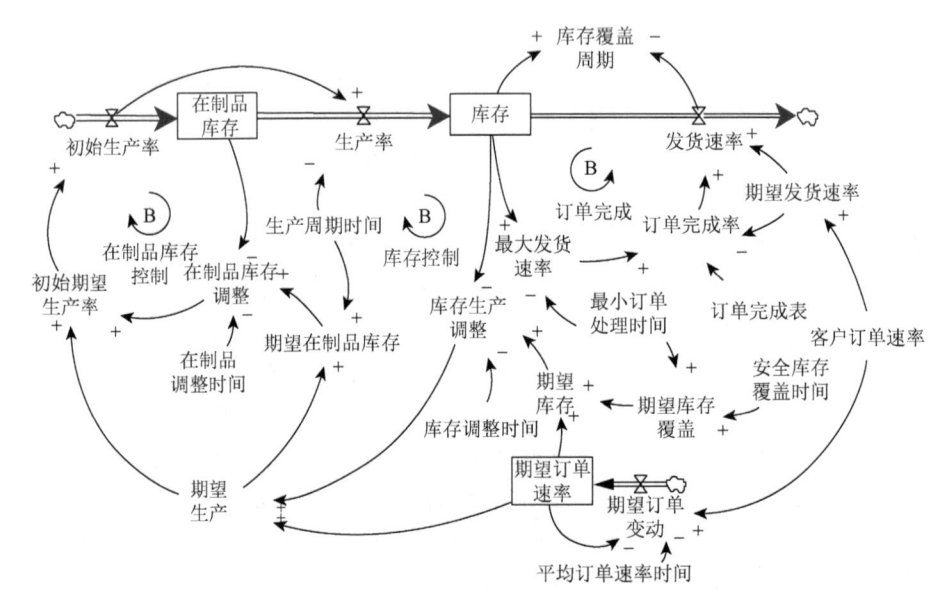

图 11.4 适合于制造业企业的库存管理结构

生产控制和库存管理决策的关键是订单完成（根据库存充足率决定完成客户订单的能力）和生产调度（根据需求预测和包括在制品库存在内的公司库存状况决定生产开工率）。该模型包括三个重要的负反馈。缺货循环是根据库存变化调节发货：如果库存不足，一些商品将缺货，发货量低于订单量；极端情况下，由于没有库存，发货量必然降至 0。库存控制和在制品控制循环通过调整生产的开工使库存和在制品达到期望的水平。在初始模型中，没有原材料库存和产能限制（劳动力或者资金）。扩展情况将在第 18 章做出详细阐述。

为了便于说明，我们假设不存在限制生产开工的产能约束或材料短缺情况，因此实际生产开始速率等于期望生产开始速率。按照标准库存管理结构，期望生产开工是以期望产量为基础，并通过调整使实际的在制品库存与期望的在制品库存水平一致。反过来，期望产量是以订购速率为基础，通过调整以使成品库存达到期望水平。因为收到的客户订单通常是有噪声的，企业常常使用一阶指数平滑

第 11 章　繁荣、萧条和啤酒游戏——理解供应链中的动态　179

过滤掉客户订单中的高频随机变化。为提供良好的客户服务，企业需要保持充足的成品库存，因此也需要维持一定的库存覆盖周期。期望库存覆盖周期包括处理订单和发货所需的最短时间，以及能提供良好客户服务的足够大的安全库存覆盖周期。该模型在第 18 章有详细介绍[①]。

请注意，该模型故意忽略了能够产生放大效应的外生因素（Lee et al.，1997）。由于没有数量折扣，因此批量订购是不合理的。因为价格是恒定的，所以没有任何激励措施能使顾客在预期价格上涨（下降）时预订更多（更少）的订单。每个客户只有一个供应商，每个供应商也只有一个客户，因此客户没有动机虚报订单。

现在考虑生产量的初始平衡状态为 10 000 单位/周，客户订单意外增长 20% 带来的影响（图 11.5）。在需求增加之后，期望发货速率立即增加，库存覆盖周期立即从最初的 4 周下降至 3.33 周。在客户订单量跃升之初，库存还没有立刻发生变化，企业还能够满足几乎所有的订单。然而，由于产品的生产仍然保持着最初 10 000 单位/周的速度，库存量将逐渐下降，随之企业的出货能力也逐渐下降。此时，可能最多有 5% 的订单无法完成并被取消（很可能还伴随企业作为可靠供应商的声誉损失）。

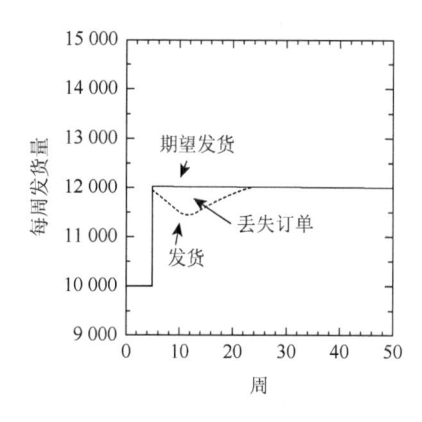

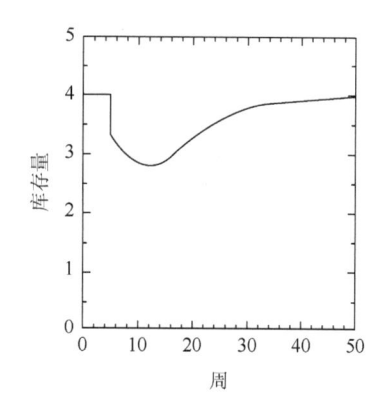

---

① 以下参数为图 11.5 中用以仿真的参数：

参数	基准值/周
最小订单处理时间	2
安全库存覆盖时间	2
生产周期时间	8
库存调整时间	8
在制品调整时间	2
平均订单速率时间	8

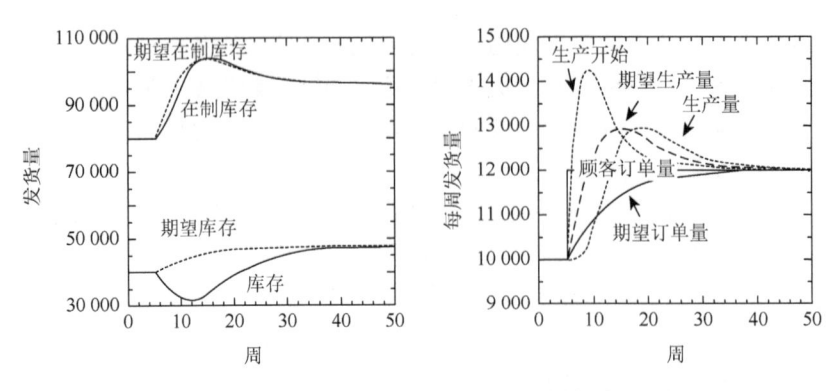

图 11.5　生产订单增加了 20%时，生产模型的反应

期望库存和实际库存之间的差距越来越大，这促使期望产量超过预期订单量。为实现更高的生产目标，所需要的在制品数量增加，造成期望的在制品库存水平和实际的在制品库存水平产生差距。因此，初始期望生产率将进一步高于期望生产率。

随着时间推移，企业认识到最初的需求增长并不仅仅是随机现象，因而逐渐提高了其需求预测值。随着预期订单量的增加，期望库存也会增加，从而进一步拉大了期望库存与实际库存以及预期产量之间的差距。在订单突增约 4 周后，生产量开始达到峰值，比初始库存水平高出 42%以上，比客户订单量的变化高出 210%。

生产的快速增长很快就能填补在制品的供应线，但是由于生产需要 8 周时间，因此出现了生产滞后的现象。在前 6 周，产量始终没有超过出货量，因此虽然期望库存水平上升，但是在此期间的实际库存水平却持续下降，当产量开始等于出货量的时候，库存水平才会停止下降。然而，由于期望库存水平和实际库存水平、期望订单和实际订单之间的差异，该系统尚未处于平衡状态，产量最终会超过出货量，库存水平不断增加，并最终达到新的、更高的期望水平。值得注意的是，产量峰值出现在订单量变动后 3 个月左右，远远多于 8 周的生产延迟时间。

库存管理结构对供应链管理有以下显著影响。

（1）库存调整的过程产生了显著的放大效应。需求意外突增的直接结果是库存的减少，而生产延迟意味着库存的初始减少是不可避免的——这是系统物理结构的基本结果。但与库存减少形成鲜明对比的是，公司希望能在需求增加的时候保持更大的库存，以维持可接受的库存覆盖率和客户服务水平。

（2）需求冲击带来的放大效应是不可避免的。由于库存在最初必定会下降，所以能让其恢复到最初水平，随后达到新的、更高的期望水平的唯一方法就是让产量超过出货量。生产率必须长时间、大幅度超过出货速率，以使库存量达到新的期望水平。产品开始的产量必须远超订单量，这样在制品存量才可以达到与更高的生产速度一致的水平。

（3）生产开工率的峰值一定会滞后于客户订单量的变动。由于库存差异引起产量的调整，在库存差异达到最小时达到最大值。库存会在产量增长到与出货量相等时达到最低值，这一系列的现象都滞后于订单量的变动。因此，同放大效应一样，滞后是物理存量和流量结构所造成的必然结果。

（4）放大是暂时的。从长远来看，客户订单增加20%将会导致产品生产增加20%。但在达到新的平衡之前，产量必须暂时超过订单量，因为只有这样库存才可以恢复到最初水平，库存和在制品存量才可以达到新的、更高的均衡水平，与更高的客户需求量相匹配。

因此，该企业的供应商面临着比该企业更大的需求变化，但大部分的需求突增只是暂时的。比如那些供应厂房、设备和材料的上游企业，面对的不是单一的、永久性的订单变化，而是更大的、暂时性的需求激增。出于同样的原因，每一个供应商都必然放大和延迟他们收到的订单变动。当这种信号通过供应链传递给供应商以及供应商的供应商时，就出现了我们在零售行业、建筑行业以及许多其他行业中所观察到的需求放大和相位滞后现象。

因此，库存管理结构解释了为何供应链能够产生放大和滞后。考虑到系统结构，特别是生产延迟和预测调整延迟，无论管理者多么聪明，在生产流程中以及生产的开始阶段，由于需求的变化一定会出现生产超量、放大和滞后现象。即使没有批量订购、价格变化，以及客户之间因为限量供应的横向竞争，也会产生放大和滞后现象。不过，它们也不总是引起供应链中放大现象的元凶。

振荡并不像放大和滞后一样不可避免。即使有限理性的实践者使用的是非最优决策规则，对需求冲击的反应也是平滑和稳定的（图11.5）。

11.3 实际案例

上述仿真结果阐释了供应链的单一环节如何在应对客户需求变化时产生放大和滞后的现象，那么人们理解其原因吗？不幸的是，鲜有人知晓。为了进一步阐释这种现象，图11.6展示了一个简单的制造业案例（manufacturing case），通过这一简单例子评估人们对库存管理结构的理解（Booth Sweeney and Sterman, 2000）。

182　行为运营管理

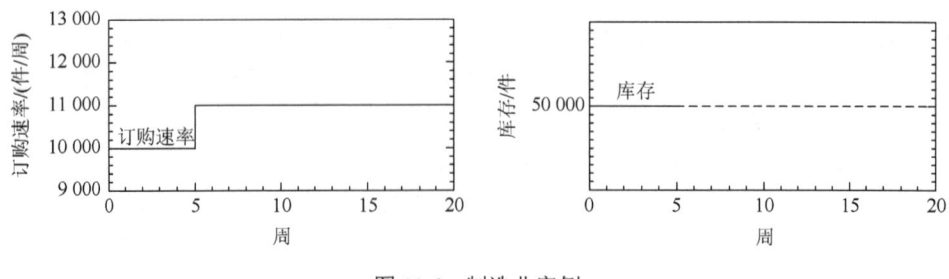

图 11.6　制造业案例

资料来源：Booth Sweeney 和 Sterman（2000）

制造业案例是简单的库存管理任务的例子。企业试图控制其库存，以应对客户需求的意外增长，以及生产进度和实际生产之间的滞后，类似于图 11.4 中的库存管理结构。

制造业案例没有唯一的正确答案。但是，生产和库存的轨迹必须满足一定的约束条件，关于它们的二维图不需要基于定量分析就可以确定。客户订单的意外增加意味着发货量增加，然而生产延迟意味着生产速度在最初一段时间内保持不变，因此，库存将会下降。企业不仅要根据新的订购率增大产量，还要使其库存重新达到期望水平。因此，产量需要超过订单量并保持在高于出货量的水平，直到库存能够达到期望水平，随后可以降低产量，使生产率与客户订购率保持一致，恢复到新的平衡状态。[1]

此外，该案例中期望库存水平保持不变，因此需要超量生产的部分必然等于订单量超过生产量这一期间所造成的库存缺失数量，也就是从第 5 周一直到生产率上升到订购速率水平时所产生的订购数量和生产数量的差值。通过几条较宽松的假设就能够完全确定生产和库存的轨迹。当客户订单从 10 000 件/周增加至 11 000 件/周时，由于存在 4 周的生产延迟，生产率仍保持在最初水平。因此，库存将会以 1000 件/周的速度减少，接下来发生的事情主要取决于生产延迟的分布。最简单的情况，也是大多数参与者假设的情况，是假定生产线延迟，即[2]

$$\text{Production}(t)=\text{Desired Production}(t-4)$$

假设产量达到预期产量需要 4 周时间，这意味着在第 9 周之前都会以 10 000 件/周的速度进行生产。在此期间，库存将会下降 1000 件/周×4 周＝4000 件，这样库存就降至 46 000 件。我们进一步假设企业察觉到这种延迟情况，并知道产量将在 4

---

[1] 现实情况中，期望库存可能会提升。出于练习目的，我们假设期望库存保持不变，这更加方便我们教学讲解。假设期望库存不变会大大简化任务复杂度，使得结果解释起来更容易，也能够检查参与者在画生产路径图时能否遵循物质守恒定律。

[2] 其他形式的延迟也可以，例如调整可以在第 9 周之前或之后，只要生产量增加是在订单量增加之后发生的都算对。

第 11 章 繁荣、萧条和啤酒游戏——理解供应链中的动态

周内保持原有水平,企业会在第 5 周将预期产量提高,以高于订单量的水平进行生产,直到补足这额外的 4000 件库存缺失数量,然后再将期望产量调整至与订单量相同。生产将在 4 周后按照这种模式进行。最后,我们假设产量在超量期间保持不变,即如图 11.7 和图 11.8 所示的生产轨迹。图 11.7 是许多正确答案中的典型情况,它显示在第 9 周时产量将增加到 12 000 件/周,并在接下来的 4 周内保持不变,该图给出了一个矩形,其形状与第 $5 < t \leq 9$ 周期间发货量超过生产量时的矩形形状相同。当然,只要面积等于 4000 件,超量生产的轨迹可以是任何形状。图 11.8 显示了不寻常的正确反应——参与者将在第 9 周时将产量增加到 13 000 件/周,并保持 2 周。这表明该参与者能够很好地理解任务。然而,在 225 名参与者中,只有该参与者在保证正确的区域关系的同时,绘制了一个超量时长不等于 4 周的图。

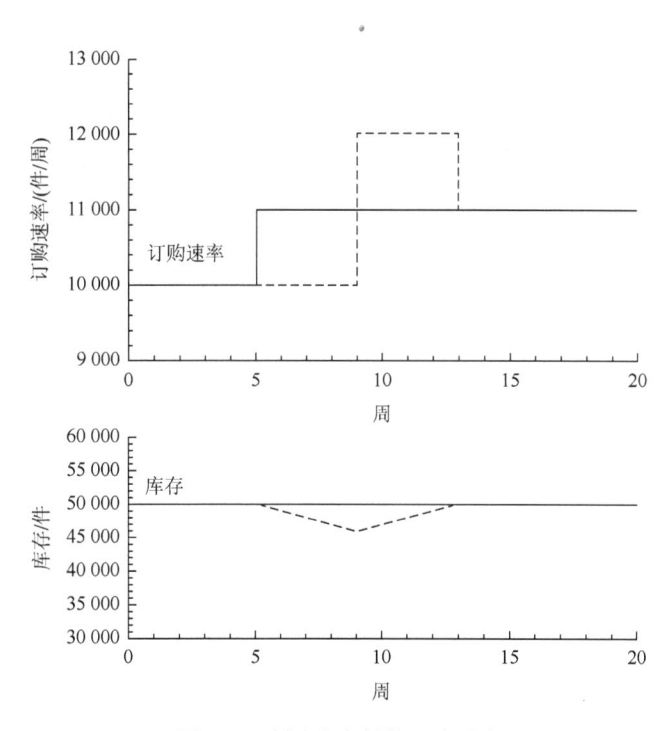

图 11.7 制造业案例的正确反应

注:(1)注意库存路径与生产路径相一致
(2)实线表示真实值,虚线表示期望值

生产和库存可能在均衡值上下波动。这种波动并非不可避免,但超量生产总是存在的。增加库存的唯一方法就是使产量超过订单量,这跟向浴缸注水是一样的,如果想让浴缸里的水位上升,那么浴缸水龙头的流入量应当超过浴缸排水管的流出量。

184 行为运营管理

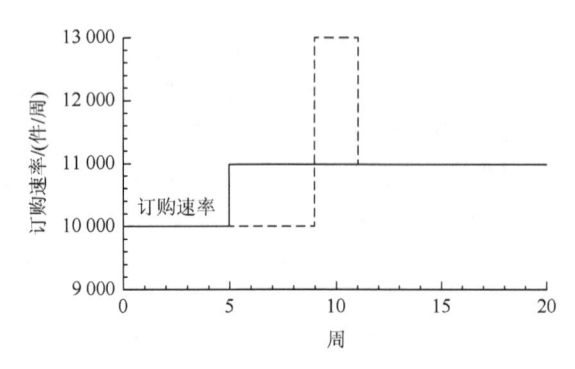

图 11.8　制造业案例中不寻常的正确反应

注：实线表示真实值，虚线表示期望值

这个制造业案例非常简单，只涉及库存、时间延迟以及负反馈循环。然而，麻省理工学院斯隆管理学院的 225 名 MBA、EMBA 学生和其他研究生组成的小组却表现不佳。只有 44% 的参与者做到了让产量超过订单量，大多数参与者仅表现出了产量的调整滞后于新的客户订购速率，而没有做到使产量超过订单量，这是因为他们未能理解将库存恢复到预期水平需要使产量超过订单量。

图 11.9 展示了典型的错误回答。图 11.9 中下面的两张图展示了最常见的错误。参与者表现出了产量响应的滞后性，但仅将其提升至新的订单量水平，没

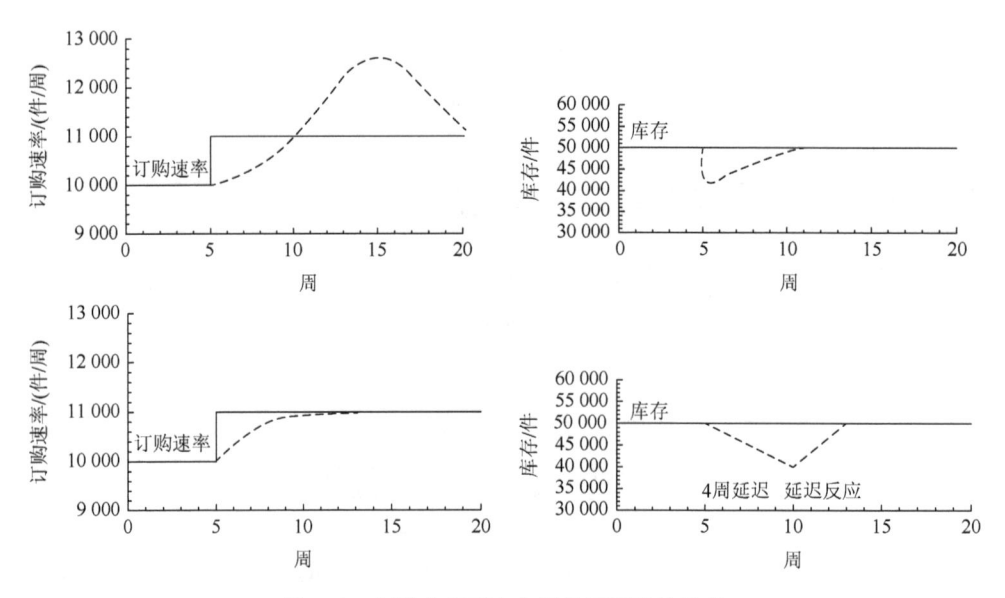

图 11.9　制造业案例中典型的不正确的反应

注：实线表示真实值，虚线表示期望值

有表现出产量超量。此外，库存的轨迹与产量轨迹并不一致。学生画的图中显示库存呈线性下降趋势直到第 10 周，但根据给定生产路线，实际上库存应以递减速度下降。更大的错误是，即使到第 10 周之后产量等于订单量，图中还是显示库存在不断上升。

Booth Sweeney 和 Sterman（2000）研究了该任务的几个变形。第一种情况，参与者被要求绘制出产量和库存的路径（图 11.7）。另一种情况，参与者只被要求绘制出产量的路径（图 11.8）。Booth Sweeney 和 Sterman（2000）认为，要求参与者绘制库存路径图可以帮助他们认识到实现产量超过客户订单量的重要性（以使库存重回到期望水平）。然而，要求绘制库存图的组总体表现比没有这个要求的差（$t = 5.11$，$p<0.0001$）。要求绘制库存图时，只有 23% 的参与者做到了使产量超过订单量；但没有库存图要求时，有多达 63% 的参与者能实现这个目标。

总体而言，89% 的参与者绘制的生产轨迹违反了物质守恒定律，没有显示出超量生产或超量生产面积不等于生产低于订单量时形成的面积。

未能遵守物质守恒定律在类似的实验中反复出现，如温室气体在大气中的累积、银行账户中收入与支出的累积，甚至是浴缸注水的情况等（Booth Sweeney and Sterman, 2000; Sterman and Booth Sweeney, 2007; Sterman, 2008; Cronin et al., 2009; Sterman, 2010）。

实验结果表明，包括许多在科学、技术、工程和数学方面受过大量训练的大多数人都不清楚累积的基本原理是什么。库存控制和供应链管理的根本在于累积，生产减去发货形成了库存的累积，客户订单减去已完成的订单或取消的订单形成订单的累积，诸如此类。如果人们不能理解累积的基本原理，那么各种行业和产品供应链中的功能失调现象也就不足为奇了。

11.4 学习活动

上述的库存管理结构模拟解释了放大和滞后的成因，但没有解释振荡的原因。那么振荡是如何形成的呢？只有当控制系统状态的负反馈存在时间延迟时，才会出现振荡现象（Sterman, 2000，第 4 章）。然而，仅仅是供应线的存在和获取滞后并不一定会导致振荡。在上述生产模型中，生产开始和生产完成之间有 8 周的时间延迟，然而系统并没有出现振荡（在估计的参数条件下）。在这个模型中，管理者充分考虑了在制品库存——还未收到的供应线上的产品，一旦管理者启动了足够的新生产线可以使库存达到期望水平就应立即减少订单，即使这些在制品尚未进入产成品库存。

振荡的产生必定是至少一部分的时间延迟被忽略的结果。即使已经对系统期望状态和实际状态之间的差距做出足够修正,管理者仍在继续采取修正措施。但管理者在采取供应线中的修正措施时真的会忽视这些时间延迟吗?令人震惊的是,在很多情况下,确实如此。

11.4.1 啤酒游戏

啤酒游戏(beer game)阐释了振荡是如何发生的。[①]本游戏是在20世纪50年代后期由Jay W. Forrester(杰伊·W. 福里斯特)开发的供应链角色扮演模拟游戏,旨在向学生介绍系统动力学和计算机仿真模拟的概念。该游戏曾风靡全球,从高中生到首席执行官和高级政府官员都曾经做过这个游戏。

游戏在一个描述了典型供应链的画板上进行(图 11.10)。市场和筹码代表着订单和啤酒。供应链由四个环节组成:零售商、批发商、分销商和工厂(R、W、D、F),其中工厂负责啤酒的生产。每个环节由1~2个人管理。用一副卡片代表着终端客户需求。每周零售商根据终端客户需求,从库存中取出啤酒完成订单交付。而批发商根据零售商的订单需求,将批发商库存中的啤酒运输给零售商完成订单交付。同样,分销商根据批发商的订单需求将啤酒运输给它,并向工厂订货。每个阶段都存在订单处理流程和运输延迟。供应链中的每个环节都有着同样的结构。

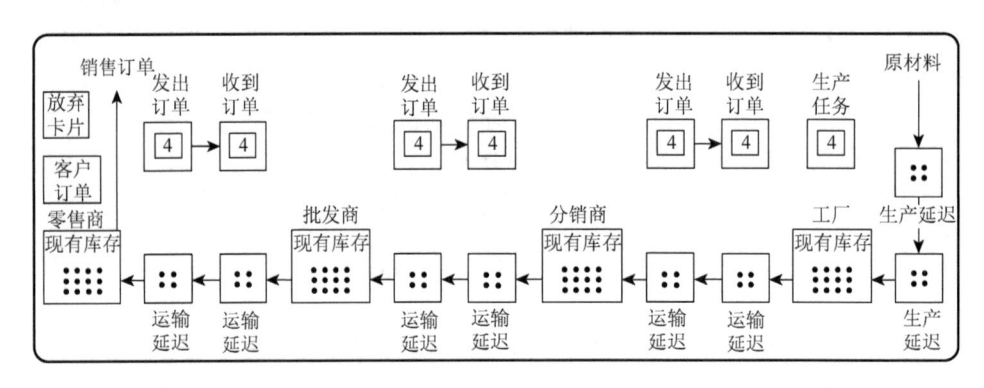

图 11.10 啤酒游戏

注:该游戏是角色扮演模拟。每个参与者管理从零售商到工厂的分销链中的一个环节。在游戏中,各种面额的筹码代表着一箱箱啤酒,它们通过供应链从原材料供应商流向客户。客户订单写在一副卡片上。每个星期参与者都需向供应商下订单,然后工厂制订出生产计划。这些写在纸条上的订单将向上游移动(从左到右)

[①] 这个游戏的详细描述见 Sterman (1989a),有关信息和材料可向 System Dynamics Society(system.dynamics@albany.edu)索取。啤酒游戏里没有真的啤酒,也不鼓励饮酒。有高中生参加时,可以很容易把它改成"苹果汁游戏"。很多企业也对游戏做了相应的修改以代表它们自己的行业。

第 11 章　繁荣、萧条和啤酒游戏——理解供应链中的动态

参与者的目标是将公司的成本降到最低。在本游戏中，库存持有成本设定为 0.5 美元/（箱·周），而缺货成本（积压未完成的订单的成本）为 1 美元/（箱·周）。该游戏是库存管理问题的典型案例。参与者必须尽可能地减少库存，同时也需要避免缺货。客户订单使库存减少，因此参与者需要补充订货，并将库存调整到期望水平。从下单到收到货物的这段时期内存在着时间延迟，并形成一条未完成订单的供应线。

在基础游戏中，客户需求的模式非常简单。从均衡点开始，客户的订单会出现一次小的意外增加，从每周的 4 箱增加至 8 箱。这个游戏比真实的供应链简单得多，没有随机事件——既没有机器损坏、运输问题或者罢工现象，也没有产能限制或者资金限制。游戏的结构对所有人都是可见的，参与者可以随时检查有多少库存尚在运输中或者由其他成员持有。

此外，导致放大现象合理化的主要运营因素在啤酒游戏中是不存在的：如在图 11.4 和图 11.5 所示的仿真模型中，Lee 等（1997）列举的可能导致需求放大的运营因素是不存在的。本次游戏没有促使批量订单产生的数量折扣；没有使远期购买合理的价格变化；也没有顾客之间对有限供应的竞争，因此不会产生订单虚报和库存囤积的现象。

虽然这个游戏非常简单，但参与者的完成情况非常糟糕。新手参与者的平均成本是最佳成本的 10 倍之多（Sterman，1989a）。图 11.11 显示了具有代表性的结果。在所有情况下，客户订单基本上是不变的（除了在开始的时候会有小幅的增加），然而在所有情况下，供应链的响应都是不稳定的。实验结果清楚地展示出了真实供应链中的振荡、放大和滞后等现象。游戏的循环周期大约是 20 至 25 周。工厂产量相对于客户订单量的平均放大倍数为 4 倍，且产量在客户订单发生变化的 15 周后达到峰值。

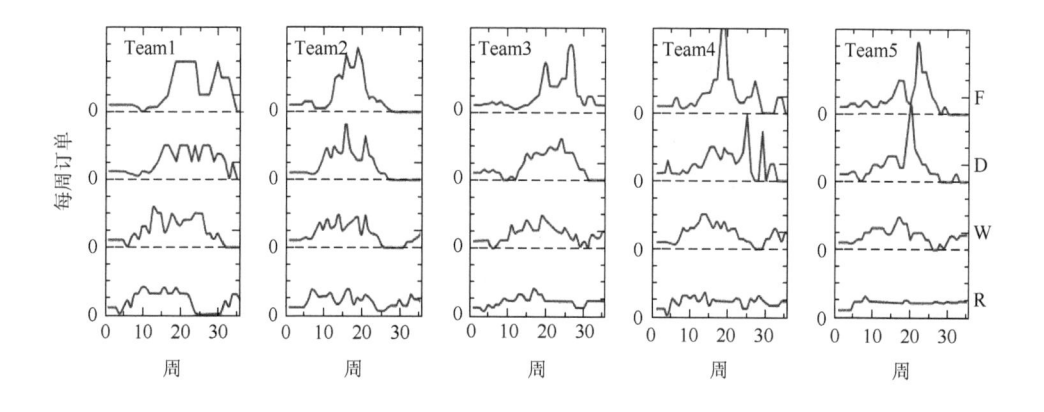

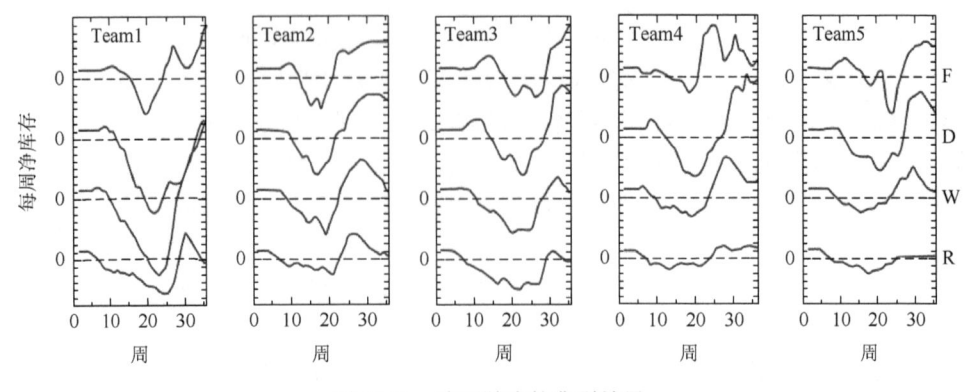

图 11.11　啤酒游戏的典型结果

注：每个图表中从底部到顶部的四条线分别代表零售商、批发商、分销商和工厂。纵轴的每一格代表 10 个单位。当客户订单的变化从零售商传播到工厂时出现振荡、放大和滞后现象

资料来源：Sterman（2000）

最有趣的是，游戏中出现的行为模式非常相似（当然，在幅度和时间上存在着个体差异）。从零售商开始，整个供应链的库存都在下降，大多数参与者都有未完成的积压订单（净库存变为负值，处于缺货状态）；为应对缺货，一批批订单沿着供应链移动，并在每个环节增长。最终，工厂产量激增，整个供应链的库存都增大。但库存并没有稳定在接近于零的最小成本水平，相反，库存明显过剩。参与者通过大幅度地削减订单来应对这种情况，甚至在很长一段时间内将订单降为零。库存在达到峰值后缓慢下降。因为本游戏中不存在顾客需求的波动，这种振荡是由参与者管理库存的方式所导致。虽然参与者是按照自己的意愿自由订购的，但大多数参与者的行为却表现得十分一致。

11.4.2　管理行为建模：对反馈的误解

为了更深入地了解振荡的成因，Sterman（1989a）将上面描述的客户订单决策规则与游戏参与者的订单决策进行了测试对比。订单是根据前文库存管理结构中使用的锚定和调整规则给出的。假设参与者的决策基于期望订单量（库存损失率）的预期，随后根据现有库存和在制品/在途库存（on-order inventory）来调整他们的订单：

$$OR = \text{Max}(0, D^e + A_S + A_{SL}) \qquad (11.12)$$

其中，D^e 表示预期需求，也就是参与者对下一个订单量的预测值。Sterman（1989a）假设，期望订单量可以对顾客订单或需求 D 采用指数平滑法进行预测，在离散时域中，D 表述为

$$D_t^e = \theta D_{t-1} + (1-\theta) D_{t-1}^e \qquad (11.13)$$

其中，θ 表示平滑参数。

Clark 和 Scarf（1960）认为管理者应当同等重视在途库存（供应线，SL）和现有库存（库存，S）。如果这样，订单则变成：

$$\text{OR} = \text{Max}(0, D^e + ((S^* - S) + (\text{SL}^* - \text{SL}))/\tau_S) \tag{11.14}$$

然而，参与者可能并没有充分考虑供应线上已订购但未收到的货物。即使参与者能够不断跟进供应线上的库存，他们对供应线库存的重视也会低于现有库存，因为现有库存是成本的直接决定因素，这是非常突出的并且就摆在参与者面前的问题。但是供应线上的库存却没有这些特点，如果参与者低估了供应线库存，那么订购规则将变为

$$\text{OR} = \text{Max}(0, D^e + ((S^* - S) + \beta(\text{SL}^* - \text{SL}))/\tau_S) \tag{11.15}$$

其中，$\beta = \tau_S/\tau_{\text{SL}}$ 表示考虑供应线上的库存调整的程度：当人们不重视或者忽视供应线库存，那么 τ_{SL} 将比库存调整时间更长；如果参与者完全忽视供应线库存调整，那么 $\tau_{\text{SL}} \to \infty$，这表明 $A_{\text{SL}} \to \infty$（Sterman，1989a，2000）。整理并定义 $S' = S^* + \beta \text{SL}^*$，得

$$\text{OR} = \text{Max}(0, D^e + (S' - (S + \beta \text{SL}))/\tau_S) \tag{11.16}$$

假设期望库存和期望供应线库存是恒定的，并且包含附加误差项，则得到估计的方程组：

$$\text{OR}_t = \text{Max}(0, D_t^e + \alpha(S' - (S + \beta \text{SL})) + \varepsilon_t) \tag{11.17}$$

$$D_t^e = \theta D_t + (1-\theta)D_{t-1}^e \tag{11.18}$$

其中，$\alpha = 1/\tau_S$ 表示每周感知的库存差异系数。有四个需要估计的参数：预测更新时间，$0 \leq \theta \leq 1$；每周感知的库存差异系数，$0 \leq \alpha \leq 1$；要考虑的未完成订单中处于供应线库存的比例系数，$0 \leq \beta \leq 1$；期望的现有库存和在途库存，$S' \geq 0$。

Sterman（1989a）通过非线性最小二乘法对 44 个参与者的方程进行了估计 [式（11.17）～式（11.18）]。总体而言，决策规则的效果相当不错，解释了参与者订单决策中 71% 的变异。参数的估计结果表明，大部分的参与者通常都会使用次优的权重。权重 β 的平均值只有 0.34。只有 25% 的参与者认为供应线库存的权重应当超过 50%，有接近 1/3 的参与者对 β 的估计值与零无显著差异。比如，图 11.12 比较了游戏中仿真模拟的工厂行为和实际的工厂行为。α 的估计为 0.8——参与者会对库存短缺做出积极的反应，每周通过订购补足几乎所有的库存短缺部分。同时，β 的估计为 0——这说明参与者完全忽视了供应线中已下单但尚未到货的订单。正如你能想到的，对当前的库存短缺做出积极反应而完全忽略供应线库存的行为会增加供应不稳定和库存持有成本。因为今天的订单需 3 周后才能到货，为了弥补库存不足，参与者订购的数量几乎是实际所需数量的 3 倍。

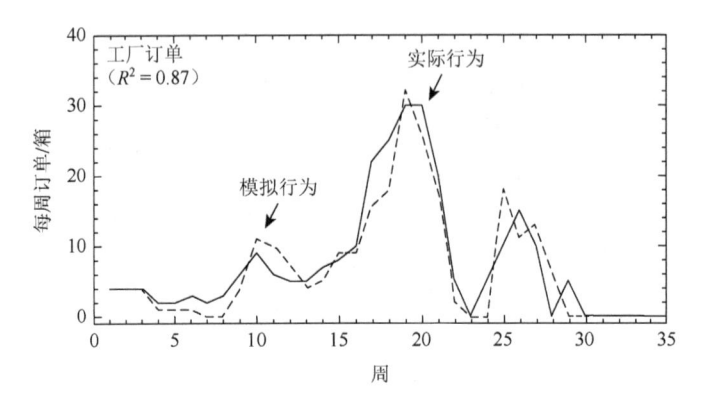

图 11.12　啤酒游戏中的模拟行为与实际行为的对比

注：$\theta = 0.55, S' = 9, \alpha = 0.80, \beta = 0$
资料来源：Sterman (1989a)

其他使用了类似库存管理系统的啤酒实验（例如，Sterman，1989b；Diehl and Sterman，1995；Brehmer，1992；Paich and Sterman，1993；Kampmann and Sterman，2014；Croson and Donohue，2006；Croson et al.，2013）表明，忽视时间延迟和低估供应线库存的现象普遍存在。许多实验明显地向参与者强调了供应线的时间延迟特性，但仍被参与者忽略。我们在决策过程中所使用的信息受我们心智模式的制约。如果我们没有认识到时间延迟的存在或者低估了它的长度，那么我们将不太可能解释清楚供应线，即使所需信息显而易见。

许多参与者觉得这些结果具有误导性。他们认为，自己在下单时考虑了广泛的信息，而像这里描述的锚定和调整决策规则这样简单的模型，是无法刻画他们微妙而复杂的推理的。毕竟，订单的决策规则只需要考虑三个因素（收到的订单、库存和供应线）——它怎么可能知道人们是如何下单的呢？实际上，参与者的行为是高度系统化的，可以借助简单的库存管理启发式方法给出很好的解释。参与者所用的次优权重导致了很差的结果，包括我们在游戏和现实的供应链中看到的振荡、放大和滞后现象。人们常常惊讶于简单的决策规则竟能很好地模仿他们的行为。

事实上，图 11.11 所示的游戏之一是仿真模拟，并不是实际参与者的真实游戏结果。该仿真使用式（11.17）和式（11.18）中的决策规则，将所有四个参与者的参数设置为 Sterman（1989a）中整个样本的平均估计值。仿真在订购速率中加入了少量的随机噪声，你能分辨出哪一个是仿真的情况吗？①

---

① 模拟订单由式（11.17）~ 式（11.18）生成，其中参数为 $\theta = 0.36$，$S' = 17$，$\alpha = 0.26$，$\beta = 0.34$。误差项为独立同分布的正态分布，标准差设置为全样本订单方程估计出的标准误的平均值。

11.5 讨论：认识并解释时间延迟

啤酒游戏清楚地表明，忽视复杂系统中的时间延迟是非常愚蠢的做法。考虑下面的情况：

你遇到了一起交通事故，非常幸运的是没有人受伤，但是你的车却完全损坏了。保险赔付到手后，你去经销商那挑选一辆新车。你们商量好了车的价格，但是你喜欢的那一种型号的车没有现货，要 4 周后才能交付。你支付订金后离开。第二天早上，你发现自己的车库是空的——我的车哪里去了？——然后你跑到了经销商那里又买了一辆车。

这是多么可笑的行为，没有人会傻到忽略供应线。然而在现实生活中，这样的情况却随处可见。我们可以考虑以下例子（表 11.1 显示了它们与库存管理结构的关系）：

（1）用电热炉具做饭。为了尽快做好晚饭，你将电热炉具调到高挡。过了一会，锅底已经非常热了，你关闭炉具。但即使切断电源后，电热炉具中线圈的余热仍然会对锅进行加热，晚餐就会被烧焦。

（2）用电脑上网。当你的电脑出现卡顿无法执行你的命令，你可能会非常不耐烦，一次又一次地点击各种按钮，希望电脑有所反应。但是卡顿过去后，电脑执行了你之前所进行的所有点击操作，你离自己最初想要寻找的界面越来越远。

（3）你带着疲惫，很晚才赶到一家陌生的旅馆。沐浴时，你觉得水很凉，就打开了热水开关，但仍然觉得很冷。于是你将开关往热水方向拧了更多，刚拧完时你觉得水温恰到好处，但是一秒钟之后，你会惊觉"水怎么那么烫"。这是因为你忽视了热水流到淋浴器的时间延迟。

（4）你行驶在拥挤的高速路上。前面一辆车有点慢，你松开油门，与前面那辆车的距离仍然不断减少。你的反应时间和汽车的惯性在前面车速变化和你的车速变化之间有一定的延迟。为了避免碰撞，你只得急踩刹车，但你后面的车更得紧急刹车。你听到了车轮摩擦声，并祈祷自己不要被追尾。

（5）第一次尝试喝酒时，你为了让朋友觉得你酒量很好，迅速喝光了杯中的酒。此时你感觉还不错，于是又喝了另一杯，仍然没有醉意，于是你一杯一杯地喝酒。但当你意识模糊倒在地上时，你就发觉已经喝了太多了，但是太晚了。你忘记了肚子里的酒精，于是就喝得太多了。[1]

---

[1] 可悲的是，每年都有年轻人因为饮酒过量、酒精中毒而离世（对应库存调整时间 τ_S 短，但未考虑已摄入量的程度很高，即 $\beta \approx 0$ 的情况）。

你有多少次成为这些行为的受害者？能有几个人说自己从来没有烧焦过晚餐，也没有在淋浴时被烫伤过，从来没有喝太高过，从来没有被迫紧急刹车以避免碰撞呢？

认识到和考虑时间延迟并非我们与生俱来的能力，而是需要我们去学习的。当我们出生时，我们的意识仅局限在我们所处的环境中，我们所有的经历只是此时此地。我们早期的所有经历都强化了因果关系在时间和空间上都是紧密相连的这种信念：当你哭的时候，你会得到食物或其他东西。即使你听到你的父母说"我们来了"（即使你知道你的要求已经在供应线上），你也会一直哭，直到你的父母出现。所有父母都知道，孩子们需要几年的时间才能理解到这种时间延迟。

在我儿子两岁的时候，他向我要一杯果汁："请给我一杯果汁，爸爸"。我对他说"马上就来"，并从架子上拿下一盒果汁。虽然他看到我正将果汁倒入杯子中，他还是会不停地说"果汁，爸爸！"，直到果汁到了他的手中。

学会认识并理解时间延迟与学会耐心、推迟满足、为长期回报承担短期牺牲密不可分。这些能力不会自动产生，它们是缓慢成长过程中逐渐被学习的一部分。时间延迟越长，看到纠正措施的效果所需时间的不确定性就越大，对供应线的管理就越困难。[①]

你可能会说，当我们长大成人后，我们就已经具备了面对时间延迟所需要的耐心和敏感度。不断重复地说果汁或许是没有什么成本的，但当成本很高时，我们就会很快学会考虑延迟。正如你不会在家淋浴的时候烫到自己，因为你已经学会了将热水龙头调试到合适的位置，然后等着水温变得适宜。大多数人都会注意自己已经喝下去多少酒并控制自己的饮酒量。在上述系统中学习认识和理解时间延迟的条件是非常好的，因为在这样的系统中不仅反馈迅速，犯错误的后果也非常明显（第二天早晨就能发觉）。毫无疑问，无论调整水龙头过多或者喝得太快，都是你所作的决策导致了问题。然而在商业、经济、环境或者其他现实世界的系统中，这些条件常常无法满足，因为在现实世界中，很多事情的因果关系模糊不清，造成了误解和不确定性。因此，在这种情况下动态变化要慢得多，学习时间延迟所需的时间通常超过了决策者的任期。

在20世纪90年代初，法国经济学家Albert Aftalion（阿尔贝·阿夫塔利翁）发现，忽略时间延迟可能会导致经济周期。他用我们熟悉的壁炉为例，明确地指出决策者的失败在于他们没有关注燃料供应线：

[①] 更加微妙之处在于，我们童年的经历强化了忽略供应线是没有成本的观念。尽管我的儿子在我把饮料拿给他之前说了10遍"果汁，爸爸"，我只会给他倒一杯而已。他没有把供应线考虑进去，但我考虑了。在这种情况下，超量订购是没有成本的，耐心甚至会起到相反作用（爸爸可能有事分心，忘了拿果汁）。在很多现实的库存管理情境中，没有这样一个集权的决策者来考虑时间延迟，阻止超量订购。

如果一个人想使屋子变得暖和而点燃了壁炉，那么他需要等一段时间才能让房间达到他想要的温度。如果没有经验教训的话，持续的寒冷和温度计上维持不变的温度可能会让他在壁炉点着后继续加煤，即使炉内的煤已经够多了，之后产生的热量将让人无法忍受。当前状态下寒冷的感受和温度计上的数值驱使人们犯下了严重错误：过度加热了房间（Haberler，1964，135-136）。

虽然 Aftalion 认为经验教训能够很快教会人们不要"继续添加煤炭"，但他表示经济周期的产生是由于个体企业家只注重当前的盈利而忽略了投资开始和实现收益之间有时间延迟，结果导致集体产能过剩。

然而，即便一些个体不能有效地学习，难道市场规则不应该迅速淘汰掉这些使用次优决策的人吗？那些忽视供应线或者使用很差的决策规则的人应当赔钱、破产或者被解雇；而那些使用更好的决策规则的人，即使是偶然使用，也应获得成功。市场选择的压力应该很快地促进市场向最优决策规则演化。

本章开头所述的供应链中的持续周期表明 Aftalion 的观点是正确的。现实市场中的学习和演变非常缓慢，即使在拥有几十年经验和大量资产的行业，也存在持续的经济周期和投机泡沫，诸如 21 世纪初的房地产投资泡沫，最终在 2008 年的金融危机和经济衰退中达到顶峰。但人们往往认为过去几十年的经验无关紧要，觉得自上次经济危机以来世界已经发生了很大的变化。

虽然个体企业通常不会忽视在产订单或在建资本的供应线，但问题出在了由少到多上。个体企业倾向于认为自己相对于市场而言规模较小，并把环境当作外部因素，因此忽略了从价格到供应和需求的所有反馈。个体企业可能不知道或者没有充分重视行业内所有企业的供应线或在建工厂的总产能，只要目前的收益可观，它们就会不断地投资和扩大生产，哪怕在制的新产能会导致供过于求进而降低它们的利润。每个企业将市场视为外部因素，忽视其他企业的反应，若所有的企业都对目前的盈利机会做出这样的反应，就会导致产能过剩以及市场不稳定。

11.6 总　　结

供应链是各种系统的基础，且许多供应链都表现出持续的不稳定性和振荡。每条供应链都包含库存以及用于库存管理的规则。这些管理规则旨在使库存保持在期望水平，弥补消耗或意外环境干扰造成的损失。通常，纠正行动开始到结果见效之间存在较长的时间延迟，由此产生了未完成订单的供应线。

本章建立了库存管理结构的通用模型，并展示了如何根据不同的情况制定库存管理策略。该模型解释了供应链中振荡、放大和滞后的成因。这些行为模式是库存管理系统和供应链基本物理结构的基础。振荡的产生是负反馈的时间延迟和决策者未能充分考虑到这种时间延迟共同作用的结果。实证实验和实验室实验研究表明，在很多系统中人们通常都会忽视时间延迟的现象。

没有单独原因可以解释为什么人们常常忽视时间延迟和供应线，从信息可用性到个人激励，一系列因素都可能促成这个结果。但在这些显而易见的原因背后，隐藏着更深层次的问题——供应线经常没有得到充分的测量，如果人们了解了供应线的重要性，他们就会投资于数据采集和系统测量来获取所需的信息。然而，薪酬激励措施会促使人们忽视今天行动的后果，但如果投资者了解市场的结构和动态，他们可能会重新设计薪酬激励机制从而更好地获取长期绩效。我们的心智模式影响着组织、信息系统和激励机制的设计；反之，这些效果也会反馈到我们的心智模式中。忽略供应线意味着我们对复杂系统的理解存在深层缺陷。其中，忽略时间延迟是对反馈的基本误解之一，这将导致系统在具有高度动态复杂性的情况下效能低下。缺乏对时间延迟作用的了解会加剧我们所面临的不稳定，同时导致更多令人不快的意外事件发生，这会让人们更加认为世界本来就是反复无常且不可预测的，并进一步强化了人们对于短期目标的追求。

参 考 文 献

Anderson, E., Fine, C., Parker, G. 2000. Upstream volatility in the supply chain: The machine tool industry as a case study. Production and Operations Management 9 (3), 239-261.

Armony, M., Plambeck, E. 2005. The impact of duplicate orders on demand estimation and capacity investment. Management Science 51 (10), 1505-1518.

Bendoly, E., Croson, R., Gonçalves, P., Schultz, K. 2010. Bodies of knowledge for research in behavioral operations. Production and Operations Management 19 (4), 434-452.

Booth Sweeney, L., Sterman, J. 2000. Bathtub dynamics: Initial results of a systems thinking inventory. System Dynamics Review 16 (4), 249-294.

Boudreau, J., Hopp, W., McClain, J., Thomas, L. 2003. On the interface between operations and human resources management. Manufacturing and Service Operations Management 5 (3), 179-202.

Brehmer, B. 1992. Dynamic decision making: Human control of complex systems. Acta Psychologica 81, 211-241.

Cachon, G., Lariviere, M. 1999. Capacity choice and allocation: Strategic behavior and supply chain performance. Management Science 45 (8), 1091-1108.

Clark, A., Scarf, H. 1960. Optimal policies for a multi-echelon inventory problem. Management Science 6, 475-490.

Cronin, M., Gonzalez, C., Sterman, J. 2009. Why don't well-educated adults understand accumulation? A challenge to researchers, educators, and citizens. Organizational Behavior and Human Decision Processes 108 (1), 116-130.

Croson, R., Donohue, K. 2006. Behavioral causes of the bullwhip and the observed value of inventory information. Management Science 52 (3), 323-336.

Croson, R., Donohue, K., Katok, E., Sterman, J. 2013. Order stability in supply chains: The impact of coordination stock. Production and Operations Management 23 (2), 176-196.

Cyert, R., March, J. 1963. A Behavioral Theory of the Firm. Englewood Cliffs, NJ: Prentice-Hall. 2nd ed., Cambridge, MA: Blackwell, 1992.

Diehl, E., Sterman, J. 1995. Effects of feedback complexity on dynamic decision making. Organizational Behavior and Human Decision Processes 62（2），198-215.

Forrester, J. W. 1961. Industrial Dynamics. Cambridge, MA: MIT Press.

Gino, F., Pisano, G. 2008. Toward a theory of behavioral operations. Manufacturing and Service Operations Management 10（4），676-691.

Haberler, G. 1964. Prosperity and Depression. London: George Allen and Unwin.

Kahneman, D., Slovic, P., Tversky, A. 1982. Judgment under Uncertainty: Heuristics and Biases. Cambridge: Cambridge University Press.

Kampmann, C., Sterman, J. 2014. Do markets mitigate misperceptions of feedback? System Dynamics Review 30（3），123-160.

Lee, H., Padmanabhan, V., Whang, S. 1997. Information distortion in a supply chain: The bullwhip effect. Management Science 43（4），546-558.

Lo, A., Repin, D. 2002. The psychophysiology of real time financial risk processing. Journal of Cognitive Neuroscience 14（3），323-339.

McCarthy, J., Hocum, C., Albright, R., Rogers, J., Gallaher, E., Steensma, D., et al. 2014. Biomedical system dynamics to improve anemia control with darbepoetin alfa in long-term hemodialysis patients. Mayo Clinic Proceedings 89（1），87-94.

Morecroft, J. 1985. Rationality in the analysis of behavioral simulation models. Management Science 31（7），900-916.

Paich, M., Sterman, J. 1993. Boom, bust, and failures to learn in experimental markets. Management Science 39（12），1439-1458.

Rudolph, J., Repenning, N. 2002. Disaster dynamics: Understanding the role of stress and interruptions in organizational collapse. Administrative Science Quarterly 47, 1-30.

Senge, P. 1980. A System dynamics approach to investment-function specification and testing. Socio-Economic Planning Sciences 14（6），269-280.

Shah, A., Mullainathan, S., Shafir, E. 2012. Some consequences of having too little. Science 338, 682-685.

Simon, H. 1982. Models of Bounded Rationality. Cambridge, MA: MIT Press.

Sterman, J. 1989a. Modeling managerial behavior: Misperceptions of feedback in a dynamic decision making experiment. Management Science 35（3），321-339.

Sterman, J. 1989b. Misperceptions of feedback in dynamic decision making. Organizational Behavior and Human Decision Processes 43（3），301-335.

Sterman, J. 2000. Business Dynamics: Systems Thinking and Modeling for a Complex World. Boston: Irwin/McGraw-Hill.

Sterman, J. 2008. Risk communication on climate: mental models and mass balance. Science 322, 532-533.

Sterman, J. 2010. Does formal system dynamics training improve people's understanding of accumulation? System Dynamics Review 26（4），316-334.

Sterman, J., Booth Sweeney, L. 2007. Understanding public complacency about climate change: Adults' mental models of climate change violate conservation of matter. Climatic Change 80（3-4），213-238.

Sterman, J., Dogan, G. 2014. "I'm not hoarding, I'm just stocking up before the hoarders get here": Behavioral causes of phantom ordering in supply chains. Working paper, MIT Sloan School of Management, Cambridge, MA.

Tversky, K., Kahneman, D. 1974. Judgment under uncertainty: Heuristics and biases. Science 185, 1124-1131.

第 12 章

消除对"均值"的依赖——运用联合决策矫正订货的趋中偏好

Jaime A. Castañeda(雅伊梅·卡斯塔涅达)和 Paulo Gonçalves(保罗·贡卡尔维斯)

12.1 概　　述

本章讨论了应急管理背景下报童模型中的趋中偏好。我们分析了该偏好对用以应对突发事件的预置库存水平(即发生在紧急事件之前已就绪的物资供应)的影响,并使用联合订货策略(即恰当的决策组合)对库存水平进行纠偏。

订货行为的趋中(pull-to-center)偏好在 Schweitzer 和 Cachon(2000)的报童实验中首次被讨论,并对随后的行为运营研究产生了深远的影响。具体来说,当一件产品因其成本因素(低利润或者高成本)而仅需保持较低库存水平时,实际的订货量却相对较高;相对地,当一件产品因其成本因素(高利润或者低成本)而需保持较高库存水平时,实际的订货量反而降低。然而,趋中偏好在现实管理实践中还没有被充分验证。除了 Ren 和 Croson(2013)提到的关于时尚滑雪服等的实际案例,关于趋中偏好的研究大多采用实验室实验的方法(Bolton and Katok,2008;Bostian et al.,2008;Kremer et al.,2010;Schweitzer Jr and Cachon,2000),也有部分研究是理论分析(Schweitzer and Cachon,2000;Su,2008)。同时,纠偏策略的有效性也缺乏来自实践的证据支持。

趋中偏好的早期研究集中在以营利为目的的传统库存管理领域(Bolton and Katok,2008;Bostian et al.,2008)。这类研究基于报童模型决策,即如何在紧急需求发生前决定订货数量(Campbell and Jones,2011;Lodree Jr and Taskin,2008),尚未对非传统、非营利的库存管理领域的趋中偏好展开充分探讨。此外,对运营管理和实验经济学领域中实验工作的批评通常集中于参与实验的被试群体的选择上。现有研究所采用的被试群体以在校本科生为主,然而他们的决策不能够充分代表具有丰富工作经验的运营经理的决策。尽管如此,仍有研究表明在校学生(本科生和研究生)和实际管理者都表现出显著的趋中偏好(Bolton et al.,2012)。

本章采用实验室实验方法研究文献尚未讨论的应急管理中预置库存的趋中偏好，并邀请真正参与应急管理的人道主义工作者作为被试，以拓展该研究的应用范围。此外，该研究工作分析了预置库存决策和一般性库存决策的共通之处，并提出纠偏策略，进而拓宽趋中偏好的纠偏研究范围。

12.2 理论基础

报童模型中的趋中偏好是指对高利润或者低成本的产品订购不足，以及对低利润或者高成本的产品订购过量。例如，Fisher 和 Raman（1996）研究了一家滑雪服销售公司的库存决策，发现该公司的订货量持续偏低。如果按照最优订货量订购，公司利润可上涨60%。运营管理中，趋中偏好被定义为实际订货量趋于最优订货量和实际需求均值之间（Bostian et al.，2008）。迄今为止，对于导致趋中偏好的具体原因尚未有明确定论。学者提出了不同建模方法对其进行解释，如最小化事后库存误差（ex post inventory error minimization）模型（Schweitzer and Cachon，2000）、过度自信模型（Croson et al.，2011；Ren and Croson，2013）、随机误差模型（Su，2008）及参照点依赖模型（Ho et al.，2010）等。然而，对趋中偏好解释的多样性导致难以有针对性地制定有效的纠偏策略。

自 Schweitzer 和 Cachon（2000）首次提出趋中偏好效应（pull-to-center effects），该偏好已被其他多个实验工作重复验证（Bolton and Katok，2008；Bolton et al.，2012；Bostian et al.，2008）。该偏好来源于人具有调整自身以适应环境变化的本性和人的信息处理能力有限的假设。鉴于该效应的普遍存在以及对公司利润的不利影响，后续的实验工作提出了几种纠偏策略。Bolton 和 Katok（2008）探索了如何通过调节能够改善适应性或者信息处理流程的经验和反馈进行纠偏。

部分研究强调增加决策经验的作用，即允许决策者进行多轮重复库存决策。例如，Bostian 等（2008）让被试完成 30 轮决策，而 Bolton 和 Katok（2008）、Bolton 等（2012）、Benzion 及其合作者（Benzion et al.，2008；Benzion et al.，2010）则让被试完成 100 轮决策。部分研究则通过增加不同订单水平下的期望利润差异缓解由报童模型期望利润函数曲线在最优值附近的平坦性导致的学习障碍（即在最优值附近的不同订单水平间的期望利润差异很小）。例如，Bolton 和 Katok（2008）以及 Feng 等（2011）通过减少订单水平的可选项来增加利润差异。此外，还有一些研究为决策者提供了改善后的结果反馈，例如，Bolton 和 Katok（2008）给被试额外提供了未选择的订单数量所对应的收益反馈，并降低决策的频率（每 10 轮而不是每 1 轮做一次订货决策）。类似地，Bostian 等（2008）将决策频率降低至每 5 轮一次，并在进一步的研究中将结果反馈也限制为每 5 轮一次。最后，Lurie

和 Swaminathan（2009）通过固定决策频率，再改变结果反馈频率的方法，解耦反馈频率与决策频率[①]，从而分离它们各自产生的影响。

然而，由以上方法得出的结论并不统一。部分研究表明当个人经验增加时，其订货量逐步地向最优库存订单量靠近（Benzion et al., 2008；Bolton and Katok, 2008；Bostian et al., 2008），同时也有其他研究认为该趋势不存在（Benzion et al., 2010；Bolton et al., 2012）。类似地，一些研究数据显示增加利润差异并不能使订单水平得到系统性改善（Bolton and Katok, 2008；Bostian et al., 2008）。同样地，通过调整决策频率和结果反馈频率而产生的结果也不一致。例如，Bolton 和 Katok（2008）发现降低决策频率有利于缓解趋中偏好，但是 Bostian 等（2008）以及 Lurie 和 Swaminathan（2009）却不这么认为。Lurie 和 Swaminathan（2009）发现降低结果反馈频率非常重要，Bostian 等（2008）却认为这是无效的。Lurie 和 Swaminathan（2009）指出结果反馈频率可能比决策频率对订单水平的影响更大。整体而言，目前对纠偏策略的研究还未达成普遍共识。

同时，还有一类实验研究工作基于已建立的人类行为经验范式分析纠偏策略。这类研究并不着眼于消除某种偏好，而旨在利用该偏好并将其引导至预期的方向。例如，在以参考点依赖（reference dependence）为基础的研究中，Ho 等（2010）在多个报童模型中增加了由库存短缺或积压而导致的负效用。他们通过加强库存积压导致的负效用使低利润系统中的订单水平下降，同时通过加强库存短缺导致的负效用使高利润系统中的订单水平上升。相比未考虑负效用的参照组，趋中偏好的影响在存在负效用的实验组中得到了明显改善。遵循相似方法，Castañeda（2014）通过缺货累积的方式加强其产生的负效用，他发现，与传统报童模型相比，该方法可提升低利润系统中的利润、服务水平以及高利润系统中的服务水平。

Chen 等（2013）借鉴心理账户理论，在报童模型中增加了预期账户，即决策者总是低估支出或收入。他们指出在需求实现前获得收入（如收到下游客户的预付款或基于预期收入的贷款）导致订货数量下降；而在需求实现之前执行支出操作（如支付标准批发价合同中的购货款）导致订货数量上升。实验结果表明，在需求实现前执行支出操作可以缓解高利润系统中的趋中偏好，而在需求实现前获得收入则可缓解低利润系统中的趋中偏好。

以上实验证据表明，利用行为偏好以对报童模型中的订货决策进行纠偏的策略是有效的。因此，纠偏策略的设计应根据管理者的意图，再考虑人们固有的有限理性行为，从而构建订货数量增加或减少的机制。

---

① 译者按：耦合是指两个或两个以上的体系或两种运动形式间通过相互作用而彼此影响以至联合起来的现象，解耦就是用数学方法将两种运动分离开来处理问题。

12.3 实际案例

为应对突发情况，救助机构通常会储备一定数量的应急物资（如水、毯子和疫苗）。准备充足的应急物资有助于增加救助行动的成功率。然而预先储备应急物资并非易事，由于物资需求总是出现在突发情况之后，救助机构只能在需求未知的情况下提前做出储备决策。例如，2004 年，美国东南部遭多次飓风袭击，几家公司未做好因飓风导致需求上涨的准备，从而经历了严重的库存短缺。2005 年，卡特里娜飓风导致更大幅度的需求增加，这些公司再次出现缺货。吸取过往两年的教训，公司在来年额外地加大了货物储备的力度。然而，由于 2006 年的飓风季并不活跃，使得这些公司积压了大量的库存（Taskin and Lodree Jr，2010）。

此外，由于捐助者的监督压力，救助机构必须经济有效地使用相关资金（Thomas，2003；Thomas and Kopczak，2005；van der Laan et al.，2009）。预先储备应急物资可以为社区带来经济效益，增强应变能力，并能以较低成本将物资快速地运达目的地，从而提高整体效率。以防水布为例，一旦发生紧急情况需要租用货运飞机时，防水布价格可能从 12 美元上涨到 90 美元，这意味着救助机构将为此买单，而供应商也因为价格上涨而失去了信誉（Roopanarine，2013）。

由于被救助方需求的不确定性和最小化成本的指标要求，应急物资的预置库存决策可以使用报童模型进行优化（Campbell and Jones，2011；Lodree Jr and Taskin，2008）。假设预置 q 数量的应急用品的单位成本是 w；紧急情况发生后，被救助方需求为 D。如果 $q>D$，则存在 $q-D$ 的积压库存，从而产生购买成本 w 之外的单位处理成本 s。基于报童模型的研究（Bolton and Katok，2008；Schweitzer and Cachon，2000），不失一般性的，我们假设 $s=0$，即单位订货过剩成本等于 w[①]。相反，如果 $q<D$，则有 $D-q$ 的物资短缺，必须通过加急处理以满足剩余的救助需求。加急处理导致的单位成本为 x，即单位订货短缺成本为 x。假设被救助方的需求和成本参数变化平稳，则上述预置库存问题可被看作典型的报童问题。最优预置库存水平的决策依赖于需求累积分布函数和由订货过剩成本与订货短缺成本计算得出的临界比。因此，设置恰当的库存水平的关键在于平衡需求和成本。

与报童模型类似，实际救助工作中的预置库存决策也表现出趋中偏好。一方面，在预置成本较低的系统中会发生订货不足从而导致物资短缺。由于无法获得

[①] 译者按：易腐性不是应用报童模型框架的必要条件。需要做的是不将多余的物资留存到下次紧急情况发生。例如，在一个特定地点作业的救援机构可以将未使用的物资运往其他地区或集散中心。

所有必要的紧急物资来减轻痛苦以及防止人员伤亡，因此救助工作的成功率大大降低。同时，短期内加急补充救援物资会产生额外的成本。另一方面，在预置成本较高的系统中会发生订货过剩从而导致库存积压。尽管物资供应因此可以得到充分的保障，但是处理积压库存也导致成本上升。

我们通过加强某一项应急物品相对于其他应急物品的重要性来影响预置库存决策中的趋中偏好。这个方法的合理性基于两个客观事实：首先，应急管理中的预置库存决策和一般库存决策具有相同性质，即管理者会同时订购多种产品，即对产品组合进行库存管理（Abdel-Malek and Montanari, 2005b）；其次，不同应急物品在救助流程中的重要性是不同的。例如，对于生命健康来说，安全的饮用水比毛毯更重要（Global WASH Cluster, 2009）。

在同时管理两种重要性不同的应急物品的情形下，我们希望人道主义工作者更加重视较重要的物品。相对于管理单一物品的情形，这将提高重要物品的预置库存水平。对于高成本、强重要性的物品，决策者的趋中偏好会被加强，即库存水平增加，从而使供应能力得到了保证；而对于低成本、弱重要性的物品，其趋中偏好会被削弱，即库存水平降低，从而使成本得到了控制。这个方法与前文所述的有效纠偏策略一致，即不着眼于消除某种偏好，而旨在利用该偏好并将其引导至预期的方向。通过强调应急物品的重要性程度，我们可以加强或削弱预置库存中的趋中偏好以增加更重要的紧急物资供应的可获得性。

12.4　实验流程

该实验由两个游戏组成。在第一个游戏中，人道主义工作者分别对弱重要性或强重要性的应急物品做出独立的预置库存决策。在第二个游戏中，人道主义工作者对弱重要性和强重要性的应急物品做出联合的预置库存决策。物品的重要性通过两种表述方式来区分，一种是生存必需品，对维持生命具有至关重要的作用（如安全用水），用于指代强重要性的物品；另一种是生活保障品，可以相对提高受灾人群的生活质量（如毛毯），用于指代弱重要性的物品（Gonçalves and Castañeda, 2013）。接下来，我们详细描述这两个游戏的内容。

12.4.1　独立决策游戏

参与实验的人道主义工作者被分为两组：一组参加成本-重要性不一致的游戏，另外一组参加成本-重要性一致的游戏。在这两个游戏中均设置有高成本和低成本的应急物品。其中，高成本物品的单位采购成本为 9 法郎，额外加急成本为 3 法郎；低成本物品的单位采购成本为 1 法郎，加急订购补货的额外成本同样是 3

法郎。实验中，所有物品需求均服从 1 到 100 的均匀分布，即 $D \sim U[1, 100]$。由以上参数设置可知，需求的平均值为 50，预置库存水平在高成本系统和低成本系统中的最优值分别是 25 和 75。为了规避因锚定前期需求而导致类似的订货行为范式（Bolton and Katok，2008；Schweitzer and Cachon，2000），我们通过随机数生成器分别对生存必需品和生活保障品生成不同的需求序列。

1. 成本-重要性不一致游戏

在该游戏中，人道主义工作者需要完成两个任务：首先对高成本的生存必需品重复进行 30 轮的预置库存决策，接着再对低成本的生活保障品重复进行 30 轮的预置库存决策。根据报童模型提供的最优策略，人道主义工作者应该订购少量生存必需品（最优值为 25）和大量生活保障品（最优值为 75）。订货量与物品的重要性无关。然而，考虑到趋中偏好的普遍性，实际的预置库存决策会偏离最优策略。对于生存必需品，预置库存水平的均值应该介于 25 到 50 之间；对于生活保障品，预置库存水平的均值应该介于 50 到 75 之间。

我们设置了不同的任务顺序以规避数据采集流程中的顺序效应（order effect）。一个实验界面的顺序是高成本生存必需品的任务在前，低成本生活保障品的任务在后；而另一个界面中是相反顺序。在实验流程中，这两个实验界面被随机分配给不同被试。

2. 成本-重要性"一致"游戏

在该游戏中，人道主义工作者也需要完成两个任务：首先对低成本的生存必需品重复进行 30 轮预置库存决策，接着再对高成本生活保障品重复进行 30 轮预置库存决策。此时的最优策略为订购大量生存必需品（最优值为 75）和少量生活保障品（最优值为 25）。然而，实际的预置库存决策会偏离最优策略：对于生存必需品，预置库存水平均值应介于 50 到 75 之间；对于生活保障品，预置库存水平均值应介于 25 到 50 之间。

同样地，我们设置了不同任务顺序。一个实验界中的顺序是低成本生存必需品任务在先，高成本生活保障品任务在后；而另一个界面中是相反顺序。实验流程中，这两个实验界面被随机分配给不同被试，以规避顺序效应。

12.4.2 联合决策游戏

联合决策游戏中同样包含成本-重要性一致/不一致的设置。在独立决策中，参与一致（不一致）设置游戏的被试在联合决策中继续参与一致（不一致）设置游戏。实验中，对任一物品的需求依旧服从 1 到 100 的均匀分布，即 $D\sim U[1, 100]$。为了规避类似的订货行为范式，我们分别对生存必需品和生活保障品生成不同的需求序列。同时，该序列与独立决策游戏中的需求序列不同。为控制学习效应，联合决策游戏在独立决策游戏后一天或两天进行。我们将联合决策游戏设计在独立决策游戏之后进行，避免被试在独立决策时受到不必要历史经验的干扰，从而为与联合决策的比较提供可靠参照点。

1. 成本-重要性"不一致"游戏

在这个游戏中，人道主义工作者对高成本生存必需品和低成本生活保障品重复进行 30 轮的联合预置库存决策，即在每一轮中完成两个决策。

如前所述，被试应该订购少量生存必需品（最优值为 25）和大量生活保障品（最优值为 75）。然而在联合决策中，我们以弱重要性物品为参考，期望突出强重要性物品，因此与独立决策相比，强重要性物品的预置库存水平要更高，即对高成本生存必需品的趋中偏好进行了强化。

2. 成本-重要性"一致"游戏

在这个游戏中，人道主义工作者对低成本生存必需品和高成本生活保障品重复进行 30 轮的联合预置库存决策，即在 30 轮中做出 60 个预置决定。

根据理论结果，被试应该订购大量的生存必需品（最优值为 75）和少量生活保障品（最优值为 25）。同样地，以弱重要性的物品为参考使得强重要性物品得以突出，与独立预置决策相比，可能导致强重要性物品更高的预置库存水平。在成本-重要性"一致"的设置下，表现为对低成本生存必需品趋中偏好的缓解。

12.4.3 实验设置

该实验的整体流程设置如图 12.1 所示。

除此之外，我们还要求被试将其认为影响决策的因素填写在相关的表格内。由于独立决策游戏由两个任务组成，因此表格要填写两次（表 12.1 所示）。而在联合决策游戏中，只需要填写一次表格（表 12.2）。在填写表格之前，被试需要阅读以下说明。

请在你做出决策时填写下表。如果你在每一轮决策时使用的是相同理由，请仅将其描述一次。但是，如果你在游戏流程中更改了理由，则请在表格中相应位置如实填写。同时，请在每一轮决策结束后说明你认为该决策是否成功及其原因。

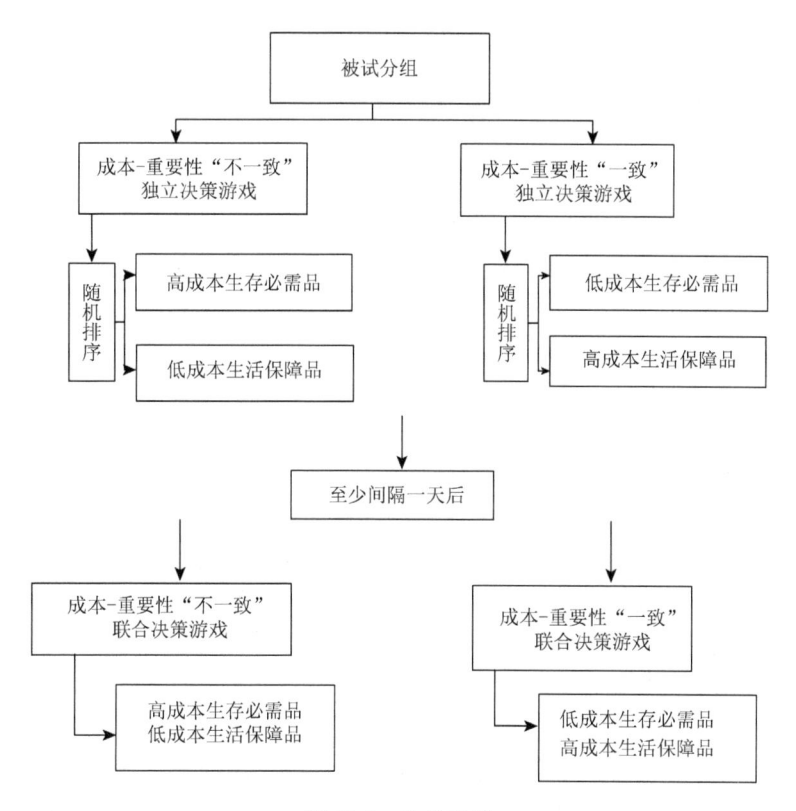

第12章 消除对"均值"的依赖——运用联合决策矫正订货的趋中偏好　203

图 12.1　实验设置

表 12.1　独立决策游戏记录表

序号	决策	决策原因	决策成功了吗？为什么？
1			
2			
3			
⋮	⋮	⋮	⋮
30			

表 12.2　联合决策游戏记录表

轮	生存必需品的决策	生活保障品的决策	决策原因	决策成功了吗？为什么？
1				
2				
3				
⋮	⋮	⋮	⋮	⋮
30				

12.5 讨 论

在上述实验中，库存的独立决策在结构上等同于经典报童问题。因此，参加独立决策游戏的被试应不可避免地表现出趋中偏好。同时，相关研究表明经典报童决策的趋中偏好具有不对称性，即相对于在高利润系统，该偏好在低利润系统中更加显著（Bolton and Katok，2008；Bostian et al.，2008；Schweitzer and Cachon，2000）。因此，在实验中无论高成本的应急物品重要性如何，其预置库存水平都应体现出更强的趋中偏好。基于初步的实验数据，我们发现被试的决策的确表现出趋中偏好，但是在不同利润系统中没有发现明显的不对称性（Gonçalves and Castañeda，2013）。

预置库存的联合决策等价于没有资源约束的组合报童模型，即组合中每个物品的预置库存决策是独立的报童问题。然而，组合内不同物品的重要性对预置库存水平产生的影响有待进一步探索。在联合决策中，强重要性物品以弱重要性物品为参照点，其库存水平应该比在独立决策时更高。对于高成本强重要性的物品，提高的库存水平代表趋中偏好被加强；对于低成本强重要性的物品，提高的库存水平代表趋中偏好被削弱。初步实验数据验证了上述预期结果，并且高成本强重要性物品库存水平的提高更为显著（Gonçalves and Castañeda，2013）。

成本也是影响预置库存决策的重要因素。传统报童实验着眼于提高利润，该实验中的预置库存决策并不会带来任何利润，而是着眼于降低成本。因此，我们可能得到以往传统报童实验中没有观察到的结果。此外，预置库存决策的额外目标是救死扶伤，这可能与最小化运营成本产生冲突。当把本章实验结果与传统报童实验结果进行比较时，我们强调本章实验着眼于研究对多个物品相对重要性的感知在联合库存决策中的作用。该作用通过独立决策和联合决策下的实验数据比较得到体现。

根据本章实验中表现出的预置库存决策范式，我们建议实践中可以充分利用框架效应。在救助行动中，我们可以为低成本的关键物品提供成本-重要性"一致"的联合决策框架，即将对低成本关键物品与对高成本非关键物品的决策相结合，从而削弱订购关键物品的趋中偏好。这不仅可以降低运营成本，同时可以提高紧急情况下的供应能力。同时，我们可以为高成本的关键物品提供成本-重要性"不一致"的联合决策框架。将对高成本关键物品和对低成本非关键物品的两项决策结合起来，以加强订购关键物品的趋中偏好。尽管相应的运营成本会增加，但是紧急情况下的供应能力也会增加。

在工业环境中，只要管理者认为高利润产品比低利润产品更重要，就可以实施成本-重要性"一致"的联合决策框架，以增加高利润产品带来的利润。此外，当存在高成本但具有关键作用的战略产品时（如利润低且供货周期长的零件），可以实施成本-重要性"不一致"的联合决策框架，以提高服务水平和客户满意度。相比于对多个合作伙伴进行协调（如跨组织的买方-供应商联合和救助行动协调）的策略，联合库存决策更容易执行且成本更低。

以上提出的联合报童模型决策框架在运营管理的相关文献中鲜有关注。已有工作主要是对有资源约束的联合报童问题进行建模分析（Abdel-Malek and Montanari，2005a；Erlebacher，2000；Lau H and Lau A H，1996）。然而，除个别模型考虑了风险偏好（Zhou et al.，2008），大多数模型没有考虑行为因素（如感知不同物品的重要性），其研究结果在实践中具有局限性。更重要的是，这些模型的结论没有经过行为实验的检验。

因此，无论是否有资源限制，我们对个人如何在现实的联合报童模型框架中做出决策知之甚少。Tong 和 Song（2011）在产品组合背景下研究参照点依赖对报童决策的影响。尽管初步的实验数据支持感知物品重要性对联合库存决策的影响（Gonçalves and Castañeda，2013），我们仍需要系统性研究评估这类影响，并探索相关行为因素。例如，基于归因偏差、认知失调理论或参照点依赖理论的讨论可以深入地剖析类似的行为表现。下一步的研究应着眼于寻找会影响联合报童模型框架中的订购行为的因素，分析这些因素对个人的影响程度，并以此改进现有理论模型（Katok，2010）。

参 考 文 献

Abdel-Malek，L. L.，Montanari，R. 2005a. An analysis of the multi-product newsboy problem with a budget constraint. International Journal of Production Economics 97（3），296-307.

Abdel-Malek，L. L.，Montanari，R. 2005b. On the multi-product newsboy problem with two constraints. Computers and Operations Research 32（8），2095-2116.

Benzion，U.，Cohen，Y.，Peled，R.，Shavit，T. 2008. Decision-making and the newsvendor problem：An experimental study. Journal of the Operational Research Society 59（9），1281-1287.

Benzion，U.，Cohen，Y.，Shavit，T. 2010. The newsvendor problem with unknown distribution. Journal of the Operational Research Society 61（6），1022-1031.

Bolton，G. E.，Katok，E. 2008. Learning by doing in the newsvendor problem：A laboratory investigation of the role of experience and feedback. Manufacturing and Service Operations Management 10（3），519-538.

Bolton，G. E.，Ockenfels，A.，Thonemann，U. W. 2012. Managers and students as newsvendors. Management Science 58（12），2225-2233.

Bostian，A. A.，Holt，C. A.，Smith，A. M. 2008. Newsvendor "pull-to-center" effect：Adaptive learning in a laboratory experiment. Manufacturing and Service Operations Management 10（4），590-608.

Campbell，A. M.，Jones，P. C. 2011. Prepositioning supplies in preparation for disasters. European Journal of Operational Research 209（2），156-165.

Castañeda，J. A. 2014. Inventory order decisions in a single echelon：The effect of backorders. Working paper, Center for

Transportation and Logistics, MIT, Cambridge, MA.

Chen, L., Kök, A. G., Tong, J. D. 2013. The effect of payment schemes on inventory decisions: The role of mental accounting. Management Science 59 (2), 436-451.

Croson, R., Croson, D., Ren, Y. 2011. The overconfident newsvendor. Working paper, University of Texas at Dallas, Richardson, TX.

Erlebacher, S. J. 2000. Optimal and heuristic solutions for the multi-item newsvendor problem with a single capacity constraint. Production and Operations Management 9 (3), 303-318.

Feng, T., Keller, L. R., Zheng, X. 2011. Decision making in the newsvendor problem: A cross-national laboratory study. Omega 39 (1), 41-50.

Fisher, M., Raman, A. 1996. Reducing the cost of demand uncertainty through accurate response to early sales. Operations Research 44 (1), 87-99.

Global WASH Cluster. 2009. The Human Right to Water and Sanitation in Emergency Situations: The Legal Framework and a Guide to Advocacy. New York: Global WASH Cluster.

Gonçalves, P., Castañeda, J. A. 2013. Impact of joint decisions and cognitive dissonance on prepositioning (newsvendor) decisions. Working Paper 5021-5013, Sloan School of Management, MIT, Cambridge, MA.

Ho, T.-H., Lim, N., Cui, T.-H. 2010. Reference dependence in multilocation newsvendor models: A structural analysis. Management Science 56 (11), 1891-1910.

Katok, E. 2010. Using laboratory experiments to build better operations management models. Foundations and Trends in Technology, Information and Operations Management 5 (1), 1-84.

Kremer, M., Minner, S., van Wassenhove, L. N. 2010. Do random errors explain newsvendor behavior? Manufacturing and Service Operations Management 12 (4), 673-681.

Lau, H., Lau, A. H., 1996. The newsstand problem: A capacitated multiple-product single-period inventory problem. European Journal of Operational Research 94 (1), 29-42.

Lodree Jr., E. J., Taskin, S. 2008. An insurance risk management framework for disaster relief and supply chain disruption inventory planning. Journal of the Operational Research Society 59 (5), 674-684.

Lurie, N. H., Swaminathan, J. M. 2009. Is timely information always better? The effect of feedback frequency on decision making. Organizational Behavior and Human Decision Processes 108 (2), 315-329.

Ren, Y., Croson, R. 2013. Overconfidence in newsvendor orders: An experimental study. Management Science 59 (11), 2502-2517.

Roopanarine, L. 2013. How pre-positioning can make emergency relief more effective. The Guardian, January 17. http://www.theguardian.com.

Schweitzer, M. E., Cachon, G. P. 2000. Decision bias in the newsvendor problem with a known demand distribution: Experimental evidence. Management Science 46 (3), 404-420.

Su, X. 2008. Bounded rationality in newsvendor models. Manufacturing and Service Operations Management 10 (4), 566-589.

Taskin, S., Lodree Jr., E. J. 2010. Inventory decisions for emergency supplies based on hurricane count predictions. International Journal of Production Economics 126 (1), 66-75.

Thomas, A. S. 2003. Humanitarian logistics: Enabling disaster response. White paper, Fritz Institute, San Francisco, CA.

Thomas, A. S., Kopczak, L. R. 2005. From logistics to supply chain management: The path forward in the humanitarian sector. White paper, Fritz Institute, San Francisco, CA.

Tong, J., Song, J.-S. 2011. Reference prices and transaction utility in inventory decisions. Working paper, Fuqua School of Business, Duke University, Durham, NC.

van der Laan, E. A., de Brito, M. P., Vergunst, D. A. 2009. Performance measurement in humanitarian supply chains. International Journal of Risk Assessment and Management 13 (1), 22-45.

Zhou, Y.-J., Chen, X.-H., Wang, Z.-R. 2008. Optimal ordering quantities for multiproducts with stochastic demand: Return-CVaR model. International Journal of Production Economics 112 (2), 782-795.

第 13 章

风险共担：从供应商角度理解风险共担合同

Karen Donohue（卡伦·多诺霍）和 Yinghao Zhang（张颖昊）

13.1 概　　述

在 B2B 交易模式下，向零售商提供哪种类型的合同是供应商的一个重要决策，其中最常见的合同类型是批发价合同。对供应商来说，批发价合同相对简单，而且不需要监督零售商订购之后的行为，只需要确定批发价即可。然而，对不同供应合同有效性的研究表明，当零售商面临巨大需求不确定性时，若采用批发价合同，供应商和零售商的利润之和会小于集中化供应链的利润。在需求不确定情况下，企业采用批发价合同会使得零售商承担全部风险，而供应商不承担任何风险。因此，零售商订购时，考虑到需求风险，其订购数量会小于供应链中的最优数量（Cachon，2003），使得零售商和供应商的总利润小于集中化供应链的利润。这是很多关于供应链合同教学中讲解的知识点，也是风险共担合同（risk-sharing contracts）替代批发价合同的重要原因。

面对需求不确定性的风险，风险共担合同允许供应商承担零售商的部分风险，例如，回购（buybacks）、收益共享（revenue sharing）、数量柔性（quantity flexibility）、期权和销售折扣（sales rebates）等合同形式。表 13.1 简要阐述了不同类型的风险共担合同的特点，并举例说明哪些行业更倾向于使用某类合同。

表 13.1　风险共担合同类型

合同类型	合同特点	行业举例
回购合同	供应商回购未售出的商品	图书、CD、服装、高科技产业、制药业
收益共享合同	根据零售商卖出的商品数量，供应商与零售商分享商品收益	视频租赁、电影放映、飞机维修
数量柔性合同	供应商允许零售商知道需求量之后调整订货量	电脑产业、欧洲汽车产业
期权合同	供应商给零售商在未来以一定的价格购买一定数量商品的权利	高科技产业、纺织业、塑料制造业
销售折扣合同	零售商售出的商品超过阈值之后，供应商给予零售商折扣	硬件、软件业、汽车产业

风险共担合同有个共同特点，那就是供应商的收益与零售商和顾客有直接关系，因此供应商分担了零售商库存过剩或缺货的风险。与简单的批发价合同相比，风险共担合同更为复杂，因为它要求供应商关注零售商的市场需求状况，以及这些需求如何影响销售和库存。尽管如此，执行风险共担合同也是值得的，因为此类合同能够为供应商及整体供应链带来预期利润的增加。

本次课堂实验的目的是让学生亲身体验风险共担合同的特点，并深入了解执行这类合同流程中会遇到的潜在挑战。同时，本次实验也有助于学生了解回购合同和收益共享合同间的区别，明确为什么有些合同更适合于某些特定环境。本次实验以及相应的讲解材料均来自最近的行为学研究，特别地，Zhang 等（2016）描述的实验研究。我们通过实验探究以下几个问题。

（1）不同的风险共担合同对供应商的意义相同吗？
（2）商品类型（如商品利润率的高低）如何影响风险共担合同的相对收益？
（3）供应商在进行风险共担合同定价时，会遇到哪些挑战，该如何权衡？
（4）考虑可能影响定价的行为因素后，实施哪种风险共担合同的收益更高？

为了简单起见，实验的重点是比较两种具有代表性的风险共担合同：回购合同和收益共享合同。这两种合同通常被归为一类，因为在提高供应商的利润方面，我们通常认为它们是等价的。然而通过本实验，学生将认识到事实并非如此。当学生对这两种合同进行选择并定价时，他们的决策显示当商品利润率不同时，这两种合同的效果是不同的。造成这种差异的原因之一是常见的行为现象，称为损失规避（loss aversion）（Kahneman and Tversky，1979），另一个行为现象是比较新的概念，称为预期账户（prospective accounting）（Prelec and Loewenstein，1998）。本次实验不仅可以介绍这些行为的概念，而且可以讨论这些行为对设计供应链合同的影响。

本实验是为高年级本科生的供应链战略课程而设计，同时也适用于重点关注供应链管理或战略采购的本科生或 MBA 学生。实验中，学生将扮演供应商的角色，并需要做出两个决策：首先，选择合同的种类（回购合同或是收益共享合同）；其次，为其选择的合同设定合同参数。实验结束后，学生将讨论他们的决策结果，分析如何把结果中出现的规律映射到更加现实的情况中。通过亲身参与，学生能够更深入地理解风险共担合同的运营机制、不同类型合同之间的利弊权衡以及人的行为因素，如损失规避和预期账户等对合同效果的影响。

13.2 理论基础

风险共担的合同设计和执行一直是供应链管理研究领域中的热门话题。Cachon（2003）对已有的风险共担合同和其他供应商合同的相关文献做了全面的介绍。风险共担合同的主要优点之一是，它能鼓励供应商分担零售商的部分风险，使得零售商的订购数量接近最优订货量，从而提高双方的期望收益，一些风险共担合同也被证明能够使供应商和零售商的利润总和最大化，即"渠道最优"。

目前，有关风险共担合同的文献主要关注季节性或短生命周期的单周期商品，如流行服装、玩具以及电子商品，这种单周期特性也适用于易腐产品，如烘焙食品和农产品。在每个周期内，零售商必须确定订货量，以保证在商品生命周期内满足市场需求。由于市场需求具有不确定性，零售商在确定订单数量时要承担很大风险。本次实验以具有单周期商品特点的蛋糕为例，蛋糕生产厂作为供应商制作奶酪蛋糕，零售商每周向厂商订购一次，然后将蛋糕在本周内卖给消费者。

实验中，我们主要关注回购合同和收益共享合同，因为这两种合同在现实商业活动中很常见，并且已经被证明在供应商和零售商的利润最大化方面具有相同效果。收益共享合同在影视租赁行业得到了广泛的应用。在此合同下，供应商通常设置较低的初始批发价格，然后从零售商的销售收入中获取一定分成。从供应商的角度来看，设置的初始批发价格可能低于商品的制造成本，因此，在零售商销售足量商品之前，供应商一直处于负现金流状态。

相对而言，回购合同的应用则更为广泛，在出版、高科技以及流行服装等行业都很常见。在此合同下，零售商依然会向供应商支付初始批发价格，然而不同的是，供应商需要在销售结束后向零售商以一定的价格回购未售出的商品。相对于收益共享合同，回购合同使供应商在销售初期有短暂的流动资金，但供应商必须准备在销售结束后将部分资金返还给零售商，即支付回购费用。

在市场需求确定的前后，两种合同的现金流可以用数学符号表示，如表 13.2 所示。回购合同的参数包括单位批发价格 W_b 和未售出商品的单位回购价格 b，而收益共享合同中的参数包括单位批发价格 W_r 和零售商售出商品的单位收益共享价格 r。两种合同均包括零售商订货量 Q 和销售期内顾客的最终需求量 D 等参数。

表 13.2 两种合同的交易模式

合同类型	订购时	需求实现后
回购合同	$(W_b - c)Q$ 收益	$-b\max(Q-D, 0)$ 损失
收益共享合同	$(W_r - c)Q$ 损失	$r\min(Q, D)$ 收益

注：$W_r < c$

Cachon 和 Lariviere（2005）发现，对于任何给定的市场需求量 D，当 $r=b$ 且 $W_r=W_b-b$ 时①，如果供应商以最终期望利润最大化为目标，则对它而言选择回购合同或者收益共享合同是等价的。然而，仔细观察就会发现，这两种合同给供应商带来的现金流却存在差异。如表 13.2 所示，即使选择了最优参数时，两种合同的最终利润相同，但两种合同出现收益和损失的时间点和程度是不同的。需要注意的是，此处的损失是以当前资产作为参考点来确定的，这是在行为经济学中的常见假设。

在回购合同下，供应商在零售商订购时获得确定收益，但在需求确定之后会发生不确定损失。收益共享合同则恰恰相反，供应商先产生确定的损失，然后获得不确定的收益。行为经济学和心理学的相关研究都表明，人们在交易活动中的偏好受到框架效应（framing effect）的影响（Tversky and Kahneman，1981）。两种常见的行为因素是损失规避和预期账户。损失规避是指人们面对相同单位的收益和损失时，损失产生的负效用要大于收益产生的正效用（Kahneman and Tversky，1979）。按照预期账户理论的预测，当前支付的痛苦会被未来收益的喜悦所缓冲，而当下收益的喜悦会被未来偿还的想法所抑制，这导致决策者低估当前的效用而高估未来的效用（Prelec and Loewenstein，1998）。比如，当下某人要支付一定的费用，其感受应该是痛苦的，但是想到未来可以得到较高的回报，这种痛苦就会被大大地削弱。

Zhang 等（2016）研究了行为倾向是否以及如何影响供应商的合同决策。他们发现个人特质，比如对损失的厌恶程度、对预期结果的偏好，会影响回购合同和收益共享合同的绩效。因为是人决定合同的最终参数，所以不同的人对不同的合同进行决策，会产生不一样的效果。比如，对于高利润率商品，零售商通常会保持相对高的库存水平，以避免缺货损失的影响，此时供应商更倾向于选择收益共享合同，因为未来从零售商那里得到较高的分成可以缓冲当下损失带来的痛苦，这就是预期账户对决策的影响。如果是低利润率商品，未来回报较低而当下的支出过大，受损失规避的影响，供应商则倾向于选择回购合同。

本次课堂实验可以让学生在对合同进行选择和定价时，通过交易一系列不同利润率的商品，自然而然地认识到这些行为因素。学生可以将自己的偏好和定价决策与之前的行为学研究结果相比，学习到自己的定价策略与规范性研究的最优策略有哪些不同。

---

①只要将 $r=b$ 和 $W_r=W_b-b$ 代入到供应商收益函数中，容易证明收益相同的结论。例如，收益共享合同下的供应商收益函数为 $\pi_{RS}=(W_r-c)Q+r\min(Q,D)=(W_b-c)Q-b(Q-\min(Q,D))=(W_b-c)Q-b\max(Q-D,0)$，可以看出，与回购合同中供应商的收益是等价的。

13.3 实际案例

开始之前，我们先介绍该实验的案例背景。AmazinCake 是位于马里兰州索尔兹伯里的家族蛋糕工厂，该工厂主要生产以下几种类型的蛋糕：奶油蛋糕、纸杯蛋糕、蛋奶酥、奶酪蛋糕、婚礼和生日蛋糕等。这家蛋糕店已经营了 25 年，并以生产高质量蛋糕而闻名。最近它的奶酪蛋糕经营线的经理退休了，假设聘请你接替他的职位。

AmazinCake 生产的奶酪蛋糕通过当地的一家叫作 M-Mart 的零售店进行销售。该零售店每周五向 AmazinCake 订购奶酪蛋糕，然后工厂在周末制作奶酪蛋糕，并于下周一送至 M-Mart 销售。由于奶酪蛋糕是新鲜烘焙的并没有添加防腐剂，因此只有一周的保质期，超过一周未售出的奶酪蛋糕将会被扔掉，没有任何回收价值。

AmazinCake 与零售店 M-Mart 一直采用批发价合同，即在每周五订购时，零售店只需要向蛋糕厂支付固定的单位批发价格。作为经理，你对风险共担合同的好处有一定的了解，也希望探索用风险共担合同来代替当前批发价合同的可能性。经过研究，你发现收益共享合同或者回购合同可能比较合适，但还不确定哪种合同能为 AmazinCake 带来更高的利润。

根据客户 M-Mart 的预测，今年市场情况相对稳定。M-Mart 销售奶酪蛋糕的单位价格是 20 美元，周需求量服从 1~100 的均匀分布，每周平均需求量为 50 个。均匀分布意味着每周的实际需求量 D 可能是 1 到 100 之间的任何整数，并且每个整数出现的概率相同，均为 1/100。

为了更好地理解这两种合同之间的异同，我们设计了以下两个实验：实验 1，需要在收益共享合同或回购合同中做出选择；实验 2，要为给定合同设置价格参数。在每个实验后，学生可以谈谈自己的体会，并与他人交流。

13.4 实验流程

实验 1 中，学生会得到关于回购合同和收益共享合同的详细介绍，然后选择他们认为合适的合同类型，并记录下选择结果。本实验可以让学生熟悉每个合同涉及的参数，如批发价格、回购价格、收益分成等，并了解自己的合同偏好与他人有何不同。通过这个实验，学生们将会发现产品利润率和行为因素可能会导致不同的合同偏好。实验大约需要 10 分钟，另外还需 20 分钟供学生讨论。

实验 2 中，学生将会体验到供应商管理者在为风险共担合同设定价格时所面对的挑战与权衡问题。实验需要在电脑上使用 Microsoft Excel 来完成。为了保持实验的易操作性，学生只需要为收益共享合同或者回购合同设置批发价即可，其他的参数会根据学生输入的批发价自动优化。本实验大约持续 30 分钟，之后进行 20 分钟的讨论。

实验 1：首先向学生们介绍关于 AmazinCake 案例的背景资料，然后为他们提供介绍两种合同的调查问卷，基于此，学生们可以选出其偏好的合同。合同的价格参数是提前设定好的，使得两种合同的期望利润相同，因此学生们就可以重点关注两种合同大体框架的区别。调查问卷采用两个版本：一半学生使用调查问卷 A，另一半学生使用调查问卷 B。这两个版本均在附录中。

这两个调查问卷版本的不同之处在于它们对蛋糕利润率的设定。调查问卷 A 是高利润率的情况，即奶酪蛋糕的制作成本为 1 美元，售价为 20 美元。这意味着单位过剩成本为 $c_0=1$ 美元，单位缺货成本为 $c_u=20-1=19$ 美元。根据报童模型，如果零售商要达到期望利润最大化，它应该选择的最优服务水平为 $c_u/(c_u+c_0)=19/20=0.95$，在本例中，最优订货量为 95 个奶酪蛋糕。如果学生不熟悉报童模型，只需要告诉他们零售商会根据其利润最大化原则选择最优的订货量，即 95 个奶酪蛋糕。

在调查问卷 B 中，单位生产成本为 17 美元，这意味着产品单位过剩成本 $c_0=17$ 美元，单位缺货成本为 $c_u=20-17=3$ 美元，因此这是低利润率的情况。此时，如果零售商想达到期望利润最大化，最优的服务水平应为 $c_u/(c_u+c_0)=3/(3+17)=3/20=0.15$，这意味着，最优订货量为 15 个奶酪蛋糕。同样，对不熟悉报童模型的学生，只需要告诉他们零售商期望利润最大化的订货量是 15。

当学生们完成这两项调查之后，教师可以让每组选出一名代表去统计调查结果，算出组内每个合同选择的百分比，然后教师将每组的结果列到黑板上，询问学生是否发现了一些规律。学生们会发现：在调查问卷 A 中，大部分学生倾向于选择收益共享合同；而在调查问卷 B 中，大部分学生会选择回购合同。

教师可以让学生思考出现这样结果的原因，并从 A 组中挑选几个选择收益共享合同的学生，B 组中挑选几个选择回购合同的学生，询问他们为何有这样的偏好。根据学生的回答，教师可以在黑板上列出出现这种合同偏好差异的各种原因。学生可以基于这些原因总结出一些理论，这些理论主要是关于在改变商品利润率后，人们对合同的偏好会如何变化。有关收益和损失的话题应该自然而然地出现在讨论中，但学生可能不会直接把这种现象称为损失规避（Kahneman and Tversky，1979）。损失在前还是在后的问题也会被提及，这表明预期账户理论（Prelec and Loewenstein，1998）可能是导致这种行为偏好的原因之一。如果学生提出类似这样的想法，教师则可以借此简述这两种行为因素，并说明为何这两种行为因素能够解释人们对供应链合同选择的不同偏好，即为什么面对高利润率商品，人们倾向于选择收益共享合同；而面对低利润率商品时，人们会更愿意选择回购合同。

如果这些想法没有被直接提出来，教师需要给学生一些提示。例如，教师可以询问学生在两种利润率条件下，每个合同的现金流动情况，然后将现金流按需求实现前后两个阶段分别写到黑板上，学生们会发现即便两种合同的损失与收益之和相同（即利润相同），但两种合同下的损失是不同的。在高利润率条件下（调查问卷A），收益共享合同的损失较低；而在低利润率条件下（调查问卷B），回购合同的损失较低。理论研究预测有损失规避心理的人更倾向于选择有着较低损失水平的合同。完成对这些行为因素的讨论之后，教师便指导学生进行实验2。

实验2：在实验2中，学生将对自己选择的合同进行定价。在实验1中，被分到调查问卷A的学生将继续在高利润率商品背景下进行实验2，类似地，被分到调查问卷B的学生将继续在低利润率商品背景下进行实验2。但是，我们将高利润率的蛋糕单位成本调整为5美元，低利润率的单位成本调整为13美元。如果班级人数超过40人，则可以将每组学生再分别分为两个小组，即A1和A2组、B1和B2组，如表13.3所示。其中A1和B1组对回购合同进行定价，A2和B2组对收益共享合同进行定价。对于人数较少的班级，A组和B组中的学生可以对两种合同都进行定价。为了得到比较可靠的结果，给每种合同的定价学生人数应不少于10人。我们为学生提供了Excel表格文件，帮助他们去计算数值。另外学生们还需要手动将这些值记录在附录B中的表格里。

表13.3　实验2的进一步分组

合同类型	高利润率（$c=5$美元）	低利润率（$c=13$美元）
回购合同	A1	B1
收益共享合同	A2	B2

分组完成之后，学生便开始实验，他们依然扮演AmazinCake奶酪蛋糕生产商经理的角色，不过他们现在需要设置合同的价格参数，并将合同提供给零售店M-Mart。根据合同规定的价格，M-Mart确定订货量，然后在市场上销售奶酪蛋糕。实验中，零售商的订货量是根据其利润最大化自动给出的。换言之，给定一组合同价格，程序预先设置好最优订货量，使得零售商自己的利润最大化。学生的任务是确定合同价格参数，使生产商自己的总利润最大。

为了简化任务，学生只需要为每个合同设定批发价格（w），之后Excel软件将会自动给出最优的回购价格（b）或者收益共享价格（r），此时无论学生选择怎样的批发价格，零售商的期望利润保持不变。为了做出公平的比较，需要确保零售商在两种合同下获得相同的利润，也就是说，保证零售商利润不会受到合同类型变化或批发价格变化的影响。合同参数确定之后，Excel 软件将会给出零售商的订货量（随批发价变化而变化）、零售商最终的市场需求量以及最终的利润等。学生将会对合同进行 20 次定价，即 20 周，并且在每周结束后将以下信息记录下来：

（1）批发价格（w）。
（2）相应的回购价格（b）或收益共享价格（r）。
（3）零售店 M-Mart 的订货量（Q）。
（4）程序自动产生的市场需求（D）。
（5）回购合同下剩余的商品数量，或者收益共享合同下售出的商品数量。
（6）通过表 13.2 计算本周开始和结束时的现金流。
（7）本周总利润。

附录 B 中表 13.4 用于给学生们记录这些信息。实验结束后，学生可以使用这个表格计算出 20 周的平均利润。然后教师收集每个学生的平均利润，并且根据表 13.3 所示的分组情况计算出每组的平均利润。计算出的每组利润平均数会在班级中公布，以备讨论对比。

为了帮助学生决策，我们提供了两个相应的 Excel 工作簿，分别用于回购合同和收益共享合同。每个工作簿中都包括高利润率商品和低利润率商品两个电子表格。实验前，教师要确保学生使用的表格文件与他们的分组相对应。

回购合同 Excel 电子表格界面的截图如图 13.1 所示，收益共享合同的界面与此类似。如图 13.1 所示，学生们可以通过使用滚动条来选择批发价格（w），然后最优的回购价格（b）也将显示出来；电子表格还会显示出商店的订货量、一周开始时的最初收益和期末可能的回购成本等。由于回购成本依赖于市场需求，而在决策阶段需求是不确定的，所以界面中只显示出最高和最低的回购成本，分别为 $b \times Q$ 和 0，让学生了解周末回购成本的可能范围。对于收益共享合同，界面中将显示最高和最低的共享分成，分别为 $r \times Q$ 和 0。

学生确定批发价格后，把批发价格输入到电子表格中。表格会显示市场需求量并自动计算出本周开始和结束时的现金流、总利润。然后，学生把相关信息手动记录到自己的工作簿上，如附录 B 中的表 13.5 所示。完成 20 周操作后，电子表格会自动计算出平均利润，显示在表格底部。与直接在表格中收集信息相比，学生自己手动记录这些数字更能让他们亲身体会自己决策的影响，学生不仅可以回顾他们的决策，而且也会形成对实验结果的看法。

学生们完成这些实验之后，教师可以在每组中选出一位学生代表来收集该组成员最终的平均利润，并把平均利润的数值与每组总平均数一起写在黑板上。然每周期初：
零售商订购45单位的蛋糕，
你每单位的蛋糕成本是5美元，批发
价格13.7美元，所以你获得的利润
是(13.7−5)×45 =391.5美元

每周期末：
对于未售出的蛋糕，每单位蛋糕你
要付给零售商5.9美元，当市场需求小于订货量时，
你要付给零售商5.9×(45−D)美元（取值区间
在0~265.5美元）。当需求大于订货量时，
你不用付给零售商钱

请确定批发价格：_____

你的批发价格是13.7美元 回购价格是5.9美元

周	批发价格 (w)	回购价格 (b)	零售店订货量 (Q)	市场需求 (D)	剩余蛋糕量	每周期初现金流	每周期末现金流	每周利润
1								
2								
⋮								
20								

平均利润为 _____

图 13.1 回购合同工作界面

后，教师写出供应商能够实现的最大期望利润，高利润率商品为 422 美元，低利润率商品为 92 美元。列出这些信息之后，教师开始询问学生，在相同利润率情况下，不同类型的合同是否会对利润水平产生影响。学生会发现，收益共享合同给生产商带来的最终利润更高，尤其是在高利润率的情况下。然后教师让学生思考为什么收益共享合同会带来更高的利润。

答案在于，学生在为两种合同设置批发价格时受到行为偏差的影响。此时，教师可以给出每种合同下，生产商期望利润最大化时的最优批发价格。高利润率情况下，收益共享合同与回购合同的最优批发价格分别为 $W_r^*(H)=1.3$ 和 $W_b^*(H)=16.3$；低利润率情况下，两种合同对应的最优批发价格分别是 $W_r^*(L)=3.3$ 和 $W_b^*(L)=18.3$。无论哪种情况，回购价格和收益共享价格均为 $r=b=15$。老师可以开始询问使用回购合同的 A1 和 B1 组学生们实际设定的批发价与最优值的比较情况。教师可以让设置批发价低于最优值的学生举手示意（会发现这个比例非常高），然后问学生为什么出现这样的现象。学生们可能会意识到，通过在开始设置较低的批发价格，他们会在第二阶段以

较低的价格回购零售商的剩余库存,从而减少回购损失——也就是损失规避的表现。

接下来,教师询问使用收益共享合同的 A2 和 B2 组,有多少人设置的批发价格 W_r 高于最优值 $W_r^*(H)$ 和 $W_r^*(L)$,然后指出这也是由于损失规避心理,因为较高的批发价格可以减少第一阶段的损失。借此机会,教师可以重新询问学生,在理解了行为偏差对制定批发价格的影响后,他们会更倾向于选择哪种合同?学生们也应该注意到,在高利润率情况下,行为偏差对回购合同的影响更大,从而导致该种合同下的利润低于收益共享合同。教师应指出在选择合同类型时,供应商经理应该考虑应由谁来设定合同参数,例如,是由可能存在行为偏差的供应链分析师设定,还是由编程算法的决策支持系统来设定。

13.5 讨 论

上述两个实验不仅让学生体会到风险共担合同的实现流程,还可以使其了解不同合同之间的差异。在不同利润率条件下,学生们可以直观感受到这些合同的效果,并发现令人惊奇的结果——供应商经理对于高利润率的商品更倾向于选择收益共享合同,而对于低利润率的商品则更倾向于回购合同。学生们也会发现损失规避和预期账户等行为因素对合同定价行为的合理解释。在回购合同下,经理设置的批发价格低于最优值,而在收益共享合同下批发价格会高于最优值,人的这种行为偏差使得收益共享合同优于回购合同,尤其在高利润率商品条件下更明显。

实际上,人们在选择风险共担合同类型时,通常不会主动地考虑行为因素的影响。从这一点来讲,这个实验可以帮助学生们更深刻地理解实验结果,有助于他们把最新的科研成果应用到供应链优化实践中。课堂讨论中,教师应该要求学生们对本次实验进行总结,总结内容包括:他们对风险共担合同的全新认识;未来面对不熟悉这些观点的供应商经理时,他们会提供怎样的建议。同时,他们也应该思考除了利润率之外,是否存在影响这两种合同效果的其他因素,以及如何通过实验测量出这些因素。

在有关供应链合同的现有文献中,关注制定最优定价策略的文献大都只强调识别使得决策者期望利润最大化的定价策略,而忽略了其他效用函数和可能出现的决策偏差等因素。如果人们在制定最优的定价策略时,把这些行为因素也考虑进来,那会是非常新颖的研究方向。在今后的供应链合同研究中,行为学研究将会成为重要领域,因为合同形式是人选择的,价格也是人制定的,所以为了使先前研究成果更贴近实际,充分理解人作为决策者,其行为因素如何影响合同效果是至关重要的。

许多决策背景下，损失规避和预期账户的作用已经被广泛证明，包括金融决策、市场决策、消费决策以及健康决策。因此，在供应链合同背景下，这些行为因素的出现并不稀奇。但与其他领域不同的是，供应链合同中会存在资金的流动，而不同的合同形式导致资金流动方式的差别，从而导致损失和收益发生的时间、大小以及不确定性上都存在差异（例如，回购合同中的损失不确定，而收益共享合同中的收益不确定）。这种损失和收益呈现方式的差异是非常独特的，在之前的行为经济学中没有进行过相关研究。从这个意义上来说，本次实验也能够让行为经济学领域的学生更好地理解损失规避和预期账户是如何在实际行业环境中产生的。本实验中，丰富的比较框架为思考资金流动提供了很好的平台，而考虑行为因素将会使得对资金流动的评估更具有普适性。

附录 A

调查问卷 A

作为奶酪蛋糕生产商的经理，你正在考虑与零售商签订回购合同还是收益共享合同，以下是对两种合同的详细描述。两种合同的共同背景是，你制作奶酪蛋糕的单位生产成本是 1 美元，零售商将以单价 20 美元向最终消费者出售从你处订购的奶酪蛋糕。无论你选择哪种合同，零售商的订货量都是 95 个。奶酪蛋糕的市场需求量服从[1, 100]的均匀分布，均值为 50。均匀分布意味着每周的实际需求量可能是 1 到 100 的任何整数，并且每个整数出现的概率相同，均为 1/100。

回购合同：每周开始时，零售商以单价 15.25 美元订购奶酪蛋糕，因此每单位的奶酪蛋糕你将获得的初始收益为 15.25–1 = 14.25 美元。经过一周时间，市场需求量已知。在周末，如果零售商存在剩余库存，你将会以 15 美元的单价回购所有未售出的奶酪蛋糕。

收益共享合同：每周开始时，零售商以单价 0.25 美元订购奶酪蛋糕，因此每单位的奶酪蛋糕你将获得的最初收益是 0.25–1 = –0.75 美元。经过一周时间，市场需求量已知。在周末，每售出一块奶酪蛋糕，你将会从零售商那里得到 15 美元的分成。

你更喜欢哪一种合同？回购合同还是收益共享合同？

请简要解释原因。

调查问卷 B

作为奶酪蛋糕生产商的经理，你正在考虑与零售商签订回购合同还是收益共享合同，两种合同的详细描述如下。两种合同的共同背景是，你制作奶酪蛋糕的单位生产成本是 17 美元，零售商将以单价 20 美元向最终消费者出售从你处订购的奶酪蛋糕。无论你选择哪种合同，零售商的订货量都是 15 个。奶酪蛋糕的市场需求量服从[1, 100]的均匀分布，均值为 50。均匀分布意味着每周的实际需求量可能是 1 到 100 的任何整数，并且每个整数出现的概率相同，均为 1/100。

回购合同：每周开始时，零售商以单价 19.25 美元订购奶酪蛋糕，因此每单位的奶酪蛋糕你将获得的初始收益为 19.25–17 = 2.25 美元。经过一周时间，市场需求量已知。在周末，如果零售商存在剩余库存，你将会以 15 美元的单价回购所有未售出的奶酪蛋糕。

收益共享合同：每周开始时，零售商以单价 4.25 美元订购奶酪蛋糕，因此每单位的奶酪蛋糕你将获得的最初收益是 4.25–17 = –12.75 美元。经过一周时间，市场需求量已知。在周末，每售出一块奶酪蛋糕，你将会从零售商那里得到 15 美元的分成。

你更喜欢哪一种合同？回购合同还是收益共享合同？

请简要解释原因。

附录 B

表 13.4　回购合同电子表格

周	批发价格（w）	回购价格（b）	零售商订货量（Q）	市场需求（D）	剩余量	每周期初现金流	每周期末现金流	每周利润
1								
2								
⋮								
20								

表 13.5　收益共享合同电子表格

周	批发价格（w）	收益共享价格（r）	零售商订货量（Q）	市场需求（D）	销售量	每周期初现金流	每周期末现金流	每周利润
1								
2								
⋮								
20								

参 考 文 献

Cachon, G. 2003. Supply chain coordination with contracts. S. Graves, T. de Kok (eds.) in Supply Chain Management: Design, Coordination and Operation. Boston: Elsevier.

Cachon, G., Lariviere, M. 2005. Supply chain coordination with revenue sharing contracts. Management Science 51 (1), 30-44.

Kahneman, D., Tversky, A. 1979. Prospect theory: An analysis of decision under risk. Econometrica 47 (2), 263-291.

Prelec, D., Loewenstein, G. 1998. The red and the black: Mental accounting of savings and debt. Marketing Science 17 (1), 4-28.

Tversky, A., Kahneman, D. 1981. The framing of decisions and the psychology of choice. Science 211, 453-458.

Zhang, Y., Donohue, K., Cui, T.-H. 2016. Contract preferences and performance for the loss averse supplier: Buyback versus revenue sharing. Management Science 62 (6) 1734-1754.

第 14 章

互惠型供应链：咖啡供应链系统中的亲社会行为

Tung Nhu Nguyen（阮东湖）和 Khuong Ngoc Mai（迈玉强）

14.1 概　　述

咖啡价值链的案例常被用于说明分配不公平问题。越南是世界上第二大咖啡豆出口国，该国将咖啡豆出口到欧洲、加拿大和美国等。在这个流程中，如果咖啡豆种植户从咖啡贸易中获得的收益能够补偿他们在咖啡豆庄园的辛勤劳动，那么，咖啡供应链上的价值分配就是公平的。我们从运营管理和行为研究的视角来探究咖啡供应链上的利益分配不公平现象。在教学实践中，教师让学生扮演咖啡供应链上的不同成员，帮助学生了解价值分配不公平的原因所在。学者可以重新审视运营管理和行为研究领域下的关键假设是否准确并从中吸取教训。

从社会学角度来看，解决咖啡价值链中的不公平问题，需要消费者、经营者、社会企业和非营利组织的共同参与。世界银行的一份报告曾预测，消费趋势越来越偏好包含可持续属性的咖啡制品（World Bank，2004）。这种模式的转变受到外界环境的影响，包括国家政策、多边协议和新的商业环境。其中，买家（如贸易商、烘焙商、零售商等）越来越多地制定自己的可持续发展标准（World Bank，2004）。重要的是，消费者越来越关注道德和环境问题。在发达国家或地区，如北美、西欧和日本，消费者倾向于购买包含可持续属性的咖啡（World Bank，2004）。当消费者面临多种商品选择时，亲社会的消费者倾向于选择符合道德生产标准的商品，并且愿意为公平贸易认证咖啡（fair-trade certified coffee）支付溢价（Galarraga and Markandya，2004）。越来越多处于领先地位的咖啡公司选择采购具有道德属性的咖啡豆，如获得公平贸易认证的咖啡豆。它们也和非营利组织一同设计和实施公平贸易方案。例如，咖啡和农民权益（Coffee and Farmer Equity，CAFE）项目是由星巴克与国际保护组织合作实施，用于增加咖啡豆种植户的收入及改善他们的劳动条件。在2013年，星巴克超过90%的咖啡豆，都来自道德采购（Starbucks，2014）。咖啡豆公平贸易运动有助于改善热带和亚热带地区咖啡豆种植户的劳动条件，并提高他们的收入。然而，公平贸易认证可能导致无法获得该认证的小规模咖啡豆种植户被边缘化（Bacon，2005）。非营利组织、社会企业及商业机构推动的可持续发展计划涵盖多个维度，具体包括：公平贸易认证、雨林联盟（Rainforest Alliance）认证、史密森尼学会候鸟中心（Smithonian Migratory Bird Center）的鸟类友好认证、咖啡社区的通用管理规则（The Common Code for the Coffee Community）、星巴克 CAFE 项目以及雀巢咖啡计划（Nestle Initiative）等。

从运营管理角度看，咖啡豆种植户需要考虑咖啡需求预测的准确性。在供应链系统中，需求在从下游到上游的传递流程中存在波动，因此上游的咖啡豆种植户不是总能保证种植的咖啡豆数量刚好满足下游需求，这种现象被称为牛鞭效应。比如，零售商的订货量会高于消费者的需求，这可能是因为零售商想从供应商处获得数量折扣，或者避免缺货损失。此订购行为偏差也可能出现在咖啡豆进口商身上，他们会向出口商订购过多咖啡豆。当订单到达咖啡豆种植庄园时，订单量与实际需求间已存在巨大偏差，导致咖啡豆种植户种植了过量咖啡豆；一旦咖啡豆价格下跌，种植户会因咖啡豆库存而产生巨大损失。然而，咖啡供应链系统中的牛鞭效应，尚未得到充分的研究。根据世界银行的研究报告，种植户之所以种植大量的咖啡豆，是因为他们没有获得价格下跌的任何相关信息，或是知道得太晚；更有甚者，他们获得的是错误的需求和市场价格信息（World Bank，2004）。因此，当咖啡的实际需求降低时，种植户或中间商不得不将咖啡豆存放在仓库中，从而增加了库存持有成本。

此外，将咖啡豆从热带国家的农场运到其他国家的烘焙商手中所产生的运输成本占销售收入的比例很高。乐施会（Oxfam）指出，位于乌干达的咖啡豆种植户出售的咖啡豆每公斤价格为 14 美分，但经中间商转手，到达烘焙加工厂时，每公斤价格为 1.64 美元（Oxfam，2002）。这里的溢价主要用于支付运输费用、中间商的利润、税金，以及与供应链运营相关的费用。星巴克的运营成本中，60%～70%用于支付咖啡豆相关的运输和与供应链运营相关的其他费用（Cooke，2010）。因此，教师可以向学生教授咖啡供应链系统中的不公平价值分配、牛鞭效应及供应链经济学知识。

14.2 理论基础

供应链管理关注的是材料与信息的流动。传统的供应链管理理论认为信息、沟通、合作和信任对于实现物料信息的同步是至关重要的，可使供应链在降低成本的同时更能响应客户的需求（Russel and Taylor，2009）。本章研究了两类经典的运营管理现象：由不完全信息流导致的牛鞭效应，以及其对库存成本的影响。

供应链中的牛鞭效应反映了信息在多个成员之间进行长距离传输时信息失真的现象。这种现象会影响供应链成员的决策：牛鞭效应使得供应链中的所有环节倾向于持有高库存，从而导致库存成本的增加。牛鞭效应说明信息的滞后和失真往往是引起不合理订购行为的主要原因，这一现象加剧了供应链系统恶化的风险，导致库存过剩（Lee et al., 1997），从而导致库存、物流成本的增加和利润的减少（Heizer and Render, 2008）。

本章重新审视经济订货量模型和准时生产假设，它们的目标是最小化库存成本。经济订货量模型假定需求和提前期是已知、确定的。在需求和提前期存在不确定性并假设其服从正态分布的情况下，当实际情况发生变化时该模型会通过增加安全库存来进行调节。事实上，原材料的长距离运输受多方面因素的影响，对应的库存模型也十分复杂。商业环境中的各种因素也影响库存模型的准确性。这些模型无法解释在购买行为中公平感产生的影响（Bendoly et al., 2006）。另外，具有道德感用户的购买行为会使得市场需求发生变化，他们可能会抵制侵犯人权的商品，该现象会破坏整个供应链。

在传统教科书的线性库存模型中，运营管理学者忽略了社会和行为因素的影响。事实上，库存的准确性受供应商和消费者行为的影响，同时供应商和消费者的行为又受到个人、社会和环境因素的影响。Bendoly 等（2006）认为供应商选择模型假设了相对稳定的供应商关系。然而不同地区的供应环境、经济条件、经营理念、决策理性和教育水平都不尽相同，就更不用说政治动态了。供应商的违约行为暴露了其供给关系的动态性。例如，咖啡贸易商为了将咖啡豆以更高的价格出口到新的市场，可能会推迟交货。

运营管理研究中，道德问题也一直备受关注，因为它是组织能够取得长期发展的关键（Heizer and Render, 2008）。非营利组织和监管机构会考察当地工人的待遇情况以确保他们被公平对待，因此跨国企业不得不遵守道德相关行为规范。

然而，运营管理理论并没有详细解释企业、消费者与企业社会责任（corporate social responsibility, CSR）输入输出转换之间的动态关系。行为理论有助于解释消费者何时、为何以及如何通过 CSR 框架对企业社会倡议做出回应（Bhattacharya and Sen, 2004）。根据 CSR 框架，当企业投资 CSR 事项时，其外部影响包括销售收入、声誉（口碑）、消费者行为，以及对社会的贡献。传统文献资料未能全面考虑消费者和供应商议价能力对供应链的影响。

组织行为理论通过研究影响消费者需求和供应商信任的因素，缩小了理论模型与实际应用的差距。在知情决策模型中，影响消费者决策的因素包括对商品的认知与情感偏好（Bekker et al., 1999）。知情决策模型反映消费者选择某件商品的认知过程，从商品质量开始，到商品满足消费者需求的程度，再到形成对商品的情感偏好。这些因素影响了消费者对商品的选择。根据效用理论，消费者可以从商品的不同特性中获得效用，其效用取决于观察到的商品特性，这里面可能涵盖公平贸易或者 SA8000 认证[①]等因素。但消费者在如何评价不同商品特性方面可能会存在差异（Hiscox et al., 2011）。该效用模型方程表示如下：

$$U_{jit} = U\left(x_{it}\xi_{jt}, v_{it}\right)\theta$$

其中，U_{jit} 表示消费者 i 从市场 t 中购买第 j 种商品的效用；x_{it} 表示消费者 i 在市场 t 中观察到的商品属性；ξ_{jt} 表示市场 t 中的第 j 种商品未被观察到的商品属性；v_{it} 表示市场 t 中未观察到的消费者的消费偏好；θ 表示消费者对观察到的每个产品属性的敏感度。

上述效用模型解释了为什么有的人，尤其是发达国家的人，愿意花费更多的钱购买价格稍贵的具有道德标签的商品。这种决策行为和决策的期望效用相一致。例如，当消费者购买具有公平贸易认证的咖啡时，他会感到高兴，因为他认为这样可以帮助咖啡豆种植户增加收入。上述效用模型的有趣之处在于消费者愿意为了偏远的发展中国家农民的利益而支付更高价格。然而，经典的效用理论只考虑了个人的喜好和态度，这种考虑是不全面的，特别是在知情决策方面（Bekker et al., 1999）。知情决策理论的学者补充了消费者对特定商品的知识储备与情感倾向，作为影响购买决策的预测因素（Bekker et al., 1999）。近些年，学者通过计划行为理论（如购买意愿受到态度、社会规范和行为控制的影响）来研究效用模型的构建。在计划行为理论中，消费者的购买意向取决于对特定行为的态度、主观的行为规范和对感知行为的控制。例如，当反对不公平贸易的消费者意识到他们的购买行为可能会支持不公平贸易时，他们就不会再购买该商品。当供应链中没有需求时供应链就会崩溃。因此，对企业运营人员来说，了解消费者的影响力至关重要，这要求他们去了解消费者愿意支持和购买的商品。

最近，用户对劳动公平的呼声愈加强烈，以至于已经制定了公平劳动标准以监督企业对社会可持续发展方面的贡献（Hutchins and Sutherland, 2008）。以上学者认为，我们有必要考虑社会可持续发展的指标。这些指标应包括以下因素。

（1）劳动力平等。如果将供应链作为完整的输入输出系统，该流程中的所有成员应该得到公平的薪酬和福利待遇。但将发展中国家的咖啡豆种植户与美国员工的时薪进行简单对比时，可能会因为购买力平价[②]的原因而被误导。同样

[①] 译者按：SA8000 即"社会责任标准"，是 Social Accountability 8000 的英文简称，是全球首个道德规范国际标准。其宗旨是确保供应商所供应的产品，皆符合社会责任标准的要求。

[②] 译者按：购买力平价是根据各国不同的价格水平计算出来的货币之间的等值系数。目的是对各国的国内生产总值进行合理比较。购买力平价汇率与实际汇率可能有很大的差距。在对外贸易平衡的情况下，两国之间的汇率将会趋向于靠拢购买力平价。购买力平价分为绝对购买力平价和相对购买力平价。前者指本国货币与外国货币之间的均衡汇率等于本国与外国货币购买力或物价水平之间的比率；后者指不同国家的货币购买力之间的相对变化，是汇率变动的决定因素。

是 1 美元，在越南及其他欠发达国家可以买一顿饭，但在美国却不能购买一个汉堡。若不考虑固有的购买力平价影响，时薪应该没有显著差别。但在越南，2013 年法律规定农村地区的最低工资约每月 90 美元，或者每个工作日最低 5 美元，或者每小时最低 1 美元，而美国员工的最低时薪大约为 7 美元，这两者之间有着显著的差距！

（2）医疗保障。公司为每名员工支付的医疗保险费用占每名雇员市场价值的比例。

（3）安全保障。每名员工不受伤的天数占总工作日的平均比例。

（4）慈善事业。慈善捐款占企业总市值的比例。

14.3 实际案例

14.3.1 咖啡价值链

现在跨国公司正在向世界上那些原材料和劳动力低廉的地区进行投资和扩张。他们从多个国家进行采购，就像购物者从多个商店购买物品一样。在全球供应链中，发展中国家农户的收益只占他们所生产的农产品附加值中的一小部分，咖啡豆是世界上贸易量最大的农产品之一，但也是收益差异最突出的行业。有观点认为，那些在热带国家辛苦种植咖啡豆的农民应获得最大比例的附加值，然而事实并非如此。

在咖啡供应链中存在着大量不公平贸易。社会学家将其称为国际贸易中的社会不公平现象（Jaffee，2007）。咖啡的附加值在农民、贸易商、运输商、烘焙商和零售商之间的分配并不均匀。具体而言，农民只获得附加值的 10%，贸易商获得 3%，运输商获得 4%，零售商获得 13%，而烘焙商获得了 70%。在该流程中，经济和社会的可持续性成为此类商品流通中的关键问题。可持续发展的两个维度（经济可持续发展和社会可持续发展）与环境问题相结合，构成了可持续发展建设的基础。从道德标准的角度来看，跨国公司应更加重视可持续发展的问题。因为在发展中国家，处于金字塔底层的人们需要跨国公司的支持，来改善他们的健康和经济状况。联合国提出了以推进企业可持续发展为目标的千禧年发展目标。通过减少贫困、改善人类健康状况和加强生态系统保护，促进满足更多的基本需求，进一步提高生活质量和促进社会公平（United Nations，2000）。有证据指出，在咖啡供应链中缺乏可持续性会导致农民在条件恶劣的农场中劳动，但只能获得最小的利润分成。同时，咖啡豆种植户也容易受到价格下跌的影响。乐施会的报告中指出，在 21 世纪初咖啡价格大幅下跌时，越南多乐省的小型咖啡豆种植户获得的销售收入只有其种植成本的 60%（Oxfam，2002）。有历史数据表明，咖啡的商品价格随着时间的推移而波动，咖啡豆的期货价格也同样如此（USDA，2007）。除供需不平衡外，价格投机者对未来可能显著影响咖啡行业的事件的预测行为，也将进一步加剧咖啡豆期货价格的不可预测性（Lewin et al.，2004；World Bank，2004）。

14.3.2　越南：世界著名的罗布斯塔咖啡豆种植国

法国于 1857 年将咖啡豆种植引进越南。直至 2012 年，越南已有 500 000 公顷的农场用于种植咖啡豆，并且有 2547 万袋 60 公斤袋装咖啡豆出口。越南也因此成为仅次于巴西的世界第二大咖啡豆生产国和出口国。越南生产的罗布斯塔咖啡豆占其总产出的 95%。2012 年，越南咖啡豆出口总值上涨至创纪录的 37 亿美元（Ipsos，2013）。

巴西是头号咖啡豆出口国，它生产的阿拉比卡咖啡豆比越南的罗布斯塔咖啡豆更为昂贵。2013 年 7 月，1 公斤阿拉比卡咖啡豆的售价为 1.25 美元，而罗布斯塔咖啡豆约为 0.8 美元。在越南战争爆发和持续期间，咖啡种植几乎停滞。当 1975 年越南战争结束后，越南发起以农作物，包括大米、茶和罗布斯塔咖啡豆种植为主的农业生产计划。2000 年，越南罗布斯塔咖啡豆的产量达到全球第一。自那以后，来自美国的跨国公司，例如 2012 年收入为 350 亿美元的全球第二大咖啡品牌亿滋国际，开始收购越南的罗布斯塔咖啡豆。

14.3.3　咖啡豆供应和可持续发展倡议的历史教训

直到 20 世纪 90 年代，科特迪瓦和喀麦隆依旧是世界领先的罗布斯塔咖啡豆供应地。20 世纪 90 年代初，这些地区的年轻人离开农村进入城市，使得这些地区的咖啡豆产量大幅度降低。这种现象同样出现在越南，年轻一代更喜欢去工厂工作。因为工厂的工作尽管艰苦，但能获得更多收入。一个三口之家每年从咖啡豆种植中获得的收入不超过 4000 美元，而在河内的一家工厂，一名工人每年的收入可以达到 6000 美元以上（Cong，2013）。咖啡豆销售价格由经纪人或贸易商设定，他们从农民手中购买咖啡豆，然后把它卖给出口企业以获取利润。通常情况下，中间商将化肥赊给缺钱的农民，并从农民那里以低价预订咖啡豆（Cong，2013）。

跨国公司，如美国的亿滋国际、瑞士的雀巢和 ECOM 公司，提供了数百万美元的资金来帮助越南的咖啡豆种植户提高栽培技术。例如，2013 年亿滋国际在林同省开办了一家培训中心，这个培训中心的周围种植了多个品种的罗布斯塔咖啡豆，在这里有嫁接、施肥、控制浇水甚至价格谈判等一系列的课程。这是未来咖啡业的一种投资方式，除了越南没有任何一个国家能满足日益增长的罗布斯塔咖啡豆的需求（Cong，2013）。

14.4 实 践 活 动

持续时间：约30分钟。

小组提问：①世界上交易量最大的农产品是什么？——咖啡豆；②它生长在哪里？——赤道附近；③咖啡的主要消费地是哪里？——美国、加拿大、欧洲；④咖啡在赤道附近种植再向美国、加拿大和欧洲的消费者销售的供应链是什么？——种植户/农民、贸易商、运输商、烘焙商和零售商。

让7名志愿者分别扮演不同的角色。这些角色代表着从咖啡豆种植到卖给消费者这一条供应链上不同的成员。要求志愿者按顺序排队：3名种植户/农民彼此相邻，旁边依次是贸易商、运输商、烘焙商和零售商。每个人都要大声读出他的人物卡片，卡片描述了所扮演角色需要做的工作。图14.1为角色和小组布局。

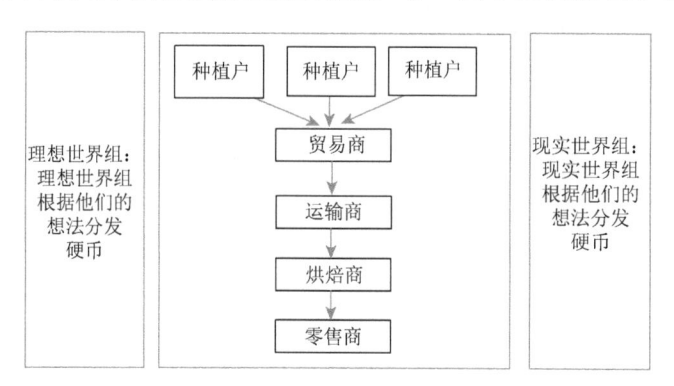

图 14.1 活动中两组的布局

注：箭头代表了咖啡豆供应进程中的流向

剩余的成员分成两个小组均匀地站在角色扮演者的两边，使角色扮演者的位置处于他们中间。给每个小组分发一套硬币（也可用纽扣），保证每个小组成员均有一些硬币。每组都有100个硬币，每个硬币表示在咖啡豆上花费一美分。

指定一组是理想世界组，另一组为真实世界组。要求每一组在不同的角色扮演者之间分发硬币。理想世界组认为应该根据工作的难度、工作在咖啡豆生产制造流程中的重要性、对应角色的需求/成本等，按照公平世界的思想分配硬币；然而，真实世界组认为应该按照当今世界的实际情况分配硬币。当分发硬币时，角色扮演者应该弄清楚作为特定的角色，无论是理想世界还是真实世界情况下他们应该得到多少硬币，理清在此流程中他们的重要性、成本等。

当两组都对分发的硬币数量满意时，询问他们为何选择这样的分配方式，他们给谁发的硬币最多，给谁发得最少，以及为什么这样做。询问每一名角色扮演者他们拥有的硬币有多少，先看理想世界组的情况，再看真实世界组的情况。

提问：如何比较这些离散的资源分配模式？在理想世界和现实世界中，不同的角色怎样看待他们所获得的硬币？资源分配情况是应该如此的吗？是否应该有所不同？为什么？揭示在真实世界情况下每个角色应该有多少硬币。

提问：为什么有差异？在资源分配决策中，体现出了什么样的价值观？努力工作？教育？费用？这些价值观在生活中如何影响消费习惯？

在实际的分发中，三名种植户总共获得了 10 枚硬币，贸易商得到了 3 枚，运输商分得 4 枚，烘焙商得到 70 枚，零售商得到 13 枚。

反应：你惊讶吗？

从这一实践活动中，学生或许能意识到资源的分配并不是像他们在表 14.1 的差异 2 中所预期的那样。这时，教师应该指出，这一不公平现象是由哪些因素造成的，包括信息缺失、增值商品、税收政策、不同的生活成本等因素。可以借助鱼骨图来列出可能的原因。让学生说出原因，并让主持人将这些原因记录在相关类别中。

表 14.1 差异记录

供应链成员	理想世界组的硬币/纽扣	真实世界组的硬币/纽扣	实际的利润分配	差异 1（理想世界组的差异）	差异 2（真实世界组的差异）
种植户（×3）			10%		
贸易商			3%		
运输商			4%		
烘焙商			70%		
零售商			13%		
				求和	求和

注：实际的利润分配数据来源于国际咖啡组织，差异 2 越小，越有助于参与者理解供应链成员之间的收入分配的差异

14.5 讨论

以下是参与者在学习活动中可能观察到的情况。

14.5.1 供应链中的价值增加

种植户仅能得到 10% 的销售收入，烘焙者却能得到 70%。因此可知供应链中的某些活动，如烘焙、包装和调味，可为商品增添更多的价值。

14.5.2　理解基于不完全信息流的全球供应链

参与者通过面向前一成员背部的方式落座，以限制他们的沟通或使其沟通无效。参与者可以看到坐在第一排的成员，即咖啡豆种植户，但不能看到最后一排的终端消费者。参与者能观察到消费者的行为，如消费者需求的变化，而咖啡豆种植户却观察不到。

14.5.3　认识咖啡豆种植户应对价格冲击的脆弱性

参与者可以发现咖啡供应链的地域范围广，涉及成员多。从经济方面考虑，这一漫长而烦琐的流程对咖啡种植户是不利的，因为供应链中的潜在利润必须被分割成多份来分配给所有成员，而种植户的人工耕作只能分得很少的利润。咖啡种植户也容易受到咖啡价格冲击的影响。例如，在 2013 年，每公斤生咖啡豆的收购价格降到 40 000 越南盾以下，即小于 2 美元/公斤。在 2013 年 11 月 7 日，越南电视台采访的一位咖啡种植户说，他辛勤耕种了一年的咖啡豆，年利润只有 3000 万越南盾，约合 1428 美元。糟糕的是，咖啡豆收入是他七口之家唯一的收入来源，而他的五个孩子仍处于学龄阶段。全球咖啡豆价格下跌的原因之一是，咖啡豆被投资者和价格投机者作为可交易商品在纽约证券交易所进行买卖。有时候世界咖啡价格并不低，而是其他原因导致提供给种植户的收购价格低。原因一是牛鞭效应，由于咖啡短缺这一信息被放大，令大量种植户种植过多咖啡豆，从而导致价格暴跌。原因二是商人希望通过低于市场价的价格来购买咖啡豆，并使自己保留较大的利润率，从而赚取高额利润。原因三是种植户无法获取市场需求和价格的信息，所以当他们的投入能获得现金回报且咖啡豆不用再堆积仓库时，他们可以接受任何收购价格。

14.5.4　咖啡供应链需要完整的承诺制系统

整个供应链崩溃的潜在因素不仅有消费者需求的下降，还有供应商的失信。参与者可以看到咖啡豆生长地主要集中在赤道附近，这意味着咖啡豆的原料来源主要依赖于赤道附近的国家。出于对现金的渴望，种植户可以向任何出价高的收购者出售原料。供应商为了更高利润，放弃传统客户，与新兴市场的贸易商进行交易。例如，供应商有时会以出现了自然灾害、农作物歉收、通货膨胀、投入成本高为借口，单方面拒绝执行与美国和欧洲市场签署的供应合同，而将原材料以更高价格卖到新兴市场。进口商对供应商未遵守承诺导致的咖啡豆供应中断感到愤怒，有时甚至将其告上国际法庭。在这种官司中，进口商的胜算很大，因为他们有合同条款上的数量与价格作为证据。因此，供应商提高销售价格的要求通常是不会成功的。更糟糕的是，此举往往导致供应商的信誉受损。

考虑咖啡豆低需求时的情景。种植户认为之前的咖啡豆需求上涨是真实的，所以有更多种植户种植咖啡豆。当实际的咖啡豆需求低于他们的预期，即供大于求时，销售价格就会下降。贸易商开出低廉的价格收购咖啡豆。种植户在投资回报和银行利息的压力下，除了将咖啡豆低价售出之外别无选择。此时供应链中的受益方是贸易商。上述情况要求全球咖啡企业将原材料供应商整合到自己的系统中，建立一个基于信任和承诺的供需关系。此外还有一些重要的要求，如向种植户提供真实的咖啡豆需求信息，制定扶持政策，保证最低收购价格、消费合同等，并对种植户就法律问题和商业计划进行培训。

14.5.5 客观看待供应链内成员间的利润分配

现实世界的利润分配中，烘焙商获得咖啡利润70%，而种植者仅分得10%。直观上讲，考虑到种植户辛勤劳动的投入，这种利益分配似乎不公平。然而，这种情况的产生还有其他原因。首先，如果未调查供应链中各个国家生活成本的差异，这两个比例的差异会误导我们。1美元在越南可以买一顿饭，却不够在美国支付一个汉堡。其次，美国烘焙商的支出巨大，他们在包装和商品营销上花费大量成本。在美国，高昂的企业所得税和营业税也给烘焙商制定售价增添了压力。因此，烘焙商的利润没有外界推测的那么高。这次学习活动也得到了一些关键结论，例如对增值活动的投资，如烘焙商的包装或增值服务，可以提高售价。欠发达国家的生产者可以结合该学习活动的知识，寻求更高利润。由于缺乏知识和技术支持，种植户无法增加原材料的价值，导致销售价格较低。

1）经济订货批量模型的相关知识

经典的经济订货批量模型确定了受总库存成本和总订货成本影响的经济订货数量。在实际情况中，因国家间的运输费用较高，烘焙商或运输商可进行大批量订货以降低总的订货成本，但也因此不得不支付更多的库存费用。这是咖啡的价值在烘焙环节显著增加的原因。实践活动可以引发参与者对供应链成本重要性的讨论。过度订货的现象使得供应链上流的需求信息失真，导致种植户过度种植，直到贸易商停止收购，价格下降，最终仍由种植户承担经济损失。

2）学习企业社会责任方面的最优实践

这个学习过程介绍了跨国公司举措，如雀巢咖啡计划。雀巢公司保证从种植户那里收购咖啡豆，并为他们提供技术援助。这是跨国公司承担社会责任并促进公平贸易的优秀案例。

3）咖啡供应链崩溃的危险

上面的内容揭示了终端咖啡消费者具有决定购买何种商品的权利。如果供应链中没有消费者，整条供应链将会崩溃。美国的消费者可能对价格并不敏感，但他们开始逐渐关注道德问题。如果他们意识到供应链中各成员间的利润分配不公平，或发现发展中国家咖啡豆种植户的利益受到侵犯，他们会抵制这些咖啡品牌。这种商品抵制事件曾发生在耐克公司，在20世纪90年代，越南工人在劳动条件恶劣的血汗工厂里工作的报道引发了抵制事件，导致销售收入下降，进口国的税收减少。运营管理者应注重风险管理以预防类似的潜在风险。

4）全球咖啡供应链的可持续发展

跨国企业应留意经济、环境和社会的可持续发展。当它们在所属社区开展业务时，其社会责任也涉及可持续性和道德领域。研究显示，80%消费者表示，若企业能保证商品是在良好的工作条件下生产，他们愿意花更多钱购买（Elliott and Freeman，2003）。Galarraga 和 Markandya（2004）收集了英国各大超市在售咖啡零售价格的数据，贴有"绿色"标签的咖啡平均溢价约 11%，该标签代表着公平贸易、有机食品和遮阴咖啡。在咖啡供应链中，运营管理者应该重视公平贸易和 SA8000 认证，它们都有助于改善种植户的工作环境，并增加种植户的销售收入。

5）供应合同管理

贸易商需要关注的另一个问题是，未履行合同条约导致的供应链崩溃。当种植户意识到自己的潜在利益得不到公平分配时，会停止供应原材料，并以歉收、自然灾害、通货膨胀、生产成本高等为借口来要求贸易商涨价。在某些情况下，种植户将原材料以更高的价格出售给有着较大需求的新兴市场，从而导致供应短缺。这不仅会影响咖啡豆供应，还会影响腰果等其他热带原材料的供应。腰果因人为原因变得稀缺，影响了对进口商的供应。咖啡豆贸易商是向美国进口商承诺固定合同价格和交货日期的中间商。种植户所进行的价格调整将要求贸易商与进口商协商新的价格，而进口商会坚持合同价格并拒绝调价。随着谈判失败，进口商因原材料供应商不履行合同将其告上法庭。正如前面所讨论的，进口商通常会赢得官司，而贸易商需要补偿全部损失。

6）商业环境因素和消费者的权利

为了确定订货点和最佳订货数量，需对订货需求进行估计。当需求量和交货期不变时，使用确定性库存模型；当需求量和交货期变化时，使用最小化期望库存成本模型。根据以往的库存缺货事件概率，我们需要储存一定量的安全库存以最小化库存成本。然而，在全球供应链中，原材料在国家之间进行长距离运输时，交货时间和交货数量会受环境因素影响。例如，在一般商业环境下，国家或人权监察组织的进出口政策可以推动或拉动供应。在特定商业环境下，消费者知识、效用和影响的变化会影响他们是否购买商品的决定。当前的库存模型过于通用，无法涵盖具有独特属性的产品，如咖啡（交货期长，需要进口等）。

7）迎接准时制的挑战

库存的准时生产方法没有被全球咖啡供应链采用。世界银行在2004年指出，世界主要咖啡豆出口国巴西、越南和哥伦比亚，它们的咖啡总产量占世界总产量的61%，由于没有遵循需求拉动方案，近年来出现了供应过剩的情况。世界银行的报告也指出，市场供大于求的原因包括政策失灵、市场失灵、缺乏真实信息的获取和种植户的供给意。此次实践活动可以帮助参与者认识到供应链中成员关系的复杂性。并且由于"推式"方法的实施，一些成员必须持有咖啡豆库存。世界银行的报告指出，咖啡烘焙商都不愿意持有过多库存，并把物流需求推卸给他们的供应商。因此，咖啡豆在运输商或贸易商的仓库中堆积。未来的研究，需要进一步探讨航运和贸易公司的库存问题，以及库存成本增加是否会影响它们的业务绩效。

社会学家推测，某些因素会使沟通的有效性失真，如文化差异、缺乏反馈、不正当渠道、物理干扰、状态效果和语义问题等。信息沟通方面的文献应该探讨这些因素如何影响全球供应链中的信息沟通。在全球供应链中，当信息在许多具有不同利益的个人或团体中传达时，特别是在空间距离较长的上下游之间，会发生信息失真，这种现象称为牛鞭效应。

8）个人主义引发的牛鞭效应

行为科学中的传统决策模型假定决策者是理性的并具备决策所需知识。在某些情况下，人们需要在有限信息或者信息不实的条件下做出决策。在供应链中，信息失真被称为牛鞭效应。现有的沟通模式忽略了这种心理效应，在一定程度上是因为个人行为受到个人利益最大化的驱动。该现象应该在未来的行为决策研究中进行探讨。例如，零售商可能会稍微增加订货量以最大化因需求突然增加而改变的销售收入，或减少订单数量使总订货成本最小化。咖啡豆烘焙商认为需求是真实增加的，但其实他不知道咖啡在零售地区的真实需求量。因为烘焙商不想把咖啡库存完全耗尽，他就会给运输商下达更多的订单。随后运输商又从贸易商那订购了一些额外的咖啡豆，数量积少成多。这种效应是由零售商传递到供应商的，这意味着直到零售商发出额外订单的几个星期甚至几个月后，咖啡豆种植户才能意识到市场对咖啡的需求增大。更糟的是，种植者以为需求增加是真的，并不知道这是零售商为了追寻利润最大化的一时之念。这种情况下，采购人员或物料计划人员应该通过与供应链中所有成员共享信息并且使用信息技术，如计算机辅助订购，以仔细分析问题并控制订货量。

9）小规模生产者的边缘化

公平贸易或SA8000认证都有一些副作用。咖啡跨国贸易企业将实行公平贸易作为企业社会责任的一部分，同时也是为了向部分道德用户提供优质的差异化咖啡商品，从而获得更高的销售收入。他们向发展中国家中成千上万的种植户宣传公平贸易项目。然而，随着越来越多的咖啡豆种植户需要帮助，这些项目逐渐变成排斥小规模种植户，并导致发展中国家的穷人进一步被边缘化（Perez-Aleman and Sandilands，2008）。由于小规模种植户有权参加那些提倡质量、社会和环境规范要求严格的项目，所以这种影响值得进一步研究。

参 考 文 献

Bacon，C. 2005. Confronting the coffee crisis：can fair trade，organic，and specialty coffees reduce small-scale farmer vulnerability in northern Nicaragua？World Development 33（3），497-511.

Bekker，H.，Thornton，J.，Airey，C.，Connelly，J.，Hewison，J.，Robinson，M.，et al. 1999. Informed decision making：an annotated bibliography and systematic review. Health Technology Assessment 3（1），1-156.

Bendoly，E.，Donohue，K.，Schultz，K. L. 2006. Behavior in operations management：Assessing recent findings and revisiting old assumptions. Journal of Operations Management 24（6），737-752.

Bhattacharya，C. B.，Sen，S. 2004. Doing better at doing good：When，why and how consumers respond to Corporate Social Initiatives. California Management Review 47（1），10.

Cong，T. D. 2013. Bao Phap Le Point：Vietnam xuat khau ca phe hang dau the gioi. Cong an Thanh pho Ho Chi Minh. September 5. Retrieved from http://congan.com.vn/？mod＝detnews&catid=1120&id=502575.

Cooke，J. A. 2010. From bean to cup：how Starbucks transformed its supply chain. Retrieved from http://www.supplychainquarterly.com/topics/Procurement/scq201004starbucks/.

Cups of Coffee Filled with Injustice. World Notes. 2002，2002/10/06/. Catholic New Times，26，8.

Elliott，K.A.，Freeman，R.B. 2003. Can labor standards improve under globalization？Washington：Institute for International Economics.

Galarraga，I.，Markandya，A. 2004. Economic techniques to estimate the demand for sustainable products：a case study for fair trade and organic coffee in the United Kingdom. Economía Agraria y Recursos Naturales（Agricultural and Resource Economics），4（7），109-134.

Heizer，J. H.，Render，B. 2008. Operations management（Vol. 1）. Delhi，India：Pearson Education India.

Hiscox，M.，Broukhim，M.，Litwin，C.，Woloski，A. 2011. Consumer Demand for Fair Labor Standards：Evidence from a Field Experiment on eBay. Available at SSRN 1811788.

Hutchins, M. J., Sutherland, J. W. 2008. An exploration of measures of social sustainability and their application to supply chain decisions. Journal of Cleaner Production 16（15），1688-1698.

Ipsos. 2013. Vietnam's Coffee Industry.

Jaffee，D. 2007. Brewing Justice：Fair Trade Coffee，Sustainability，and Survival. Columbia and Princeton：University Presses of California.

Lee，H. I.，Padmanabhan，V.，Whang，S. 1997. The bullwhip effect in supply chains. Sloan Management Review 38（3），93-102.

Lewin，B.，Giovannucci，D.，Varangis，P. 2004. Coffee markets：New paradigms in global supply and demand. World Bank Agriculture and Rural Development Discussion Paper.

Mondelēz International Helps Coffee Farmers in Vietnam to Become More Successful Entrepreneurs. 2013. http://www.

mondelezinternational.com/Newsroom/Multimedia-Releases/Mondelez-International-Helps-Coffee-Farmers-in-Vietnam-to-Become-More-Successful-Entrepreneurs.

Oxfam. 2002. Mugged: Poverty in your cup. https://www.oxfamamerica.org/explore/research-publications/mugged-poverty-in-your-coffee-cup.

Perez-Aleman, P., Sandilands, M. 2008. Building value at the top and bottom of the global supply chain: MNC-NGO partnerships and sustainability. California Management Review 51 (1), 24-49.

Russel, R. S., Taylor, B. W. 2009. Operations Management: Along the Supply Chain. Hoboken, NJ: John Wiley and Sons.

Starbucks. 2014. We take a holistic approach using responsible purchasing practices, farmer loans and forest conservation programs. http://www.starbucks.com/responsibility/sourcing/coffee.

United Nations. 2000. United Nations Millennium Declaration.

United States Department of Agriculture (USDA). 2007. Cost pass-through in the U.S. coffee industry.

World Bank. 2004. Coffee markets: New paradigms in global supply and demand. World Bank.

第 15 章

供应链中的谈判者：收益、损失和公平的博弈

Young K. Ro（扬·K. 罗），Yi-Suchen（伊苏晨），Thomas Callahan（托马斯·卡拉汉）和 Tsai-Shan Shen（沈采珊）

15.1 概　　述

供应链成员（买方和卖方）之间的谈判关系是运营管理/供应链管理中最重要的要素之一。供应链成员之间相互依存，需要协作并共享产品和服务的信息，因此成员间的谈判关系就显得尤为重要。若谈判关系建立在相互信任、遵守承诺和保持公平的基础之上，那么我们认为供应链活动是成功的。然而，当牢固的谈判关系被打破时，为供应链所付出的一切努力很可能将是徒劳。因为成功、稳定的供应链管理是建立在妥善管理供应链成员之间关系（包括：信任、冲突、建立契约、谈判）上的。所以如何处理这些关系、保证供应链的稳定是供应链管理中至关重要的部分。

企业通过业务往来和交易活动参与到供应链关系中，由于买卖双方利益追求不同，在这些商业活动流程中需要通过谈判来解决买卖双方的冲突，实现买卖双方各自的利益最大化。因此，企业需要掌握各种谈判和解决冲突的管理策略，充分了解买卖双方各自的优缺点，最大限度地保证自己的目标得以实现。

本章介绍了学术研究中提出的五种谈判策略，并通过谈判实践，帮助参与者熟悉它们。这五种策略由 Thomas 和 Kilmann（1978）首次提出，分别是包容、规避、合作、竞争和妥协。本章设置实践活动的目的是让参与者认识到供应链中买卖双方的议价行为如何影响各自的谈判结果，并且借助这项活动，介绍前景理论（prospect theory）和公平理论（equity theory）的应用。

15.2 管理实践

企业在与其他企业开展商业活动时，会不可避免地产生冲突。冲突可以被定义为，"发生在至少两个拥有不相容目标的、相互依存的成员之间，一方能感知到另一方会干涉其实现自己的目标。因此，不可避免地，在实现各自目标的过程中，它们将展开竞争"（Hocker and Wilmot，1985，23）。同时，冲突也反映出社会实

体内部或实体之间因存在不和、分歧或者失调而产生互动过程（Rahim，1992）。由于冲突的各方存在目标的不兼容性，使用相同的策略来解决所有的分歧是不可能的。因而如何有效及合理地管理冲突是一个重要的问题。

Thomas 和 Kilmann（1978）提出的五种冲突管理（conflict management）策略，主要是沿着合作（涉及对他人的关注）和独断（涉及对自我的关注）两种维度分类。根据采用的方式是合作还是独断，企业可以应用以下五种冲突管理策略中的一种：规避策略（avoiding strategy），试图绕过或者避免冲突；包容策略（accommodating strategy），默许他人的要求；竞争策略，强调自我优势，能够赢得冲突；合作策略，整合双方的要求，形成替代方案，以取得双赢；妥协策略（compromising strategy），适当地进行让步，通过谈判做出取舍以解决冲突。

当面对冲突时，双方的最终目标是解决和管理冲突。解决冲突需要双方达成一致的意见，而管理冲突涉及管理合作伙伴关系的问题。在过去几十年的研究中，供应链内部的冲突与谈判是管理学领域中的一大研究热点，本章涉及的冲突解决方法和谈判策略是这些研究中的代表性方法(Thomas and Kilmann, 1978; Wall and Blum, 1991; van de Vliert and Kabanoff, 1990)。

我们需要意识到不存在最好的冲突管理策略，即每一种管理策略均有自身的优势及劣势。如规避策略可以为企业提供更多的时间重新思考焦点问题，但是它同时也会使冲突不断发酵，甚至未来可能会产生更大的威胁；包容策略虽然能够论证（对方的）合理性并表达解决问题的意愿，但它可能引发潜在的怨恨，或显示出企业的弱势地位；竞争策略可能有助于果断且快速地得到问题的解决方案，然而它可能导致冲突的升级。在实施这些管理策略时，企业需要权衡各方面的目标，因此，并没有哪一种冲突管理策略能够适用于所有情况，企业应当基于对不同目标的追求选择相应的处理方式（Beebe et al.，2007）。五种不同的策略在一定程度上反映了两种价值维度——关系价值与目标价值，每一种策略的有效性取决于这两种价值维度的相对比重。例如，在保护关系和完成目标都非常重要时，合作策略可能是最合适的。因此，本章所介绍的冲突管理的概念是供应链专业人员培训和实践过程中非常关键的要素。

15.3 理论视角

传统的运营管理/供应链管理文献指出，战略型买方-供应商关系建立在彼此信任、相互合作的双赢关系基础之上（Benton and Maloni，2005；Dyer，1996；Lambert and Cooper，2000）。因此，一系列的供应网络活动受益于深层次的供应商集成。供应商集成涵盖了供应商管理库存（vendor managed inventory），产品研发中供应商的早期介入，以及协同物流中的协同规划、预测与补货（collaborative planning forecasting and replenishment，CPFR）等。供应商集成趋势日益明显，体现了现代企业对增强供应链活动之间协调性的关注。

大量研究聚焦于供应链的组织协调带来的收益，如更快的产品开发时间、更好的产品质量、更精简的库存管理等（Aviv，2001；Waller et al.，1999；Petersen et al.，2005）。当与协作活动相关的问题出现时，买卖双方应当共同承担解决问题的责任。随着合作需求的增加，本章提到的五种谈判策略（包容、规避、合作、竞争、妥协）发挥了越来越重要的作用。

谈判案例中包含与决策研究相关的一些重要概念，如前景理论（Tversky and Kahneman，1981）和公平理论（Adams，1965）。前景理论是一种描述性理论，主要用于预测不同认知风险下的决策行为。前景理论认为在决策结果与亏损相关时，个人表现出风险偏好行为；当决策结果与收益相关时，个人表现出风险规避行为（Kahneman and Tversky，1979）。在前景理论下，面对同等的损失和收益，决策者因为损失感受的痛苦要比获得同等收益感到的快乐强烈得多，这使得决策者表现为损失厌恶。即使决策结果的期望价值相同，当选择结果被定义为损失而非收益时，个人的表现也会不同。Kahneman 和 Tversky（1979）认为，不同风险条件下制定的决策，其最终的结果将转换成人们是否愉悦的主观感受，人们做出某种选择的概率决定着人们的主观价值（Holmes et al.，2011），每个决策者需要清楚在不同风险下，每一种决策会带来什么潜在结果，以及这些结果的相关概率（Holmes et al.，2011）。Holmes 等（2011）解释了人们如何建立结果的主观价值评估以及概率权重函数，这定义了决策权重和概率的关系，这是前景理论的核心。

公平理论（Adams，1963，1965）提供了理解个人公平认知的框架。公平理论认为，人们根据自己的认知计算出自己为组织做的贡献和所获得回报的比值，然后将自己的比值与其他同等工作环境中的人的比值进行比较，从而评估自己是否被公平地对待（Siegel et al.，2008）。当个人认为自己没有被公平对待时，个人会试图通过改变态度或者行为来获得（自己所谓的）公平，从而使自己心理平衡（Adams，1965）。当该比值小于 1 时，个人倾向于相信存在着过低收益；当该比值大于 1 时，个人则会认为存在着过高收益。上述两种条件下，个人会产生截然不同的态度和行为（Siegel et al.，2008）。Adams（1965）认为，过低收益将会导致人们减少投入，并要求更高的收入，甚至会使人们做出破坏性行为。相反，过高收益将会使人们增加投入，或者放低对收入的要求。许多研究表明相对于过高收益，人们在面临过低收益时表现出更强烈的情感和行为。同样，在谈判背景下，公平、公正的感受也是至关重要的。实证研究表明（Siegel et al.，2008），减少员工的压力，降低工作场所的暴力行为和增强组织信誉能增加员工的公平感，而增加组织的营业额和减少兑现组织承诺则增加员工的不公平感（Harmon，1997）。

本章案例包含费用分摊和收益共享的不同谈判，通过分离这两个谈判阶段，我们可以衡量在每个谈判阶段参与者的行为、态度以及认知。供应链领域的谈判训练受益于确定参与者在两个阶段的行为和态度。

15.4 实际案例

目前，一些关于供应链伙伴之间的争端案例备受瞩目。例如，2000年越野车（sport utility vehicle，SUV）轮胎危机，涉及福特汽车公司、凡士通轮胎和橡胶公司。这是一场广为人知的汽车制造商和其长期供应商之间的冲突，这一冲突也使得这段合作关系最终以失败告终。在汽车行业里，福特与凡士通曾经是合作最久的合作伙伴。它们之间的战略业务始于1906年，并在1947年Harvey Firestone（哈维·费尔斯通）的孙女与Henry Ford（亨利·福特）的孙子结婚之后，这两家公司的关系更加紧密。在合作关系破裂前（2001年前），福特曾经是凡士通最大的客户，大约41%的福特原装汽车均使用凡士通轮胎。

本次危机源于安装在福特探索者SUV上的凡士通轮胎存在缺陷。这种轮胎专为探索者SUV设计，这也反映了该关系中具有早期供应商参与。有证据表明，这两家公司都意识到故障轮胎的问题，并试图隐瞒这些信息。在这一点上，它们的理念非常契合，双方有着共同的目标——隐瞒产品的缺陷信息。

到了2000年2月，当这些问题被暴露在大众面前，进而导致了这两个前合伙人之间的冲突。最初，这两家公司还能够像传统的运营管理/供应链管理文献所建议的那样保持合作：在2000年8月他们共同宣布召回问题车。但在应由哪一家公司承担过错的问题上存在争议，随后冲突不断升级，引发了美国国会关注。在国会听证会上，两家公司几次互相证明是对方的问题导致了该错误。此时双方似乎都期望最差也要把责任推给另一方，或者最好是能维持公众对双方产品的信心。

凡士通认为消费者应当对其轮胎充满信心，因为使用凡士通轮胎的其他品牌车辆并没有出现这种问题。相反，福特公司认为消费者应当对福特汽车充满信心，因为探索者SUV上使用的其他品牌的轮胎并没有出现类似的高故障率。这两家公司开始在媒体上相互指责，这时它们的目标已经是相互矛盾的。事后来看，供应商的早期介入恰恰为产品的问题埋下了种子。在产品问题出现时，是维持彼此的合伙人关系，还是为达到自己的目标而牺牲双方关系，这成为关键决策，最终两家公司均选择了后者。本章介绍的五种冲突管理策略为解释这两位前合作伙伴之间冲突处理的演变提供了丰富的基础。

近几年，还有几个值得关注的供应链伙伴之间冲突的案例。例如，在20世纪80年代，丰田汽车公司开始在美国建立自己的汽车工厂，美国国内汽车零部件供应商迫于无奈地采用准时生产以确保能够一直与丰田进行合作。在零售行业，供应商经常抱怨与沃尔玛合作非常困难，当这些困难达到一定程度时，一些供应商开始拒绝与沃尔玛一起做生意。在消费电子行业，苹果公司和三星电子公司在不同项目上进行竞争与合作，频繁产生纠纷。随着供应链关系中这类冲突的增加，以及公司的合作伙伴参与供应链活动的情况越来越普遍，管理者参与谈判和管理冲突的策略发挥着越来越关键的作用。

15.5 学习活动

本章设置学习活动的目的是研究五种谈判策略，希望学生能通过实践案例熟悉这五种策略。这项活动主要分为两个部分：第一部分包括参与者行为评估，第二部分是谈判案例（分为三个阶段）。第二部分的第一阶段，引入五种策略；第二部分的二、三阶段，向学生提供在不同谈判情况下采用这些策略的机会。以下是整个实践活动的描述性提纲。

案例提纲

第一部分：行为评估

性格测试（基于 Thomas-Kilmann 的谈判方式）：为评估每个人倾向的谈判方式，每位学生需要完成性格测试表。为了避免产生启动效应[①]，这项工作要求在活动开始时进行。

第二部分：每个阶段的设置和博弈规则

第一阶段
这一阶段的目的是介绍五种冲突管理/谈判策略，并为第二阶段和第三阶段做准备。其中，第三阶段的活动是为了分配第二阶段节约的成本。
- 设置：全班按三人一组分组。每个学生有 0.5 分的额外信用分数。
- 活动：每组的三个人互相谈判（大约 10 分钟），并尽量去获得信用分。
- 博弈规则：①当一个人的信用分为零时，必须离开谈判（例如，没有额外的信用）；②额外的信用分数不可拆分；③一个人可以带走所有的积分；④不允许存在偶然性的步骤——抽签或者抛硬币；⑤可以进行"贿赂"——提供金钱、电影票和洗车券等。

[①] 译者按：启动效应（priming effect）是指由于之前受某一刺激的影响而使得之后对同一刺激的知觉和加工变得容易的心理现象。

第二、三阶段的设置：将学生分成两部分，其中一半的学生一直待在同一个组中，在第二阶段和第三阶段与同样的队员进行谈判，每一个队员在第二、三阶段扮演相同的角色；另一半的学生在第二、三阶段与不同的队员进行博弈（但是扮演相同的角色）。

第二阶段（费用分担谈判）
- 设置：全班的学生按三人一组分组。
- 每个小组中的三个人分别代表着供应链的每一级（共三级）：供应商、制造商和经销商。
- 所有供应链成员采用 ERP 系统保持它们的业务关系。
- 前期 ERP 的应用成本为 600 万美元，主要包括三个模块：采购订单模块 300 万美元、应付账款模块 200 万美元、客户关系管理模块 100 万美元。
- ERP 系统是为你的公司和目前供应链伙伴专门定制的，任何供应链合作伙伴的变更将使这个定制 ERP 系统失效。
- 如果能够维持业务关系，供应链的三个合作伙伴每年将一共节约成本 200 万美元。
- 博弈规则
- 每个小组的成员在开始时均有五个扑克筹码。每个筹码代表着 0.1%额外信用。因此，每个玩家在第二阶段开始时均有 0.5%的额外信用，这些都是第二、三阶段的筹码。玩家利用这些筹码进行谈判和交易，以节省潜在的成本或分摊费用。这些筹码到了第三阶段仍可以继续使用。
- 比赛结束时，如果团队不能确定最终合作方案，他们就只能有两个选择：①每个团队将支付 600 万美元来安装 ERP 模块以继续其业务；②业务关系被解散。
- 应用 ERP 需要安装上述所有三个模块。
- 每个模块的成本不可分割。
- 每个人可以离开而不承担任何 ERP 的安装成本。
- 不允许存在偶然性的步骤——抽签或者抛硬币。
- 每个人可以提供不同的合同条款作为交换。

第三阶段（节约成本分享谈判）
- 设置：学生按三人一组分组。
- 每个小组中的三个人分别代表着供应链的每一级（共三级）：供应商、制造商和经销商。
- 前期 ERP 的应用成本为 600 万美元，主要包括三个模块：采购订单模块 300 万美元、应付账款模块 200 万美元、客户关系管理模块 100 万美元。
- ERP 系统是为你的公司和目前供应链伙伴专门定制的，任何供应链合作伙伴的变更将使这个定制 ERP 系统失效。
- 如果能够维持业务关系，预计供应链中的三个合作伙伴每年将一共节约成本 200 万美元。
- 博弈规则
- 比赛结束时，如果团队不能确定最终合作方案，那么他们只能有两种策略选择：①向法院提起上诉，以裁定节省费用的分配；然而，每个公司进行诉讼要花费 200 万美元左右，而且不确定法院什么时候会做出裁决；②解散业务关系。
- 个人可以从业务关系中退出，但任何退出将会自动中断整个供应链。
- 个人可以带走所有预计节约下来的成本。
- 不允许存在偶然性的步骤——抽签或者抛硬币。
- 然而，个人可以提供不同的合同条款作为交换。

第二阶段和第三阶段：每个参与者都将会收到一份表格，包括参与者所扮演角色的具体信息、承担的任务以及在谈判前后需要简单回答的问题。博弈中使用的完整版表格详见附录，这里仅提供指导。

下面的章节介绍了案例中使用的工作表，这些文件将以下列的顺序罗列（如果期望得到加强训练，可使用高级版本的规则和细节）。

（1）供应链谈判博弈——Master（主文件）：包括行为评估（在第一部分使用），以及参与者的表格（在第二部分使用）。

（2）供应链谈判博弈（补充）——供应商：包括供应商角色的表格（在第二部分使用）。

（3）供应链谈判博弈（补充）——制造商：包括制造商角色的表格（在第二部分使用）。

（4）供应链谈判博弈（补充）——经销商：包括经销商角色的表格（在第二部分使用）。

（5）供应链谈判博弈——工作表：包括空白工作表，需要教师输入关键数据（在第二部分完成后使用）。

15.6 讨　　论

该案例完成后，学员可以轻松地理解前景理论和公平理论的概念。本章的案例包括两个单独的谈判阶段，一个涉及成本，即损失框架，另一个涉及潜在节约成本的分享，即收益框架。目前，前景理论的相关研究已经证实，个体在面对收益框架时会变得更具有风险规避倾向；在面对损失框架时变得更具有风险偏好倾向（Holmes et al.，2011；Kühberger et al.，1999）。基于此，我们可以预期到参与者可能会表现出不同的行为倾向，因此他们在第二阶段（损失框架）和第三阶段（收益框架）将采取不同策略，如在第二阶段将比第三阶段表现出更多的风险偏好行为，而在第三阶段将会比第二阶段表现出更多风险规避行为。

前景理论相关问题的探讨：①在案例的每个阶段，你会采取什么样的谈判策略？②什么是你最主要或者首选的策略？③你的策略选择中成本和收益是什么？你的策略有效吗？④在案例中，你的风险态度改变了吗？

此外，公平理论认为，个人倾向于平衡投入和回报的比例。公平理论预测，当个体感知在前面的谈判中收益过低（如在第二阶段中）时，他们将会在后面的阶段减少他们的投入，或者尝试加大他们的回报（如第三阶段）。基于此，公平理论将有助于预测个人在第三阶段的谈判中采用何种策略。

在第二、三阶段结束后，记录每个团队的谈判结果，结果显示每个供应链成员分到的美元数额。在第二阶段中，美元数额代表着一次性的执行成本。而在第三阶段中，美元数额表示在持续的关系中每年节约的成本。此外，参与者将报告他们感知到的活动中每一个供应链成员的公平性，包括他们自身以及其他两个供应链合作伙伴。

公平理论的相关探讨：①从你的观点来看，谈判的结果公平吗？从合作伙伴角度来看，谈判的结果公平吗？②在第二阶段（第三阶段）中，你认为自己是获得了过低收益还是过高收益？你的合作伙伴是获得了过低收益还是过高收益？③在第二阶段和第三阶段中，你的谈判方式有什么不同？为什么？

从理论角度来看，应用公平理论可能产生两种比较。

第一种，组内比较。如果每个团队仅代表一条供应链，从每个供应链成员的角度来看，不同成员由于谈判感知公平性上存在潜在差异，所以会产生不同的观点。有关买方和供应商关系的文献阐述了买卖双方在不同问题上的感知差异（Ellram and Hendrick, 1995; Kim et al., 1999; Ro et al., 2008; Lettice et al., 2010; Nyaga et al., 2010; Geiger et al., 2012）。本案例的结果可以帮我们将感知差异从双方谈判扩展到多方（如供应链或供应链网络），这恰好补充了运营管理/供应链管理文献的空缺。

第二种，自我比较。根据公平理论的预测，当参与者认为他们在第二阶段收益过低（收益过高）时，很有可能会在第三阶段选择更具侵略性（温和）的谈判方式，努力使两个阶段中投入产出（即成本分担/费用）之间的比例保持平衡。自我比较可以通过实验验证这个预测，这具有重要意义。如果这个预测是正确的，那么，在业务往来中，互惠（reciprocity）是非常重要的，因为成本和收益经常跨期发生。互惠使得长时间的业务往来得以延续。相反，如果实证验证失败，则必须进一步进行研究，找出造成偏差的原因。不论发生哪种情况，都会产生新的实践见解和有关谈判的文献。

15.7 学习效果

本案例的目的是明确学习者的谈判方式并建立行为的自我意识。案例结束后，在公布结果阶段，主持人要求参与者比较第一阶段中自己偏好的谈判方式，以及根据 Thomas-Kilman 测试所形成的谈判方式，注意两者之间的特征和不同。同样，参与者还应该在第二和第三阶段中反思前景理论的预测对其谈判风格的影响。具体来说，在损失/收益情景下，他们会选择什么样的策略与方式？他们是否认为他们的行为与前景理论的预测一致？在第二、三阶段中，参与者还应当基于他们个人的投入，思考谈判结果对个人和小组群体的公平性，即他们对结果的公平性有什么看法？他们对所代表小组结果的公平性有什么看法？最后，参与者应当反思他们是否已经学会了分配式谈判和实现双赢的解决方案。总体而言，如果要实现第二阶段和第三阶段的双赢，他们应该选择哪一种谈判策略？哪些因素有助于或者阻碍了双赢解决方案的产生？

运营管理/供应链管理领域理论和实践的回顾表明，谈判是供应链的核心活动。了解谈判策略和影响这些策略的因素，将对个人事业以及其代表的组织的成功有着深远的影响。本案例为学习者提供了体验式学习机会，以探索和理解他们的谈判方式、影响这些方式的因素，以及与他们行为相关的潜在结果。

附录 1 案例介绍和第 1 部分

案例介绍

本项活动的目的是引入五种不同的谈判策略，通过谈判实践使学生能够熟悉这五种策略。

该活动有三个阶段：第一阶段是引入五种策略。第二、三阶段是提供给学生在不同谈判情景中运用这些策略的机会。

在所有阶段中，学生按三人一组分组。在第二、三阶段中，每一个小组中的三个玩家代表着一个三级供应链，其中每一个玩家都代表着一个角色：供应商、制造商或经销商。每个玩家在第二、三阶段扮演相同的角色。

（1）第一阶段：引入五种冲突管理/谈判策略，为第二、三阶段做准备。

（2）第二阶段：每个小组就 ERP 实施相关的费用分配进行谈判。

（3）第三阶段：每个小组就因实施 ERP 而形成的成本节约额分配进行谈判。

感谢您的参与！

如果您对本研究的结果感兴趣，请留下您的名片或联系方式。

行为评价

在进入下一轮之前,考虑你的目标或者愿望与其他人不一致的情况,你通常如何应对这些情况。表 15.1 中列出了人们反应行为的几种状态,请将下列陈述中的每个行为描述进行程度划分(1 = 强烈反对,7 = 强烈同意;请圈出每个描述的程度)。

表 15.1 谈判导向的评价说明

行为描述		程度划分							
A1:我有时候会让别人负责解决问题。	强烈反对	1	2	3	4	5	6	7	强烈同意
A2:我会照顾对方的情绪以维持彼此的合作关系。	强烈反对	1	2	3	4	5	6	7	强烈同意
A3:我会公开直接地说明自己的担忧和问题。	强烈反对	1	2	3	4	5	6	7	强烈同意
A4:我坚持我的立场。	强烈反对	1	2	3	4	5	6	7	强烈同意
A5:直到我把问题思考清楚,我才会作出决定。	强烈反对	1	2	3	4	5	6	7	强烈同意
A6:我有时候为了满足别人的愿望而牺牲自己的愿望。	强烈反对	1	2	3	4	5	6	7	强烈同意
A7:我会努力去解决我们之间的分歧。	强烈反对	1	2	3	4	5	6	7	强烈同意
A8:我会努力地达成自己的想法。	强烈反对	1	2	3	4	5	6	7	强烈同意
A9:我不认为存在分歧是值得担心的事情。	强烈反对	1	2	3	4	5	6	7	强烈同意
A10:我尽量不去伤害对方的感情。	强烈反对	1	2	3	4	5	6	7	强烈同意
A11:我经常关心满足我们所有的愿望。	强烈反对	1	2	3	4	5	6	7	强烈同意
A12:我坚定追求自己的目标。	强烈反对	1	2	3	4	5	6	7	强烈同意
A13:我会做一些必要事情来避免彼此的紧张局势。	强烈反对	1	2	3	4	5	6	7	强烈同意
A14:谈判流程中,我会尝试考虑对方的愿望。	强烈反对	1	2	3	4	5	6	7	强烈同意
A15:通常我会寻求其他人的帮助以制订解决方案。	强烈反对	1	2	3	4	5	6	7	强烈同意
A16:我会去说服对方同意我的观点。	强烈反对	1	2	3	4	5	6	7	强烈同意

附录 2-A 第一阶段：成本分摊

有关说明

（1）设置：全班按三人一组分组。每个学生有 0.5 分的额外信用积分（分值可以改变，由教师自行决定）。

（2）活动：每组的三个学生之间进行谈判（大约 10 分钟），学生们要试图获得更多的额外信用积分。

（3）博弈规则：①如果一个人的额外信用积分为零，则必须离开谈判；②额外信用积分不可拆分；③一个人可以拿走所有的积分；④不允许存在偶然性的步骤——抽签或者抛硬币；⑤允许"贿赂"行为——提供金钱、电影票和洗车券等。

附录 2-B 第二阶段：成本分摊

有关说明

（1）每一个小组代表着一个三级供应链：一个供应商、一个制造商和一个经销商。

（2）所有的供应链成员采用 ERP 系统以保持它们的业务关系。

（3）前期中，ERP 的应用成本为 600 万美元，主要包括三个模块：采购订单模块 300 万美元，应付账款模块 200 万美元，客户关系管理模块 100 万美元。

（4）ERP 系统是为你的公司和目前相关供应链合作伙伴专门定制的。任何供应链合作伙伴的变更都将导致这个定制 ERP 系统失效。

（5）如果能够维持业务关系，预计每年供应链中的三个合作伙伴将一共节约成本 200 万美元。

学生在活动前需要回答的问题

（1）在你进入下一轮之前，你会采取什么样的谈判策略呢？选择最适合你预期的谈判策略。

	规避	包容	竞争	合作	妥协
主要的预期谈判策略					

（2）选择一个你认为正确的答案（单选题）（在游戏开始之前作答）。

a. 在两种风险的赌局之间做出选择：

　A. 赢得 2500 美元的概率为 0.33，赢得 2400 美元的概率为 0.66，赢得 0 美元的概率为 0.01

B. 一定会赢得 2400 美元

b. 在两种风险的赌局之间做出选择：

A. 赢得 2500 美元的概率为 0.33，赢得 0 美元的概率为 0.67

B. 赢得 2400 美元的概率为 0.34，赢得 0 美元的概率为 0.66

c. 在两种风险的赌局之间做出选择：

A. 损失 2500 美元的概率为 0.33，损失 2400 美元的概率为 0.66，损失 0 美元的概率为 0.01

B. 一定会损失 2400 美元

d. 在两种风险的赌局之间做出选择：

A. 损失 2500 美元的概率为 0.33，损失 0 美元的概率为 0.67

B. 损失 2400 美元的概率为 0.34，损失 0 美元的概率为 0.66

游戏规则

（1）每个小组的每个玩家开始时均有五个筹码。每一个筹码代表着 0.1% 潜在额外信用。也就是说，每个玩家在第二阶段开始时均有 0.5% 的信用筹码。玩家将利用这些筹码进行谈判，并用这些筹码去交易潜在的成本节约/分摊，这些筹码在第三阶段可以继续使用。

（2）比赛结束时，如果一个团队不能确定最终合作方案，他们就只能有两个选择：①每一个团队将支付 600 万美元来安装 ERP 模块以继续其业务；②业务关系被解散。

（3）应用 ERP 需要安装所有的三个模块才能正常工作（每一个模块的成本不可分割）。

（4）个人可以放弃谈判而不承担任何 ERP 的应用成本。

（5）不允许存在偶然性的步骤——抽签或者抛硬币。

（6）人们可以提供不同的合同条款进行交易。

目标

你的任务是通过与供应链伙伴们进行谈判，分担实施 ERP 的相关费用。如果你建议解散现有的业务关系，则需要得到你的主管的批准。

[现在学生可以阅读特定角色的相关信息]

[参加第二阶段的活动]

在活动后，学生需要解答以下问题。

你是 Fisher 公司经销商的采购经理

（1）你会如何描述你的公司与制造商的关系

	正常交易 1	2	合作伙伴 I 3	4	合作伙伴III 5
a.制造商					

（2）你的团队得出的结论是什么？请说明分配给每个供应链伙伴的金额。如有变化，通过合同条款换成这种分配方式。

供应商	负责____美元的实施成本
制造商	负责____美元的实施成本
经销商	负责____美元的实施成本

合同条款的变更（请注明）_____
☐核查你的团队是否能够达成一致协议。

（3）在学习活动时：（请选择最能描述你的感受的选项）

	强烈反对 1	2	中立 3	4	强烈同意 5
a.我感到时间的压力					
b.对我个人而言，没有达成协议的代价是巨大的					
c.对我公司而言，没有达成协议的代价是巨大的					

（4）以下五种策略，哪一个是最适合你的主导策略？

	规避	包容	竞争	合作	妥协
游戏早期					
游戏中期					
游戏后期					

（5）在你的认知中，你认为最终结果的公平程度如何？

	（1）过低收益 个人付出远远超过个人所得	（2）	（3）公平 个人所得等于个人付出	（4）	（5）过高收益 个人所得远远超过个人付出
a.供应商					
b.制造商					
c.经销商					

附录 2-C 第三阶段：节约成本分享

有关说明

（1）每一个小组代表着一个三级供应链：一个供应商、一个制造商和一个经销商。

（2）所有的供应链成员采用 ERP 系统以保持他们的业务关系。

（3）前期，ERP 的应用成本为 600 万美元，主要包括三个模块：采购订单模块 300 万美元，应收账款模块 200 万美元，客户关系管理模块 100 万美元。

（4）ERP 系统是为你的公司和目前相关供应链合作伙伴专门定制的。任何供应链合作伙伴的变更都将导致这个定制 ERP 系统失效。

（5）如果能够维持业务关系，预计供应链中的三个合作伙伴每年将一共节约成本 200 万美元。

学生在活动前需要回答的问题

（1）在你进入下一轮之前，你会采取什么样的谈判策略呢？选择最适合你预期的谈判策略。

	规避	包容	竞争	合作	妥协
主要的预期谈判策略					

（2）在你进入下一轮之前，请判断以下事情的重要性。

	非常不重要 1	2	中立 3	4	非常重要 5
a.维护与合作伙伴的关系					
b.与对方过去谈判经历的影响					
c.个人与同行的关系					

游戏规则

（1）假设 ERP 的实施是成功的。

（2）在比赛结束时，如果一个团队不能得出最终合作方案，那么他们只能有两种策略选择：①向法院提起上诉，以裁定节约费用的分配，然而，诉讼程序的成本大约需要每个公司支付 200 万美元，且不确定裁决结果；②解散业务关系。

（3）个人可以从业务关系中退出，但任何一个退出将会自动中断整个供应链。

（4）一个人可以拿走所有预计的成本节约。

（5）不允许存在偶然性的步骤——抽签或者抛硬币。

（6）个人可以提供不同的合同条款作为交换。

目标

你的任务是与你的供应链伙伴们进行谈判以共享由于成功实施 ERP 而节省的费用，如果你建议解散现有的业务关系，需要得到你的主管的批准。

［现在学生可以阅读特定角色的相关信息］

［参加第三阶段的活动］

学生在活动后需要回答的问题

你是 Fisher 公司经销商的采购经理

（1）你会如何描述你的公司与制造商的关系

	正常交易 1	2	合作伙伴 I 3	4	合作伙伴 III 5
a.制造商					

（2）你的团队得出的结论是什么？请说明分配给每个供应链伙伴的金额，如有变化，通过合同条款换成这种分配的方式。

供应商	在每年节省的 200 万美元成本中享受了_____美元
制造商	在每年节省的 200 万美元成本中享受了_____美元
经销商	在每年节省的 200 万美元成本中享受了_____美元

合同条款的变更（请注明）_____

☐ 核查你的团队是否能够达成一致协议。

（3）在玩游戏时：（请选择最能描述你感受的选项）

	强烈反对 1	2	中立 3	4	强烈同意 5
a.我感到时间的压力					
b.对我个人而言，没有达成协议的代价是巨大的					
c.对我公司而言，没有达成协议的代价是巨大的					

（4）以下的五种策略，哪一个是最适合你的主导策略？

	规避	包容	竞争	合作	妥协
游戏早期					
游戏中期					
游戏后期					

（5）在你的认知中，你认为最终结果的公平程度如何？

	（1）过低收益 个人付出远远超过个人所得	（2）	（3）公平 个人所得等于个人付出	（4）	（5）过高收益 个人所得远远超过个人付出
a.供应商					
b.制造商					
c.经销商					

附录 3　供应链信息补充材料

供应商：

你是供应商 Zeta 公司的资深供应链经理。你的工作是确保产品让主要客户满意以及负责合同管理。

你和制造商的业务占公司总收入的 35%，制造商从你的公司购买价值 3 亿元的组件。除了你的公司，还有其他三家供应商也能为制造商提供相同的组件。你的公司是行业的领头羊。

这家制造商是你的首要客户。除了该制造商公司，你还向它的两个主要竞争对手 Sigma 和 Phi 出售相同的产品。Sigma 和 Phi 的销售额分别占总收入的 30% 和 25%。其他小客户合计占总销售额的 10%。

你的公司与该制造商的业务合作持续了 12 年，行业中的平均水平为 7 年。

就您而言，制造商公司采用多渠道采购策略，并从供应商 Alpha 和供应商 Beta 处获取相同的组件。

[如果使用高级版本的案例，可以通过谈判达成以下合同条款：]

目前与主要制造商客户的主要合同条款如下：

- 质量等级：小于等于 1.5% 的不良率，行业平均水平为 3% 的不良率。
- 交付期限：30 天，平均水平为 45 天。
- 付款期限：45 天，估计应收账款（与该制造商之间的）是 3750 万美元，行业规定为 1 个月（30 天）。
- 出货优先级：一级。
- 最后一刻订单临时更改费用：无。制造商公司全权负责因制造商公司订单的临时更改而产生的任何额外费用。

为较小客户提供的合同条款如下：

- 交付期限：45 天和 60 天。
- 付款期限：一个月（30 天），估计应收账款（与该制造商之间的）是 2500 万美元。
- 出货优先级：二级（对制造商公司主要竞争对手 Sigma 和 Phi 而言）。
- 最后一刻订单临时更改费用：除了因临时订单更改而产生的额外费用外，你的公司还会收取新更改订单的 0.25% 作为罚款。此罚款的行业平均水平为 0.5%。在过去的 12 年中，最后一刻订单临时更改仅发生了两次。

制造商：

你是制造商公司的资深供应链经理，你的工作是确保公司的产品及时组装，并最终交付给终端客户，这个活动需要确保供应商能够将关键的部件卖给公司，同时也要保证经销商能够将公司的产品卖给终端客户。

目前与 Zeta 公司的业务占公司总收入的 35%。除了 Zeta 公司提供部件外，还有其他的三家供应商也能为你的公司提供相同的部件。在这三家供应商中，你的公司同时也从供应商 Alpha 和供应商 Beta 处获得相同的产品。你的公司目前是行业内的领头羊。

经销商 Fisher 是你最主要的经销产品线，公司的产品销售 35% 来源于 Fisher。除了 Fisher 外，你的公司同时还将产品卖给其他两家经销商（Delta 和 Gamma），销售额分别占 30% 和 25%。在经销商市场上，还有其他一些规模较小的经销商，所占比例相对较小。

你的公司与 Zeta 公司的业务合作持续了 12 年，和经销商 Fisher 公司合作了 10 年。这两种类型的关系在行业中的大致平均水平为 7 年。

就你而言，供应商 Zeta 公司同时还向你的两家主要竞争对手（Sigma 和 Phi）销售同样的产品，同样，经销商 Fisher 公司也购买这两家主要竞争对手的产品。

[如果使用高级版本的案例，可以通过谈判达成以下合同条款：]

目前与 Zeta 公司的合同条款如下：
- 质量等级：小于等于 1.5% 的不良率，行业平均水平为 3% 的不良率。
- 交付期限：30 天，平均水平为 45 天。
- 付款期限：45 天，估计应付账款（与 Zeta 公司相关）是 3750 万美元，行业规定为 1 个月（30 天）。
- 你的公司应当全权负责任何的由于最后一刻更改订单而产生的额外费用，供应商不会索取任何附加费用。

目前与 Fisher 公司的合同条款如下：
- 付款期限：45 天，估计应收账款（与 Fisher 公司相关）是 5550 万美元。
- 交付期限：30 天。
- 回购合同的选项：是，Fisher 公司可以将未出售的产品返还给你的公司。

本公司与其他供应商的合同条款如下：
- 交付期限：45 和 60 天，估计成本节省（由于交付费用的节省）分别是 600 万美元和 1250 万美元。
- 付款期限：30 天，估计应付账款（与 Zeta 公司相关）是 2500 万美元。
- 装运优先：一级。

本公司与其他经销商的合同条款如下：
- 交付期限：1 个月（30 天）。
- 回购合同的选项：没有这个选项。
- 装运优先：二级，这意味着你应当首先完成 Fisher 公司的订单后才可以完成 Delta 和 Gamma 的订单。

等待指令

请不要打开到下一页,直到有进一步的指示为止

你是供应商/制造商公司的供应链经理

(1) 你会如何描述你的公司与下列公司的关系(供应商只需填写制造商一栏,制造商需填写供应商和经销商两栏)

	正常交易 1	2	合作伙伴 I 3	4	合作伙伴III 5
a.供应商 Zeta 公司					
b.经销商 Fisher 公司					
c.制造商公司					

(2) 你的团队得出的结论是什么?请说明分配给每个供应链伙伴的金额,如有变化,通过合同条款换成这种分配的方式。

供应商 Zeta 公司	在每年节省的200万美元成本中享受了_____美元
制造商	在每年节省的200万美元成本中享受了_____美元
经销商 Fisher 公司	在每年节省的200万美元成本中享受了_____美元

合同条款的变更(请注明)_____

☐ 核查你的团队是否能够达成一致协议。

(3) 在玩游戏时:(请选择最能描述你感受的选项)

	强烈反对 1	2	中立 3	4	强烈同意 5
a.我感到时间的压力					
b.对我个人而言,没有达成协议的代价是巨大的					
c.对我公司而言,没有达成协议的代价是巨大的					

(4) 以下的五种策略,哪一个是最适合你的主导策略?

	规避	包容	竞争	合作	妥协
游戏早期					
游戏中期					
游戏后期					

(5) 在你的认知中,你认为最终结果的公平程度如何?

	(1) 过低收益 个人付出远远超过个人所得	(2)	(3) 公平 个人所得等于个人付出	(4)	(5) 过高收益 个人所得远远超过个人付出
a.供应商 Zeta 公司					

续表

	（1）过低收益 个人付出远远超过个人所得	（2）	（3）公平 个人所得等于个人付出	（4）	（5）过高收益 个人所得远远超过个人付出
b.制造商					
c.经销商 Fisher 公司					

参 考 文 献

Adams，J. S. 1963. Towards an understanding of inequity. Journal of Abnormal and Social Psychology 67（5），422.

Adams，J. S. 1965. Inequity in social exchange. Advances in Experimental Social Psychology 2，267-299.

Aviv，Y. 2001. The effect of collaborative forecasting on supply chain performance. Management Science 47（10），1326-1343.

Beebe，S. A.，Beebe，S. J.，Redmond，M. V. 2007. Interpersonal Communication：Relating to Others. Boston：Allyn & Bacon.

Benton，W. C.，Maloni，M. 2005. The influence of power driven buyer/seller relationships on supply chain satisfaction. Journal of Operations Management 23（1），1-22.

Dyer，J. H. 1996. How Chrysler created an American keiretsu. Harvard Business Review 14（2），128-129.

Ellram，L. M.，Hendrick，T. E. 1995. Partnering characteristics：A dyadic perspective. Journal of Business Logistics 16（1），41-64.

Geiger，I.，Durand，A.，Saab，S.，Kleinaltenkamp，M.，Baxter，R.，Lee，Y. 2012. The bonding effects of relationship value and switching costs in industrial buyer-seller relationships：An investigation into role differences. Industrial Marketing Management 41（1），82-93.

Harmon，H. A. 1997. A gender blind system for promotion in the salesforce. Marketing Intelligence and Planning 15（1），28-31.

Hocker，J. L.，Wilmot，W. W. 1985. Interpersonal Conflict. 2nd ed. Dubuque，IA：Wm. C. Brown.

Holmes，R. M.，Bromiley，P.，Devers，C. E.，Holcomb，T. R.，McGuire，J. B. 2011. Management theory applications of Prospect Theory：Accomplishments，challenges，and opportunities. Journal of Management 37（4），1069-1107.

Kahneman，D.，Tversky，A. 1979. Prospect theory：An analysis of decision under risk. Econometrica 47（2），263-291.

Kim，B.，Park，K.，Kim，T. 1999. The perception gap among buyer and suppliers in the semiconductor industry. Supply Chain Management 4（5），231-241.

Kühberger，A.，Schulte-Mecklenbeck，M.，Perner, J. 1999. The effects of framing，reflection，probability，and payoff on risk preference in choice tasks. Organizational Behavior and Human Decision Processes 78（3），204-231.

Lambert，D. M.，Cooper，M. C. 2000. Issues in supply chain management. Industrial Marketing Management 29（1），65-83.

Lettice，F.，Wyatt，C.，Evans，S. 2010. Buyer-supplier partnerships during product design and development in the global automotive sector：Who invests，in what and when？International Journal of Production Economics 127（2），309-319.

Nyaga，G. N.，Whipple，J. M.，Lynch，D. F. 2010. Examining supply chain relationships：Do buyer and supplier perspectives on collaborative relationships differ？Journal of Operations Management 28（2），101-114.

Petersen, K. J., Handfield, R. B., Ragatz, G. L. 2005. Supplier integration into new product development: Coordinating product, process and supply chain design. Journal of Operations Management 23 (3), 371-388.

Rahim, M. A. 1992. Managing Conflict in Organizations. 2nd ed. Westport, CT: Praeger.

Ro, Y. K., Liker, J. K., Fixson, S. K. 2008. Evolving models of supplier involvement in design: The deterioration of the Japanese model in US auto. IEEE Transactions on Engineering Management 55 (2), 359-377.

Siegel, P. H., Schraeder, M., Morrison, R. 2008. A taxonomy of equity factors. Journal of Applied Social Psychology 38 (1), 61-75.

Thomas, K. W. 1974. Thomas-Kilmann Conflict Mode Instrument. Tuxedo, NY: Xicom.

Thomas, K. W., Kilmann, R. H. 1978. Comparison of four instruments measuring conflict behavior. Psychological Reports 42 (3c), 1139-1145.

Tversky, A., Kahneman, D. 1981. The framing of decisions and the psychology of choice. Science 211, 453-458.

van de Vliert, E., Kabanoff, B. 1990. Toward theory-based measures of conflict management. Academy of Management Journal 33 (1), 199-209.

Wall, J. A., Blum, M. W. 1991. Negotiations. Journal of Management 17 (2), 273-303.

Waller, M., Johnson, M. E., Davis, T. 1999. Vendor-managed inventory in the retail supply chain. Journal of Business Logistics 20 (1), 183-204.

第 16 章

ERP 仿真：研究竞争供应链团队动态

David E. Cantor（大卫·坎托）和 Pamela Manhart（帕梅拉·曼哈特）

16.1 概　　述

个人、团队、企业和整个行业都在经历着变化。在市场中，企业的竞争性质发生了变化。因为持续的竞争优势难以估量，企业必须不断地发展并定期更新或改变策略以维持其市场地位。正如熊彼特指出的，企业一直在致力于"创新性破坏"。例如，可口可乐和百事可乐两家公司都彼此知晓对方的制造和产品包装策略，并且还不断地尝试对彼此的竞争行为做出回应（Hofer et al., 2012）。

信息是企业应对竞争的重要战略武器。企业通过利用数据和信息对竞争对手的动向保持警惕，从而能够感知市场的动态变化。动态变化包括竞争对手推出新产品、供应商缺货以及客户需求等。企业可以通过企业软件系统中提供的商业分析工具，获取这类竞争性信息。事实上，越来越多的财富 500 强企业采用像 SAP（思爱普）和 Oracle（甲骨文）等企业的软件系统。这些软件帮助管理者分析市场的变化，并做出快速反应。

员工也必须适应竞争激烈的市场中的组织变革。管理层根据市场的动态变化进行公司重组从而导致了组织变革的发生。因此，员工必须适应企业中不同团队和部门的角色，使企业能够有效地应对竞争对手的行为。此外，员工还必须适应并掌握日益增多的信息技术工具，以便更好地协调公司的应对决策。这样，员工及其团队成员就可以依靠企业软件所提供的数据和信息进行协作决策。

跨职能的供应链团队做出的关键商业决策会对竞争优势产生影响。在供应链中通常能够看到这种跨职能团队的合作。供应链团队活动包括销售和运营规划、新产品研发、全面质量管理、采购、装配任务和企业资源计划的实施等（Wu et al., 2011）。Easton 和 Rosenzweig（2012）举例说明了团队成员的特征如何影响全面质量管理项目的成功实施。

本章的目的是研究在竞争激烈的 SAP 企业软件系统博弈环境中的动态团队行为。这是重要的主题，因为在 SAP ERP 环境中的工作本质上是基于团队的活动。供应链团队依靠最新的信息进行生产运营活动。例如，如果供应链团队已经完成了每个零件的计划（plan for every part，PFEP），那么物料管理员就可以将整个计划输出存储在 SAP 软件系统中，主要是物料主数据。这样就使得组织中的每个成员都知道其他人在 PFEP 中正在做什么。在完成 PFEP 时，供应链团队必须考虑 PFEP 对库存的影响，以便企业参与竞争。

团队可以利用存储在 SAP 软件系统中的信息分析历史存货余额信息。这些信息可以与上下游的工作中心（由团队运营）一起使用，以确定运送准备、批量大小和库存影响，如存货数量、投资金额和库存空间。与上下游的工作中心团队合作对于整合工作中心和整个组织、在供应链中创建流程至关重要。对全局动态的理解将有助于提高项目绩效（Bendoly，2014）。

本章介绍了供应链学生团队如何在 ERP 软件仿真环境中应对变化。我们研究竞争激烈的 ERP 环境中，差异化的供应链团队角色如何影响团队绩效。在 ERP 仿真博弈的供应链决策任务中，团队由不同的供应链角色组成。在竞争激烈的仿真市场中，每一个供应链团队负责销售不同的产品。起初，供应链团队的任务是做出决策，如确定每种瓶装水的价格、广告投资、监控库存水平以及评价每种产品的平均市场价格。接下来，团队的任务将会扩展（即弹性工作），增加三个新任务。本章的目的是解释供应链团队如何能够成功地应对弹性工作对团队协作造成的变化，以及他们对变化的适应能力如何影响他们的竞争行为。

16.2 理论观点

16.2.1 熊彼特经济学

在供应链软件仿真练习之前，我们给出了关于供应链竞争重要性的一些理论见解。这里我们将借鉴熊彼特经济学。熊彼特认为企业应当对竞争对手为创造和削弱竞争优势所采取的竞争行为做出反应（Grimm and Smith，1997）。企业通过这种反应来提高自身的绩效。企业意识到了市场在不断地变化，竞争对手也会对那些可能削弱其盈利能力的行为做出反应（Grimm and Smith，1997）。比如价格变动、营销投资、资本和设备投资、研发投入和新产品创新等行为（Chen and MacMillan，1992；Miller and Chen，1994；Smith et al.，1991）。在供应链文献中，Hofer 等（2012）认为企业可以利用环境管理策略来参与竞争和反制行动。

熊彼特经济学还揭示了信息在促进供应链竞争方面的重要作用。熊彼特认为市场失衡的一个重要特征是不完全信息，这与新古典主义经济学所假设的所有市场参与者均可以充分地获取信息形成了鲜明对比。在企业之间或者企业与其客户之间，信息不是完全共享的。由于企业主要通过创新进行竞争，因此信息的获取和传播（dissemination）非常重要。事实上，企业和个人都需要花费大量的时间和精力去搜集、组织和处理信息（Cantor and Macdonald，2009）。

16.2.2 供应链信息共享理论

供应链学者研究了信息共享如何成为个人和团队层面供应链决策行为的重要驱动因素（Cantor and Macdonald，2009）。事实上，一系列供应链研究已经分析了信息如何影响供应链决策。例如，Lee 等（1997）指出扭曲的信息共享会导致牛鞭效应的产生。因此，在制造业背景下，企业应当实施改进的信息传播方式，比如协同规划、预测与补货等。除了信息技术工具和协同实践外，对反馈信息的错误认识也会影响企业内部和企业之间的决策（Sterman，1989）。随后的研究进一步分析了改进的信息共享如何改善供应链的决策行为。

例如，Steckel 等（2004）研究了分享销售点终端的数据如何改善供应链的绩效。Croson 和 Donohue（2006）研究了信息共享（如动态库存信息）的流量和方向如何能够给供应链决策提供更大的效益。Cantor 和 Macdonald（2009）借鉴了社会心理学方法中的解释水平理论（construal-level theory）（Liberman and Trope，1998），说明了对信息从抽象或具体的视角进行考虑如何影响决策行为。与此相关，Moritz 等（2012）利用认知反射理论（cognitive reflection theory）（Frederick，2005）解释了有着较高认知反应的个人为何会在报童实验中表现出较低的追逐需求倾向。Tokar 等（2013）研究了在简单的补货任务中，个人在需求冲击下会做出什么样的反应。更广泛地，Sanders（2007）指出了电子商务技术如何提高组织内部和组织间的信息共享/协作以及企业的整体绩效。

尽管上述学者都做出了重要的贡献，但是他们鲜少关注在竞争环境下，团队结构与协作如何影响供应链决策。在供应链中由团队负责决定，他们必须根据大量信息才能做出具有竞争力的决策。下面，将以战略核心理论（strategic core theory）为理论视角，考察动态团队角色如何影响供应链决策（Summers et al.，2012）。

16.2.3 战略核心理论

团队特征影响团队绩效（Humphrey et al.，2009）。Easton 和 Rosenzweig（2012）指出在供应链中，团队的熟悉程度以及个人与组织的经验影响六西格玛项目的成功实施。更为普遍的是，研究表明一些角色比其他角色对组织绩效有更显著的影响（Delery and Shaw，2001）。我们采用了战略核心理论去解释团队中的特定角色如何对竞争绩效产生更大的影响（Summers et al.，2012；Humphrey et al.，2009）。根据 Summers 等（2012）、Humphrey 等（2009）的研究，我们将战略核心定义为团队中具有以下特征的一个或多个角色：①在团队中，需要解决更多的问题；②对团队正在执行的任务有着更多的了解；③在团队的工作流程中更加重要。此外，Humphrey 等（2009）指出战略核心角色可被视为具有连续性的角色：一个角色越符合这些标准，这个角色对团队来说就越核心。

在供应链中，有些团队成员会遇到更多团队层面需要解决的问题。例如，在新产品研发活动中，项目经理不仅需要协调下属相互竞争的观点（Wouters et al., 2009），还要寻求获取项目成功所必需的支持和资源（Linderman et al., 2006）。毫无疑问，竞争观点的出现是由于一些团队成员更熟悉将新产品推向市场所带来的业务挑战，相对来说其他团队成员则更关注技术障碍。因此，项目经理需协调这些观点，并促成供应链中关键的商业决策（Bendoly et al., 2010）。Scott-Young 和 Samson（2008）阐述了项目负责人需要具备的一些关键性成功因素，这些因素可以对项目的成本、进度和可操作性产生影响。

在供应链中，一些团队成员需要对任务有着更多的接触，以提高供应链团队的绩效水平。由于信息的重要作用，供应链核心成员需要使用诸如电子设备之类的商业智能工具，以做出关键的业务决策。事实上，Johnson 等（2007）就客户供应链团队如何比其他供应链团队更多地利用电子商务技术来做出关键供应链决策提供了独到的见解。

16.3　案　例　分　析

为了说明团队动态在本质上如何影响供应链绩效，我们描述了 BigCo 公司在其供应链中面临的库存和规划问题。具体来说，位于伊利诺伊州盖尔斯堡的 BigCo 热处理工作中心认为，通过减少设置次数，使每种产品每月只生产一次，可以轻松地提高效率。主管（如项目负责人）审查预测信息，并在每次工厂进行热处理外壳设置时，生成下个月的零部件数量预测。供应链团队倾向于在将产品发往位于爱达荷州埃姆斯的下游工厂进行转换生产之前，最好将多余的库存存储在盖尔斯堡仓库。鉴于埃姆斯工厂的交货时间为一个月，为了满足预测需求，埃姆斯工厂应当至少提前一个月下订单。埃姆斯工厂的仓库中有一定的库存，来满足较长交货期内的预测需求。当 BigCo 的客户 GiganticCorp 下了一个大订单时，BigCo 计划增加产量，却发现没有足够的热处理外壳进行生产。埃姆斯工厂向盖尔斯堡工厂下达缺货订单，但是由于盖尔斯堡工厂已经安排了大量的生产，所以目前没有能力在数周内完成热处理工作。

当客户还在等待时，工厂之前生产出的每一批热处理外壳都多到需要建立仓库来进行存储。虽然 BigCo 持有大量的库存，但这并不是客户所需要的组合，因为仓库储存了许多不需要的东西，而急需的商品却没有足够的库存。公司这样做是为了追求生产成本最小化，但是同时也会导致缺货。此外，在流程中的每个步骤都需要库存，多个步骤又降低了公司对需求变化的响应速度。运营部门通常会指责销售部门或客户没有提供更好的基于最小存货单元（stock keeping unit，SKU）的预测。显然，糟糕的团队协同是一个问题。

在对 ERP 进行大量投资后不久，BigCo 公司的供应链团队决定改善跨职能团队的互动，因为他们想为每个产品做计划（planning for every part，PFEP）。鉴于预测的准确度只停留在预测总体水平，而在 SKU 层面的预测上准确度较低，PFEP 可能有助于提高准确度。该公司还希望利用 ERP 的新功能来帮助降低成本、提高产量。近期，其竞争对手 SpendCo 扩充了产能，从而缩短了交付周期。

SpendCo 已经降低了产品价格，试图通过增加产量来利用额外的产能。BigCo 需要有竞争力的应对方案来保持其市场份额，并且认为对 ERP 及 PFEP 的投资，将会使公司能够从战略上减少库存并缩短交货时间。新组建的跨职能团队与来自计划、采购、运营、工程、信息技术和持续改进等团队的成员们一起制定 PFEP。跨职能团队是部署策略的重要组成部分。

来自多个站点的分析人员、操作人员、管理人员和管理层都出席了会议。他们集思广益，决定将所有部分及其相关问题归类到由数量、变化和成本组成的矩阵中。通过 ERP 中的商业智能查询，他们访问了几个关键部分的需求信息。根据时间间隔考虑数量、变化、最大值和最小值（平滑、波动或趋势）的关系，并且他们将多种模式进行了分类。每个参数的定义都进行了清晰阐述。矩阵中的每一部分表示一个构建的频率和批量策略。为了确定最佳的设置，他们设计了仿真程序。在 ERP 测试数据库中，利用模拟物料清单创建了一些虚拟零件。并且在测试数据库中模拟了各种归类模式下的需求情况。在提出的各种补充计划中都记录了开始和结束时的库存水平。观察了三个月的结果后，团队一致认为最优的解决方案是在每个场景中显示最低库存且库存不为负值的解决方案。获胜方案被填充到矩阵的相应区域中。这些参数将被建议为 BigCo 使用材料的默认设置。

为了推广实施，埃姆斯工厂车削作业的一名工人、一名计划员以及一名采购员共同前往盖尔斯堡，与热处理作业的三名工作人员见面。其中，有半数的成员是 PFEP 矩阵团队的。通过 ERP 查询，执行团队获取到了需求信息。他们回顾了从盖尔斯堡流向埃姆斯的所有热处理部件的需求模式和时间间隔，以及不同水平下库存的缺货数量和持续时间。ERP 有一个独特功能，它可以追溯历史，并对过去日期的库存进行快照记录。根据过去两年的信息，他们可以计算出每种商品的平均库存数量。将这些数据与物料主数据进行配对，用数量乘以成本得到投资于库存的平均美元价值。通过库存快照，可确认存放时间。此外，他们还提取了从订单到完成交易的时间信息。

尽管 BigCo 打算按照月度预测生产一个月内所需的量，但执行团队意识到这种理想情况很少发生。40%时间内，销量没有达到工厂全面生产运营水平，并且库存的平均存放时间为 3 个月。如果有足够的快速流动物料来补偿，那么周转速度较慢的库存就被隐藏起来了。通过查看 SKU 水平下的库存情况，团队不仅确定了性能的实际范围，还识别出哪些 SKU 需要在战略上做出改变。相比之下，40%时间内的销售超过预期水平，在下一次计划生产之前就会发生缺货。当预测量不足时，生产的灵活性不足以做出有效回应。他们惊讶地得知工厂只有 30%产品能够准时出货。审查完所有的数据后，他们去一家热处理操作的工厂参观，以帮助其了解相关的数据背景以及工厂的局限性和能力。

在分析了数据并参观了工作中心后，他们开始将零件分配到 PFEP 矩阵中，并为每一个部分安排计划。两个团队都必须做出让步，才能达到双赢。这需要将关注点从单个的工作中心转移到整个供应链。商定的策略是埃姆斯工厂将接收盖尔斯堡工厂生产的所有产品。这样所有的库存都将在消耗点合并。作为回报，盖尔斯堡工厂同意降低产品的生产和交货时间。盖尔斯堡工厂愿意每周进行小批量生产。而额外的生产准备成本可以通过被节省了数千美元的库存投资以及大量仓库空间和相应的处理成本所抵消。此外，盖尔斯堡团队策划了一场加快转换时间的改进活动以进一步节省更多的费用。尽管埃姆斯工厂接收了盖尔斯堡工厂生产线产出的产品，但是库存并没有增加，因为这些批次都比较小。此外，这次合并还提高了系统中热处理外壳总量的可视性。

高度差异化的零件将不会再有库存缓冲区覆盖需求变化。盖尔斯堡工厂将只生产其所需要的部件。最昂贵的部件将只设置少量库存以减少库存费用。不过还需要设置一定的库存以防止高价订单缺货。此外，需求相对稳定的部件只需要最少的库存。由于短期预测误差往往可以相互抵消，例如，一段时期的销售额较低，随后往往是下一个时期的销售额回升。稳定库存的风险较低，有助于减少不必要的频繁的生产运行。通过减少批量，可以在更短的时间内做出数量决策，从而提高准确度。而预测长期需求时，通常使用的是不精确的数据，这会导致错误的产品投资，从而造成整个供应链效率低下。

基于团队的协同合作链接了两个工作中心之间的供应链的信息流，这种做法在整个 BigCo 公司得到了推广。该协同合作方法帮助团队之间建立了期望目标、明确了边界，以及提供了灵活性。团队有效利用 ERP 信息，在全局视野下高效地工作，不仅提高了服务水平，同时缩短了交付周期并降低了成本。除了确定生产批量和采购频率，供应链的每一对链接，还审查了其他部分的具体信息，如包装、专用存储、双重采购和质量控制，以完成 PFEP。这些努力使 BigCo 能够在保持利润率和市场份额增长的同时降低价格和缩短交货期。由此可见，该公司对 SpendCo 公司供应链竞争反应是成功的。

16.4 学习活动

为了在课堂上演示供应链团队动态的概念，我们使用了由蒙特利尔高等商学院开发的 ERP 软件的瓶装水仿真程序。ERP 仿真游戏由三人团队参与，团队成员在供应链决策任务上扮演不同团队角色。每组有 3 名参与者，各自经营一家瓶装水分销公司。每个团队都能获取到标准化报告以便其做出业务决策，并确保其运营的盈利能力。此外，每个供应链的 ERP 团队任务是在德国的一个竞争激烈的仿真市场中，负责在三个区域销售 6 种不同的产品。市场规模大约是每个团队（公司）每天销售 6000 欧元。6 种不同的瓶装水产品其中又包括了 1L 和 500 ml 两个版本。图 16.1 为每个团队管理产品的详情。

产品编码	产品详情	容量/箱	成本/箱
$$-B01	1L装纯净水	12瓶	11.99
$$-B02	1L装汽水	12瓶	14.99
$$-B03	1L装柠檬汽水	12瓶	16.99
$$-B04	500mL装纯净水	24瓶	16.99
$$-B05	500mL装汽水	24瓶	19.99
$$-B06	500mL装柠檬汽水	24瓶	22.99

图 16.1 团队管理的六种瓶装水产品

所有的学生都能获得 ERP 仿真游戏的额外细节信息。本次游戏将会持续 60 分钟，每轮比赛将会持续 20 分钟。每轮游戏结束后，所有的团队都能得知其在游戏中的排名，以及其他团队的绩效信息（如盈利能力指标）。图 16.2 为一轮游戏结束后的财务/排名报告的示例。学生团队也被告知本轮的决策以及目前的库存水平将延续到下一轮。学生们只可以销售他们现有的产品。学生团队被明确告知他们正在与其他团队进行模拟比赛。仿真的目标是获取最大利润。我们将会为所有的团队提供初始成本、库存和定价信息，如图 16.3 所示。

每支队伍在 ERP 瓶装水模拟游戏中与其他队伍共进行三轮比赛。每支队伍通过观察其余队伍的行为，来调整自身的决策进行竞争，从而盈利。获胜的团队即最赚钱的团队可以获得现金奖励。另一个被随机选择到的团队也能够获得现金奖励。本次模拟游戏中，每一个自愿参与活动的学生都能够获得额外的学分。

262　行为运营管理

团队	信用等级	利率（%）	排名	累计净利润	总销售额	毛利润（%）	净利润（%）	净资产收益率（%）	总资产回报率（%）	负债权益比（%）	市场营销占比（%）
I	A-A	5.75	1	12 263.41	109 599.94	11.189	11.189	2.394	2.394	0	0
H	A-A	5.75	2	10 093.66	144 658.92	11.148	8.803	1.979	1.979	0	2.344
J	A-A	5.75	3	9 426.69	94 634.89	9.961	9.961	1.85	1.85	0	0
A	A-A	5.75	4	8 238.71	88 172.75	11.726	9.344	1.621	1.621	0	2.382
E	A-A	5.75	5	8 006.17	113 096.50	8.534	7.079	1.576	1.576	0	1.455
D	A-A	5.75	6	4 223.37	101 998.71	4.92	4.141	0.838	0.838	0	0.779
C	A-A	5.75	7	−11 013.60	110 788.92	10.26	−9.941	−2.252	−2.252	0	20.201
F	A-A	5.75	8	−49 164.43	102 794.88	11.047	−47.828	−10.905	−10.905	0	58.875
B	BBB+	7.25	9	−323 043.94	103 793.33	4.704	−311.24	−182.56	−154.15	18.429	315.807

图 16.2　一轮游戏结束后的财务/排名报告

材料	$$-B01	$$-B02	$$-B03	$$-B04	$$-B05	$$-B06
名称	1L装纯净水	1L装汽水	1L装柠檬汽水	500mL装纯净水	500mL装汽水	500mL装柠檬汽水
尺寸	1L	1L	1L	500mL	500mL	500mL
容量/箱	12	12	12	24	24	24
成本/箱	€11.99	€14.99	€16.99	€16.99	€19.99	€22.99
初始价格	€14.99	€17.99	€19.99	€19.99	€22.99	€25.99
初始库存	1 000	1 000	1 000	1 000	1 000	1 000

图 16.3　ERP 仿真博弈的最初设置

最初，供应链团队主要是负责决策，如决定每个瓶装水产品的价格、广告投放、库存预警水平，以及核查每个产品的平均市场价格。具体来说，在第一轮中，每个团队负责管理销售流程。每个团队成员都有其各自的任务。一名团队成员负责销售活动，包括监控销售市场报告和调整价格。库存经理负责监管六种瓶装水产品的库存水平，市场经理负责在三个地理区域中进行广告投放。

每一轮游戏完成后，按照 Cantor 等（2014）采用的方法，让学生填写调查问卷，以评估他们对团队动态的感知详情，见附录表 16.1。第一组团队协同的问题涉及团队为进行决策所访问信息的类型，以及其随后竞争性定价行为的性质，如主动或者被动的定价决策。这些团队协同互动的问题主要包括如下内容：①通过观察其他团队的做法，我们调整了产品的价格；②在其他团队改变价格之前，我们率先改变了产品的价格。

在 ERP 模拟游戏中，研究团队协作也同样重要，下面是检查团队内部协调行为的一系列问题：①我们团队配合得很好；②我们团队对于该做什么几乎没有误解；③我们能够顺利高效地完成任务。

虽然担任销售经理角色的成员有着更多的责任，但其他的成员也有可能成为团队的领导者。因此，询问每个团队成员以下问题是很有趣的：①在第一轮时（或者在其他轮中），领导者是否出现？②如果是，哪个职位出现了领导者？

从第二轮比赛开始，团队的任务就会扩大（即弹性工作），包括了三个新任务（Cantor et al., 2014; Summers et al., 2012）。学生们被告知只有销售经理能够承担新的责任，责任包括：①进行生产；②进行采购（将采购申请转换成采购订单）；③补充库存/预测。学生们被告知要花三天的时间来补充库存。其他的团队成员则被告知保持其先前的工作职责。本次练习的主要目的是，研究团队如何成功地克服由弹性工作所引起的团队协作变化，以保持团队的竞争力。

具体而言，在本轮中，销售经理将继续改变一个或者多个产品的价格并监控市场价格报告。库存经理将继续检查库存情况，市场经理将继续专注于广告投放。我们将会为销售经理如何执行额外的任务提供具体指导（Cantor et al., 2014）。例如，我们会为销售经理演示如何在 ERP 中运行物料需求计划（material requirement planning, MRP）文档。

我们向销售经理解释道，六款产品默认的销量预测为每款产品 1000 个单位（例如，在第一季度的默认设置）。

MRP 运行后，销售经理将看到 MRP 的输出页面。这一步骤不能够直接补充瓶装水的库存。下一步销售经理应当转换 MRP 输出（采购请求转换成采购订单）。

同时，我们还指导销售经理将采购请求转换成采购订单。这是库存补充流程的最后一步。销售经理需要在 ERP 主页中双击 "Automatic Generation of POs"，如图 16.4。销售经理点击 "Execute" 按钮以运行 ERP 进程。对于 ERP 参与者来说，需要等待几日才能够看到库存的变化。

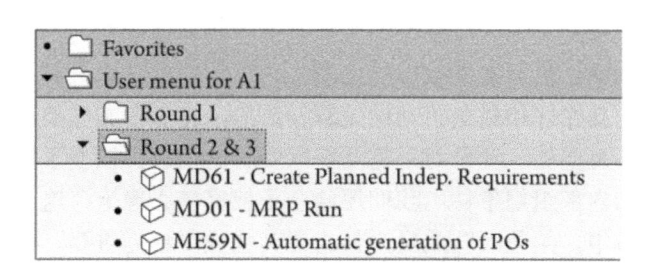

图 16.4　POs 的生成

之后我们将对销售经理如何改变团队预测进行指导。销售经理需要双击"Create Planned Independent Requirements"页面，如图16.5。接下来，团队成员将会选择产品组以及在"Product Group"中输入团队名称和"-B"。例如，如果团队成员与团队 A 相关联，销售经理将在"Product Group"中输入"AA-B"，并单击屏幕中的勾号按钮。现在，销售经理可以改变所需产品的预测。在预测改变后，需要重新运行 MRP 进程。

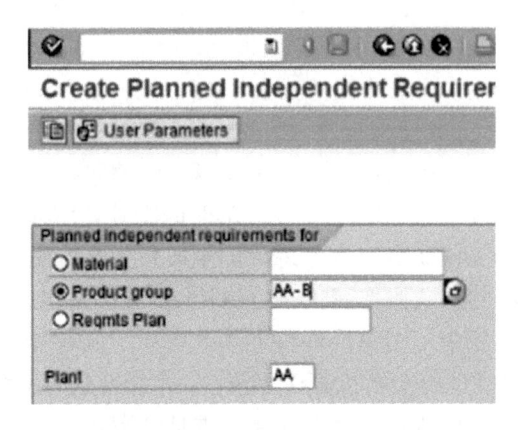

图 16.5　创建计划独立需求

16.5　讨　　论

本章的目的是在竞争激烈的 ERP 游戏环境下研究团队的动态行为。正如 BigCo 同 SpendCo 竞争的案例所描述的，这是一个非常重要的主题，因为在 ERP 环境中工作的本质是基于团队的。在 ERP 等系统的支持下，供应链团队依赖最新商务智能信息运营其供应链。高绩效团队依赖于获取的竞争信息，从而应对竞争对手提高市场地位而导致的动态市场环境。

我们从多元视角来解释供应链竞争的复杂本质。我们引入了熊彼特的竞争观点，以此揭示组织为何有动机采取复杂的竞争行动和反制行动，以维持和提高自身的市场地位。毫无疑问，熊彼特的观点有助于解释企业为何不能满足于它们的成就。我们还融合了供应链文献中的信息处理理论视角，为供应链学者如何看待信息在决策中的重要作用提供了理论见解。显然，在竞争激烈的市场中，获取知识和信息是至关重要的。竞争对手需要获取实时的信息，以便了解影响其竞争能力的外部市场和内部组织条件。我们还结合了战略核心理论，这种理论有助于解释在供应链决策中，某些团队成员为何会比其他成员更为重要。在进行质量决策时，战略核心团队成员的变化会比非核心成员的变化产生更多负面的影响。高层管理者需要明确意识到如何能够减少对特定团队成员的干扰。否则，功能失调的团队协同可能会阻碍企业参与竞争行动。

ERP仿真游戏是一款可用于研究团队动态的课堂软件工具。我们观察到，团队成员通常会单独行动，专注于完成自己的工作职责，如销售、营销和库存管理。基于先前的游戏，我们发现在表现出色的团队中，强有力的领导必不可少。一个优秀的领导者可以使成员团结一致。每个团队成员在比赛中都有着不同的动机，有些人会因为内在动机（如内在驱动的学习动机）而参与比赛。其他人更关心的是赢得比赛，以便在课程中获得更高的分数。因此，我们期望看到与游戏相关的努力和压力的变化。

随着成员们开始意识到他们的任务相互依赖时，他们的注意力通常会转移到其他人身上。有些人会向领导者的方向发展，有些人将会试图了解其他人在做什么，有些人可能会试图更好地了解系统的功能。好的战略核心成员（如领导者）会使成员保持一致，并将职责委派给其他团队成员，以提高协调和决策的效率。战略核心成员将协调可用的外部和内部信息，以便团队可以采取强有力的竞争行动。

尽管每个团队都设定了利润最大化的目标，但是队内成员为了实现这个目标各自采取的策略可能会相互冲突。例如，负责管理库存的成员（如库存经理）可能会决定将最小化库存定为企业实现利润的最佳决策。负责销售的成员可能认为通过最大化销售可以最好地实现目标，但是这要求在销售前有剩余库存。战略核心成员（如销售经理）需要实施领导行为以帮助团队决定如何进行最好的协作以实现他们的目标。我们在每轮比赛结束时进行一项调查，以获取各团队的信息处理和比赛策略的数据，以便更好地理解团队如何完成他们的绩效目标。即使我们指导销售经理在游戏中执行了大部分的活动，但我们对于是否有其他队员成为团队的领导者也很有兴趣。未来要研究的一个有趣问题是：ERP仿真游戏中是否会产生新的领导者。

我们为每个团队成员提供了ERP报告，该报告可以用来改善团队的供应链决策。例如，我们向每个团队分享了整体游戏绩效的排名。的确，我们认为在每一轮游戏结束后显示团队排名能够增加竞争压力。排名靠前的团队将被激励保持领先，排名靠后的团队会感到压力从而提升绩效。其实这还是主要取决于他们对游戏中关键活动的理解。同样，强有力的核心团队成员或新兴领导者对于避免无效的指责、激励不同成员以及采取统一措施来提高团队的整体绩效至关重要。这些行为可能来自所委任的领导者或出现的非正式领导者。ERP仿真游戏包含多个报告，如销售市场报告、库存报告和财务报告等。团队可以使用这些报告来提高其内部协作水平。在其他的游戏版本中，如先进制造蒙特利尔高等商学院SAP游戏，团队可以使用提供实时报告信息的商务智能工具，以提高决策绩效。

我们希望本章可以从竞争的角度为供应链团队动态提供新的见解。研究团队层面的行为是非常重要的，因为有效的供应链管理需要信息技术系统来支持组织内和组织间的协作，如 ERP 系统。此外，组织相比过去更加精简和扁平化，从而提升了对团队内成员行为协同的洞察力。

附　录

表 16.1　团队动态工作表

	1 强烈同意	2 同意	3	4 不同意	5 强烈不同意	注释/反应
信息（意识）策略						
在做出任何与游戏相关的决定前，团队可以获取外部可用的价格——信息市场报告。	1	2	3	4	5	
在做出任何与游戏相关的决定前，团队可以获取内部可用的销售和库存水平信息。	1	2	3	4	5	
其他注解： 1. 请确定您使用特定的 SAP 报告。 2. 这些报告是否影响了你在游戏中的动机水平？						
团队积极性策略						
通过观察其他团队的做法，我们调整了产品价格。	1	2	3	4	5	
在其他团队改变他们的价格之前，我们率先改变了产品的价格。	1	2	3	4	5	
其他注解： 请就你的团队在提升团队竞争地位方面所采取的其他策略（行动）发表意见。						
团队协调						
我们的团队配合得很好。	1	2	3	4	5	
我们的团队对应该做的事情有着较少的误解。	1	2	3	4	5	
我们的团队顺利高效地完成了任务。	1	2	3	4	5	
我们的团队需要重新开始。	1	2	3	4	5	
其他注解： 请描述任何在 SAP 游戏中阻碍你的团队做出有效决策的任何障碍。						
信息交换						
我经常与其他的团队成员进行互动。	1	2	3	4	5	
我会与其他的团队成员交换信息。	1	2	3	4	5	
我一直都是从其他的团队成员中获取信息。	1	2	3	4	5	
其他注解： 有没有一个你相对频繁互动的团队成员？谁变成了团队领导者？						

参 考 文 献

Bendoly, E. 2014. Systems dynamics understanding in project execution: information sharing quality and psychological safety. Production and Operations Management 23 (8), 1352-1369.

Bendoly, E., Perry-Smith, J. E., Bachrach, D. G. 2010. The perception of difficulty in project-work planning and its impact on resource sharing. Journal of Operations Management 28 (5), 385-397.

Cantor, D. E., Macdonald, J. R. 2009. Decision-making in the supply chain: Examining problem solving approaches and information availability. Journal of Operations Management 27 (3), 220-232.

Cantor, D. E., Summers, J. K., Humphrey, S. E. 2014. An examination of team dynamics in a competitive environment. Working paper, Iowa State University.

Chen, M.J., MacMillan, I. C. 1992. Nonresponse and delayed response to competitive moves: The roles of competitor dependence and action irreversibility. Academy of Management Journal 35 (3), 539-570.

Croson, R., Donohue, K. 2006. Behavioral causes of the bullwhip effect and the observed value of inventory information. Management Science 52 (3), 323-336.

Delery, J. E., Shaw, J. D. 2001. The strategic management of people in work organizations: Review, synthesis, and extension. Research in Personnel and Human Resources Management 20, 165-197.

Easton, G. S., Rosenzweig, E. D. 2012. The role of experience in Six Sigma project success: An empirical analysis of improvement projects. Journal of Operations Management 30 (7-8), 481-493.

Frederick, S. 2005. Cognitive reflection and decision making. Journal of Economic Perspectives 19 (4), 25-42.

Grimm, C. M., Smith, K. G. 1997. Strategy as Action: Industry Rivalry and Coordination. Cincinnati: South-Western College Pub.

Hofer, C., Cantor, D. E., Dai, J. 2012. The competitive determinants of a firm's environmental management activities: Evidence from US manufacturing industries. Journal of Operations Management 30 (1), 69-84.

Humphrey, S. E., Morgeson, F. P., Mannor, M. J. 2009. Developing a theory of the strategic core of teams: A role composition model of team performance. Journal of Applied Psychology 94 (1), 48.

Johnson, P. F., Klassen, R. D., Leenders, M. R., Awaysheh, A. 2007. Utilizing e-business technologies in supply chains: The impact of firm characteristics and teams. Journal of Operations Management 25 (6), 1255-1274.

Lee, H. L., Padmanabhan, V., Whang, S. 1997. Information distortion in a supply chain: The bullwhip effect. Management Science 43 (4), 546-558.

Liberman, N., Trope, Y., 1998. The role of feasibility and desirability considerations in near and distant future decisions: A test of temporal construal theory. Journal of Personality and Social Psychology 75 (1), 5-18.

Linderman, K., Schroeder, R. G., Choo, A. S. 2006. Six Sigma: The role of goals in improvement teams. Journal of Operations Management 24 (6), 779-790.

Miller, D., Chen, M.-J. 1994. Sources and consequences of competitive inertia: A study of the US airline industry. Administrative Science Quarterly 39 (1), 1-23.

Moritz, B. B., Hill, A. V., Donohue, K. 2012. Individual differences in the newsvendor problem: Behavior and cognitive reflection. Journal of Operations Management 31 (1-2), 72-85.

Sanders, N. R. 2007. An empirical study of the impact of e-business technologies on organizational collaboration and performance. Journal of Operations Management 25 (6), 1332-1347.

Schumpeter, J. A. 1934. The Theory of Economic Development: An Enquiry into Profits, Capital, Credit, Interest,

and the Business Cycle. Cambridge, MA: Harvard University Press.
Schumpeter, J. A. 1942. Capitalism, Socialism and Democracy. London: Routledge.
Scott-Young, C., Samson, D. 2008. Project success and project team management: Evidence from capital projects in the process industries. Journal of Operations Management 26 (6), 749-766.
Smith, K. G., Grimm, C. M., Gannon, M. J., Chen, M.-J. 1991. Organizational information processing, competitive responses, and performance in the US domestic airline industry. Academy of Management Journal 34 (1), 60-85.
Steckel, J. H., Gupta, S., Banerji, A. 2004. Supply chain decision making: Will shorter cycle times and shared point-of-sale information necessarily help? Management Science 50 (4), 458-464.
Sterman, J. D. 1989. Modeling managerial behavior: Misperceptions of feedback in a dynamic decision making experiment. Management Science 35 (3), 321-339.
Summers, J. K., Humphrey, S. E., Ferris, G. R. 2012. Team member change, flux in coordination, and performance: effects of strategic core roles, information transfer, and cognitive ability. Academy of Management Journal 55 (2), 314-338.
Tokar, T., Aloysius, J., Williams, B., Waller, M. 2013. Bracing for demand shocks: An experimental investigation. Journal of Operations Management 32 (4), 205-216.
Wouters, M., Anderson, J. C., Narus, J. A., Wynstra, F. 2009. Improving sourcing decisions in NPD projects: Monetary quantification of points of difference. Journal of Operations Management 27 (1), 64-77.
Wu, Y., Loch, C., Ahmad, G. 2011. Status and relationships in social dilemmas of teams. Journal of Operations Management 29 (7), 650-662.

第 17 章

"橙汁游戏"：供应链管理中的跨职能整合

Sander de Leeuw（桑德·德·莱乌），Michaela C. Schippers（米夏埃拉·席佩斯）和 Stefan J. Hoogervorst（斯特凡·J. 霍赫沃斯特）

17.1 概　　述

供应链管理游戏是促进学生在课堂环境和实践中学习运营管理（Mehring, 2000; Sterman, 1989）的有效工具，同时也为相关学术研究做出了贡献（Steckel et al., 2004）。已有供应链游戏可以支持一个或多个研究目标，其中啤酒游戏最知名。橙汁游戏（the fresh connection game）是基于网络的供应链管理学习环境围绕跨职能业务模拟构建的游戏，本章以该游戏为基础帮助学生对供应链管理各方面进行体验式学习。

17.2 理 论 基 础

在教学上，游戏可帮助教师讲授物流和供应链管理原理（Sweeney et al., 2010）。游戏活动常常应用于医学、化学和物理以及建筑学等多个领域（Pasin and Giroux, 2011）。游戏在管理中的应用研究可追溯到 20 世纪 50 年代（Wells, 1993; Pasin and Giroux, 2011），特别是近年来，其在运营管理领域的使用频率大大增加（Lewis and Maylor, 2007），且在教学运营管理领域的期刊文章中占据重要位置（Medina-Lopez et al., 2011）。

游戏的主要优点之一是可以跨职能。传统学习计划基于职能建立，但企业界的大多数问题并不是独立的，需要使用多种技能。此外，在竞争环境中，游戏可以提供学习的动力，同时帮助学生提升认知并促进个人成长（Chang et al., 2010）。van Houten 等（2005）对成功的供应链游戏的要求进行了定义。根据他们的研究，如果要保证供应链管理游戏是有效的，那么游戏环境对游戏玩家来说应该是可信的。此外，游戏应该是可以实施的。van Houten 等（2005）认为，这需要网络界面的支持以及游戏的持续发展与进步。鉴于啤酒游戏在研究和教学方面的成功案例，这一要求的重要性不言而喻。

在将啤酒游戏运用于研究的早期论文中，Sterman（1989）认为供应链中的低效率可能与决策者无法理解下订单和接收订单之间的长时间延迟有关。Lee 等（1997）认为牛鞭效应的成因有四点：订单批量大小，潜在短缺情况下的缺货博弈和配给，导致计划订单更新的需求预测更新，以及由于促销行动产生的价格波动。

事实上，供应链中大部分实验研究涉及了牛鞭效应等相关问题（Bendoly et al., 2006）。Steckel 等（2004）以啤酒游戏为基础，提出缩短提前期实际上比分享需求信息更有利。Croson 和 Donohue（2006）也通过啤酒游戏得出结论，在共享需求数据的情况下，更上游的供应商比那些接近终端需求的供应商在供应链中能获得更多利益。

教学中，啤酒游戏常常被用来解释供应链管理问题（Sparling, 2002），它是展示牛鞭效应的优秀工具，同时让学生有机会亲身体验供应链管理。显然，尽管这种简化在其教育价值方面是优势，但简化的游戏无法揭示供应链真正的复杂性。这使得还原企业的实践有些困难。例如，游戏并没有为学生提供良好的环境来解决啤酒游戏中发现的问题（Sparling, 2002）。

随着时间的推移，还出现了一些其他游戏。Mehring（2000）描述了一种专注于体验式学习的游戏。该游戏可揭示供应链中依赖关系的影响，以及供应链实体之间协调的必要性，也可用于分析供应链协调方法的影响。

其他常用的供应链游戏包括分销商游戏（van Houten et al., 2005）和由 Littlefield Technologies 开发的游戏（Feng and Ma, 2008）。Lewis 和 Maylor（2007）比较了几个除啤酒游戏外的运营游戏，发现大多数游戏都相当复杂。啤酒游戏是一个简单直观的游戏，只需要做一个决策：对于产能无限的产品，每轮从直接供应商那里订购多少商品。后来发展为基于计算机的游戏，涵盖了多产品、产能约束、财务方面等复杂因素（比如，随着时间推移，产品价值可能逐渐降低，这代表陈货具有较低市场价值的事实）。

本章描述的供应链游戏是橙汁游戏，该游戏起源于荷兰，是在 2008 年研发的。橙汁游戏的初始版本源于公司和大学参与的全国供应链管理竞赛。经过六轮资格赛，各个组中最好的队伍被邀请参加全国决赛，在此期间，团队必须应对新的活动和主题。该全国性的比赛非常成功，以至于围绕比赛制订了供应链管理培训和发展方案。其中，游戏的复杂程度和供应链主题可根据公司特定的培训和开发需求、可用时间、参与者的级别等进行设置。从 2009 年开始，该培训和发展方案在公司、大学和商学院进行全球范围内部署。截至 2015 年，已有来自 25 个以上国家、500 多家公司、10 000 多名专业人士以及来自 20 多个国家 40 多所大学的 5000 多名学生参加了橙汁游戏。

17.3 学习活动

运营管理教学法的缺点是，它经常教导学生决策可以达到最优化，并倾向于使用规范的数学建模解决运营管理问题。模拟游戏作为一种强有力的工具，在教授运营管理理论时可以对抗定向思维（Pasin and Giroux，2011）。在这些游戏中，决策通常涉及有不同目标的多个利益相关者，学生可以借此了解决策是相互关联的。此类游戏加强了学生的认知识别架构，并通过成就感激发学习兴趣（Chang et al.，2010）。学生通过反思自己的决定和可能的错误，可以学习更多知识并逐步改进（Dahling et al.，2009；Pasin and Giroux，2011；Rosenorn and Kofoed，1998）。如果把游戏融入整个课程中，学生可以定期收到反馈，从而学会整合和应用课程中所教授的理论。橙汁游戏的时间设定为 3 周或 6 周，3 周就是每周进行 2 轮，6 周就是每周进行 1 轮。作者对 3 周或 6 周这两种时间设定方式都有经验，且两者都同样有效。每轮游戏每人需要约 8 小时的准备时间。

17.3.1 橙汁游戏

橙汁游戏是供应链管理游戏，四个参与者组建了一个管理团队来运营一个处于亏损的公司，并担任不同的角色，包括：采购副总裁（负责供应商管理和总成本控制）、销售副总裁（负责需求和投资）、运营副总裁（主管生产和产品运营）、供应链副总裁（负责库存管理和供应链管理）。有关角色描述，参见表 17.1。参与者为果汁生产商制定供应链相关的战略和战术决策。

表 17.1 橙汁游戏中的角色

角色	描述
销售副总裁	产品销售由销售副总裁负责。他/她与客户协商公司的交付条款、服务水平、订单截止日期、保质期协议和促销强度。销售是利润的最重要来源，所以销售副总裁在游戏中发挥着极其重要的作用，在公司能兑现其承诺前提下，他/她的讨价还价可以带来较高的销售价格。当然，销售也是利润产生的根基
供应链副总裁	供应链副总裁是将其他角色结合在一起的黏合剂。通过制定供应链战略并实施智能库存计划，供应链副总裁在团队中发挥决定性作用。他/她通过部署安全库存，抵消不可靠供应商或生产设施产生的消极影响，确保公司履行对客户的承诺
运营副总裁	运营副总裁负责生产设施和仓库管理。他/她协调工作班次并确保员工接受培训。运营副总裁还决定仓库使用空间和人力。运营副总裁有时决定着游戏的成败。通过保证生产系统的灵活性，可以降低生产成本且提高系统可靠性，运营副总裁确保在产品可得性的同时控制总生产成本
采购副总裁	采购副总裁负责购买组件。他/她与供应商协商供应条款和价格，可以终止现有合同并签订新合同。采购副总裁在游戏中起着至关重要的作用。通过选择提供优惠条件、低价格和高可靠性的供应商，采购副总裁确保总采购成本得到控制，库存在保持低水平的同时，保证组件交付到生产的可靠性

游戏将进行 3 到 6 轮，轮次取决于学生的培训和发展需求，每一轮次代表 6 个月的决策周期。游戏的重点是供应链的战略和战术决策。该游戏以公开竞争形式开展，数百个团队同时竞争，它也可以在公司和大学内部使用。

橙汁游戏与其他供应链游戏不同，它模仿了真实公司决策时所涉及的范围和复杂程度。该游戏的目标是促进跨职能团队合作，打破职能隔阂（即副总裁们只在各自的责任范围内做出决策)。在橙汁游戏中，战略和战术决策成为焦点，而不是像啤酒游戏中更加强调的个人运营决策。该团队的任务是通过实现最高的投资回报率[①]使公司盈利。这一目标需要参与者通过制定影响整个价值链的战略和战术来实现。

企业的产品在交货前一直存放在成品仓库的托盘中，直到发货或者保质期到期。从生产的那一刻起，成品的保质期为 20 周。在这 20 周内，客户会购买其中大部分，通常在 60%到 80%之间。这使得企业在 20 周后还有 20%至 40%产品需要处理。如果保质期到期，则必须销毁产品。该企业没有自己的车队运输产品到客户配送中心，所以运输部分是外包给合作伙伴。企业负责生产。将果汁在混合器中混合并立即在装瓶线上装瓶，混合器和装瓶线是企业生产设备的一部分。各种各样的包装形式都在同一条线上装瓶。成品由包装和浓缩果汁组成，物料清单标识成品中每种成分的多少。

这些原材料从供应商处购买，包装材料从当地或区域供应商处购买。浓缩果汁从水果贸易商或全球的生产商处购买。每个供应商都有自己的特点，如价格、交货提前期和可靠性。各供应商交付给企业的原材料不能总是立即用于生产，这也是公司拥有原材料仓库的原因。用托盘交付的包装材料存储在原材料仓库中，用桶装或集成散装容器交付的浓缩果汁也存储在该仓库，但用罐车交付的浓缩果汁就被泵入罐区。浓缩果汁的保质期有限，过期后，企业必须销毁浓缩果汁。

17.3.2 游戏目标和规则

每个团队的目标是实现最佳的投资回报率。获得最大收益并不是唯一目标，以适当方式管理投资也至关重要。除了团队得分之外，还有个人得分。个人得分不计入团队得分，但允许参与者衡量他们相对于竞争团队中的个人表现。每轮参赛者可以查看他们的表现并与其他参赛队伍进行比较。

这些目标应在课程手册和第一次会议中向学生说明。学生每周玩 1 轮游戏，教师同时开展对游戏中团队行为和决策的理论讲解并组织互动研讨会。举行启动会议也很重要，教师可以帮助学生熟悉游戏，了解不同决策类型，以及使用的游戏界面。举行启动会议通常是通过投票环节来完成的。

在游戏的投票环节，学生面临典型的决策问题，在众多备选答案中，学生们进行投票选出答案。通过这种方式，学生可以练习在游戏中决策。然后，学生建立 4 人团队，教师或学生自己可能在会议之前已完成组队。教师对组队标准的选择可以让他们有机会研究游戏中的行为的影响。在一个案例中，教师可以通过在

---

① 译者注：投资回报率 =（税前年利润/投资总额）×100%。是指企业从一项投资性商业活动的投资中得到的经济回报，是衡量企业盈利状况所使用的比率，也是衡量企业经营效果和效率的一项综合性的指标。

投票环节之前填写的问卷识别学生个性特征，根据学生的个性特征组建团队。学生每轮都会收到关于团队动态的调查问卷。教师也会调查学生的社交网络并以视频方式记录团队互动（Lehmann-Willenbrock et al.，2014）。

表 17.2 提供了游戏中各轮次的概述。学生最好在机房玩第一轮。熟悉游戏的教师或助教可以对学生的问题进行解答。第一轮通常需要 3 个小时，相比于之后的轮次，第一轮占用的时间可能略长，因为学生需要学习如何使用游戏界面。对于每一轮，必须在最后期限之前进行游戏输入，即做出决策，在最后期限，计算机会对输入的决策进行计算，这大约需要 10 分钟，随后揭示决策的结果，以便团队可以进入第 2 轮。

表 17.2 橙汁游戏中按轮次进行的学习活动

主题	构建模块	标注
学生准备文件	介绍	
开始	开始游戏	
第一轮橙汁游戏		
第一轮反馈	反馈环节	反馈给学生分数和报告
绘制供应链图	绘制供应链图	在课堂或作业中练习
研究部件特点和总成本	研究部件特点和总成本	在课堂或作业中练习
第二轮橙汁游戏		
第二轮反馈	反馈环节	反馈给学生分数和报告
基础理论理解	基础理论理解	关注保质期和收益管理
决策研讨	决策研讨	包括团队展示
第三轮橙汁游戏		学生可在橙汁中选择自己的KPI[①]
第三轮反馈	反馈环节	反馈给学生分数和报告
介绍供应链战略	介绍供应链战略	学生汇报相应的供应链战略
将战略付诸实际	将战略付诸实际	使 KPI 与策略保持一致并设定目标
第四轮橙汁游戏		增加销售运营和采购主题
第四轮反馈	反馈环节	反馈给学生分数和报告
S&OP[②]的简介与练习	S&OP 的简介与练习	S&OP 的汇报和练习
第五轮橙汁游戏		增加外部协作元素
第五轮反馈环节	反馈环节	反馈给学生分数和报告
介绍协作	介绍协作	显示全局思维带来的效果
了解 PET（聚对苯二甲酸乙二酯）瓶[③]容量膨胀率	了解 PET 瓶容量膨胀率	计算和了解商业案例

① KPI 是 key performance index（关键绩效指标）的缩写。
② S&OP 是 sales & operations planning（销售与运营计划）的缩写。
③ 译者注：PET 瓶是游戏中果汁的容器，关注 PET 瓶容量膨胀率能有利于改善制瓶技术。

续表

主题	构建模块	标注
分析买方和供应商观点	分析买方和供应商观点	确定成功合作的可能性
第六轮橙汁游戏		
第六轮反馈	反馈环节	反馈给学生分数和报告

参与者在游戏中需要做出许多决策，每项决策都要权衡利弊，因为这些决策不仅会产生积极影响，也会产生消极影响。决策的关键是评估这些后果并相互平衡。随着游戏的进行，团队会累积供应链战术和战略管理方面的经验，所以对团队表现的评估将根据其决策的长期影响进行。由于每轮中的绩效是独立计算的，因此，团队不会因为前几轮的糟糕决策而持续受到负面影响。这样做的好处是，一方面，每一轮团队都能以新的决策方式进行决策，不用考虑前面几轮对之后的长期影响。另一方面，通过仔细分析前几轮的结果，团队可以在后续轮次中改善决策。

17.3.3　行为运营管理讲座和反馈会议

该游戏的部分目标与供应链理论有关，部分与跨职能团队工作的行为方面有关。因此，我们在不同的讲座中为学生讲解行为运营管理的背景知识。在这些讲座中，我们指出行为运营与橙汁游戏以及其他游戏（如啤酒游戏）的关系。了解该背景知识，有助于学生编写作业报告。在比赛期间，教师还可以组织反馈研讨会，在游戏流程中进行 2 到 3 次。在第一轮期间，可能要求学生绘制供应链图，供应链图包括产品从原材料采购到最终买卖一个完整的流程，以及关键绩效指标（如提前期或服务水平）。在这些讲座中，也可能讨论到学生所作决策的影响。例如，在游戏中，增加库存水平通常会对财务绩效产生负面影响，因为管理的关键产品是易腐的。最初，学生不一定了解增加的库存会如何影响交付的表现，而在反馈研讨会上，学生可以讨论这些决策对供应链绩效的影响。课堂上，围绕主题绘制因果关系图可以帮助学生认识这些影响。因果关系图可以表达不同决策对整个供应链会产生什么结果，比如库存的增加可以保证产品交付，但同时会增加库存成本以及产品腐烂损失成本。学生可能并不总能自己提出问题，建议教师提前准备一些问题供学生讨论。

17.4　作业和评分

学生会收到作业，以反思自己在游戏中的经历，理想情况下，该课程包括五个不同的部分：①难度提升；②战略报告，见附录 1；③活动日志，见附录 2；④反馈课程；⑤评估报告，见附录 3。

游戏的主要结果投资回报率可以作为成绩的一部分。建议不要让这部分比重太大，可设置为比赛成绩的 10% 到 20%，这样的话，学生就仍然愿意在游戏中不断尝试。我们在课程手册和讲座中做了明确说明。

17.4.1 难度提升

在每一轮游戏中，参与者都会学到很多知识，因此他们需要逐步做出更难的决策。游戏可根据公司或大学的培训和发展需求进行配置，游戏的复杂程度和供应链主题以模块化方式设计，可以将学习经验定制化于培训或者课程的学习目标中。橙汁游戏的核心是打破职能独立，并在不同职能区域内以连贯的方式实施所选的供应链战略。表 17.3 中的元素是游戏中三个层级的基本元素。

表 17.3　橙汁游戏的层级

层级	主题	销售	供应链管理	运营	采购
第一层	可靠性	服务水平 订单期限 缺乏规则	安全库存	轮班 托盘位置 全职人力工时	交付窗口 交付可靠性
第二层	批次和频率	保质期 贸易单位	批量生产和采购	快速换模 增加速度	交易单位
第三层	速率和质量	付款条件	冻结期	进货次数 预防性维护 解决故障 原材料检验	供应商选择 付款条件 质量 运输方式

进行了两到三轮之后，在这三个层级基础上可以添加不同的供应链主题进行扩展，例如供应链风险管理、外部协作等，如表 17.4 所示。

表 17.4　橙汁游戏的扩展

序号	主题	销售	供应链管理	运营	采购
A	S&OP	促销强度 分类管理 预测	生产间隔工具	资源选择	双重来源
B	外部协作	开阔视野 供应商管理库存		外包仓库 PET 膨胀率	供应商管理库存 供应链发展
C	CO_2 排放量 可持续性	CO_2 服务水平协议		减少用水量 减少能源消耗 降低启动生产损失	

续表

序号	主题	销售	供应链管理	运营	采购
D	KPIs 和目标	KPI 选择	KPI 选择	KPI 选择	KPI 选择
E	供应链风险	风险事件 重新启动（界线）	情景规划	跟踪隔离 检疫 风险事件 仓库池	合同期限 供应商发展 双重采购 风险事件

通过添加层级和扩展，可以逐渐增加游戏流程中的复杂性，并且逐步累积学习经验。为了让参与者能够对决策的制定、决策的实施和策略实施的连贯性进行反思，我们围绕橙汁游戏制定了一个学习周期，以增强参与者的学习体验，并允许他们将理论框架与实践联系起来。因此，支持性的学习材料和练习题可以进一步加强参与者的学习经验，从而强化对决策之间的相互作用更深刻和更持久的理解，见表17.2。

17.4.2 战略报告

在战略报告中，学生会反思他们认为行之有效的战略。因此，在开始之前仔细思考制定什么战略可以保证供应链良好运行，可以帮助学生在游戏中占据先机（Hackman and Morris, 1975）。此外，制定明确的战略可以指导学生的决策，帮助他们了解制定决策的意义，见附录1。本报告中，第1轮后，学生描述了他们想要在哪个市场保持活跃，为什么，怎么做；供应链成功的标准是什么，他们打算在不同领域（如采购和供应管理、库存管理、制造等）做出哪些决策以及为什么。

17.4.3 活动日志

每轮结束后，学生会提交一份活动日志，记录反思哪些进展顺利，哪些需要改进，以及他们的决策内容，见附录2中表17.5。这些日志可用作团队作业的一部分，并用于最终评估报告的输入。这些日志可帮助教师标记团队问题。

17.4.4 反馈课程

教师可以安排反馈课程，在该课程上，学生可以提出有关如何提高团队绩效的问题。在上课时间中，可以预留一些时间，让学生可以在机房中一起制定游戏决策，这是个讨论游戏流程的理想时间。游戏流程回顾的一个好方法是制定影响图[①]，如

[①] 译者按：影响图可以帮助同学们了解每一个决策会对供应链产生什么影响。

图 17.1 所示。由于游戏流程存在大量变量，学生在游戏开始时往往会对弄清楚发生了什么感到困难，因此概述游戏中各关键部分如何关联是非常有帮助的。

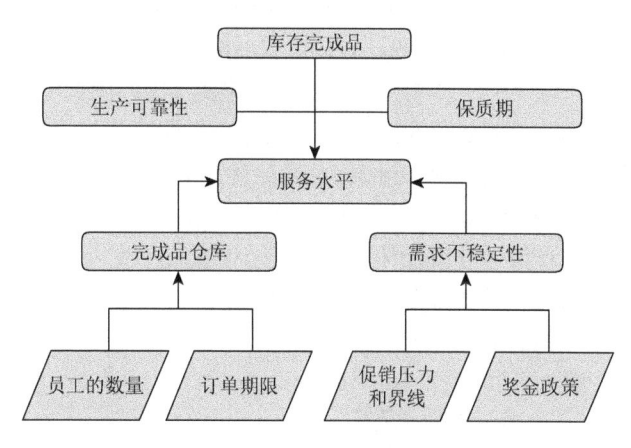

图 17.1　游戏中服务相关变量的影响图示例

17.4.5　评估报告

学生要写一份评估报告，见附录 3。这份报告中要写出他们如何做出决策，他们的决策与供应链理论和行为运营管理之间的关系，以及作为一个团队，他们还可以怎样提高。根据课程的内容，报告的重点可以更多地放在运营管理上，或者更多地放在团队互动行为方面。在附录中，我们给出一个作业的例子，但还有很多种可能的变化。具体来说，我们要求团队认真反思他们的表现以及思考改进团队的办法。团队要认识到他们哪些事情做好了，哪些事情没做好。他们需要提出具体改进建议和例子，思考他们每一轮作出决定的方法及原因。例如，决策是所有团队成员参与的结果，还是团队一个成员作出了所有决定？这会对结果产生影响，同时也与团队中是否明确领导者是谁有关（Schippers，2014）。最后，学生需要将行为运营管理理论和供应链理论联系起来。学生必须使用这些理论来说明他们如何提高团队的表现。在这样做时，学生需要使用游戏中的具体实例，而不是纸上谈兵。最后一项要求对学生来说往往是最困难的，不管学生能不能做到，尽可能让学生提交初步概念报告，接收到广泛的反馈，然后基于这些反馈进行改进（Dahling et al.，2009；Schippers et al.，2013）。

17.4.6　学习效果

为了提升学习效果，我们鼓励学生深刻反思团队的构成，以及团队流程如何影响团队成果，这是十分有益的（Dahling et al.，2009；Pasin and Giroux，2011）。在过去的几年里，我们向参与游戏的团队发放了问卷调查，调查了团队关注的焦点和团队发展，包括心理安全和团队自反性（团队反思和改进团队运作的程度）（Rook et al.，2014；Schippers et al.，2007；Schippers et al.，2014）。还有一些问题是有关如何制定决策和明确领导力，以及团队预测投资回报率时需要考虑的因素（Schippers，2014）。调查问卷中的信息可以反馈给团队，并作为反映一个团队如何做出决策的参考，进而帮助团队反思团队决策的偏差和错误（或团队信息处理中的不足）（Schippers et al.，2014）。同时，在学生签署同意书后，这些信息可以作为科学研究的基础。通过录制团队互动视频可以更直接地获得反馈（Lehmann-Willenbrock et al.，2013），并将这些信息反馈给团队。这可以最大限度地提高学习效果，特别是与问卷调查结合使用时。此外，这种设置可以与研究进行有效组合。

17.5 讨 论

我们发现橙汁游戏是一种积极的、鼓舞人心的教学方式。在实验情景中，参与者可以积极创造自己的见解和知识，他们会体验到游戏中四个不同角色之间利益的冲突和权衡。因此，他们会面临着在多变量的复杂情况下，做出联合决策的挑战。由于参与者只能在自己的职能领域做出决策，坚持选定的供应链战略、职能之间的合作以及联合决策是在橙汁游戏中成功的关键因素。因此，橙汁游戏非常适合团队建设并有助于人们从团队流程中得到启示。游戏能够协调目标，因此它还可以帮助缓解多样性对绩效的负面影响（Schippers et al.，2003；van Knippenberg and Schippers，2007）。

与 Mehring（2000）描述的游戏类似，橙汁游戏向参与者揭示了管理供应链的复杂性和多样性。它可以用来说明几个关键的供应链概念。例如，游戏表明，销售和运营是公司成功的关键，销售为公司带来收益，运营保证公司的成本控制，所以除了供应链部门，其他部门的决策也同样重要，这与 Oliva 和 Watson（2011）的早期发现一致。

总之，游戏是概念学习的有用补充。在课堂设置中，它提供了实践与课程理论相结合的方式。玩游戏不仅有趣，而且可以学习如何制定战略，以及如何在供应链环境中进行协作。学生在讲座中了解到供应链中的策略是相互关联的，但往往缺乏想象力来理解供应链战略在实践中的运营方式。在游戏中，学生可以体验哪些策略有效，哪些无效，从而学习到供应链策略的重要性。这也提供了将橙汁游戏与理论结合起来的机会。即使学生没有获得良好的投资回报率，他们依然对玩游戏本身及其学习效果持非常积极的态度。该游戏还为供应链学术研究提供了很大的帮助，它可用于分析团队行为随时间的变化。Phadnis 等（2013）与虚拟团队一起进行游戏的研究就是一个很好的例子，Schippers 等（2014）也是如此。来自游戏的决策数据提供了关于决策行为的大量信息，通过这些数据，我们可以调查表现不佳的团队与赢得游戏的团队做出的决策有哪些不同。因此，橙汁游戏不仅提供了一个具有挑战性的学习环境，还为供应链决策的行为研究提供了绝佳机会。

附录 1　橙汁游戏的企业职能战略报告

你需要为你的团队撰写企业职能战略报告，重点关注以下问题：
（1）我们希望主攻哪些市场？为什么/如何主攻这些市场？
（2）对于我们的企业来说，供应链成功的标准是什么？
（3）你在以下环节中打算做什么决策（为什么）：①采购和供应管理？比如采购地点，替代供应商；②库存管理，比如库存产品，库存目标；③生产，比如关注灵活性与效率，投资；④交货，比如外包；⑤客户管理，比如提供的产品数量，优先交付；⑥可持续性，比如权衡成本与可持续性、重点关注的领域。

战略报告应集中讨论上述每一个问题；可以参考第三点中的例子。选择适合自己情况的方法，但需要在最终报告里对其进行评估。附件（即附录 1 中战略报告引导内容）并不属于正式的战略报告，所以不要使用它们。可以在你认为合适的地方使用参考文献。行文简洁，不要超过 5 页（不包括标题页，但包括参考文献）。

附录 2　活 动 日 志

使用以下活动日志。

表 17.5　活动日志

（1）活动日志		
（2）第____轮		（3）日期：
前几轮的目标：		
在这些回合中，描述你所作出的关键决策，为什么这样做：		
描述你在前几轮中完成目标的情况以及原因：		
解释未来几轮的目标和预期的结果：		
团队平均在每一轮（平均每个人）准备决策的总时间：		
团队解决的问题：		

附录3 评估报告

你需要为你的团队表现和团队中的每个角色撰写一份评估报告。在报告中，你需要处理以下问题。

作为一个整体团队：
- 你的团队表现如何？哪些进展顺利，哪些进展不顺利？
- 你是如何提高团队绩效的？提出的具体建议。
- 在每一轮中你如何做出决策，以及为何会做出这样的决策？
- 供应链理论和行为运营管理理论如何帮助你进一步提升？说明使用这些理论如何增加了你的绩效。请使用游戏中特定的例子；只是反映一般的理论是不够的。

请确保你的报告不超过×××文字（从标题页到参考文献），并以团队的形式上交这份报告。当引用到具体的评价标准时，请提供正确的参考文献。

报告的结构如下：

第一章：团队绩效
- 哪方面做得很好
- 哪方面需要提升

第二章：战略评估
- 解释：什么是你的战略，你是如何执行的，以及在事后看来，你会有什么不同的做法？请用文献来支持你的分析。

第三章：个人绩效
- 对于每一个角色：需要对你所设定的关键决策流程进行简要的概述。
- 对于每一个角色：根据文献，概述这些决策的潜在提升空间；可以查询你专业领域的合适资源（不仅仅是文章，也可以是书籍）。

评分标准：
- 回顾和评论的质量
- 解释行为因素影响的质量
- 在多大程度上基于理论进行改进
- 报告和演示质量

参 考 文 献

Bendoly, E., Donohue, K., Schultz, K. L. 2006. Behavior in operations management: Assessing recent findings and revisiting old assumptions. Journal of Operations Management 24（6），737-752.

Chang, Y. C., Peng, H. Y., Chao, H. C. 2010. Examining the effects of learning motivation and of course design in an instructional simulation game. Interactive Learning Environments 18（4），319-339.

Croson, R., Donohue, K. 2006. Behavioral causes of the bullwhip effect and the observed value of inventory information. Management Science 52（3），323-336.

Dahling, J. J., Whitaker, B. G., Levy, P. E. 2009. The development and validation of a new Machiavellianism scale. Journal of Management 35（2），219-257.

Feng, K., Ma, G. 2008. Learning supply chain management with fun: An online simulation game approach. California Journal of Operations Management 6（1），41-48.

Hackman, J. R., Morris, C. G. 1975. Group tasks, group interaction process, and group performance effectiveness: A review and a proposed integration. L. Berkowitz（ed.）in Advances in Experimental Social Psychology. New York: Academic Press.

Lee, H. L., Padmanabhan, V., Whang, S. 1997. The bullwhip effect in supply chains. Sloan Management Review 38（3），93-102.

Lehmann-Willenbrock, N., Allen, J. A., Kauffeld, S. 2013. A sequential analysis of procedural meeting communication: How teams facilitate their meetings. Journal of Applied Communication Research 41（4），365-388.

Lehmann-Willenbrock, N., Schippers, M. C., de Leeuw, S., Koroleva, K. 2014. Team interaction and team performance in a supply chain decision making context. Working paper, Free University, Amsterdam.

Lewis, M. A., Maylor, H. R. 2007. Game playing and operations management education. International Journal of Production Economics 105, 134-139.

Medina-Lopez, C., Alfalla-Luque, R., Marin-Garcia, G. A. 2011. Research in operations management teaching: Trends and challenges. Intangible Capital 7（2），507-548.

Mehring, J. S. 2000. A practical setting for experiential learning about supply chains: Siemens brief case game supply chain simulator. Production and Operations Management 9（1），56-65.

Oliva, R., Watson, N. 2011. Cross-functional alignment in supply chain planning: A case study of sales and operations planning. Journal of Operations Management 29（5），434-448.

Pasin, F., Giroux, H. 2011. The impact of a simulation game on operations management education. Computers and Education 57（1），1240-1254.

Phadnis, S., Perez-Franco, R., Caplice, C., Sheffi, Y. 2013. Educating supply chain professionals to work in global virtual teams. Working paper, MIT.

Rook, L., van de Velde, S. L., Schippers, M. C. 2014. Regulatory focus as a moderator for the newsvendor "pull-to-center" effect: Experimental evidence. Working paper, Erasmus University Rotterdam.

Rosenorn, T., Kofoed, L. B. 1998. Reflection in learning processes through simulation/gaming. Simulation and Gaming 29（4），432-440.

Schippers, M. C. 2014. Majority decision making and team performance: The moderating role of shared task representations and leadership clarity. Working paper, Erasmus University Rotterdam.

Schippers, M. C., den Hartog, D. N., Koopman, P. L. 2007. Reflexivity in teams: A measure and correlates. Applied Psychology 56（2），189-211.

Schippers, M. C., den Hartog, D. N., Koopman, P. L., Wienk, J. A. 2003. Reflexivity and diversity in teams: The moderating effects of outcome interdependence and group longevity. Journal of Organizational Behavior 24（6），779-802.

Schippers, M. C., Edmondson, A. C., West, M. A. 2014. Team reflexivity as an antidote to information processing failures. Small Group Research 45（6），731-769.

Schippers, M. C., Homan, A. C., van Knippenberg, D. 2013. To reflect or not to reflect: Prior team performance as a boundary condition of the effects of reflexivity on learning and final team performance. Journal of Organizational Behavior 34 (1), 6-23.

Schippers, M. C., Rook, L., van de Velde, S. 2014. Team reflexivity and regulatory focus can enhance sales and operations planning effectiveness: Evidence from a business simulation. Paper presented at the Ninth Annual Behavioral Operations Conference, June, Cologne, Germany.

Sparling, D. 2002. Simulations and supply chains: Strategies for teaching supply chain management. Supply Chain Management 7 (2), 334-342.

Steckel, J. H., Gupta, S., Banerji, A. 2004. Supply chain decision making: Will shorter cycle times and shared point-of-sale information necessarily help? Management Science 50 (4), 458-464.

Sterman, J. 1989. Modeling managerial behavior: Misperceptions of feedback in a dynamic decision making experiment. Management Science 35 (3), 321-339.

Sweeney, D., Campbell, J., Mundy, R. 2010. Teaching supply chain and logistics management through commercial software. International Journal of Logistics Management 21 (2), 293-308.

van Houten, S. P., Verbraeck, A., Boyson, S., Corsi, T. 2005. Training for today's supply chains: An introduction to the distributor game. Proceedings of the 2005 Winter Simulation Conference, Orlando, FL, 2338-2345.

van Knippenberg, D., Schippers, M. C. 2007. Work group diversity. Annual Review of Psychology 58, 515-541.

Wells, R. A. 1993. Management games and simulations in management development: An introduction. Journal of Management Development 9 (2), 4-6.

第 18 章

结束：商业仿真游戏中的行为与决策

Arturo Orozco（阿图罗·奥罗斯科）和 Miguel Estrada（米格尔·埃斯特拉达）

18.1 概述

仿真作为使用计算机理论模型模拟现实世界条件的有效工具，可以有效地评估复杂系统中的潜在问题。将仿真应用在教学中，可以帮助学生学习，亲身体验在确定背景下他们的决策所带来的影响。IPADE 商学院（El Instituto Panamericano de Alta Dirección de Empresa）成功开设了商业仿真课程，并持续在 MBA 计划课程中获得最高评价。该课程的绝大多数参与者认为，他们不仅学到了基本的运营管理理论，更从仿真实践中获得了对现实管理问题的启示。

此课程不仅在 IPADE 商学院的全日制 MBA 项目中开设，也在拉丁美洲和西班牙的其他商学院开设。课程通过仿真模拟一个公司与其他职能部门的运营关系和公司的整体愿景，实现对公司管理运营的深入理解。在商业仿真游戏中，参与者管理一个公司，其目标是在为期一周的课程结束时提高公司的收益。

本课程的主要目的是检验学生的基本的运营管理概念理论（生产和供应计划、产能管理、库存管理）。学员为了更好地应用上述概念，有必要创造一个协作和客观的环境去促进有效的决策，而这种环境的塑造依赖于相同的团队目标以及学生各自独有的信念和偏好。

在本章的仿真游戏中，期望通过报告观察到的游戏动态和学生游戏经历中产生的启示来推动相关学术研究。其章节安排如下：首先，为学生提供了理论框架以及行为运营管理中关于学习活动的相关文献。其次，大致介绍商业仿真游戏的流程以及其与现实的联系，并按照教学计划对商业仿真课程以及后续课程安排进行详细介绍。此外，将讨论过去一个周期中仿真的观察与发现。最后，从个人与团队的角度总结这些发现。

18.2 理论基础

本章介绍了一款商业仿真游戏，其中各团队（公司）进行竞争，它们基于相同的财务情况、运营规则以及市场份额开始游戏，且所有的参与者都基于相同的理论框架、技术工具以及概念进行运营。基于这些相同的条件，我们希望这些团队在势均力敌的竞争中能够得到相同的绩效。然而，实验结束时，各团队的绩效存在显著差异。由于我们的焦点是行为运营管理，因此，我们通常认为这些绩效差异并不是源自随机性和参与者的技术准备，而是人的因素。

许多研究都考虑了运营管理中人的因素（Lee et al., 1997），这些作者将参与者的相关信息共享，从而促进供应链协调。类似地，Gino 和 Pisano（2007）研究认为行为运营可以更深入地理解系统绩效的潜在驱动因素，包括常见的"病态"情景，如库存过多和延迟产品开发项目。因此，对行为运营管理的研究可能会通过识别适当的管理干预，改善供应链运营效率。

同样，Eckerd 和 Bendoly（2013）也认为行为运营领域的核心焦点是深入理解由人的行为偏离规范理论而导致的结果差异。尤其是用人的差异来解释运营系统的失败，以及由社会、心理和文化根本因素导致的绩效差异。在这些研究中，学者也将仿真模拟作为探索行为运营研究的基本方法之一。

Roth（1993）通过行为实验检验了非理性行为的存在，强调了现代经济学的不足之处。其实验结果揭示了现存的行为模式中的问题。Bendoly 等（2006）指出行为经济学家正在通过加入心理学规范或正规化的行为模式使新古典经济学普适化。该研究也指出，虽然目前进行的研究已经涉及行为现象，但尚未建立融合古典和新古典观点的成熟理论。

Loch 和 Wu（2007）指出，尽管运营管理和行为运营两个领域的发展是渐进和独立的，但二者在概念层面存在交织。行为运营的底层理论体系包括个体决策、行为、社会偏好、地位、互惠性、关系和群体认同等。文化模式也被认为是这一领域发展的关键支柱。

仿真实验已经在文献中被广泛使用，尤其是在供应链研究领域。例如，Croson 和 Donohue（2005）通过使用啤酒游戏来展示信息共享的影响。他们发现除了信息共享，决策权相关的行为因素同样可以减弱牛鞭效应。Croson 和 Donohue（2006）利用仿真识别行为因素，继续研究了这一问题，并提出牛鞭效应的一个附加行为因素——协调风险，该因素源于对其他个体行为的假设。Kimborough 等（2002）探究了人工智能相比于人类是否能实现更高的绩效，他们发现人工智能可以在不能得到分析结论的复杂场景下高效地完成啤酒游戏，跟踪需求，消除牛鞭效应，识别最优策略和好策略。

文献中的大多数仿真实验被用于测试运营管理中的一个或多个特殊的行为现象。据我们所知，商业仿真游戏在行为学研究中并不多见。

基于过去的相关研究，del Pozo 等（1998）认为商业仿真代表着一个可行的替代性教学模块，并坚持认为基于系统动力学的实验游戏应该是透明的商业仿真。1997 年，这些学者给出了有关电子数据交换有效性以及基于计算机网络的啤酒游戏版本作为强化供应链协调方式的证据。

商业仿真游戏中，参与者使用分析工具辅助决策。然而，由于固有的复杂性与时间压力，这些工具通常会被启发式方法、拇指法则（又叫经验法则）、直觉判断或者常识所代替。在实践中，我们观察到启发式驱动的决策是如何"释放"分配到鲁棒性判断与战略博弈分析的资源。这种情况下，启发式决策的使用可能带来的优点大于缺点，这与 Katsikopoulos 和 Gigerenzer（2013）的描述不谋而合。他们也指出了在经典理论中被广泛假设为缺点的启发式决策可能被认为是优点的一些条件。

18.3 实际案例

作为本章的核心，SimEmp 是基于网络的商业仿真游戏。该游戏要求学生在 4~6 人的团队中扮演不同角色。在为期一周的课程中，各团队必须在有限的时间内为他们的公司做出运营决策，故竞争将会异常激烈。

本次仿真实验以四个月为一个运营周期，在每周期开始时，团队要在生产、物流、市场以及财务方面进行决策从而确定竞争战略。由于决策变量超过 300 个，每个人工作量都很大。因此，有效的团队组织结构对于提升团队绩效来说至关重要。除了在有限的时间内进行决策和团队管理之外，本课程还要求团队进行角色扮演，比如与团队领导和银行信贷管理人员谈判，以及向董事会汇报成果。

本商业实验将持续六个周期也就是两年时间，团队至少会经历两个完整的需求季。每个市场分为五个不同的区域（东、西、南、北、中），由于顾客类型不同，不同区域的需求量有大小之分，产品的生命周期也是不同的。所有团队都有可以向其提供市场规模和角色功能等相关信息的历史数据。

仿真只是提供了网络平台和实验规则，如何使用他们的资源去创造零和市场份额则是由团队决定。各团队在相同的市场中以动态方式进行竞争，其绩效由团队自身和其他团队的决策共同决定。

18.4 仿真平台关于决策的分类

仿真平台包括两种类型的用户：第一种是为公司进行决策的团队，他们可以进入系统进行决策，但是不能执行仿真流程；第二种用户是指导教师，他们可以查看团队的决策，在必要时编辑决策以及运行仿真。

每个仿真周期都包括两个阶段，首先，在第一阶段中，团队输入决策，如价格、广告费用、销售人员等之后，指导教师开始实行市场分配。在这一阶段，指导教师通过比较团队的市场决策进行市场分配从而满足每个团队的市场需求。

在第二阶段中，系统根据团队的生产、分销、购买以及财务决策，来决定团队的生产能力以满足潜在需求。随后，平台模拟物料流动，计算过剩库存和缺货情况，并且通过仿真确定现金流和财务情况，如短期和长期信用、投资、费用以及员工工资等。附录 1 中的图 18.1 详细说明了仿真的以上两个阶段。

虽然此仿真流程包括两个连续阶段，但我们要求学生在第一阶段便完成他们的所有决策。这就需要团队成员内部的协调，从而正确预测公司运营所需现金流。错误预测会导致高利率的应急贷款，做出这样低效决策的团队会受到惩罚。当团队在正确的时间和地点对产品需求做出正确预测时，公司将会更好地销售产品，从而创造利润。所有的团队都基于相同的出发点开始决策，即从相同的运营规则，运行时间，相同的库存、设备、员工、财务业绩以及市场份额开始，最后却产生了不同的绩效。

实验游戏的内在复杂性产生了一个有趣的行为模式。快速决策并获得好成绩的压力产生了"二级"现象，即将学生置于现实世界的复杂性中，他们管理由具有各自偏好的个体组成的团队，并找到共同努力赢得比赛的最佳方式。

通过这个二级行为模式，我们可以观察到实验游戏与现实的区别。这些区别主要体现在组织结构、团队合作协调、决策过程、失误、学习以及领导力方面。现实中，有效引导人的行为是至关重要的。

仿真游戏中，我们将学生进行分组并且不允许他们自行选择队友。分组完成后，他们首先要明确组内成员的角色、职责、团队目标以及整合和协调成员贡献的方法。角色分类如下：

（1）销售/市场总监：职责是确定公司的市场战略以提高其市场份额。选择这一角色的学生需要理解市场的动态性，进而确定适当的价格策略和广告费用。市场总监的绩效用公司的市场份额来度量。

（2）财务总监：职责是决定公司的投资和贷款额。财务总监需要具备很强的协调能力，并能够正确预测现金流以保证公司正常运营。其绩效通过财务支出与总销售额之比来度量。

（3）分销总监：主要负责工厂与分销中心之间的产品流通管理。扮演这一角色的学生需要决定将产品运输到仓库的方式（火车、卡车、飞机等）以及仓库规模。其绩效通过服务水平指标来评价。

（4）生产总监：生产总监是商业游戏中工作最为复杂的角色，需要处理生产线平衡问题，进行产能管理、资源使用决策和供应管理等。有些团队分配两个人来扮演这一角色。生产总监需要做出接收生产订单、招聘或解雇员工、购买或出售设备、分配员工以及原材料等决策。由于市场上的每个区域都可能会有工厂，故扮演这一角色的学生需要为设有工厂的每个区域做出决策。生产总监的绩效由单位成本来度量。

（5）首席执行官（CEO）：这可能是仿真游戏中最为重要的角色了。扮演这一角色的学员需要制定公司战略、公司整体目标以及协调目标的执行情况。CEO 的基本职责是提升公司利润率，这也是衡量其绩效的基础。对指导教师而言，CEO 是教师与团队交流的主要渠道，同时也是公司的"门面"。

18.5 学习活动

暑假前，学生学习了运营、营销和财务等核心课程。在随后的第三学期中，他们继续学习了作为 MBA 核心课程的商业仿真。其他的商学院将 SimEmp 作为选修课也取得了很好的教学效果。

本课程从周一上午开始，到周五下午结束。由于工作日程要超过正常的每天八小时，这将会是紧张的一周。顺利完成本课程需要学生全身心投入，为了使学生保持专注，我们要求他们在本周内不再参加学校之外的任何活动。

该商业游戏有以下几个目标：
（1）培养团队作业、解决问题、谈判、确定共同目标、压力下工作等管理技能。
（2）帮助学生在资源紧缺和信息有限时进行决策。
（3）分析生产、物流、营销以及财务之间的业务流程和关系。
（4）培养商业意识：公司如何以及为什么盈利。

对指导教师来说，准备和开设本课程是一项繁重的工作。接下来，我们介绍游戏开始前和活动中必须完成的活动。

18.5.1 活动前

商业仿真游戏开始前的一周，学生会收到以下三个文件。
（1）描述公司所有职能部门运营的案例。
（2）游戏的破产规则，即公司在亏损超过原有资产的 1/3 时会破产。
（3）本课程的一封欢迎信。

商业案例在游戏中非常重要，它详细描述了公司是如何运营的。包括物料流动、交易成本，如招聘或解雇销售员和工人、购买原材料和设备、运输、广告费用等，以及仿真流程中的市场规则等。案例还提供了学生正在经营的公司的前两年（包含六个周期）的财务报表。

学生在阅读和理解这些案例之后，可以更好地理解此仿真平台及其功能。

18.5.2 游戏中

每天的活动流程计划如下所示。

1. 第一天

仿真流程的第一天是本课程中最关键的部分,对学生和教师来说也都是忙碌的一天。在第一天,教师将介绍仿真平台并对学生进行分组。介绍内容主要包括实验目标、解释仿真平台如何运营,如市场分配以及运营仿真等,以及如何评估团队绩效,介绍期间会对学生进行分组。

随后,学生有30分钟的时间进行团队活动并确定成员的角色。学生需要制作一个详细的组织结构表,并在第一天结束前上交。同时,为团队分配房间以便于他们工作。

一旦学生确定了自己的角色,教师将对不同的工作职能进行解释。我们只要求学生参加与其角色相应的职责解释会议。例如,市场总监需要出席市场会议,生产总监需要出席生产会议等。我们建议扮演CEO的同学参加所有的解释会议,尽管这将花费半个工作日。

随后,当所有的学生都理解角色职责并确定个人目标之后,团队便可以进入仿真游戏的第一个周期,或者说公司的第七周期。为了加快学生们的学习速度,我们将分配一下午的时间去回答他们的疑虑,同时还要求团队做相应的仿真实验以进行"假设"分析。这也为指导教师提供了熟悉各个团队及其组织工作方式的机会。

2. 第二天

在第二天,大多数团队都已经很好地理解了商业游戏的规则,学生可以预测销售、物料流动以及现金流动等。我们要求团队上交实验中他们将采取的战略以及战略目标,并将每组的战略决策记录在一个文件中,所有董事会成员都可以查阅。

第二天上午,正式开始仿真的第一阶段,这是学生们第一次感受到仿真实验真实性的时刻。当教师演示仿真程序时,学生不允许在网络平台进行决策和查看报告;教师演示仿真程序之后,才可以查看报告以及检查结果。

平台提供的报告内容非常丰富,包括一般的财务报告,如业绩报表、资产负债表和两周现金流,到显示物料流动、库存、在途库存等的生产或物流报告。学生可以在各种报告中进行选择。此外,总结报告展示了整个市场中所有公司的财务状况,而市场报告展示了市场中不同区域的价格以及市场份额。这两种报告对学生来说非常重要,他们可以将自己的结果与竞争对手进行比较。

分析报告之后,团队开始准备下一阶段的实验并组织第一次董事会会议。董事会会议是团队向由两到三名教授和商业专家组成的董事会阐述他们的结果及战略的一项角色扮演活动。学生通常会在会上做出一些承诺,如投资回报率、销售目标等。在这一工作日结束前,团队需要准备第 8 周期的活动以及对其战略做出改变。此时,学生向教师提出的问题类型已经逐渐从技术性转向战略性。

3. 第三天

第三天应该是学生最累的一天,在这一天结束时,高绩效的团队将会对游戏规则有更深的理解,团队的内部动力开始发挥作用。

在第三天,教师进行第 8 和第 9 周期的仿真。在正式仿真开始之前的几分钟,教师将会向学生施加压力使其快速做出决策。我们可以观察到许多团队正在努力地进行决策,这时,协调和确定一个好的团队决策过程变得尤为重要。

课程的第三天还有另一个角色扮演活动,即与通常由教师或者现实世界的首席财务官扮演的银行经理进行谈判。当一些团队的长短期贷款大量增加时,他们将会意识到需要增加他们的固定资产(如新的工厂、设备等)投资。因此,团队需要与放贷的虚拟银行就以下问题进行谈判:利率、偿还期以及抵押资产。

4. 第四天

到第四天时,绝大部分团队已经成为这个仿真模拟实验的专家了。此时,许多团队已掌握了该系统,并能在一定程度上准确预测公司期望的原材料以及现金流,他们可以测试和计算几种可能情况,组内竞争更加激烈。对许多学生来说,这个商业游戏已经开始变得像一个棋牌游戏了。

在第四天,我们正常进行两个仿真周期:周期 10 和 11。这也代表着企业运营第 2 年的开始,同时,第 4 天也包含两项活动:在第 11 周期开始之前,团队必须再次与董事会会面;此外,经过了一整年,董事会会议为学生们提供了一个好机会,去讨论他们战略的效果并思考如何更好地完成团队在实验开始时做出的承诺。

第四天也是工会活动的工作时间,这个推荐的角色扮演活动是可选择的。在许多情况下,经过四个模拟周期后,很多团队可能已经无法支付员工工资。然而,一些团队随着销售和利润的增加,已经取得了一些成果并且相应地提高了员工薪水。对教师来说,这是一个介绍工会领导这一角色的好机会,这个角色主要是促使团队改善工会会员的生活水平。通常是由现实的工会领导担任,因此与他进行谈判在许多时候是有相当难度的。这一活动需要在第四天结束前完成,并且不需要召集所有的团队参与。教师可能更倾向于关注市场中有着较低工资水平的团队。

5. 第五天

这是课程的最后一天,如果各项事宜都按计划进行,这时,支撑到这一天的团队都希望赢得这场商业游戏。这一周结束时,大多数团队都要比教师更了解公司。因此，最后一阶段的仿真基本上是一场战略行动之战了。由于我们根据团队的累积净利润对其评估，团队通常会采用所有可能的方法去产生收入。为了防止公司被卖空，我们在游戏的最后一天增加了一个规则：团队不可以出售设备和工厂。其目的是保持团队间的竞争水平以及为未来运营提供足够支持。

第12周期完成之后，课程的最后活动就是总结，在课堂上，教师与所有团队一起结束此仿真游戏并讨论本周的学习重点。为了保持一个良好的兴奋度，我们在讨论前不会公布仿真报告，而是在讨论后展示最终的结果。以下是这些学习重点中的一些典型问题：

（1）这一周你学到了什么？
（2）经历了什么困难？
（3）什么使你感到惊奇？
（4）你如何为你的团队制定目标以及做出承诺？
（5）团队绩效如何变得更好？
（6）你如何组织及协调决策过程？
（7）CEO 的角色是什么？如何使你的 CEO 表现得更好？

对这些话题的讨论将会持续 40~50 分钟。完成本周的学习任务之后，我们将公布学生的最终仿真结果。此时，学生可能会稍微有一些紧张和兴奋，其实这是很好的事情，可以在课程最后也使学生保持紧张感。

18.5.3　教师与参与者的互动

在上课过程中，教师通过大量不同的方式与学生互动。在仿真周期结束、团队做出最终决策之前，教师能够观察团队的动态变化以及 CEO 领导其团队的方式。尤其是在游戏的第一天，学生将会求助于教师以获得一些关于基本操作、市场或者财务概念的建议。随着游戏的进行，学生的问题会更加细节和具有战略性，教师可以帮他们计算决策可能带来的收益与成本。

完成一个阶段的仿真之后，教师也有机会与团队（尤其是出现问题的团队）就以下问题进行交流：团队出现了哪些错误、以何种标准进行决策、团队是否对游戏如何运行有清晰的认识。对团队来说，这是一个很好的机会，可以反思他们安排工作量的方式并且可以与竞争对手进行比较。

18.5.4　商业仿真的道德分析

通过此商业仿真，我们可以观察学生的道德行为以及其在决策过程中的影响，教师从旁观者的角度可以观察个人和团队是如何随着实现目标压力的增加而做出改变的，他们为了实现不公平收益将更渴望打破盟约规则，一些参与者甚至仅仅将他们的队友当作工具，而忘记了他们作为人的尊严。

此仿真的另一个好处是教师能让学生意识到他们目前的决策会涉及道德行为。作为旁观者，教师可以与学生讨论不同文化如何影响人们的道德行为并提供反馈意见。当学生意识到他们行为的影响之后，他们不会再做出一些非理性决策并愿意有意识地做出符合道德规范的行为。

18.5.5 课堂评价

本课程在 MBA 项目中是一个非常受欢迎的活动，也是完成学业要求的核心课程之一。本课程的总成绩包含以下三部分：①团队绩效，即仿真流程中团队完成的全部收益，这占总成绩的 70%；②个人表现，根据学生在实验中扮演的角色来衡量，这占总成绩的 20%；③董事会会议中的团队表现，这占总成绩的 10%，这一部分明显是主观的并且基于董事们对团队工作的看法。本课程鼓励学生进行大量的情景分析并在安全环境下体验现实商业挑战。

18.5.6 活动日志

经过这一周时间，学生需要完成一个关于团队工作的调研。该调研内容，详见附录 2，主要在第二天即第 7 仿真周期之后、第 3 天即第 9 仿真周期之后，以及第 5 天即课程结束并且学员知道最终结果之前进行。

设计此调查问卷主要有以下两个目的：第一，在填写问卷时，学生将会意识到，在仿真流程中他们的看法发生了哪些改变。多数情况下，他们会发现这些不同。第二，问卷对学生们来说也是一个工具，用来与队友一起思考他们的工作以及团队内部的协调与融合情况。

18.6 讨　　论

虽然现实世界更加复杂，但商业仿真允许我们引入足够的复杂性，并在可控环境下观察相关的行为现象。

本节中，我们将描述 IPADE 商学院在过去实施这项游戏的经验与启示。我们已经看到不同人如何对运营、财务和营销相关的决策产生影响。在需要做出理性决策时，团队发现他们自己将会做出有偏差的决策，即为了实现目标，而根据直觉进行决策，或者承担不必要的风险。

首先，我们从个人的角度描述我们所观察的个人偏差和看法是如何影响其仿真流程中担任的角色。其次，我们列出了对团队合作过程的看法，事实上，就是一组个体为团队做决策，但是每个人可能带有不同的利益。最后，我们分析团队在与其他团队交互和竞争时的表现，并指出理性与考虑行为因素背景之间的差异。

18.6.1 个人绩效相关分析

课程第一天开始时，所有的学生具备相同的理论框架，其范围包括从操作问题到战略、市场、财务以及组织行为等方面。在许多情况下，学生都有在管理岗位领导团队的体验，因此，我们假设学生已经为仿真中他们扮演的角色做好了准备，并且快速地为他们作为一个团队所要完成的工作建立了规则。

然而，在多数情况下，由于个人的偏差与期望，组织并协调团队是一个困难的任务。一开始，学生都会努力使自己的可控区域最优化而不会考虑其他成员的需求。随着游戏的进行，他们意识到自己与队友的决策是相互交织的整体。虽然实验中他们是单个评估绩效的，但他们也会明白：为了实现共同的目标，每个人都必须妥协。

担任 CEO 这一角色的参与者起着枢纽作用，一切都是随着他的选择开始的。多数情况下，CEO 自愿去做这项工作；但也存在不同情况，即使他们处在相对安全的游戏环境中也没有人愿意承担 CEO 这一角色的责任。以上两种情况中，CEO 都会认为管理由高度训练有素、竞争性的成员组成的团队将是一项简单的工作。因此，在仿真的前两天，我们会看到 CEO 普遍是非常放松的，因为他们觉得其同事会很好地完成工作。然而，他们迟早会意识到，他们必须领导团队并寻找改善决策过程的方式。

决策恰恰是导致团队中出现不和谐的因素之一，尤其是在仿真开始时。首先，尽管学生们熟悉很多管理理论，但是在实际操作中，他们并不知道如何开始其工作。这种现象是很常见的，例如，担任 CEO 的学生请教教师开始应该做什么以及怎样做。另一个普遍问题是如何分配团队资源，包括他们的时间。学生们往往花费大量时间进行不同情况的深入分析而延迟决策过程。结果，课程前几天，学生们都热衷于花费较少的时间在系统中输入决策并确认，这也是仿真中的主要错误来源之一。

随着游戏的进行，很容易看出哪些学生在应对挫折方面比其他人表现得更好。没有准备好的学生倾向于孤立自己并且作为一个脱离团队的独立个体完成工作，他们为了集中精力决策甚至在不同的房间完成工作。在这种情况下，学生将组织类比为在孤岛上运行。与预期一样，当这些情况出现时，其团队绩效比其他团队的绩效差。此时，CEO 的作用就显得非常重要了，他们要重点解决这些问题。

18.6.2 团队绩效相关分析

学生们认为团队内部维持良好的沟通与配合对取得优秀的绩效表现更为重要。但是，他们也知道这绝非易事，尤其在理想的结果较难实现并且遇到挫折时。

团队如何处理失误和创造学习环境是至关重要的。简单来说，低绩效与团队在压力之下的工作方式和决策时间有直接的关系。在最后时刻进入系统匆忙输入决策的团队往往具有较低的绩效。尽管他们知道动态性对他们不利，但在这种情况下，团队往往未能采取有效措施来及时调整和优化时间分配。与此不同的是，一部分团队能够组织并且建立结构化的程序来输入决策，他们甚至通过填写简易的表格，使团队和CEO了解不同组员的所有决策建议。

工作地的布置也有力地体现了团队的个性化。就像现实世界中的公司一样，具有更高绩效的团队倾向于更紧凑的工作方式。学生们彼此之间工作联系紧密，分享大量的关于决策的信息与建议。在这样的团队中，CEO会从一个成员走到另一个成员试图了解完整的活动流程。他们请教、提出异议并最终领导团队做出合适的决策。相反，较低绩效的团队更倾向于以相对孤立的小团体工作，我们通常会看到生产总监和分销总监一起工作而忽视了财务总监和市场总监。一些学生指出，偏差将会使CEO过分看重某一区域而忽略其他的区域。

18.6.3　团队间互动的相关分析

本课程建立了由训练有素的个体组成的团队之间的竞争机制。课程开始之初，团队都处于相对平衡的状态，我们希望在游戏的进行中看到势均力敌的竞争。然而，团队间依然会出现明显的绩效差异。

随着这个差异的逐渐明显，表现较差的团队会比表现较好的团队承担更多的风险，例如以降低定价来获得市场份额。虽然有时承担风险能够得到较好的奖励（通常是由好运带来的），多数情况下表现较差的团队会在表现好的团队的绩效压力下做出决策。表现较差的团队也不太可能从不同的角度评估风险，多数情况下他们会最终偏离最初所制定的战略。

18.6.4　观察动态性的重要性

本商业仿真可以展示出参与者的动态性以及现实中个人对决策的影响，对学者和参与者而言，在可控条件下对这些变化进行观察是非常重要的。

这种活动能促进参与者对核心价值观及协调工作的反思。简单地说，好的绩效并不仅仅依赖于个人的专业知识和技术水平，有时，团队内部的合作意愿是比技术知识更能提高绩效的因素。更好地理解团队期望与个人期望对建立这种意愿至关重要。

运营管理中，我们认为基于学习活动的仿真可以使学生更好地理解运营决策对整个公司绩效的影响，以及实施干预是否是可行的。商业活动背景提供了一个比较市场驱动战略与效率驱动战略的可行框架，以及在运营管理中扮演各种角色的机会。它也为学者提供了一个去更深入地调查一个运营战略在设计和实施中的关键阻碍和约束的好机会。

本课程中，对启发式（如拇指法则、直觉等）指标的使用非常重要。启发式方法的使用是团队决策过程中的宝藏，因为它加快了公司战略方向的分析与制定过程。商业仿真通过清晰的逻辑使参与者可以根据决策结果来检验他们的方法。

商业仿真实验也为运营管理以外的其他学科提供了很好的研究机会。组织行为学领域学者可能会发现这种活动可以用来检测和对比有关团队工作的不同理论。心理学家可能会发现此商业游戏中有趣的现象在于个人如何应对挫折，以及内外部因素如何影响个人反应。在仿真中观察到的动态变化也可以作为一个人类学实验，从而更好地理解决策者行为中的差异和动机。

此外，本商业仿真实验提供的大量数据，可以用来在特殊情况和竞争环境下分析高绩效与低绩效团队的差异。对这些数据进行分析将会促进能够揭示绩效差异以及最终在决策过程中预测个人或团队行为模型的发展。

与研究目标替代类型相似，仿真代表着一种以参与者为中心的学习方法的替代，它提供了一个更加透明和完整的方法，在更接近现实的体验中揭示行为问题的影响。

附录 1　SimEmp 中执行仿真的两阶段程序

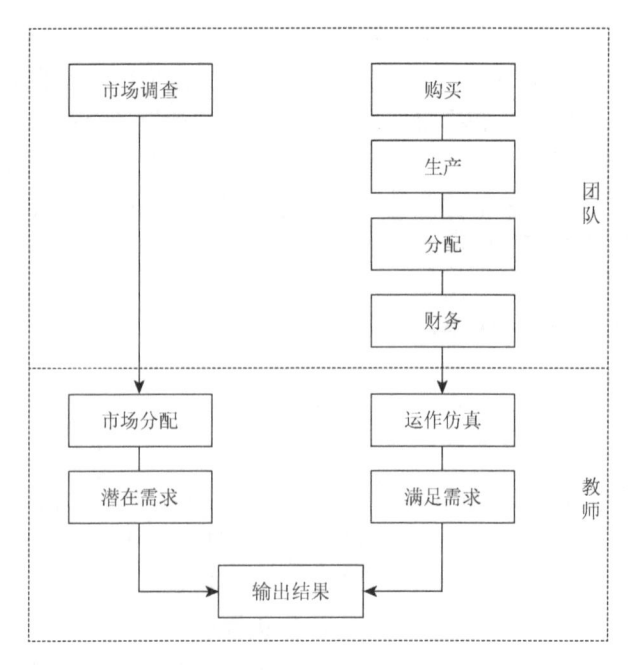

图 18.1　SimEmp 中执行仿真的两阶段程序

附录2　关于团队作业理解的问题

1. 基本信息
（1）日期：
（2）团队：
（3）角色：
（4）在攻读MBA前的工作岗位：
2. 团队组织
（1）你如何评价你先前的工作经历对扮演实验中分配给你的角色的影响？
（2）你如何评价你为游戏中假定角色的准备水平？
（3）你知道你在团队中的作用和责任吗？
（4）你认为实验中哪个角色是最重要的？
3. 决策过程
（1）在他们的职责范围内，团队、CEO或者每个人会作出什么决策？
（2）你如何评价你的团队所作决策的支持水平？
（3）你认为你的CEO是否在以合适的方式引导和协调团队？
4. 团队作业
（1）你如何评价团队中的交流？
（2）你认为这个团队有明确的目标吗？为什么？
（3）你如何评价队友为实现目标而进行的交互和融合？
（4）你如何评价你的团队的工作环境？
5. 期望
（1）目前为止，你如何评价你在游戏中的表现？
（2）游戏结束时，你对团队结果的期望是什么？

参 考 文 献

Bendoly，E.，Donohue，K.，Schultz，K. L. 2006. Behavior in operations management. Journal of Operations Management 24（6），737-752.

Croson，R.，Donohue，K. 2005. Upstream versus downstream information and its impact on the bullwhip effect. System Dynamics Review 21（3），249-260.

Croson，R.，Donohue，K. 2006. Behavioral causes of the bullwhip effect and the observed value of inventory information. Management Science 52（3），323-336.

del Pozo J.，D.，Ruiz del Castillo，J. C.，Domingo，M. A.，González，M. M. 1998. Our ten years of work on transparent box business simulation. Presented to the 16th International Conference ofthe System Dynamics Society，Quebec，Canada.

Eckerd, S., Bendoly, E. 2013. Behavioral operations. October 30. http://www.scholarpedia.org/article/ Behavioral_Operations.

Gino, F., Pisano, G. 2007. Toward a theory of behavioral operations. Working paper, April 30.

Katsikopoulos, K. V., Gigerenzer, G. 2013. Behavioral operations management: A blind spot and a research program. Behavioral Operations and Heuristics 49 (1), 1-6.

Kimborough, S. O., Wu, D. J., Zhong, F. 2002. Computers play the beer game: Can artificial agents manage supply chains? Decision Support Systems 33, 323-333.

Lee, H. L., Padmanabhan, V., Whang, S. 1997. Information distortion in a supply chain: The bullwhip effect. Management Science 43 (4), 546-558.

Loch, C. H., Wu, Y. 2007. Behavioral Operations Management. Hanover, MA: Publishers Inc.

Roth, A. E. 1993. On the early history to experimental economics. Journal of the History of Economics Thought 15 (Fall), 161-181.

第四部分

展望与未来之路

第 19 章

行为运营管理实践及未来研究工作

Elliot Bendoly（伊利亚德·本德里）和 Daniel G. Bachrach（丹尼尔·巴克拉克）

传统管理理论多用于解释或是探寻驱动企业产出的关键因素。此类管理学模型的建立基于一个信念，那就是可能影响企业产出的各种自变量确实存在而且可以被测量。此外，理论模型中各个因素之间的依赖关系通常被假定是线性的，且其他调节变量和中介变量的影响也是线性的，如图 19.1 所示。

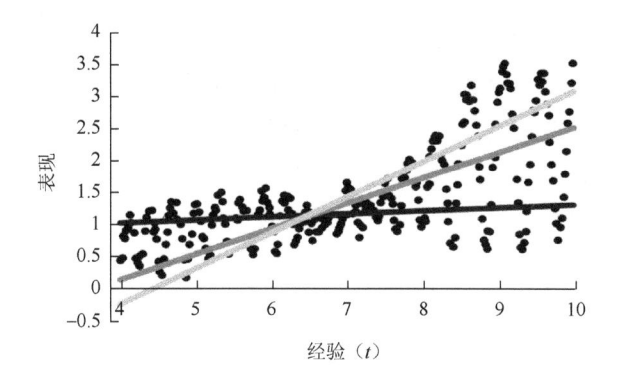

图 19.1 数据体现调节效应的案例

这类解释变量变化规律研究的基本假设是变量之间存在线性关系或是以线性关系的方式组合在一起。越来越多的管理学家质疑基于线性关系的假设，例如，有研究将过去假设的线性关系变成曲线关系（Grant and Schwartz, 2011；Pierce and Aguinis, 2013）。然而，现有研究尚未明确地证明变量与关键的企业产出之间存在强线性关系。遗憾的是，这类无的放矢地寻求线性关系的研究却大量出现。追求解释变量差异的研究范式导致了大量只有微小贡献的实证研究。学者建立了很多稍加改进的模型，但这些模型不一定能够明确解释一个特定时刻的绩效水平是如何影响下一个时刻的绩效水平，这种绩效水平的变化是否会存在无法测量的高阶关系，或者是否随着时间变化而趋于稳定。

实证主义的黄金法则是利用历史数据来估计因变量对企业产出的影响。我们经常会遇到这样的理论论证：X 导致了 Y 的发生（这里强调流程），因此，Y 随着

X 的上升而上升（这里强调变量的变化）。换句话说，研究通常含蓄地使用流程来解释变化。但是实证研究通常只关注最终的变化，而没有关注流程。

人们普遍认为变量之间的关联是通过一定的流程实现，或者说有一个机制可以解释变量的变化；但不清楚的是，当进一步研究就能获得更多有关这个流程机制信息的时候，为何许多实证管理研究却选择止步于此。学者之所以这样做是他们不须关注流程变化就能够在顶级期刊上发表论文，所以没有再进一步深入研究。除此以外，对于这种忽视流程变化的现象，研究人员没有给出任何合理的回应。

实证研究的主流方法并不能系统地解答变量间联系机制的相关问题，例如 X 影响 Y 需要花费多长的时间？或是涉及实证操作层面的问题：如果 X 与 Y 之间存在某种关系，X 和 Y 数据之间的时间间隔是否确保能够展示这种关系？在我们所观察到的数据中，X 是否总是以相同的速度影响着 Y？是否有可能在足够长的时间内，Y 可能会反过来影响 X？

通过探究以上涉及时间纬度的问题，学者有可能会发现一些在传统管理理论中尚未囊括的实证关系。例如，经过正确的分析，因变量可能更多地依赖它们本身，而不是依赖于从既定的理论框架中衍生出来的诸多自变量，如图 19.2 所示。作为实证研究学者，我们通常不会发展随着时间的变化、受因变量驱动而变化的概念，但是要建立具备良好变量关系的实证结构，就有必要考虑这种因素的影响。

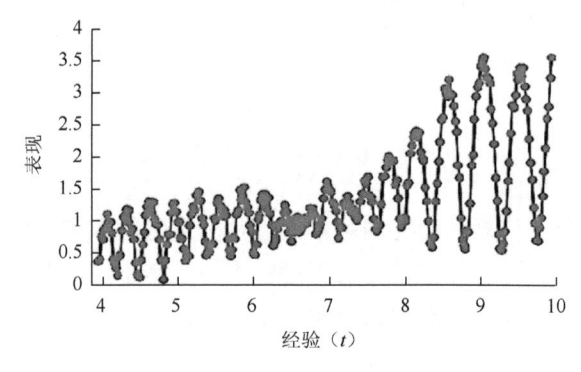

图 19.2　单一反馈循环推动的动态变化

同样地，由于传统理论通常没有讨论这类随时间变化的问题，这类问题仍然没有得到解答。即便是在排名前五的实证管理期刊上，大多数研究都只关注变化的结果，强调变化的流程的研究只占少数。这种现状使得能够真正服务于管理实践的、讨论关键变量之间关系的研究极少出现。文献中有一些关于流程的相关讨论，但通常是非常粗略且其目的仅仅是为了引出一个变量的变化。这种理论框架通常被用作工具以支持变量之间变化的假设，而不是作为关注流程的理论测试的框架。一方面，顶级期刊并不关注流程的研究，这限制了学者们对这类问题的研究热情；另一方面，传统的实证研究难以获得体现复杂流程的数据，而这也限制了流程理论系统的发展。

但现在，传统环境已经改变，是时候建立关注流程理论的新传统了。

19.1 理论的系统观

正如本章开头强调的，学者们收集和获得实证数据的力度已经得到了加强，这使得其研究的问题更加多样，并能提高学术研究对实践的指导作用。尽管实证数据的可获性得到提升，但令人担心的是，我们可能只会在顶级管理期刊上看到更多关注变化的研究。很明显，在当前的大数据背景下，研究人员可能会识别出新的、与企业关键产出高度相关的因变量。但这种相关性可能是虚假的（Benjamini，2010；Benjamini and Hochberg，1995），这些解释变量变化的模型未必能应用于管理实践。

而真正有利于学者与实践者的是更直接地探索企业的关键产出是如何随时间变化。为此，我们需要大量可视化的流程数据，以揭示这些行为的产生和反应的流程，此外还需要继续进行丰富的案例研究，特别要强调对细节的描述，来解释企业行为是如何影响其经营结果。

同时，使用这些方法可以为新的流程导向理论萌芽提供强有力的机制，这种新理论可以打开传统管理研究中的"黑盒子"，比如 X 的变化是如何影响并导致 Y 的变化的。实际上，我们认为下一阶段的案例分析肯定需要丰富的可视化的流程数据。正确地使用由这些方法发展而来的扎根理论可以促进运营实践中新系统模型的发展，并且促进传统实证模型中的变量连接机制的群体动力学的发展。实证研究更重要的任务是提供参数估计，以验证这些更微妙的活动流程模型。这类揭示流程的模型不仅可以更好地捕获结果中的变化，还可以更好地与战术和战略层面的企业绩效联系起来。也就是说，通过深入了解实证模型中变量连接流程的本质，学者和实践者能够使用更巧妙多样的手段以推动产生富有价值的结果。

进行丰富的微观研究带来了更多从微观经营层面理解战略层面管理的可能性（Ployhart and Hale，2014）。这一理念被运营策略领域广泛接受。如今，经过行为运营和战略管理领域研究人员（Teece，2007）的不断努力，已经能够提供一些机制把微观层面和战略层面的分析联系起来。

这些联系不仅仅由单个的理论概念所构成，还需要考虑是否由多种理论共同组成。为了在微观层面与战略绩效的宏观层面之间建立联系，通过宏观或综合的现象去观察微观层面的世界是非常必要的。系统动力学中的牛鞭效应、贝克尔现象和共振失调等就是现代研究的典范，因为此类研究考虑了可能普遍存在大型系统同时运营的现象。在某种程度上，本书各章的目标是通过描述一系列这样的现象，来系统地思考某一现象在潜在不同水平下的联系。

在不同理论现象之间建立可能的联系，对于制定未来的研究议程以及将现实流程反映到实证模型中同样适用。考虑到这些章节已经系统地讨论了各种各样的现象，自然地，下一步就是要讨论更大的理论系统模型。

理论的系统观除了强调在组织运营流程中随时间呈现的多层次联系和动态外，还可以回顾本书所提到的一系列问题。从这个优势角度出发，并受到前面章节的启发，我们接下来将考虑未来研究的发展方向。

19.2 在行动系统中寻找学习

本书第 3 到 7 章讲述了非理性的心智模式，以及相关的偏差和启发式算法将导致看似不合理的行为反应和决定。第 8、9 章表明，对流程的深思熟虑可以帮助个人提升心智模式，该方法能提高感知的准确性、简化启发式方法的使用，并减少决策偏差的发生。人们普遍认为，这些心理调整可以在员工个人决策环境中通过长期积累的运营经验来实现：尽管其调整速度取决于其个人对可能促进这些心理调整的情景信息的吸收。

Bendoly 和 Prietula（2008）进一步描述了员工激励如何随其在决策系统中的学习和经验变化而变化。然而，第 11 和 12 章强调，行动的调整不一定是决策者心智模式调整的结果。即使是最稳定的心智模式，也可能会产生行动调整的倾向。相反，行动调整可能是连续应用启发式方法或者系统性偏差影响的结果。

因此，个体行为中的自然波动可以是长期学习和心智模型调整的结果，但也可以在没有学习活动引起感知变化时系统地出现。为了从实证上识别引起心智模式调整的学习活动，我们必须能够从遵循稳定的启发式方法带来的系统调整中将这种变化分离出来。最后，通过明确活动模式中的各种变化，定义和识别最终导致活动模式变化的原因。

命题 1：甄别与心智模式调整相关的行为，需要识别由使用的固定启发式方法所引起的系统活动模式变动。

19.3 在行动系统中寻找领导者

现实工作环境中，深入研究行为模式的驱动因素和反应模式的复杂之处在于：存在多个个体，如第 1 章所述。第 13 到 16 章深入探讨了个体心智模式如何影响个体在群体情境中的倾向。由于不同个体具有潜在的不同心智模式，并且这些心智模式在不同个体身上也以不同的速度进化，那么组织内交互性的动态变化，是如何随着学习速度的差别，以及伴随而来的系统反应变化而变得复杂的？

虽然相关研究指出，将具有不同知识基础的个体聚集在一起会带来益处（Lewis，2003；Lee et al.，2014），然而从理论上讲，这种益处得以实现的基础是个体之间不同的能力能够互补。但是，如果能力上的差异不是基于人们知识基础的不同，而是由于他们具备相同的知识却存在不同的行动方式，并且他们都相信自己的是最好的行动方式，比如大家都知道要进步，但下一步应该做些什么却因人而异。

Bendoly（2014）发现，群体中心智模式的差异最终可能会对集体认知环境中的信息共享造成不利影响。即使团队中某些成员具有强大的心智模式，基于这种心智模式的成员能够逻辑清晰地看待现实中的运营决策，并且有潜力达到相应的自觉性，这种不利影响仍可能存在。但有经验的领导者通过之前的尝试、失误和经验，能够意识到团队内部会因为心智模式的不统一而降低团队的效率和绩效。

鉴于这种认识，为了确保沟通和学习的继续进行，领导者实际上可能会继续利用次优的心智模式，尽管他们知道该心智模式不能很好地应对运营流程中的突发事件。这可能会一直持续下去，直到跟随者准备好开始以更先进的心智模式来思考系统之间的相互关系，也就是说这些跟随者已经获得了足够的证据去采用更连贯的功能性思维。以这种理性的非合理方式行事的领导者认识到，尽管可以通过某种心智模式来实现更有效的运营，但如果这种心智模式不能够有效地被其他成员接受，也是不切实际的。这表明，认真负责的团队领导者的心智模式与团队其他成员不同时，会导致以下情况。

命题2：工作中，关键成员心智模式的差异制约了最有效心智模式的作用。

命题3：高效的团队领导者需要同时保持有效的心智模式和高水平的责任心，以及领导成员们心智模式的进化，并在必要时有意识地接受团队成员次优的启发式方法和思维偏差以促进团队活力。

判断一个团队是否在逐渐采用更合适的心智模式可以通过比较领导者的行为模式与其他跟随者学习的行为模式来得到答案。只有某些具有辨识度的领导模式可能才会提高效率（不是那些相对于组中其他成员模式而言最极端的模式），在这种情况下，不仅仅是在组织中没有共事过的同事间，即使处于彼此竞争或合作竞争的组织中，这种心智模式也可以很容易地被应用到组织活动中。

19.4 在行动系统中寻找多层次的协同效应

第10章、17章和18章是独特的，因为它们希望提供一种机制来解释理论对系统的影响。我们将这些非常重要的活动视为综合课程练习，这些练习可以帮助研究人员、实践者或学生学习行为动力学在运营环境中的作用。它们强调了基于复杂程度和跨组织层次的任务相互依赖而可能出现的一些困难。这些因素显然对精准的心智模式的形成和进化有着深远的影响，这种影响远远超出了简单情境下所面临的挑战，给人类决策者带来了相当大的困难，详见第 3 章。然而，在这些综合情景中观察到的复杂性，与现实世界的情景相同，是从微观层面中动态显现出来的，在微观层面上，人的行为可能是最突出的。如果不真正理解底层人员的行为动态并做出相应的改变，从顶层进行管理真的有效吗？

　　管理研究中，通常认为组织高层次的绩效（如公司的绩效）比公司内部任何一个人的绩效更为关键（至少股东和债券评级机构等关键利益相关者通常这样认为）。这不是为了对管理学研究进行批评（非商业学科可能有这样的蔑视），这种目光短浅的观点从根本上来说是有缺陷的。更高层次的公司绩效来自员工的绩效，如果员工的绩效不好，企业部门和整个公司可能都会失败。更准确地说，为了维持并提升绩效，部门中至少有一部分的工人和管理人员能够持续有效地履行相应的职责。在任何给定的时间点，可能难以找到能够持续推动组织绩效的个人，同样的个体也不一定有足够的积极性持续地推动绩效的增长，他们也不一定始终有他们需要的机会去推动企业绩效，不一定能不断地学习从而提高他们的技能。并且同一个人不一定任何时候都用相同的心智模式或启发式方法去避开不利于绩效的偏差。

　　高德拉特的经典观点认为，确定瓶颈的最主要来源对于提高业务量以及最终提升企业运营支持的战略优势至关重要。在系统随时间变化的情况下，识别瓶颈会变得更加困难，因为瓶颈往往在工作流程和参与其中的工人中变动。即使在最简单的生产活动中，即使是细心的观察者，也和那些埋头苦干的人一样无法识别瓶颈的变化。第 3 章的结果表明，系统随着时间推移而发展，在系统运行早期时的瓶颈并不一直是瓶颈。系统中高度依赖其他方面的部分可能会更多地受到瓶颈因素的影响，并且与系统中相对独立的部分相比，可能会从缓冲区获益更少。因此，孤立地且在相当有限的时间内观察个别活动，会对整个的系统中存在的问题产生相当不准确的看法。

　　这再次表明，除非是运用经过深思熟虑的研究方法，否则在解释更高层面绩效的战略模型中，将任何给定的日常运营活动作为解释变量进行实证检验可能会极其困难。

　　对瓶颈更广义上的解释包括限制员工学习的障碍和顽固的错误心智模式，这些心智模式也包括因员工不同的学习速度而导致的，如命题 3 所示。随着学习的发生，限制进一步学习的瓶颈可能会发生变化。因此，与许多现实世界的系统一样，在通过学习产生的可变性和限制学习的瓶颈之间存在一个反馈循环，这类瓶颈就是限制可变性的大小。如高德拉特的研究所表明的，在提高整体绩效方面，减少变异性与管理瓶颈一样有效,在学习过程中,如果这种变异性没有激发新的学习过程(在现实情况中通常不会),那么最小化变异性应该有助于提高绩效。对于管理研究来说,这是一个新奇的概念,尽管这是约束理论(theory of constraints)在团队学习背景下的一个扩展。

当然,从经验或概念上很难确定复杂运营系统中的瓶颈,特别是当这种评估是在不了解现有系统如何随着时间动态变化的情况下。这是本书各章中当前和新兴理论都提到的观点,这种观点最有可能被证明对管理理论和实践都有用。它们不仅为微观决策和高层绩效之间可能出现的现象提供了指导,同时也谈到了在搜索和验证这些动态时最有用的数据类型,也有助于最终做出关键的运营和战略决策,从而更好地管理这些动态变化。

命题4:公司有效地利用定制的企业数据集成来构建从微观到战略层面的动态系统模型,这些模型对员工行为变化非常敏感。因此,对员工行为变化敏感的公司将比不具有这些特点的公司更有战略优势。

在这里,我们谈论的并不是在日益增长的大数据运动中,被大肆宣传以及备受关注的与市场营销相关的大数据——这种大数据运动之所以出现是因为每个人都是消费者且此类数据比较容易获得。弄清楚人们的消费决策固然重要,但这只是大数据的一方面。在这里,我们更关注的是公司内部发生的事情,包括它和它的所有组成部分如何有规律地、持续地运营。我们在寻找的是,随着时间的推移,日常的运营是如何导致更高层上的决策。有一个重要的问题仍然没有得到解答:如果企业能够同时了解向市场推销的最佳时机以及系统战略转换的最佳机会,从而在将来更好地推销产品,那么它们的效率会提高多少?

Gnothi seauton[①]——认知自我,从而更好地认知他人。

19.5 研究行动系统的方法

行为运筹学领域已经为沿着既定的方法论路线开展研究提供了强有力的指导(Bachrach and Bendoly,2011)。直到最近,运营管理文献中,关于收集和研究大量的半连续活动数据的例子还很少。现有的多数研究在构建随时间变化的模型中所利用的半连续活动数据,都依赖于单个组织收集的数据,通常也不是在研究人员指导下获取的。因此,与所有涉及档案数据的研究一样,研究人员面临的挑战是要判断所使用的数据是否真正代表了其感兴趣的问题,因为有些数据只代表了研究和实践中感兴趣的近似问题,而非问题本身。

---

① 译者按:希腊语,为希腊哲人苏格拉底格言。

幸运的是，收集半连续活动数据的成本近年来已经大幅下降，随着数据收集技术变得越来越成熟，收集成本可能还会继续下降。我们现在处于实地活动收集的一个成本临界点，这使得公司与学术研究人员合作收集定制数据成为可能。研究人员已经越来越多地利用各种数据收集设备，并为其持续开发提供一些指导。

19.5.1　半连续跟踪和活动记录

工作活动的记录包括主观和客观两个层面的信息收集。在主观方面，随着时间的推移，如果可以对员工进行实时记录（Cyboran，2005），以及获取高度反映员工心智模式及其演变的员工对工作控制和认知负荷的自我报告（Jackson et al.，1993），就有可能准确地指出关键工人感知到的真正困难。然而，这种主观评估肯定有其局限性，特别是人们可能只是简单地记录他们认为应该报告的内容，这会导致自证预言的循环和潜在机制联系不透明的风险。

相对客观的工作活动记录是企业对工作活动的客观捕捉，包括工作被接收、分配和完成的日期/时间记录，以及相关成本、错误、返工和为完成作业而分配的特定资源记录。这些非常详细且标准化的记录通常是由事件驱动的，因此，尽管可能不像人们希望的那样连续，但它仍然有用且具有相关性。根据工作的性质（比如几乎连续的重复工作，或是基于特定项目的工作），记录活动的频率可能足以刻画出人类行为和系统动态的生动画面（Alba et al.，2013）。

如果需要更连续的数据，或者现有企业系统收集的数据不足以充分捕捉所关注的活动和行为细节，则必须调整数据收集过程。改变企业系统收集数据的方式可以解决该问题，但这种方式既昂贵又不一定能够充分改善结果。更有价值的方法可能是跟踪标志性工作研究（tracked emblematic work studies，TEWS），它是在更可控的条件下，客观地收集随时间变化的工作活动数据。TEWS 可以采取对活动进行实验室探索的形式，或者对实际活动进行高级仿真（这里我们说的不是各种大学计算机实验室实验）。这些实验的设计，不管有没有实施现实上的操作处理，都是为了尽可能地捕捉真实的工作环境，通常是使用真实的工作环境或调整其为真实的环境。这些研究可以收集额外的数据，比如生物识别测量的数据（Bendoly，2011，2013；Carlson，2013）。

19.5.2　行动和决策中的对话分析

除了生理指标之外，我们可以从决定并执行行动的整个流程所出现的对话中挖掘出丰富的信息。当今，企业有各种各样的选择来促进沟通从而解决问题。借助社交网络的成功，许多大公司都保留了自己的内部论坛，并利用了大量网络会议技术。这些技术都能显示出人们信息交流的轨迹，以及个人观点和信条的历史痕迹，这对于深入理解在复杂系统中个人的心智模式如何驱动其行为至关重要。随着文本分析和评论分类技术的出现，从对话中提取信息的能力可以使企业能够以过去无法做到的方式来干预和调整员工的心智模式和行为。当然，前提是这种做法不会被员工视为过度干预从而破坏了这些论坛建立的目的。

19.5.3　系统思维/系统动力学：理解评估

通过客观的自然观察或在控制环境中的观察与新的管理评估相互补，可以帮助我们更好地理解为什么观察到的行为动态呈现出某种特定的形式，以及为什么行为模式会随着时间、环境和个人的变化而变化。这些评估包括短期评估，但如果不通过详尽的个人评估，通常无法充分理解心智模式的结构和深度。Bendoly（2014）使用的系统动态理解（system dynamics understanding，SDU）评估被证明是一种有效的方法。该方法将 60 分钟的访谈方案专门应用于项目团队，同样应用了 Booth-Sweeney（布斯-斯威尼）和 Sterman（斯特曼）在评估教师/学生对系统动态的看法时所使用的工具。最近 Bendoly 的访谈方案在预测项目绩效方面被证明是有用的，特别是在 SDU 被用来同时评估团队的变化和其成员的变化时。

共享因子图评估（shared factor-map review，SFMR）是 SDU 评估一种可替代或者互补的方法。在这种评估中，经理和工人被给予一套共同的、明确定义的环境工作因素。他们被要求独立地使用因果循环图方法来勾勒出因素之间的联系，包括反馈循环，并绘制出这些因素随时间变化的动态水平。他们可以在随后的几轮评估中提出最多三个额外因素。这些计划和建议会在小组会议中进行合并和比较，并基于共识从而制作出公认的子图。新推荐的因素被定义并被合理评估，以尽量减少概念的重叠。随后的几轮评估允许个人在重新进行小组评估之前利用公认的因子图进行扩展。在不同的时间点，如一年两次，甚至每季度一次，这些会议可以揭示运营环境的变化，并加强利益相关的员工之间的系统思维。

19.6　未来之路

总而言之，鉴于对员工和管理者不断发展的心智模式在运营系统中所扮演的复杂而关键角色的现有理解，我们显然需要更多的研究来弥补学术研究和实际管理应用之间的差距。回顾现有文献，很明显这种需求早就存在了。不同的是，我们对行为运营中的突出主题有了新的理解，也有更严格的能在现实环境中对这些主题进行研究的方法。本书所提供的行为现象实例，强调学术研究要应用于实践的重要性。虽然向经理和管理培训人员进行讲解使之熟悉这些现象是至关重要的，但这种认识在严谨的研究人员中还只是刚刚开始。基于此，我们欢迎实践者和学者共同为这种实证研究而努力，并期待这项工作在未来会取得更多的进展。

参 考 文 献

Alba, C., Salvadore, F., Bendoly, E., Tenhl, A. 2013. Effects of manager's breadth and depth of experience on planning and execution performance. DSI Proceedings. http://www.ner.takushoku-u.ac.jp/anishio/ DSI/DSI2013_Proceedings/files/p670090.pdf.

Bachrach, D. G., Bendoly, E. 2011. Rigor in behavior experiments: A basic primer for SCM researchers. Journal of Supply Chain Management 47（3），5-8.

Bendoly, E. 2011. Linking task conditions to physiology and judgment errors in RM systems. Production and Operations Management 20（6），860-876.

Bendoly, E. 2013. Real-time feedback and booking behavior in the hospitality industry: Moderating the balance between imperfect judgment and imperfect prescription. Journal of Operations Management 31（1-2），62-71.

Bendoly, E. 2014. Systems dynamics understanding in project execution: Information sharing quality and psychological safety. Production and Operations Management 23（8），1352-1369.

Bendoly, E., Prietula, M. 2008. In "the zone": The role of evolving skill and transitional workload on motivation and realized performance in operational tasks. International Journal of Operations and Production Management 28（12），1130-1152.

Benjamini, Y. 2010. Simultaneous and selective inference: Current successes and future challenges. Biometrical Journal 52，708-721.

Benjamini, Y., Hochberg, Y. 1995. Controlling the false discovery rate: A practical and powerful approach to multiple testing. Journal of the Royal Statistical Society, Series B，57，125-133.

Carlson, N. 2013. Physiology of Behavior. 11th ed. Upper Saddle River, NJ: Pearson Education.

Cyboran, V. L. 2005. Moving beyond the training room: Fostering workplace learning through online journaling. Performance Improvement 44，34-39.

Grant, A. M., Schwartz, B. 2011. Too much of a good thing: The challenge and opportunity of the inverted U. Perspectives on Psychological Science 6，61-76.

Jackson, P. R., Wall, T. D., Martin, R., Davids, K. 1993. New measures of job control, cognitive demand, and production responsibility. Journal of Applied Psychology 78（5），753-762.

Lee, J. Y., Bachrach, D. G., Lewis, K. L. 2014. Social network ties, transactive memory, and performance in groups. Organization Science. Advance online publication. http://dx.doi.org/10.1287/orsc.2013.0884.

Lewis, K. 2003. Measuring transactive memory systems in the field: Scale development and validation. Journal of Applied Psychology 88，587-604.

Pierce, J. R., Aguinis, H. 2013. The too-much-of-a-good-thing effect in management. Journal of Management 39，313-338.

Ployhart, R. E., Hale, D., Jr. 2014. The fascinating psychological microfoundations of strategy and competitive advantage. Annual Review of Organizational Psychology and Organizational Behavior 1，145-172.

Teece, D. J. 2007. Explicating dynamic capabilities: the nature and microfoundations of（sustainable）enterprise performance. Strategic Management Journal 28，1319-1350.

术 语 索 引

A

Abilene paradox 阿比林悖论，9
abstraction hierarchies 抽象层次结构，59
accommodating strategy 适应性策略，236
affect heuristic 情感启发式，12
amplification 放大，168
analysis of variance（ANOVA） 方差分析，22
anchoring and insufficient adjustment heuristic 锚定和调整不足启发式，5
assembly lines 装配线，41
attribution bias 归因偏差，9
availability heuristic 可得性启发式，11
avoiding strategy 规避策略，236

B

beer game 啤酒游戏，186
behavioral hill 贝克尔现象，12
behavioral operations management 行为运营管理，ix
bias 偏差，9
bottlenecks 瓶颈，44
branch-and-bound 分支定界，75
bullwhip effect 牛鞭效应，12
buybacks 回购，208

C

capability trap 能力陷阱，30
causal ambiguity 因果模糊性，30
cherry-picking 择优选择，11
cognitive dissonance 认知失调，12
cognitive psychology 认知心理学，4

cognitive reflection theory　认知反射理论，257
cognitive starvation　认知饥饿，67
collaborative planning forecasting and replenishment（CPFR）　协同规划、预测与补货，236
common cause variation　共同原因变异，83
compromising strategy　妥协策略，236
confirmation bias　确认偏差，9
conflict management　冲突管理，236
confounding checks　混淆检查，22
constraint satisfaction　约束满足，50
construal-level theory　解释水平理论，257
consumer inertia　消费惯性，10
corporate social responsibility　企业社会责任，223

D

decision support systems（DSS）　决策支持系统，20
define-measure-analyze-improve-control（DMAIC）　定义—测量—分析—改进—控制，87
design capacity　设计产能，45

E

economic order quantity　经济订货批量，xi
effective capacity　有效产能，45
electronic data interchange（EDI）　电子数据交换，119
enterprise resource planning　企业资源计划，10
equity theory　公平理论，235
escalation of commitment　承诺升级，9
ex post inventory error minimization　最小化事后库存误差，197
existence，relation，growth（ERG）　生存需求、关系需求、成长需求，117

F

fair-trade certified coffee　公平贸易认证咖啡，221
false negative　假阴性，30
false positive　假阳性，30
feedback effects　反馈效应，144

framing bias 框架偏差，9
framing effect 框架效应，211

G

general problem solver（GPS） 通用问题求解器，58
goal setting theory 目标设定理论，13
group thinking 群体思维，5

H

Hawthorne checks 霍桑检查，22
hindsight bias 后视偏差，10
honestly significant difference（HSD） 真实显著性差异，97
hyperbolically discounting 双曲贴现，10

I

immediacy bias 即时偏差，10
interdependence effects 依存效应，144
intrinsic variation 内在变异，84
inverted U form 倒"U"形，8

J

just-in-time 准时制，50
Little's law 利特尔法则，176
longitudinal case studies 纵向案例研究，51
longitudinal survey 纵向调查，22
loss aversion 损失规避，209

M

manipulation checks 操纵检查，22
material requirement planning 物料需求计划，263

N

nets of action hierarchies，NOAH 动作层级网络，59
newsvendor model 报童模型，8

O

on-order inventory　在途库存，188
opportunistic planning　机会计划法，59
option contracts　期权合同，208
order effect　顺序效应，201
oscillation　振荡，168
overconfidence　过度自信，9
ownership effects　所有权效应，35

P

Parkinson's law　帕金森定律，14
phase lag　滞后，168
plan-do-check-act　计划—执行—检查—处理，56
process analysis　流程分析，39
process capability　流程能力，85
process tampering　流程干预，85
product-process matrix　产品-流程矩阵，117
product-process-resources approach　产品-流程-资源方法，148
prospect theory　前景理论，235
prospective accounting　预期账户，209
pull-to-center effects　趋中偏好效应，197

Q

quantity flexibility　数量柔性，208

R

Reciprocity　互惠，242
reference dependence　参考点依赖，198
representativeness heuristic　代表性启发式，11
rescheduling　重调度，57
resonant dissonance　共振失调，12
revenue sharing　收益共享，208
risk aversion　风险规避，10
risk-sharing contracts　风险共担合同，208

robustness 鲁棒性，61

S

sales rebates 销售折扣，208
self-justification bias 自我辩解偏差，10
service quality（SERVQUAL） 服务质量，131
shared factor-map reviews 共享因子图评估，307
similar process-mapping techniques 类流程图技术，8
simulated annealing 模拟退火，75
six Sigma 六西格玛，39
smooth shop 平稳型车间，64
social and group psychology 社会与群体心理学，4
social shop 交互型车间，64
sociotechnical shop 灵活型车间，64
special cause variation 特殊原因偏差，83
statistical process control（SPC） 统计流程控制，84
status quo bias 现状偏差，10
stock keeping unit（SKU） 最小存货单元，259
stock management problem 库存管理问题，172
strategic core theory 战略核心理论，257
stress shop 压力型车间，64
structuring work 工作结构化，84
sunk-cost bias 沉没成本偏差，10
supply line 供应线，173
system dynamic understanding 系统动态理解，307
system dynamics 系统动力学，4
system simulation 系统仿真，20

T

Taguchi 田口，95
the fresh connection game 橙汁游戏，269
theory of constraints 约束理论，ix
total quality management 全面质量管理，39
traveling salesman problem 旅行商问题，73

V

vendor managed inventory 供应商管理库存，236

W

work in process inventory（WIP） 在制品库存，178

Y

Yerkes-Dodson law 耶基斯-多德森定律，146